LES CHIENS DE MER

Sébastien Delanes

LES CHIENS DE MER

ROMAN

Au large de Terre-Neuve – 12 septembre 1712

Guillaume Talbeau arpentait lentement le pont de *l'Audacieux*. Le Soleil venait de poindre sur l'horizon et les vents portants propulsaient le vaisseau de guerre français à bonne allure. La tension était omniprésente depuis le début de la guerre de succession d'Espagne, et la France n'avait guère été à son avantage. L'Angleterre et les Provinces-Unies avaient remporté de nombreux combats sur les mers, la France ou l'Espagne beaucoup moins. On évoquait de plus en plus fréquemment la signature d'un traité de paix, mais le roi Louis XIV voulait encore y croire.

Guillaume Talbeau était officier de quart, on n'allait pas tarder à le relever, mais il était consciencieux et désirait toujours faire son travail jusqu'au bout. Il scruta la mer avec sa longue-vue à la recherche d'un point blanc signifiant la présence d'un autre navire sur zone. En pleine exploration, il s'arrêta soudain, ce n'était pas un point blanc qu'il venait de voir, mais deux, et il était trop loin pour voir de qui il s'agissait. Il envoya un matelot prévenir le capitaine, il fallait prendre une décision rapidement. La cloche retentit, sonnant la fin de son quart, mais il resta à son poste.

Quelques minutes plus tard, Gilbert de Noallac, le capitaine, la cinquantaine, les cheveux blanchis par le temps et le regard sévère déboula sur le pont suivi de son second, Nicolas de Guillemin, vingt-huit ans, un solide gaillard de vingt-huit ans au regard bleu vif. De Noallac se saisit de la longue-vue et après avoir brièvement jeté un œil sur l'horizon la passa à son second.

— Je n'ai pas la vue aussi bonne qu'avant, maugréa-t-il.

De Guillemin examina l'horizon à son tour et grimaça.

— Je regrette, mon capitaine, ils sont trop loin, mais j'ai bien peur qu'ils ne soient Anglais.

— C'est aussi ce que je pense, affirma le capitaine.

— Ils viennent de Nouvelle-France, cela pourrait être des trafiquants anglais.

— Probablement de fourrures. Nous savons que les Anglais commercent avec certaines tribus dans notre dos sur des territoires qui appartiennent au roi.

— Que faisons-nous, capitaine ?

Ce dernier jeta un œil à son second qui réagit immédiatement.

— Ils sont légèrement en retrait par rapport à nous, nous allons tenter d'abattre pour couper leur route.

— Et si ce sont deux navires de guerre ?

— Je doute que ce soit le cas, ce sont probablement des navires de commerce.

Talbeau jeta un regard interrogatif à son capitaine.

— Le lieutenant de Guillemin a raison, il y a peu de chances que ce soient deux navires de guerre, mais si c'était le cas, le combat à deux contre un ne me fait pas peur. Et à vous ?

L'enseigne Talbeau blêmit, mais se rattrapa rapidement.

— À Moi non plus, mon capitaine.

— C'est ce je voulais entendre. De Guillemin, restez sur le pont pour la manœuvre, je viendrai vous relever dans une heure ou deux.

Il regagna sa cabine. De Noallac, comme de Guillemin, malgré le jeune âge de ce dernier, en imposait. L'un et l'autre avaient le respect de l'équipage. Talbeau avait vingt et un ans et l'on sentait encore parfois le doute envahir son esprit quand il fallait réagir promptement, mais rien que l'expérience ne pût changer.

L'Audacieux était un vaisseau de troisième rang de deux ponts portant 74 canons qui avait déjà participé à plusieurs combats. Il emmenait avec lui plus de 400 matelots, 70 mousses, 12 timoniers, 18 gabiers, 90 officiers mariniers, 12 officiers et naturellement un chirurgien et un aumônier. C'était un bateau fiable, mais qui manquait parfois de vitesse par rapport à des bâtiments plus récents.

Nicolas de Guillemin avait ressenti dès son arrivée les réticences du capitaine de Noallac d'avoir un second aussi jeune. Probablement estimait-il qu'il lui manquait indubitablement l'expérience nécessaire pour le remplacer quand il n'était pas disponible. Il faut dire que devenir premier lieutenant avant trente ans était plutôt rare et il était logique que le capitaine se pose des questions. La rumeur disait qu'il avait eu de la chance pour parvenir à ce poste aussi rapidement ou alors qu'il avait profité d'un soutien haut placé. Lui savait qu'il ne devait rien à la chance ni au parrainage d'un illustre personnage de France. On le disait doté de grandes qualités, mais il savait qu'il devait à présent faire ses preuves. Il examina les voiles et alla voir le maître-pilote.

— À quelle vitesse allons-nous ?

— Je vais la mesurer.

L'homme, un petit bonhomme portant de grosses lunettes qu'il ne cessait d'essuyer avec un vieux chiffon, jeta à la mer un triangle de bois lesté et relié à une cordelette placée sur une bobine qui se déroula juste après qu'il eut pris soin de renverser un petit sablier. Quand le sable fut écoulé en totalité, il vérifia la longueur de la cordelette et fit ses calculs.

— 4,7 nœuds, lieutenant.

— Ce n'est pas assez rapide.

Il se retourna vers l'un des autres officiers.

— Établissez les perroquets, il faut que nous gagnions au moins un demi-nœud.

L'officier donna des ordres et les gabiers grimpèrent dans les haubans pour établir les perroquets. Les marins regardèrent leurs collègues progresser vers le sommet des mâts pour déployer les voiles. Leur agilité était toujours un spectacle surprenant, ce qui n'enlevait rien au risque de tomber. Il était rare qu'une traversée se terminât sans une chute, parfois mortelle quand l'homme tombait sur le pont ou à la mer sans qu'on pût le secourir.

Alors qu'il surveillait le gréement, de Noallac fit son apparition sur le pont, observa les voiles et se pencha par-dessus bord pour estimer la vitesse du bateau. Il ne dit rien, et de Guillemin estima que s'il n'avait rien à dire, cela signifiait une certaine forme d'approbation, car le maître du navire ne se privait pas de faire savoir ce qui ne lui convenait pas. Plus le temps passait, plus la trajectoire de *l'Audacieux* se rapprochait de celle des deux autres navires et plus les points blancs grossissaient sur l'horizon. En fin de journée, la plupart des officiers étaient réunis sur le pont, car il paraissait évident qu'ils étaient à présent suffisamment proches pour savoir quelle bannière ils arboraient. De Noallac transmit la longue-vue à de Guillemin qui la saisit, la déploya et la fixa sur les bateaux. Au bout de quelques secondes, il abaissa le cylindre métallique.

— Ils battent pavillon anglais.

— On continue, on devrait croiser leur route.

— Ils ne cherchent pas à se détourner de nous.

— Non, car ils sont deux et il y a forcément au moins un des deux vaisseaux qui est un navire de guerre.

La soirée passa et le repas à la table des officiers fut assez morne, car tous s'attendaient à se battre le lendemain à deux contre un, ce qui n'enthousiasmait pas vraiment l'équipage.

La nuit passa sans incident et quand, au petit matin, Nicolas alla prendre son quart alors que le Soleil était en train de se lever. Il vit le capitaine déjà sur le pont. Les deux navires étaient à présent bien visibles à l'œil nu et alors qu'il s'apprêtait à questionner son supérieur, celui-ci lui tendit la longue-vue. Il observa et grimaça.

— C'est bien ce que nous pensions, un navire de guerre et un de commerce. Vous les connaissez ?

— Le navire de guerre qui ferme la marche se nomme le *Gibraltar*, c'est un trois ponts de plus de cent canons, un vaisseau de premier rang, bien plus puissant que le nôtre.

— Que fait un vaisseau d'une telle puissance si loin de ses bases ?

— Je n'en sais rien, mais il est trop tard pour refuser le combat. Je vais me reposer un peu avant l'affrontement.

Il se dirigea lentement vers sa cabine.

— Capitaine, je sais que je manque d'expérience et…

— Lieutenant, si je pensais que vous n'étiez pas capable de me seconder durant l'affrontement, je n'aurais pas engagé le combat.

Nicolas marqua une courte pause, fut surpris par cette marque de confiance et n'eut pas le temps de le remercier, de Noallac était reparti sans tarder vers la descente qui menait aux cabines. Le premier lieutenant entama une série de calculs et estima que les navires seraient bord à bord en fin de journée. Même s'il savait que le combat serait rude, il lui tardait de pouvoir faire ses preuves en tant que second. *L'Audacieux* était certes un peu vieillot, mais c'était un bon navire et son équipage était l'un des mieux aguerri de la Marine royale. Il connaissait la réputation du capitaine de Noallac, qui était excellente, il avait fait ses preuves et savait qu'on parlait de lui pour commander l'un des fleurons de la Marine française.

Il regarda les voiles. Tant que le vent soufflait fort, ils pourraient maintenir l'allure par rapport aux deux navires britanniques. Si au contraire il faiblissait, ils se feraient distancer, mais rien ne l'indiquait pour le moment. Il savait qu'à bord des bateaux anglais les hommes se préparaient également au combat, et que sans doute ils étaient sûrs de s'imposer et Nicolas pensait qu'ils n'avaient pas tort, leurs chances de victoire restaient faibles, mais il voulait absolument y croire.

Durant toute la journée, les navires se rapprochèrent et l'on s'observa, guettant la réaction de l'autre. Certains avaient pensé que les navires britanniques allaient changer de cap, mais il n'en fut rien. Bientôt, ils furent si près que de Noallac déclencha le branle-bas de combat, la distance semblait désormais suffisamment courte pour être à portée de canon.

— Nous allons nous caler dans son sillage ordonna le capitaine, ses canons sont plus gros et plus nombreux que les nôtres, en cas d'affrontement face à face, ils auront plus de puissance et de portée.

L'audacieux ralentit pour se mettre dans le sillage du navire de guerre anglais. Les deux navires étaient à environ à un demi-mile l'un de l'autre et de Noallac réfléchissait longuement. Il se tourna vers son second.

— Demandez aux canonniers de se tenir prêts et restez sur place pour commander la manœuvre. Dès que j'aurai fait pivoter *l'Audacieux*, vous ouvrirez le feu. Attention, cette opération demande une très grande synchronisation. Si vous tirez trop tôt ou trop tard, nous raterons la manœuvre et ils pourront faire feu à leur tour et je n'ai pas besoin de vous expliquer que nous perdrions le bénéfice de l'avantage de notre manœuvre.

— Bien, capitaine ! Merci pour votre confiance.

— Trêve de discussion, filez à votre poste.

Nicolas descendit sous le pont, Corneric, le maître-canonnier, vint à sa rencontre.

— Préparez les canons pour qu'ils soient prêts à tirer.

— Dans cette position ?

— Nous n'y resterons pas longtemps, nous allons virer de bord, concentrez tous les tirs sur la poupe.

Le maître des canons s'affaira, regardant toutes les pièces une par une. Ensuite, de Guillemin envoya un matelot pour avertir le capitaine qu'il était prêt. Ce dernier enchaîna immédiatement la manœuvre, ordonnant au timonier de faire pivoter le navire pour se placer perpendiculairement au sillage du navire anglais. Par un des sabords, le second avait surveillé le comportement du navire. Il se retira de l'ouverture et se plaça légèrement en retrait.

— Maintenant ! Feu à volonté !

Les trente-six canons de tribord ouvrirent le feu simultanément et si un certain nombre de tirs manquèrent leur cible, plusieurs boulets frappèrent l'arrière du bateau de guerre et trois touchèrent le même endroit, provoquant une voie d'eau dans le navire.

— Parés à envoyer une nouvelle bordée. Rechargez vite, utilisez les boulets chaînés, il est immobilisé.

Corneric criait sur les matelots qui se pressèrent de remettre des gargousses[1] dans les fûts des canons qu'ils enfonçaient à l'aide de refouloirs[2] puis ils placèrent de nouveaux boulets dans les tubes métalliques et se préparèrent à faire feu à nouveau. De Guillemin avait demandé que l'on mît des boulets chaînés[3], car l'objectif de cette nouvelle salve, les canonniers l'avaient bien compris, était d'abattre les mâts du navire. Il jeta un coup d'œil par l'un des sabords et enchaîna. Corneric avait fait très légèrement relever les canons afin de viser non plus la coque, mais le gréement.

— Feu ! commanda de Guillemin.

---

[1] Sac contenant de la poudre noire qui servait de charge propulsive.

[2] Bâton muni d'un cylindre avec lequel on repoussait la charge au fond du canon.

[3] Boulets de canons reliés par une chaîne destinés à provoquer des dégâts dans la voilure.

Les Anglais étaient en train d'essayer de réparer les dommages occasionnés à l'arrière de leur vaisseau quand retentit la canonnade et ils entendirent l'impact des boulets chaînés dans leur voilure. Les Français parcoururent du regard les voiles du navire anglais et constatèrent que le mât d'artimon était brisé en deux, le grand mât avait perdu sa partie haute et une partie de ses vergues[4] étaient endommagées. Seul le mât de misaine était encore intact. Corneric interrogea de Guillemin du regard.

— Stoppez le tir, je retourne sur le pont.

Le premier lieutenant trouva son capitaine en train de scruter le navire pris pour cible avec sa longue-vue.

— Bien manœuvré, lieutenant.

— Maintenant, on prend l'autre navire en chasse tout en passant suffisamment au large du vaisseau de guerre pour éviter de se mettre à sa portée.

De Noallac fit manœuvrer *l'Audacieux* de façon à ne pas subir le feu de ses canons placés latéralement. Il fallait donc s'éloigner de lui, car même s'il était immobilisé ses canons fonctionnaient toujours et pouvaient à leur tour endommager le navire français. Il fallait piquer au large pour laisser une distance assez grande entre les deux bateaux. Mais alors que *l'Audacieux* repartait sur l'arrière du navire anglais pour s'en éloigner, des coups de feu retentirent, immédiatement suivis d'un cri. C'était l'un des gabiers qui tombait dans la mer.

— Biscaïens[5] ! Biscaïens ! Attention, ils ont des biscaïens.

De Noallac se présenta sur le bord pour chercher les tireurs avec sa longue-vue.

— Diable, c'est vrai, ils tirent depuis les haubans.

Plusieurs matelots furent touchés à leur tour et l'un d'eux s'écroula sur le pont du bateau. Au moment où le capitaine Gilbert de

---

[4] Pièce de bois placée horizontalement en travers des mâts dans le but de fixer les voiles.

[5] Gros mousquet à longue portée.

Noallac quittait son poste d'observation, il poussa un cri et tomba à son tour. Nicolas de Guillemin se précipita.

— Capitaine !

Le maître du navire grimaça et toucha son abdomen ensanglanté.

— Talbeau, allez chercher le chirurgien, vite !

Nicolas laissa les hommes emmener le capitaine dans la cabine du chirurgien. Il était à présent celui qui commandait à bord. Il vit qu'il n'y avait plus aucun gabier dans la voilure et désormais ils étaient hors de portée des mousquets adverses. Il regarda au loin le navire de commerce qui avait désormais deux à trois miles d'avance, ils pouvaient le rattraper avant la nuit. *L'Audacieux* suivait à présent une ligne perpendiculaire à la route empruntée par le navire de commerce. Aussitôt qu'ils furent hors de portée des canons du vaisseau de guerre anglais, ils changèrent de cap et s'orientèrent vers l'autre navire. Il n'avait pas échappé à l'officier français que le navire était lourdement chargé. Ils le rattraperaient, que ce fût ce soir-là ou au matin.

Au crépuscule, *l'Audacieux* avait refait une petite partie de son retard, mais l'écart était toujours important. La nuit tomba et avec elle la visibilité, et bientôt le vent les imita, réduisant considérablement l'allure du vaisseau militaire. Talbeau était aux côtés du premier lieutenant devenu par défaut capitaine.

— Ce n'est pas plus mal, cela réduit les risques qu'il change de cap et s'éloigne trop de nous. Comment va de Noallac ?

— Le chirurgien lui a retiré la balle, mais il est très affaibli.

— Je vais retourner le voir.

Nicolas de Guillemin descendit l'escalier menant aux quartiers des officiers. On l'informa que Gilbert de Noallac avait été ramené dans sa cabine. Il s'y rendit et trouva le fier capitaine dans son lit, le regard las. Il s'approcha.

— Capitaine, comment vous sentez-vous ?

— On m'a retiré la balle, mais j'ai perdu beaucoup de sang, je suis dans un triste état.
— Nous venons de prendre en chasse le navire de commerce, quels sont vos ordres ?
— Il faut que nous le rattrapions. Il me semble quand même étrange qu'un navire de commerce soit protégé par un bâtiment de ce type.
— Vous pensez qu'il contient quelque chose de valeur ?
— Ou quelqu'un, sans doute une personnalité anglaise importante. Il va tenter de nous échapper en changeant de route.
— Je sais, j'ai fait poster des vigies qui se relaient.
— Apparemment, le vent est tombé, j'ai senti que le vaisseau ralentissait.
— Oui, le vent est faible et la mer est calme, il y a peu de houle.
— Ces conditions vont nous favoriser et me permettront de me reposer pour que je puisse retourner sur le pont.
— Ce ne sera pas avant plusieurs jours, vous avez besoin de repos.
— En attendant, vous serez mes yeux et mes oreilles.

Nicolas de Guillemin retourna sur le pont de *l'Audacieux* le cœur serré, conscient que celui qui était le maître à bord était fort mal en point. En arrivant, il retrouva son enseigne, Talbeau. Il faisait à présent très sombre et on ne distinguait plus grand-chose sur les flots qui avaient revêtu une couleur sombre. Le second scruta en vain l'horizon sans retrouver celui qu'ils poursuivaient.
— Talbeau ! Où se trouve le navire anglais ?
— Je ne le vois plus depuis une vingtaine de minutes, il a probablement éteint ses lanternes.
— Sans doute pour changer de cap et nous duper.
— Que faisons-nous ?
— Nous gardons notre cap, car vu la faiblesse du vent, il n'ira pas loin et au pire nous le retrouverons à l'aube.
— Dieu vous entende.

— Je ne pense pas que Dieu s'intéresse à des affaires comme la nôtre.

La nuit se passa sans incident, de Guillemin prit son quart en dernier, à cinq heures, car il voulait être le premier repérer le navire ennemi. Aux premières lueurs de l'aube, il chercha en vain le vaisseau sans l'apercevoir. Derrière lui, le bosco s'agitait.

— Vous voulez que j'envoie la vigie en haut du mât, lieutenant ?

— Je vais y monter moi-même.

Jussac, le bosco, blêmit.

— Sans vouloir vous manquer de respect, lieutenant, le capitaine étant déjà mal en point, si en plus il devait vous arriver quelque chose, nous nous retrouverions dans une situation bien difficile.

— Il reste d'autres officiers.

— Lieutenant, vous savez comme moi, qu'ils ne sont pas aussi bons que vous ou que le capitaine de Noallac.

— N'en dites pas plus, Jussac, vous pourriez dire quelque chose que vous regretteriez. Et ne vous inquiétez pas pour moi, il ne m'arrivera rien.

— Permettez-moi de m'inquiéter quand même. La mâture, c'est fait pour les gabiers et ils ont sacrément l'habitude d'y évoluer.

— La mer est calme, il n'y a aucun risque, je vais y aller.

Nicolas s'accrocha aux haubans et entama son ascension sous le regard éberlué des matelots présents sur le pont. Parvenu à la hauteur de la première vergue, il croisa un gabier qui avait du mal à en croire ses yeux, il était rare que les officiers se hasardassent dans le gréement. Sur le pont, Talbeau s'aperçut que Boussières, le plus âgé des lieutenants, était à ses côtés, profitant lui aussi du spectacle.

— Que cherche-t-il ?

— À s'imposer, à affirmer son autorité. Mais vous voulez que je vous dise ? Je le connais pour avoir déjà navigué avec lui, il a toujours été comme ça et bien sûr maintenant que le capitaine n'est plus là, il profite qu'il soit le maître à bord pour faire ce qu'il veut.

— Il prend quand même un sacré risque, les gabiers sont là pour ça.
— Si vous ou moi grimpions dans ces haubans, ce serait dangereux pour nous, mais lui, je ne crois pas qu'il risque grand-chose, regardez avec quelle facilité il monte, on dirait un vrai gabier, on dirait qu'il a grandi dans la mâture.

Talbeau observa le premier lieutenant et dut se rendre à l'évidence : Boussières avait raison, de Guillemin semblait parfaitement à sa place. Il parvint en haut du mât en un temps record et déplia sa longue-vue. Aussitôt, Nicolas indiqua un point sur l'horizon et tendit le bras. Immédiatement, Boussières interpella le timonier.
— Cap plein sud, dans la direction indiquée par monsieur de Guillemin.

Le pilote s'exécuta et les matelots entamèrent les manœuvres pour régler les voiles en conséquence. Talbeau regarda à nouveau de Guillemin et constata qu'il redescendait aussi aisément qu'il était monté.
— Il est complètement fou, marmonna-t-il entre ses dents.

Boussières l'avait entendu et sourit.
— Ca, personne n'a jamais dit le contraire.

Nicolas redescendit le long de l'échelle de corde reliant la rambarde du bateau au sommet de son mât sous le regard de l'ensemble de l'équipage. Une fois sur le pont, il se précipita vers Boussières et Talbeau.
— Cap plein sud, il n'est pas hors de portée. En plus, le vent arrière est l'allure à laquelle *l'Audacieux* est le plus rapide, nous les rattraperons peut-être avant la nuit.

Le premier lieutenant ne s'était pas trompé. Durant la journée, l'écart se réduit régulièrement et dès la fin de la matinée, leur cible était déjà nettement visible à l'œil nu. À plusieurs reprises, Nicolas passa voir le capitaine alité, mais son état ne s'améliorait guère, bien au contraire. Gilbert de Noallac était un grand homme, on ne devenait pas capitaine d'un navire de guerre dans la royale par hasard. Il eut un pincement au cœur en le voyant aussi affaibli. Malgré son air austère, il l'aimait bien. Il savait qu'il était dur, mais honnête, reconnaissant les gens à leur juste valeur. S'il n'avait pas apprécié au départ d'avoir un second aussi jeune, il l'avait laissé faire ses preuves.

Nicolas posa longuement son regard sur les voiles de son navire. Celui qu'il poursuivait n'était pas un vaisseau rapide comme une frégate, sinon jamais ils n'auraient pu le courser. C'était un navire de commerce classique, plus spacieux que rapide, l'objectif de ses concepteurs étant de trouver le juste compromis entre vitesse et possibilité de stockage. Depuis le départ, il avait eu du mal à comprendre pour quelle raison ceux qui avaient conçu son bateau l'avaient baptisé *l'Audacieux*, nom qui n'avait visiblement aucun rapport avec ses bien modestes qualités, mais cela restait une valeur sûre durant le combat.

Le repas fut pris à la table des officiers et Nicolas constata que tous le dévisageaient, se demandant probablement de quoi il serait capable en endossant le rôle de commandant en chef, décidant de tout à bord, endossant toutes les responsabilités. De Noallac était un chef de guerre respecté, et si de Guillemin avait fait ses preuves comme officier, nul ne savait ce qu'il vaudrait lorsqu'il faudrait diriger la manœuvre.

En fin de journée, *l'Audacieux* était quasiment revenu sur le navire de commerce anglais. De Guillemin et Boussières l'étudièrent de près avant de préparer l'assaut. Il possédait 32 canons, ce qui était plus qu'honorable pour un vaisseau de ce type. Il était fort probable que des soldats de la couronne fussent à bord, mais difficile d'en savoir le nombre exact, sans compter les matelots qui pouvaient également se battre même s'ils n'avaient pas l'expérience de soldats de métier. Logiquement, ils avaient l'avantage, mais Nicolas se méfiait. Un abordage raté sur un simple navire de commerce pouvait ruiner sa carrière militaire. D'ici une heure ou deux, ils seraient bord à bord.

Avant le combat, Nicolas inspecta la batterie de canons et alla discuter avec Corneric, le maître-canonnier. Il désirait que tout fonctionnât à la perfection lors du combat.
— Vous savez quel type de canons utilisent les navires de commerce ?
— Ils utilisent des canons de 24 livres voire 18 livres alors que nous utilisons des 24 livres et des 36 livres.
— Nos canons ont donc davantage de puissance et de portée ?
— Oui, lieutenant.
— Nous avons donc intérêt à attaquer en premier.
— À condition d'être certains de toucher notre cible.
— Je vais positionner le bateau de façon à ce qu'il puisse toucher notre adversaire sans être atteint et vous tirerez quand vous le jugerez nécessaire. Je vais laisser un homme avec vous qui m'informera de vos remarques.
— Bien, lieutenant.

Corneric regarda l'officier s'éloigner, il était jeune et avait beaucoup à apprendre, mais sentait qu'il assumerait son rôle sans problème. Nicolas convoqua ensuite le bosco.
— Jussac, vous allez placer vos meilleurs tireurs sur le pont avec des mousquets biscaïens. Je ne tiens pas à renouveler l'expérience malheureuse de la dernière fois. Si vous remarquez des tireurs dans les haubans, ouvrez le feu.
— À vos ordres, lieutenant, et n'ayez crainte, nous ne manquerons pas nos cibles. Nous avons d'excellents tireurs à bord.
— Nous verrons bientôt si ce que vous dites est vrai, Jussac.

Le vent avait forci, permettant à *l'Audacieux* de s'approcher plus rapidement que prévu du navire ennemi. Comme convenu, le navire français resta assez éloigné du navire de commerce anglais et ouvrit le feu. Comme ils étaient loin, les tirs manquaient de précision et seulement trois boulets touchèrent leur cible. Le vaisseau adverse répliqua et l'un des boulets anglais toucha la coque de *l'Audacieux*.

Nicolas soupira, Corneric s'était trompé sur la portée de leurs canons même s'ils conservaient un avantage numérique non négligeable. Il se rua vers les batteries de canons, mais avant qu'il ait pu se rendre sur les lieux, une seconde bordée venait d'être tirée dont un grand nombre de boulets touchèrent leur cible, diminuant la puissance de feu de l'adversaire. Il constata en arrivant que trois canonniers avaient été tués par le tir anglais. L'Anglais fit feu à son tour, mais sans rien toucher cette fois. Corneric regarda de Guillemin.

— Encore une bordée, maître-canonnier, en fonction du résultat, nous passerons à l'abordage.

L'Audacieux fit feu à nouveau, provoquant de gros dégâts sur le navire adverse.

— Doit-on charger les boulets chaînés, lieutenant ?

— Non, il ne faut surtout pas endommager la mâture.

Il regagna en hâte le pont du vaisseau. Les officiers réunis l'attendaient.

— Ont-ils hissé le pavillon blanc ?

— Non, lieutenant, visiblement, ils tiennent à se battre.

— Pourtant, nous sommes bien plus nombreux qu'eux et mieux armés.

Nicolas resta dubitatif, l'équipage d'un tel navire n'avait théoriquement pas de quoi lutter. Pour quelle raison s'acharnaient-ils ? En observant le navire anglais, il constata que non seulement tous se préparaient au combat, mais également qu'ils envoyaient des tireurs dans les haubans. Il devinait quelle serait leur cible. C'était lui qu'ils visaient en priorité, lui et les autres officiers.

— Jussac ! Jetez un œil, dit-il en lui tendant la longue-vue.

Le bosco regarda longuement la disposition des tireurs dans le gréement.

— Alors, qu'en pensez-vous ?

— Je trouve qu'ils font de belles cibles, lieutenant. Nous allons nous occuper d'eux.

Jussac alla voir ses tireurs qui, contrairement aux Anglais, étaient disposés sur le pont de l'Audacieux. Le navire anglais avait cessé de tirer, mais Nicolas se méfiait. Il envoya Boussières dans l'entrepont pour lui demander de retirer une bordée en arrivant sur lui, on n'est jamais trop prudent. Il se retourna et regarda le pavillon blanc orné des symboles de la royauté qui flottait au vent. Il espérait être digne de son pays et lui faire honneur dans le combat qui allait suivre. Il savait que contrairement à l'objectif que l'on se fixait en cas de confrontation avec un navire de guerre, il était essentiel, dans le cas d'un affrontement avec un navire de commerce, de le préserver afin d'en rapporter le chargement.

Des coups de mousquets retentirent, les Anglais avaient ouvert le feu les premiers, mais c'est pourtant eux qui perdirent deux des tireurs placés dans les haubans. Comme c'est souvent le cas lorsqu'un camp prend un avantage décisif, sa prudence diminua, ce qui coûta la vie à l'un des tireurs français. Mais la suite confirma l'avantage d'autant plus qu'une nouvelle salve de boulets dévasta le pont du vaisseau rival. De Guillemin et Boussières cherchèrent en vain un signe de réédition, mais il ne vint pas.

— Ils ne veulent pas se rendre, c'est suicidaire.

— Comme vous dites et il me tarde d'en connaître la raison. Préparez l'abordage, allez chercher les grappins.

Nicolas rangea deux pistolets dans sa ceinture et dégaina son sabre. Les deux navires n'étaient plus distants que d'une centaine de mètres et il aperçut celui qui semblait être le commandant des troupes anglaises, mais son allure n'avait rien de celle d'un officier de la Royal Navy. Plus il s'approchait, mieux il pouvait discerner son visage, extrêmement souriant. Lui aussi brûlait d'en découdre. Une centaine de pieds séparaient à présent les deux géants des mers et des coups de mousquets éclatèrent à nouveau. Les officiers français pouvaient à présent voir les dégâts occasionnés par leurs canons. De nombreux corps gisaient sur le pont qui était sérieusement endommagé. Lorsqu'ils ne furent plus qu'à une trentaine de pieds, les grappins reliés à des cordes jaillirent et se fixèrent à la coque du navire anglais. Les marins se concentrèrent sur les cordes, qu'ils tirèrent pour amener les navires bord à bord. Les coques s'entrechoquèrent et un déferlement de cris et de coups de feu éclata, prélude d'une gigantesque cohue où chacun se battait au corps à corps.

Nicolas sauta sur le pont et affronta immédiatement un matelot anglais à qui il trancha la gorge d'un coup de sabre. D'autres arrivèrent et connurent le même sort. Dans l'immense pagaille générée par l'abordage, chacun ne pensait qu'à sauver sa peau. Lors d'un bref répit, il regarda furtivement *l'Audacieux* et constata que l'homme qui semblait diriger les combats était sur le pont du navire français et qu'au sol gisaient trois corps d'officiers français, dont celui de Boussières. Il interpella l'Anglais qui se retourna. Il arborait une longue barbe, ce qui était plutôt rare, et son uniforme rouge portait de nombreuses marques spécifiques dont il ignorait la signification. Il l'avait pris pour un officier anglais, mais il n'en était visiblement pas un et il s'interrogea sur son identité réelle. L'Anglais s'avança vers lui et il remarqua qu'il était très grand, plus d'un mètre quatre-vingt-dix, mais cela ne lui faisait pas peur.

Son adversaire sauta sur le pont du navire anglais et se dirigea vers lui. Juste avant de le voir se ruer sur lui en poussant un cri, il entrevit un visage par la porte qui menait à l'entrepont, celui d'une femme d'une grande beauté avec un regard qui le figea sur place. Cela faillit lui coûter cher, l'Anglais manqua l'abattre d'un coup de sabre.

— Tu rêves, petit homme ?

Pour toute réponse, Nicolas répliqua par une série d'attaques que son adversaire para, mais qui suscita chez lui une certaine admiration et l'obligea à reculer.

— Au moins, tu sais te battre !

Les deux combattants se livrèrent à une série d'échanges de coups d'une grande violence avec une rapidité incroyable. Beaucoup de ceux qui luttaient sur le pont du navire remarquèrent le ballet surprenant de ces deux adversaires engagés dans une lutte à mort. À un moment, les deux combattants s'immobilisèrent en se dévisageant mutuellement. Au-delà de la farouche détermination affichée dans leurs regards, on sentait poindre le respect.

— Qui es-tu donc ? demanda le grand gaillard à la barbe, je n'ai pas souvent affronté un adversaire tel que toi.

— Nicolas de Guillemin. Et vous ?

Mais l'homme ne répondit pas et la lutte se poursuivit. Accaparé par son duel, l'officier français ne pouvait réaliser que partout autour de lui, les Français prenaient peu à peu l'avantage, mais la lutte était beaucoup plus rude que ce qu'ils avaient escompté. L'affrontement entre les deux sabreurs s'intensifia et ils touchèrent chacun leur cible ; Nicolas fut blessé à l'épaule gauche. Heureusement il était droitier, alors que l'Anglais fut touché à la cuisse gauche. Dès lors, les mouvements de ce dernier furent moins rapides et Nicolas, tout en esquivant l'attaque adverse, transperça d'un geste foudroyant le cœur de son rival qui s'effondra sur le pont, gisant sur le dos tout en affichant un petit sourire. Ce fut le tournant de la bataille, peu à peu, tous les Anglais jetèrent leurs armes au sol, ils avaient gagné. La mort de leur chef avait achevé de démotiver les marins anglais.

Nicolas regarda celui qu'il venait de tuer. En dehors de sa longue barbe noire peu courante, sa veste d'officier était constellée de petits symboles impossibles à trouver sur celle d'un représentant de la Royal Navy.

— C'était un pirate !

Il n'avait pas entendu s'approcher celle qu'il avait entrevue peu avant son duel et la découvrit en se retournant. C'était une ravissante

femme blonde au regard d'azur et dont le visage était constellé de taches de rousseur qui lui donnaient un charme particulier.
— Qui êtes-vous donc, madame ?
— Pardonnez-moi, je ne me suis pas présentée. Émilie de Rigaud de Vaudreuil.
— Nicolas de Guillemin, second de *l'Audacieux*. Vous êtes Française ! Que faisiez-vous donc sur un navire anglais ?
— J'ai été enlevée. En fait, je me suis fait piéger par ce pirate repenti de Jack Reed, un bandit à la solde des Anglais qui lui ont donné un poste de capitaine en échange de leur pardon. Je l'avais déjà vu se battre, c'était un adversaire redoutable, j'avoue avoir été impressionnée par votre prestation, je n'ai pas souvent rencontré d'hommes capables de se battre comme vous le faites. Vous venez de me délivrer. Je vous assure que serez récompensé à la hauteur de votre mérite.
— Je n'ai fait que mon devoir.
— Vous avez fait bien plus, monsieur. Vous avez dit que vous étiez le second, où se trouve le capitaine de votre navire ?
— Malheureusement, il a été gravement blessé et reste alité dans sa cabine. Je vais vous mener à lui. Vous êtes seule ?
— Non, une de mes servantes est avec moi.
— Mes hommes vont la faire chercher.
— Je vais les guider. Cette captivité était une horreur, vous ne savez pas à quel point je vous suis reconnaissante.

Un des officiers français se présenta devant Nicolas.
— Faites fouiller le bateau de fond en comble pour voir ce qu'il contient.
— À vos ordres, lieutenant !

Nicolas regarda autour de lui, la bataille avait laissé un désordre incroyable. Un grand nombre de corps jonchaient le pont du navire anglais. Ses matelots lui amenèrent un officier anglais, lieutenant,

comme lui. L'homme jeta un bref regard à celui qui, peu de temps auparavant, commandait encore son navire.
— Beaucoup d'entre nous ont observé votre duel avec Jack Reed, je ne pensais voir de sitôt un gentleman capable de s'imposer à lui dans un combat au sabre.
— Vous l'admiriez ?
— Uniquement pour ses qualités de combattant, sinon c'était un sale type que la couronne nous a imposé. Elle a gracié un certain nombre de pirates s'ils se rendaient, en échange de servir à bord de leurs bateaux.
— Une stratégie dangereuse.
— Je le pense aussi. Puis-je savoir votre nom ?
— Premier lieutenant Nicolas de Guillemin. Et vous ?
— Lieutenant Brian Gates.
— Que transportiez-vous sur ce vaisseau, lieutenant ?
— Principalement des fourrures.
— Prises sur les terres appartenant à Sa Majesté le roi Louis XIV.
— Je ne sais pas d'où les Indiens ont rapporté ces fourrures.
— Je crois que si. C'est tout ce que vous transportiez ?

L'officier anglais demeura impassible.

— Nous finirons bien par le savoir une fois que nous aurons fouillé ce bateau.

Ils commencèrent à enfermer les prisonniers dans la cale. Nicolas vit Talbeau venir vers lui.

— Combien reste-t-il d'officiers ?
— Nous ne sommes que huit.
— Alors le calcul sera simple, quatre de nos officiers vont rester sur ce vaisseau et le ramener à Bordeaux. Il contient beaucoup de fourrures, le roi sera content.
— Et la jeune femme ?
— Elle viendra sur *l'Audacieux*, comme vous.

Alors qu'il s'apprêtait à rejoindre Émilie, un officier marinier l'interpella.

— Lieutenant, vous devriez venir.

— Que se passe-t-il ?

— Nous avons trouvé un personnage important.

— Un noble anglais ?

— C'est un noble, mais pas un Anglais, un Espagnol.

— Quoi ? Que fait un noble espagnol sur un bateau anglais ! Nous sommes alliés à l'Espagne dans une guerre contre la couronne britannique. Ramenez-le-moi !

Au bout de quelques minutes, un homme d'une quarantaine d'années, très bien vêtu, se présenta devant Nicolas.

— Je suis le lieutenant Nicolas de Guillemin, second de *l'Audacieux*. À qui ai-je l'honneur ?

— Enrique de Medina.

— Et que faites-vous sur un navire appartenant à une puissance que nous combattons côte à côte ?

L'homme demeura silencieux, regardant Nicolas sans montrer la moindre expression.

— Je vais vous le dire, moi, ce qu'il fait sur un navire anglais.

Tous se retournèrent et découvrirent Émilie. La jeune femme s'approcha, désignant l'Espagnol.

— Comme vous le savez, une partie de la noblesse espagnole n'a pas soutenu le projet d'imposer Philippe V comme roi d'Espagne, malgré le testament de Sa Majesté Charles II désignant Philippe d'Anjou comme son héritier. Certains ont tenté de joindre le camp adverse pour négocier une paix séparée. Ce fier gaillard est l'un de ces traîtres.

— Nous le remettrons alors au roi qui décidera de son sort. En attendant, enfermez-le dans une des cabines et s'il ressent des velléités d'évasion, nous le mettrons aux fers.

Nicolas accompagna Émilie sur *l'Audacieux*. Une passerelle en bois fut installée pour l'aider à passer d'un bateau à l'autre. Il ne pouvait détacher son regard de la jeune femme tant sa beauté et son charme semblaient grands. Une fois sur le pont du vaisseau français, il se dirigea vers la cabine de son capitaine. Sur place, il resta un bref instant figé en voyant celui qu'il considérait comme un modèle allongé sur son lit, le visage aussi pâle que les linges.

— Vous semblez avoir remporté le combat, lieutenant.

— Oui, par la grâce de Dieu, nous sommes vainqueurs.

— Que contenait donc ce navire anglais ?

—En dehors d'un gros chargement de fourrures volées sur le territoire du roi, nous avons aussi trouvé un traître espagnol et une jeune femme française, fille du gouverneur de Nouvelle-France.

— Vous avez fait du bon travail, monsieur de Guillemin, c'est une prise décisive qui redonne un peu de fierté à la Marine française après certaines déconvenues récentes. Je vous prie à présent de me laisser me reposer, je manque encore de force et ai besoin de repos pour retrouver mes capacités.

Il sortit en souriant et sur le pas de la porte se retourna, jeta un dernier regard vers son supérieur qui lui adressa un petit geste de la main en souriant à son tour. Dans le couloir, il trouva Darguillaud, le chirurgien, qui attendait, la mine grave.

— Dites-moi la vérité, docteur, va-t-il se remettre ou pas ?

Le praticien secoua la tête latéralement, balayant les derniers espoirs de Nicolas.

— Combien lui reste-t-il de temps ? demanda-t-il d'un air grave.

— Il est très faible. Pas beaucoup, quelques heures, peut-être une journée, mais je n'y crois guère.

Nicolas retourna sur le pont, il fallait prendre des mesures pour organiser le retour vers la France et remettre les bateaux en ordre de marche, ce qui impliquait de gérer les prisonniers, de contrôler l'état des bateaux et éventuellement d'entreprendre des réparations, mais également de dresser l'inventaire de ce que contenait le navire anglais. Il avait donné des instructions concernant l'Espagnol et repensa soudain à la belle Émilie qu'il retrouva sur le pont avec une jeune femme brune qui devait être sa servante.

— Pardonnez-moi, madame, ne pas m'être occupé de vous plus tôt.

— Il n'y a rien à pardonner au vu des responsabilités que vous avez. Comment va le capitaine ?

— Mal, hélas, son état m'inquiète.

— Un capitaine amoindri n'est jamais bon pour l'équipage, mais vous semblez avoir hérité de toutes les qualités nécessaires pour le remplacer.

— Commander un navire implique de grandes responsabilités, madame. Il est possible que le sentiment de reconnaissance que je vous inspire me fasse paraître plus qualifié que je ne le suis vraiment.

— J'ai passé l'âge de me laisser gouverner par les émotions depuis bien des années, peut-être me voyez-vous plus jeune et innocente que je ne le suis réellement. Faites attention, l'humilité excessive, dans certains cas, peut apparaître comme un défaut.

— Je m'en souviendrai, madame, en attendant, je vais vous conduire à votre cabine.

— J'espère qu'elle n'est pas très loin de la vôtre, votre présence me rassure.

— Vous ne courez aucun danger, madame, mais si ma proximité peut vous rassurer et faciliter votre sommeil, je vais faire donner des instructions en ce sens.

Émilie de Rigaud de Vaudreuil se dirigea vers la descente menant aux cabines pendant que Nicolas se retourna, regardant les marins s'activer comme les abeilles d'une ruche sur le pont de navire anglais, il restait encore beaucoup de choses à régler.

14 septembre 1712

Gilbert de Noallac mourut dans la nuit, laissant à Nicolas de Guillemin la seule responsabilité du commandement. Le maître-charpentier avait dû entreprendre des réparations sommaires afin de permettre au navire anglais de rallier la France. Sur place, ils pratiqueraient de plus grandes réparations pour le remettre totalement en état et l'incorporer à la flotte française. Enrique de Médina était enfermé dans une cabine et on lui apportait des repas régulièrement. Nicolas avait hésité à le mettre aux fers dans la cale, mais ne sachant pas son importance exacte, il avait jugé plus prudent de le traiter convenablement en attendant d'en savoir un peu plus le concernant. Il se demanda ce qu'aurait fait son capitaine, mais savait que désormais cette question resterait sans réponse.

Il repensa soudain à Émilie. Outre sa grande beauté, elle possédait une vivacité d'esprit qui l'enchantait, lui donnant un charme quasi irrésistible. Il s'étonna qu'une jeune femme de son âge, elle avait vingt-trois ans, parée de tels attraits ne fût point mariée, mais après tout, il arrivait parfois que certaines affaires familiales compliquées vinssent retarder les noces des jeunes femmes. Secrètement, il brûlait d'envie de connaître son histoire, mais pour l'instant, la belle avait été plutôt discrète à ce sujet.

En fin de journée, on organisa la cérémonie funéraire de Gilbert de Noallac. Tous les officiers survivants étaient présents. Cinq matelots en tenue tirèrent une salve de mousquets en son honneur et le cercueil contenant son corps bascula à la mer. Nicolas avait le visage grave, il appréciait particulièrement Gilbert de Noallac pour ses qualités de meneur d'hommes et se retrouvait désormais seul décisionnaire du sort des marins de *l'Audacieux* et également responsable du sort des prisonniers anglais. À la fin de la cérémonie, il alla trouver le maître-charpentier.

— Dans combien de temps le navire anglais sera-t-il en état de naviguer ?

— Je pense que nous pourrons reprendre la route dès demain.

— S'il vous faut plus d'hommes, n'hésitez pas à m'en demander.

— Oui, lieutenant, je n'hésiterai pas.

Le charpentier repartit en toute hâte, une rude tâche l'attendait, il ne fallait pas perdre de temps. Nicolas monta sur la dunette de *l'Audacieux*, dépliant sa longue-vue et scrutant l'horizon. Perdu dans ses pensées, il n'entendit pas qu'on montait le rejoindre et quand il perçut enfin le bruit feutré d'un pas léger il se retourna, découvrant Émilie.

— Je ne vous dérange pas, capitaine ?

— Je ne suis pas capitaine !

— Vous n'en avez certes pas le titre, mais vous en assumez toutes les fonctions avec brio.

— C'est pour me flatter que vous êtes montée ?

— Non, je suis venue vous voir pour une raison plus personnelle, que comptez-vous faire de moi ?

— Dans la zone où nous nous trouvons, les vents dominants arrivent de l'ouest, il nous sera donc plus facile de faire route vers la France que de retourner en Nouvelle-France. D'autre part, nous devons impérativement rentrer en France où nous sommes attendus. Une fois là-bas, je veillerai à ce que vous puissiez retourner au plus vite chez vous où votre père doit s'inquiéter à votre sujet.

— Mon père saura vous récompenser généreusement pour votre geste.

— Je n'ai fait que mon devoir, madame.

— Si tous les officiers de la marine de Sa Majesté faisaient leur devoir de cette façon, nous serions sûrs de gagner la guerre contre nos ennemis.
— Ainsi, vous connaissez la fâcheuse situation dans laquelle nous nous trouvons.
— Difficile de l'ignorer, même si nous avons remporté au départ quelques succès, tout le monde sait que la situation s'est depuis détériorée. Même si votre victoire ne sera que symbolique au vu de l'ensemble des désastres que nous avons subis, elle réchauffera le cœur de notre bien-aimé souverain.
— Je ne crois pas qu'il aura jamais vent de ce qui vient de se passer ici, le roi a bien d'autres soucis que moi.
— La bravoure et le panache sont des vertus qui brillent à nulle autre pareilles, croyez-moi, où que se trouve le roi, il saura ce que vous avez fait pour la France.
— Mais vous, madame, vous semblez également parée de vertus que l'on ne rencontre pas souvent chez les dames.
— Vous avez parfaitement su me retourner le compliment que je vous ai fait, vous êtes habile et ne cessez de me surprendre. La première fois que je vous ai vu, j'ai découvert votre courage d'affronter un adversaire redoutable. Votre vivacité d'esprit m'enchante comme je l'ai rarement été avant de vous rencontrer.
— Avouons tous deux que notre rencontre est une bénédiction et j'espère que votre père n'a pas encore promis votre main à quelque gentilhomme de Nouvelle-France.
— Vous vous emballez bien vite, monsieur. À peine avons-nous échangé quelques phrases que vous êtes sur le point de demander ma main ? Faire la cour à une dame exige un minimum de patience.
— Ainsi, madame, vous venez de découvrir le premier de mes défauts.
—Il n'éclipse en aucun cas vos qualités et je trouve aussi qu'il vous assure un certain charme.

— Vous n'en manquez pas non plus, mais vous avez raison, j'ai besoin de temps pour davantage vous connaître, la nature humaine révèle parfois aussi de mauvaises surprises.
— Dans combien de temps serons-nous à Bordeaux ?
— Si les vents nous sont favorables, environ trois semaines.
— Cela nous laisse suffisamment de temps pour faire connaissance.

Elle sourit, puis repartit en direction du pont principal, non sans s'être retournée pour lui jeter un petit regard malicieux. Le père de Nicolas lui avait jadis fait part de la facilité des femmes à user de leurs charmes pour envoûter les hommes et les rendre fous, et Émilie paraissait particulièrement douée à ce jeu-là. Il regarda l'équipage qui travaillait sur les deux navires, immobilisés, côte à côte. Bientôt, il lui faudrait reprendre la route, il lui tardait de retourner à terre pour faire son rapport et revoir sa famille, mais la présence de la jeune femme blonde à bord rendait désormais tout plus agréable. Il lui semblait à présent que même s'il rencontrait les pires conditions de mer, rien n'aurait pu altérer sa bonne humeur, Émilie l'obsédait, il ne pensait plus qu'à elle et ce n'était pas pour lui déplaire.

17 septembre 1712

Les deux navires étaient repartis la veille en direction de la France. La brise légère qui soufflait permettait aux deux vaisseaux de glisser lentement, mais régulièrement, sur les flots. La houle était modérée et Nicolas avait profité du temps plutôt clément pour établir une vigie permanente en haut du grand mât où des gabiers se relayaient toutes les heures pour surveiller l'horizon. Les membres de l'équipage français étaient conscients qu'ils étaient considérablement affaiblis par les pertes survenues lors du combat et par l'obligation de partager les effectifs en deux pour pouvoir convoyer le navire de commerce anglais. Ils voulaient éviter de faire de mauvaises rencontres, car ils n'étaient pas sûrs de pouvoir se défendre contre des navires de guerre adverses. Après avoir dû gérer la suite de leur combat qui avait nécessité un gros travail d'organisation, Nicolas avait à présent pour priorité de ramener tout le monde à bon port, ce qui impliquait une surveillance accrue de l'horizon.

Son esprit était en grande partie accaparé par cet objectif, mais une autre préoccupation l'obsédait, Émilie, d'autant plus qu'ils passaient beaucoup de temps ensemble et que le charme envoûtant de la jeune femme exerçait sur lui une attirance troublante. Il ne se passait pas une minute sans qu'il songeât à cette passagère à la personnalité affirmée, bien différente des femmes qu'il avait jusqu'à présent côtoyées, d'autant plus qu'elle prenait un malin plaisir à l'accompagner tout au long de la journée, arguant que sa présence le rassurait, mais en profitant surtout pour distiller astucieusement toutes les facettes de sa féminité flamboyante. Nicolas se demandait comment tout cela se terminerait. Jamais il n'avait éprouvé une telle fascination pour une femme. Il était résolu à demander sa main, mais songea qu'au fond, il ne la connaissait pas vraiment. Le regard d'Émilie brillait comme un soleil d'été, affichant à la fois un plaisir non dissimulé d'être à ses côtés mais aussi la certitude de le déstabiliser. Il profita d'un de ses rares moments de détente pour observer les flots sur le flanc du navire. Naturellement, Émilie ne tarda pas à le rejoindre.

— Il doit vous tarder de rentrer chez vous ?

— Je vous ferais offense si je vous disais cela, monsieur, votre compagnie est des plus agréables.

— Par chance, le vent n'est pas très fort, ce qui me permet de passer plus de temps avec vous.

— N'ayez crainte, nous nous reverrons après ce voyage, vous m'avez sauvée et quoi qu'il arrive j'ai une dette envers vous.

Nicolas découvrit qu'Émilie était cultivée, instruite et surtout que son esprit était extrêmement vif, aussi tranchant que la lame de son sabre et, en plus, d'une beauté peu commune. Jamais il n'avait rencontré de femme comme elle, davantage habitué à des jeunes femmes un peu trop conventionnelles et souvent assez ennuyeuses. La façon qu'elle avait de s'exprimer, de le regarder, le rendait fou. Le soir venu, il décida, exceptionnellement, de dîner avec elle dans sa cabine qui était en fait celle du capitaine de Noallac. Ses officiers avaient insisté pour qu'il s'y installât et même si cela l'avait un peu dérangé au départ, il s'y était vite accoutumé.

Au milieu de l'immense cabine arrière, une table était disposée sur laquelle les deux convives avaient pris place. Jamais il n'aurait pu trouver de lieu plus romantique pour un dîner à deux. Ils commencèrent à manger et, pour Nicolas comme pour Émilie, rien ne

comptait plus que celui qui était en face, le regard plongé dans celui de l'autre, comme si rien d'autre n'existait.
— Viendrez-vous me voir en Nouvelle-France, Nicolas ?
— Dès que je le pourrai. Ce sera un grand plaisir de vous revoir.

Il remarqua qu'ils ne se connaissaient que depuis quelques jours, mais s'appelaient déjà par leur prénom. La bienséance qui obligeaient habituellement deux personnes qui s'attiraient à tout un rituel de politesse durant souvent des semaines, voire des mois, n'avait duré pour eux que quelques jours. Il observa la jeune femme dont le regard incandescent était une invitation à franchir les barrières qui délimitaient les règles de leur société. Il savait qu'une pareille conduite était indigne d'un gentilhomme, mais il brûlait d'envie de mettre toutes ces convenances de côté pour aller vers elle. Il se demanda combien de temps il tiendrait si elle continuait de le regarder ainsi, pas très longtemps assurément.

À la fin du repas, ils se levèrent pour boire un verre en regardant la mer par la fenêtre arrière du grand vaisseau. L'ambiance était on ne peut plus romantique, incitant à la passivité, à l'ivresse des sens. Il y avait une sorte de magie dans l'air, qui les conduisait à être irrémédiablement attirés l'un par l'autre. Mais malgré la tentation, Nicolas resta de marbre, il ne voulait pas porter préjudice à la jeune femme en la déshonorant. Émilie, sentant la motivation de l'officier s'affaiblir, décida de prendre l'initiative. Elle éteignit la plupart des chandelles de la cabine, n'en laissant qu'une toute petite dont la faible lueur ne parvenait à éclairer qu'une zone très réduite.
— Que faites-vous, madame ?
— Je vous ai affirmé que mon père vous récompenserait, mais vous devez savoir que c'est un homme capricieux et imprévisible, et que bien qu'étant sa fille, je ne peux me substituer à lui et ainsi me porter caution de ses décisions. Il n'y a en fait qu'une façon de garantir que vous soyez récompensé pour votre intervention…

À la stupéfaction de Nicolas, elle défit sa robe qui tomba sur le sol la laissant apparaître nue, révélant un corps d'une grande beauté, frisant la perfection.

— … c'est de vous la donner moi-même.

Nicolas resta figé, contemplant celle qui s'offrait à lui. Il avait parfois rencontré des jeunes femmes audacieuses et provocatrices, mais jamais une comme elle. La jeune femme qu'il avait en face de lui n'était pas de la même trempe, elle n'avait pas la retenue des femmes qu'il avait connues. Nue au milieu de la cabine qui bien qu'étant en partie plongée dans la pénombre restait suffisamment éclairée pour révéler chaque détail de l'anatomie de la belle.

— Vous étiez il y a quelques jours plus fougueux quand il s'agissait de pourfendre les Anglais que vous ne l'êtes en ma présence. Dois-je prendre toutes les initiatives ?

— Je ne voudrais pas…

— Sachez que je ne suis plus vierge… si c'est ce que vous craignez.

— Non, juste un peu surpris.

— Cela vous choque ?

— Non, certains hommes y attachent beaucoup d'importance, je ne suis pas de ceux-là.

Elle s'approcha encore de lui pour se retrouver si près qu'il sentait sa respiration sur son visage.

— Alors, peut-être que je ne vous plais pas ?

— Je ne crois pas qu'il existe un homme sur terre qui puisse ne pas vous trouver séduisante…

La fin de la phrase de Nicolas se perdit dans la nuit, sa bouche s'étant unie à celle d'Émilie pendant que ses mains se plaquaient sur son dos avant de glisser lentement vers le bas. Ils s'allongèrent rapidement dans le grand lit en bois et s'abandonnèrent aux plaisirs du corps. Nicolas oublia le voyage retour, l'abordage et même qu'il se retrouvait seul maître à bord, plus rien ne comptait mis à part la jolie blonde, ensorcelante et troublante, qui avait pris possession de son esprit.

18 septembre 1712

Guillaume Talbeau s'étonna de ne point voir Nicolas, d'ordinaire fort matinal. Il se permit d'aller taper à la porte de sa cabine. Nicolas entendit les petits coups secs répétés à la porte de sa cabine. Il venait de se réveiller en sursaut et s'il avait au départ bien du mal à se rappeler ce qui s'était passé la veille, le corps de la belle Émilie, entièrement dénudé et étendu à ses côtés, l'aida à se remémorer les détails de la veille où le plaisir avait été la sensation dominante, plaisir que les deux amants avaient prolongé une grande partie de la nuit. Il constata aussi que non seulement il faisait jour, mais que la journée était déjà bien avancée au vu de la lumière intense qui rayonnait dans la cabine.

— Tout va bien lieutenant, je m'inquiétais du fait que vous n'étiez point encore sur le pont.

— Tout va pour le mieux, j'arrive dans une vingtaine de minutes.

Émilie ne tarda pas à se réveiller à son tour et quand leurs regards se croisèrent, elle sourit d'un éclat qui lui rappelait la soirée de la veille.

— Qui y a-t-il ?

— Rien de grave, je songeais juste à l'ironie de la situation, il y a quelques jours de cela, j'étais prisonnière, rudoyée par cette infâme brute de Jack Reed, en route pour l'Angleterre où je me serais retrouvée cloîtrée en attendant des mois, voire des années, que mon père paie la

rançon et à présent je suis en compagnie d'un officier de la marine de Sa Majesté, quelqu'un qui m'a délivrée en se battant pour moi.
— Remerciez Dieu que mon navire ait croisé la route du vôtre. Sans cela, qui sait comment vous auriez terminé ?
— Qu'est-ce qui va se passer une fois arrivés en France ?
— Je pense que vous allez retourner en Nouvelle-France pour rejoindre votre famille et moi je vais terminer mon rapport et attendre les ordres de mes supérieurs. La mort de Gilbert de Noallac, notre capitaine, étant un événement de première importance, je serai sans doute réaffecté pour poursuivre mon service sur un autre vaisseau.
— Y a-t-il des chances que vous deveniez capitaine ?
— Non ! Je viens de passer premier lieutenant, ce qui est exceptionnel pour mon âge. Il est certain que ce qui s'est passé favorisera ma carrière, mais il ne me semble pas possible de devenir capitaine si rapidement. Il y a en France beaucoup d'officiers plus âgés et plus expérimentés qui le méritent davantage.
— Dommage, j'y avais pensé et cette hypothèse me plaisait bien.
— Patience, nous serons bientôt fixés en arrivant à Bordeaux.

Nicolas se leva et elle le regarda s'habiller. Jamais il n'avait vu de femme aussi belle et jamais l'une d'elles ne lui avait fait autant tourner la tête. Il aurait tout donné pour elle et il lui tardait de pouvoir faire sa demande officielle à son père.

Port de Bordeaux – 8 octobre 1712

On l'appelait le port de la Lune à cause de sa forme en croissant, mais on aurait pu lui donner bien d'autres noms tant il inspirait les milliers d'hommes qui y travaillaient, déployant une énergie gigantesque pour charger et décharger les grands voiliers qui partaient à l'autre bout du monde. Les bœufs remorquaient inlassablement les cargaisons, remontant péniblement la pente de la grève qui reliait le fleuve aux maisons des marchands où s'entassait tout ce qui pouvait être vendu ou acheté. Les charretiers travaillaient dur pour transférer les produits, sucre, café, coton, tabac, épices provenant des colonies. Sur la Garonne, une forêt de mâts témoignait de l'opulence de la ville, navires, gabarres et filadières[6] allaient et venaient, au gré du commerce, contribuant au dynamisme du port.

Nicolas connaissait ce spectacle depuis son enfance, mais ne cessait jamais de s'en émerveiller. Il avait accosté la veille et, une fois les affaires réglées, était parti voir son père qui habitait dans la rue Sainte-Eulalie, non loin de la porte du même nom, qui était l'une de celles permettant l'entrée des visiteurs dans la ville de Bordeaux comme l'étaient les autres, porte Saint-Julien, porte Saint-Germain, porte Dalbret ou porte Dijanx, situées sur l'enceinte ceinturant l'illustre cité. Il utilisa l'anneau métallique servant de marteau de porte pour indiquer sa

[6] Embarcation de 6 à 7 m, traditionnelle de la Basse-Dordogne, de la Basse-Garonne et de l'estuaire de la Gironde.

présence. Il vit apparaître sur le seuil Cornivier, le majordome qui servait son père depuis plus de vingt ans et qui l'avait vu grandir.

— Monsieur Nicolas ! Quel plaisir de vous voir, votre père sera ravi de vous voir. Resterez-vous déjeuner avec nous ?

— Oui, je viens de revenir des côtes de Nouvelle-France et j'ai beaucoup à raconter.

— Installez-vous au salon, je vais le prévenir que vous êtes là, votre sœur y est déjà.

Cornivier referma la porte et Nicolas se dirigea vers le salon apercevant la silhouette brune de sa sœur Éloïse.

— Éloïse !

Elle se retourna, affichant un grand sourire.

— Nicolas ! Nicolas ! Comme je suis contente de te voir, il me tardait ton retour.

Elle se jeta à son cou en l'embrassant vigoureusement sur la joue.

— Je ne me rendais pas compte que je t'avais manqué à ce point.

— Il faut dire que ta sœur avait une raison particulière de souhaiter ton retour.

Il reconnut la voix de son père qui arrivait en compagnie de sa mère dans le salon.

— Père ! Mère ! Comme je suis content de vous voir.

Il les embrassa, mais remarqua que le regard de son père restait fixé sur Éloïse qui paraissait un peu embarrassée.

— Qu'est-ce qui se passe ? Pour quelle raison Éloïse aurait-elle souhaité plus que de coutume mon retour ?

— Demande-le-lui ?

Il vit les joues de sa jeune sœur s'empourprer. Que diable cela signifiait-il donc ? Comme la jeune femme ne semblait pas vouloir répondre, son père reprit la parole.

— En ton absence, un jeune homme, le comte de Valmy, a demandé la main de ta sœur. Nous étions alors plutôt contents. J'ai décidé d'accorder cette faveur à ce jeune homme de bonne éducation qui m'a fait la meilleure des impressions. Il semble malheureusement que ni lui ni ta sœur ne se soient comportés de façon convenable…

Il se retourna vers sa sœur.

— Tu es enceinte ?

Elle acquiesça sans rien dire, le visage cramoisi.

— Au départ, poursuivit son père, Éloïse souhaitait absolument attendre ton retour, mais au vu de ce qui s'est passé… dit-il en regardant longuement sa fille qui baissait le regard, il devenait urgent de prévoir ce mariage afin d'éviter que la famille soit frappée par le déshonneur. Heureusement qu'il s'était engagé à épouser ta sœur.

— Ce ne sera pas le premier enfant qui arrive avant terme en pleine forme, ajouta Nicolas.

— Je suis désolée… murmura Éloïse, le regard toujours incliné vers le sol.

— Tu aurais dû y penser au moment où tu as péché ! s'emporta son père.

— Pour quand est prévu le mariage ?

— La semaine prochaine, c'est pour cela que nous sommes plutôt contents de te voir arriver à Bordeaux.

Il se pencha et embrassa sa sœur sur la joue.

— Je suis très heureux que tu te maries.

— Pour l'enfant, tu m'en veux ?

— Une fois que tu seras mariée, tout le monde oubliera cela.

Elle l'embrassa à son tour sur la joue.

— Mille mercis, grand frère !

Une fois les retrouvailles passées, Nicolas accompagna son père dans le jardin, sachant qu'ils devaient avoir une conversation. Le jardin était verdoyant et il faisait encore chaud en cette fin octobre. Nicolas fit le récit des événements survenus ces derniers jours sur *l'Audacieux* en minimisant son rôle, mais son père le connaissait bien.

— Je suis fier de toi, mon fils ! Jamais je n'aurais pensé que tu réussirais une aussi belle opération. La prise d'un navire ennemi constitue à elle seule un remarquable exploit, mais en plus tu ramènes un traître espagnol et la fille du gouverneur de France, nul père ne saurait être plus fier que moi.

Il serra son fils contre lui, ce qui provoqua un sentiment de fierté chez Nicolas.

— C'est notre capitaine, Gilbert de Noallac qui avait entamé cette manœuvre, je n'ai fait que la terminer, c'est à lui que revient tout le mérite de cette opération.

— C'est toi qui dirigeais la manœuvre quand vous avez pris le navire adverse, ne sois pas trop modeste, tu as bien mérité ce qui t'arrive.

Il repensa soudain aux paroles de la belle Émilie qui lui avait dit que « trop d'humilité pouvait parfois passer comme un défaut » et sourit.

— Vous avez raison, père !

— Je suis content de te l'entendre dire, mon fils.

— Juste après le mariage d'Éloïse, je devrai rencontrer le chef d'escadre à Brouage pour faire mon rapport et savoir quelle nouvelle mission on voudra bien me confier.

— J'espère qu'ils te confieront le commandement d'un navire.

— Vous savez, père, que je suis trop jeune pour ça, et en plus, je viens tout juste d'accéder au poste de second.

— Je sais, mais il arrive parfois que des seconds se voient confier le commandement d'un petit navire, une frégate ou un brigantin comme s'ils étaient capitaines et sont considérés comme tels par l'équipage.

— Je sais, père. Je pense en toute honnêteté que rien de tel n'arrivera, mais cela me permettra à coup sûr d'accélérer ma carrière.

— Nous verrons bien, en attendant, la priorité reste le mariage de ta sœur, il ne faudrait pas, à cause de sa situation particulière, qu'il prenne du retard et si par malheur il arrivait quelque chose au comte de Valmy, cela nous mettrait dans une situation délicate.

— Juste une dernière chose, père, acceptez-vous d'héberger Émilie ?

— Bien sûr, je n'ai aucune raison de refuser.

— Ce ne sera pas pour très longtemps, je recherche un navire appareillant en direction de la Nouvelle-France.

— Même si elle reste un peu plus que prévu, ce ne sera pas bien grave.

Nicolas sourit et ils regagnèrent la maison de son père.

Saint-Surain – 16 octobre 1712

Le mariage se faisait non loin de Bordeaux et toute la noblesse bordelaise y participait, Bertrand de Guillemin, le père de Nicolas, était quelqu'un d'important et l'on se bousculait pour féliciter les mariées et les parents, il faisait encore beau et les invités profitèrent d'abord de quelques gourmandises sophistiquées avant de s'engouffrer dans la grande salle qui accueillait le repas du mariage. Émilie s'était pour le moment faite discrète, mais elle remarqua le regard de la sœur de Nicolas qui restait rivé sur elle. Elle sentait la jeune femme la jauger comme seule une autre femme peut le faire et décida qu'il était temps de mettre un terme à ce regard inquisiteur en allant se présenter. Éloïse l'observa approcher avec un regard dans lequel Émilie ne put discerner s'il reflétait de la curiosité ou du mépris.

— Ainsi, c'est vous !

— Je vois que votre frère vous a parlé de moi.

— Certes, mais je suis tout à fait capable d'émettre un jugement par moi-même, je ne suis plus une enfant.

— Je n'ai aucun doute à ce sujet.

— Vous êtes d'une beauté rare et, qui plus est, dotée d'une personnalité attirante. Il doit être dur pour un homme de vous résister.

— Pour quelle raison me résister, ne sommes-nous pas conçus pour être attirés les uns par les autres.

— À condition que les apparences ne soient pas trompeuses… J'ai l'étrange impression que vous n'êtes pas ce que vous affichez.
— Pour quelle raison les apparences seraient-elles trompeuses ? Je n'ai rien à cacher… comme vous ?

Avant qu'Éloïse ait pu répondre, Nicolas fit son apparition.
— Je vois que les deux femmes que j'aime le plus au monde , sans compter notre mère qui a une place spéciale dans mon cœur, ont fait connaissance.
— Nous avons en effet fait connaissance, glissa Éloïse.

Un groupe d'amis s'approcha et ils discutèrent avant que tous s'éparpillassent dans la foule. Alors qu'il était perdu dans ses pensées, Nicolas sentit une main prendre la sienne et il songea d'abord que c'était celle d'Émilie, avant de comprendre que c'était celle de sa sœur.
— Tu pensais à elle ?
— Oui, difficile de ne pas le faire.
— Méfie-toi, j'ai comme un mauvais pressentiment la concernant.
— Tu te trompes. Pour quelle raison devrais-je me méfier ? Il n'y a pas de piège, Émilie est charmante, cela ne dissimule aucun subterfuge.
— Tu as couché avec elle ?
— Tu connais déjà la réponse à cette question, après tout, nous ne sommes pas du même sang pour rien.

Elle marqua un temps d'arrêt, mais poursuivit immédiatement.
— Le coup est bas, grand frère, les conséquences ne sont pas les mêmes pour les hommes que pour les femmes, mais cela peut te mettre en fâcheuse situation.
— Si cela devait hâter les choses, je ne serais pas contre, je ne désire rien de plus que m'unir à elle.
— Tu la connais à peine !
— Je n'ai pas besoin d'en savoir davantage. D'autre part, tu ne connais pas beaucoup mieux ton mari, ma chère sœur.

— C'est vous les hommes qui avez le choix d'aimer, nous, tu le sais, n'avons d'autre choix que de nous plier aux conventions et au désir de nos pères.
— Éloïse ! Père t'a laissé le choix, tu le sais très bien.
— Il m'a proposé quatre prétendants et m'a demandé de choisir.
— C'est mieux que rien, en plus ton mari est jeune et charmant.
— Il a dix ans de plus que moi !
— Ce n'est pas énorme, j'en ai six de plus qu'Émilie.

Éloïse but une gorgée et tourna la tête.

— La voilà, je vais vous laisser tous les deux, il faut que je m'occupe de nos invités.

Il regarda sa sœur s'éloigner, il y a peu encore, il la considérait comme une enfant, ce qu'elle n'était plus assurément, jouant de sa féminité comme d'une arme de séduction, de la même façon qu'Émilie.

— Vous semblez parfaitement vous entendre avec votre sœur.
— On se comprend tous les deux, je l'aime beaucoup.
— C'est plaisant de voir que votre famille est soudée.
— Vous avez des frères et sœurs, Émilie ?
— Oui, mais hélas, nos relations ne sont pas aussi bonnes que celles entre vous et Éloïse.
— Rien n'est jamais acquis. J'ai trouvé un bateau qui vous ramènera auprès des vôtres. Il lèvera l'ancre dans trois jours.
— Nous n'avons donc que trois jours à passer ensemble.
— Non, je dois partir dès demain pour Brouage, à mon retour vous serez partie.
— C'est donc notre dernier soir avant longtemps.
— Dès que je pourrai, je vous rejoindrai et demanderai votre main à votre père.

Elle baissa les yeux.

— J'espère que vous viendrez !
— Vous en doutez ?

— Maintenant, il est vrai que nous sommes en face l'un de l'autre, les déclarations d'intention sont faciles, les mots nous viennent aisément, mais quand un océan nous séparera, penserez-vous à moi de la même façon ?

Il l'embrassa doucement, comme le premier baiser que l'on accorde à une adolescente.

— Ne doutez jamais de moi, l'océan n'est pas assez grand pour avoir raison de l'amour que je vous porte.

Émilie hésita un court instant à parler, mais sembla se raviser.

— Qui y a-t-il ? Vous vouliez me dire autre chose ?

— Cela attendra. Ce n'est rien d'urgent.

La soirée passa sans qu'à aucun moment Émilie et Nicolas ne se quittassent du regard et il finit par arriver la même chose que sur *l'Audacieux*, ils firent l'amour en sachant qu'ils n'en auraient plus l'occasion avant longtemps. De toutes les nuits qu'ils avaient passées ensemble, celle-là fut la plus passionnée, la plus fougueuse. Au matin, Nicolas s'éclipsa, il avait de la route à faire et des responsabilités à assumer. En quittant la chambre, il regarda brièvement Émilie, endormie elle avait l'air d'une enfant, innocente et pure. Il se demanda ce que cachait ce joli visage, puis détourna la tête, il aurait tout le temps d'y repenser.

Auberge de la Saintonge, non loin de Saintes – 18 octobre 1712

Nicolas était parti la veille et se trouvait à quelques lieues de Saintes, dernière étape avant d'arriver à Brouage où il devait rencontrer le chef d'escadre de la ville, représentant du roi. Comme la nuit venait de tomber, il décida de s'arrêter dans une jolie auberge se trouvant sur le bord de la route. Il voyageait seul, armé de son sabre qu'il ne quittait jamais et de deux pistolets. Si le trajet n'était pas vraiment périlleux, il n'était cependant jamais sans risques. Les routes de France n'étaient pas sûres, il n'était pas rare d'y faire de mauvaises rencontres. Il constata en arrivant devant l'établissement qu'il n'était pas le seul visiteur. Nicolas portait sous un grand manteau d'hiver son uniforme d'officier de marine. Visiblement, la clientèle était aisée, l'auberge accueillait principalement des voyageurs de marque.

Un jeune garçon d'une douzaine d'années sortit par la porte principale et se précipita vers lui. À sa droite se tenait un coche assez imposant qui devait appartenir à quelque marchand fortuné.

— Il me faut une chambre, j'espère que cette auberge n'est pas mal famée ?

— Oh, non, monsieur l'officier, vous n'en trouverez pas de meilleure à 10 lieues à la ronde, nous ne prenons que des voyageurs à cheval, marchands ou soldats et parfois artisans, mais pas de gens qui puissent vous importuner. C'est trente sols pour la nuitée et quinze pour le repas.

— D'accord, je prends une chambre.

Il descendit de cheval et tendit les rênes au garçonnet puis déchargea ses maigres bagages.
— Mets-le à l'écurie, je vais prendre ma chambre.

Il entra dans l'auberge où une femme, la trentaine fatiguée, aux cheveux prématurément blanchis par le poids des années, l'accueillit avec un grand sourire, probablement la mère du gamin, pensa-t-il.
— Mon Raoul s'est occupé de votre cheval ?
— Oui, je repars dès l'aube.
— Vous verrez, les lits sont confortables et c'est bien plus tranquille qu'à la ville, il n'y a pas le moindre bruit.
— Je veux bien vous croire, ajouta Nicolas en songeant à l'emplacement de l'auberge, sur le bord de la route de Saintes, sans aucune habitation environnante, entourée par la seule forêt.

Il jeta un regard dans la salle à manger où un grand feu de cheminée illuminait la pièce. Deux hommes étaient installés à la table d'hôte, sans doute des marchands, et un autre, bien habillé, mais qui semblait jouer la carte de la discrétion, mangeait à une petite table séparée. Il alla poser les affaires dans la chambre, spacieuse et meublée avec du mobilier de bonne qualité, qu'il jugea conforme au prix un peu élevé réclamé par l'aubergiste. Il repartit en salle en prenant soin de prendre avec lui un de ses pistolets et son sabre, on n'est jamais trop prudent.

Il prit place à la grande table de bois, le visiteur installé à une petite table à l'écart lui jeta un regard discret. Les deux autres qui étaient à deux mètres de lui le saluèrent en se présentant.
— Fernand et Michel Duchemin, négociants à Bordeaux.
— Nicolas de Guillemin, officier du roi.
— Dans la Marine royale.
— Je vois que vous avez l'habitude de fréquenter les ports.

— C'est essentiel dans notre métier, car toutes les marchandises transitent par bateau, que ce soit ceux qui parcourent l'océan ou les gabarres qui naviguent sur les rivières.
— Je ne fréquente les gabariers que dans les ports.
— Vous vous rendez à Brouage ?
— On ne peut rien vous cacher. Et vous ?
— À Rochefort, pour affaires.

Ils furent interrompus par une jeune fille à la chevelure châtain qui apportait une marmite de soupe pour servir Nicolas. Elle déposa une bouteille de vin et une miche de pain sur la table et remplit son assiette. Le garçon qui s'était occupé de son cheval entra dans la pièce et s'avança vers Nicolas.
— Votre cheval est à l'écurie, Monseigneur, je lui ai donné à manger.
— Merci, petit !

Il surprit le sourire complice entre celle qui le servait et celui qui devait être son frère. Son regard croisa celui de l'autre homme qui n'avait pas perdu une miette de la conversation et il se demanda qui il pouvait être. Il conversa avec les deux marchands pendant que la jeune femme lui servait un plat de chevreuil qu'il entama avec appétit sous le regard amusé de la servante.
— C'est ta mère qui cuisine ?
— Oui, monsieur, et je l'aide parfois.
— Comment t'appelles-tu ?
— Marie !
— C'est très bon, Marie.
— Merci ! Je lui dirai.

La grande porte de l'auberge s'ouvrit à nouveau et un groupe d'hommes entra. La patronne vint les accueillir, ils étaient cinq. Nicolas les examina, ils n'avaient pas l'air de marchands, plutôt des gens d'armes à en juger par leurs amples tuniques d'hiver dont il se demanda ce qu'elles dissimulaient. Deux d'entre eux scrutaient la salle et leurs regards croisèrent celui du voyageur qui mangeait à l'écart des autres. Leur attention restait figée, lourde de sous-entendus et Nicolas comprit qu'il allait se passer quelque chose, de même que les marchands, dont le visage exprimait une grande inquiétude.

Les regards des cinq intrus qui venaient de faire irruption convergeaient à présent tous vers l'individu isolé qui continuait de manger sa soupe comme si de rien n'était. La tension était palpable et les négociants entamèrent une discrète retraite en se dissimulant sous la table. L'un des cinq s'avança vers celui qu'ils dévisageaient et avant que Nicolas ait pu esquisser le moindre geste, un coup de feu retentit, l'abattant net. Nicolas entrevit le canon fumant du pistolet sous la table. D'un geste, le tireur écarta la table et dégaina son épée en criant.

— Pour le roi !

En se levant, le mystérieux visiteur avait dévoilé une partie des vêtements qu'il portait en dessous de la cape sombre qui l'enveloppait, c'était un mousquetaire et Nicolas comprit que son cri n'était qu'un appel à l'aide à son encontre. L'homme avait vu son uniforme et le sollicitait à présent pour le soutenir. Il ignorait qui étaient les cinq individus qui venaient d'entrer, mais d'après leur allure, il avait compris qu'ils vivaient de basses besognes et n'appartenaient pas à un quelconque corps militaire. C'étaient des gens dont on louait les services pour ce genre de travail. Le mousquetaire croisait déjà l'épée avec deux des assaillants. Nicolas dégaina son sabre et se jeta au-devant des deux autres. Bien que leurs épées fussent plus maniables que son sabre, Nicolas compensait aisément ce désavantage par une maîtrise de son arme bien supérieure à celle de ceux qu'il combattait, bien que ces derniers fussent à l'évidence des combattants expérimentés.

À un moment, l'un de ses adversaires s'avança pour tenter une attaque et Nicolas le blessa à l'épaule, poussant son comparse à redoubler de vigueur pour le protéger, mais emporté par son élan, il manqua l'officier de marine et se retrouva à six pieds de lui. Celui qui était blessé tenta de l'attaquer à nouveau, mais ses mouvements étaient lents et Nicolas, d'une parade parfaitement maîtrisée, lui perfora le cœur de son sabre, le laissant choir sur le sol. Le deuxième combattant se jeta alors sur lui avec une grande rage, décidé à embrocher celui qui avait osé s'interposer dans une affaire qui ne le regardait pas. Durant les quelques secondes de répit qui avaient suivi la mort du premier adversaire, il avait jeté un coup d'œil à l'autre affrontement, constatant que le mousquetaire avait affaire, au moins pour l'un des deux combattants, à un rival d'un niveau bien supérieur à ceux dont il s'occupait.

Comme il le craignait, le mousquetaire, sous l'assaut conjugué des deux bretteurs, finit par se faire blesser au bras gauche. Celui qu'il combattait détourna le regard, satisfait du travail de ses complices, ce fut suffisant pour que Nicolas lui enfonçât son sabre dans le ventre. Il se tourna vers le duo, mais déjà le moins fort des deux agresseurs se tourna vers lui pendant que ce qui n'était plus qu'un duel continua de plus belle de l'autre côté de la salle. Alors que Nicolas craignait pour le mousquetaire qui, blessé, était à présent en position de faiblesse face à son redoutable adversaire, il réussit à le toucher à son tour au ventre. Nicolas reprit espoir et entama une série d'attaques avec une grande vista qui s'acheva par un coup de sabre fatal pour son rival grâce à une parade imparable. Quand celui-ci s'effondra enfin, il tourna la tête en direction de l'autre duel et vit que l'adversaire du mousquetaire avait réussi à le propulser à terre d'un violent coup de pied dans l'estomac et, profitant de ce que son opposant était à moitié groggy, commença à lui fouiller les poches. Il en retira une lettre cachetée qu'il examina avec satisfaction. Accaparé par cette affaire, il ne vit pas Nicolas qui, d'un coup du plat de la lame de son sabre, envoya valser le courrier à l'autre bout de la pièce. Il en profita pour tenter de l'identifier. Entièrement vêtu de cuir noir, il était un peu plus grand que la moyenne, brun, aux yeux très clairs, et arborant une cicatrice sur la joue gauche, pas le genre de profil que l'on oublie facilement.

Au moment où ils allaient s'affronter, tous deux regardèrent furtivement où avait atterri la lettre. Elle était au pied du jeune garçon, Raoul, qui la regardait sans savoir que faire.

— Donne-moi ça, petit.

L'enfant hésita et regarda Nicolas qui lui fit non d'un signe de la tête. Les lames s'entrechoquèrent avec une grande violence, mais le duel fut de courte durée, car le garçon avait ramassé la lettre et regardait à présent les deux combattants.

— Jette-la-moi, petit, ordonna l'homme en noir.

À sa grande surprise, le garçonnet s'esquiva, filant à l'extérieur. Voyant que les événements prenaient une mauvaise tournure, l'adversaire de Nicolas se jeta de côté et s'empara de la jeune servante qui était restée tétanisée dans un coin de la pièce. Il la menaça brièvement du tranchant de son épée avant de la propulser sur Nicolas qui, en voulant la rattraper tomba avec elle. Le balafré en profita pour s'échapper par la porte d'entrée de l'auberge. Nicolas venait de se relever et regarda le mousquetaire qui lui dit :

— Monsieur, vous êtes comme moi au service de Sa Majesté le roi de France, il ne faut absolument pas qu'il mette la main sur cette lettre.

Il observa le bras ensanglanté de celui qui venait de prononcer ces mots.

— Vous n'êtes pas en état d'engager la poursuite.

— Mais vous, si, et de plus, vous êtes un sacré combattant.

Ils se précipitèrent à l'extérieur juste à temps pour voir le cavalier noir disparaître dans la nuit. Le garçon avait disparu. La jeune femme apparut elle aussi très choquée.

— Marie ! Savez-vous où votre frère pourrait se trouver ?

— Il connaît la forêt comme personne, monseigneur. C'est là qu'il se sent le plus en sécurité.

Le mousquetaire saisit la manche de Nicolas.

— Ce que j'avais en ma possession était une missive du roi, il faut absolument la récupérer.

— Je vais le poursuivre. Mon cheval !

— Je vais vous aider, annonça Marie.

— Prenez le mien, monsieur, dit le mousquetaire, il n'y en a pas beaucoup de plus rapides.

Il se dépêcha d'aller à l'écurie. Sur le seuil de la porte, se tenaient l'aubergiste et sa femme. L'homme se dirigea vers l'écurie.

— Marie, va aider ta mère à tout remettre en état à l'intérieur, je m'occupe du cheval de monsieur.

La jeune femme fila dans l'auberge pendant que l'aubergiste attrapait le cheval du mousquetaire par la bride, Nicolas le sella et bondit sur la selle. Il s'élança dans la direction prise quelques minutes plus tôt par leur agresseur, son destrier filait à une allure incroyable, si le gamin connaissait les bois aussi bien que sa sœur le disait, il avait une chance d'échapper à son poursuivant et lui de les rejoindre.

Il avait emprunté la route qui menait à Saintes mais il lui fallut deux ou trois minutes pour que ses yeux s'habituent à l'obscurité. Des branches lui fouettaient de temps à autre le visage. Il était étonné par la vivacité de sa monture. Le cheval que lui avait confié le mousquetaire paraissait rapide comme le vent. Il espérait que celui qu'il poursuivait suivait la même route que lui, mais rien, en vérité, ne le garantissait. Il lui sembla entendre une voix, il ralentit, scrutant la forêt dense et sombre des deux côtés de la route. Autant chercher une aiguille dans une botte de foin. Il remarqua des traces de pas qui s'éloignaient de la route et dégaina son pistolet qu'il n'avait pas utilisé. Le cri retentit à nouveau, c'était celui de l'homme qui se trouvait à l'auberge appelant l'enfant qui venait de sa droite. Il s'enfonça dans l'épaisse végétation bordant la piste avec beaucoup de précautions.

Il estimait que tant que le cavalier n'aurait pas trouvé l'enfant, il continuerait à appeler et son analyse se trouva confirmée par un nouvel appel résonnant dans la nuit. Il se dirigea vers l'endroit d'où provenait le cri en se frayant un chemin à travers la forêt saintongeaise. D'après ce qu'il pouvait évaluer, celui qu'il recherchait se situait à cent cinquante pieds, il fallait être prudent, il se rendrait compte assez rapidement de sa présence.

Cela faisait quelques minutes qu'il n'avait plus rien entendu, se demandant s'il progressait dans la bonne direction, quand il distingua enfin une silhouette sombre perchée sur un cheval, enfin ! Au moment où il visait avec son pistolet, le cheval se cabra et Nicolas manqua sa cible. Il n'avait maintenant plus vraiment le choix, il dégaina son sabre et chargea dans sa direction. Son adversaire l'attendait de pied ferme et les lames s'entrechoquèrent avec une rare violence. Son adversaire se battait brillamment et Nicolas redoubla d'ardeur. Un bruissement se fit entendre et les deux cavaliers entrevirent une masse sombre à une vingtaine de mètres d'eux : le gamin, il s'était dissimulé dans des fourrés.

Raoul déguerpit rapidement. Le cavalier s'écarta d'un coup et s'élança à sa poursuite, Nicolas l'imita. L'homme en noir n'allait pas vite. L'enfant, au lieu de courir en ligne droite, effectuait des virages en permanence, rendant la poursuite compliquée, expérience probablement tirée de son observation du comportement des proies pourchassées par leurs prédateurs. Nicolas revint sur lui et engagea à nouveau le combat au sabre, tous deux ferraillaient violemment sans regarder devant, aucun des deux cavaliers ne vit la grande pente.

Nicolas ne sut dire si ce fut son cheval ou celui de l'autre qui tomba en premier, mais la violence de la chute que firent les deux cavaliers fut d'une grande intensité, les projetant au sol avec brutalité. Le choc fut tellement rude qu'il resta un bref instant à moitié sonné, avant de reprendre lentement ses esprits, prenant conscience visuellement des conséquences de leur chute. Les deux chevaux étaient allongés sur le sol et, un peu plus loin, on y voyait le corps de celui qu'il combattait quelques minutes plus tôt. Dans la pénombre, il distingua soudain l'enfant, mais étrangement celui-ci ne semblait pas vouloir le rejoindre.

— Petit ! N'aie pas peur, je suis l'officier qui loge à l'auberge de tes parents.

Au moment même où il perçut le faible éclat d'une torche, une voix résonna dans son dos.

— Ce n'est pas de toi qu'il a peur, mais de nous !

En se retournant, il aperçut cinq canailles ricanant et le fixant. Tous avaient une épée et il se posa une question qui logiquement aurait dû lui venir à l'esprit plus tôt : où donc était passé son sabre ?

— On va t'embrocher comme un poulet annonça l'un des bandits en souriant.

L'enfant, terrorisé, s'enfuit pour se dissimuler derrière un gros chêne, il craignait pour la vie de l'officier, mais que pouvait-il faire ? Il n'était qu'un enfant. Pendant qu'il cherchait son sabre du regard, ses assaillants se déployèrent pour former un cercle autour de lui et ainsi lui ôter toute possibilité de retraite. Tandis qu'ils manœuvraient, il réfléchit, il ne croyait pas à une coïncidence, tomber sur eux en pleine nuit par hasard était assez improbable et il songea qu'ils devaient être des complices de ceux qui les avaient attaqués à l'auberge. Ils avaient dû se séparer en deux groupes, un qui inspectait les auberges environnantes et l'autre qui surveillait les voyageurs, non loin de la route.

Un des hommes tenta une attaque d'un coup d'épée et il bondit de côté pour l'éviter, c'est alors qu'il remarqua son sabre, non loin du corps de son cheval, au milieu des feuilles mortes. Il attendit une seconde attaque pour feindre une esquive et plonger vers son arme. Il fit un roulé-boulé et atterrit juste à proximité de son sabre qu'il saisit, triomphant. L'un de ses agresseurs sourit en le fixant.

— Cela ne changera rien, au final, tu vas peut-être retarder l'échéance, mais rien de plus, nous sommes cinq contre toi.
— Alors qu'attendez-vous, brigands, venez ! Je vous attends de pied ferme.

Trois des bandits se ruèrent sur lui en criant, mais il bloqua leur attaque et les fit reculer. Cinq adversaires c'était trop, même pour lui, il fallait trouver une astuce, profiter de l'environnement. Il remarqua qu'il avait toujours son pistolet à la ceinture et une idée lui vint. D'un seul coup, il fit un petit bond de l'autre côté d'un arbre qui était tombé. Ses trois assaillants le suivirent, mais profitant du peu de répit que lui procurait cette barrière naturelle, il sortit son arme, sachant que les bandits ignoraient qu'elle n'était pas chargée et fit mine de viser un des hommes. Tous reculèrent pour se protéger et c'est alors qu'il bondit en avant et transperça celui qui était le plus proche qui s'écroula, raide mort. Les deux bandits restants tentaient à présent de le prendre à revers, cette fois, afin de l'encercler, rendant sa position précaire.

Les quatre gredins tournaient à présent autour de lui, cherchant l'ouverture. C'est alors qu'un coup de feu retentit et il aperçut le mousquetaire monté sur son cheval armé d'un mousquet en même temps qu'un des assaillants s'écroulait. Il profita de leur distraction passagère pour les attaquer et tua un troisième homme, le laissant face à deux combattants qui se regardaient, incrédules, hésitant quant à la conduite à tenir. En haut de la colline, le mousquetaire, blessé à l'épaule, observait celui qui, dans la nuit, combattait avec vaillance et habileté. Un autre bandit finit par chuter sous les coups de sabre de Nicolas et le dernier tenta le tout pour le tout en se jetant sur lui, mais l'officier de la Marine royale esquiva l'attaque avant de transpercer son infortuné adversaire.

Nicolas regarda autour de lui, il avait vaincu, non sans mal. Le mousquetaire prudemment la descente très raide qui avait provoqué leur chute un peu plus tôt.

— Vous êtes un sacré combattant, je n'ai pas souvent vu de lame plus fine et pourtant chez les mousquetaires, nous avons les meilleures lames du royaume.

— J'ai eu un excellent professeur.

— Puis-je savoir son nom que le recommande à mes amis ?

— C'est mon père, monsieur, et quant à l'enseignement, je pense qu'il est maintenant trop vieux pour cela.

Pendant qu'ils parlaient, le petit Raoul s'était avancé dans l'ombre.

— Viens par ici, mon garçon, tu as été héroïque !

— Merci, monseigneur, dit-il timidement.

Il descendit et toucha la tête de l'enfant affectueusement qui esquissa un petit sourire.

— Tu as la lettre avec toi ?

— Oui, monseigneur.

Le garçonnet montra fièrement la lettre et Nicolas reconnut le cachet du roi comme le mousquetaire l'avait affirmé.

— Au fait, je ne me suis pas présenté, Gabriel de Monbaillac, mousquetaire du roi.

— Nicolas de Guillemin, lieutenant dans la marine de Sa Majesté.

— Maintenant, il va falloir rentrer à l'auberge et nous n'avons qu'un cheval, le mien, est mort dans la chute comme celui du bandit que vous poursuiviez.

— Ces hommes étaient des gens d'armes, il y a fort à parier qu'ils soient venus à cheval, ils ne doivent pas être loin.

— Laissons les corps de ces canailles pour servir de repas aux bêtes sauvages, je n'ai guère le temps de m'occuper de les ensevelir.

— Moi non plus.

En s'approchant des deux chevaux morts, ils constatèrent que le corps du bandit n'y était plus.
— Il a visiblement profité des combats pour s'enfuir.

Ils fouillèrent les environs et ne tardèrent pas à trouver les chevaux des brigands qui les avaient attaqués.
— Ils étaient cinq et je ne vois que quatre chevaux.
— Ce qui semble indiquer que l'homme qui a chuté et que nous avions cru mort s'est emparé d'une des montures.
— Seul, il y a fort à parier qu'il ne tentera rien. Il nous faut regagner l'auberge, car j'ai demain beaucoup de route à faire et j'ai très peu dormi ces derniers temps.

Nicolas ne demanda pas au mousquetaire où il devait se rendre avec une lettre du roi de France, il estimait que ce n'étaient pas ses affaires. Ils rentrèrent avec les quatre chevaux en laissant Raoul en monter un, ce qu'il n'avait apparemment pas l'habitude de faire. En arrivant, ils trouvèrent ses parents et sa sœur, très inquiets.
— Mon petit, mon petit ! s'écria sa mère en s'élançant vers eux.
— Tout va bien, madame, votre garçon a été héroïque.
— C'est vrai, mon fils ? demanda l'aubergiste.

Le garçon, intimidé, ne dit rien, mais opina du chef pour approuver.
— Nous avons maintenant un héros à la maison ! s'exclama sa sœur en riant.

Tous rentrèrent dans l'auberge et Nicolas termina son repas en compagnie de Gabriel et des deux marchands, les frères Duchemin. Raoul resta un moment avec eux. Ce nouveau statut de héros lui plaisait beaucoup même s'il pensait que c'était un peu exagéré. Le repas fut enjoué, mais le mousquetaire s'éclipsa rapidement. Il prenait sa mission très à cœur et les messagers ne dormaient hélas pas beaucoup. Il fallait profiter de cette nuit, car il savait qu'il dormirait à l'extérieur la nuit suivante, comme il l'avait fait les deux précédentes. Il était soulagé, sans l'intervention de Nicolas, il aurait perdu la lettre du roi, mais il savait aussi que désormais il avait une dette envers lui.

Auberge de la Saintonge – 19 octobre 1712

Nicolas se réveilla un peu fatigué, il est vrai qu'il avait pas mal abusé de la boisson la veille. Ce fut la voix de la jeune Marie qui le réveilla. Elle était derrière la porte.

— Monseigneur, réveillez-vous !

— Quelle heure est-il ?

— Neuf heures trente.

— Bon Sang, comment ai-je pu dormir autant ? J'arrive !

— Je peux rentrer ?

Il s'aperçut qu'il n'avait même pas pris le temps d'ôter ses bottes et s'était avachi sur le lit d'un seul coup. Il s'assit sur le lit.

— Vous pouvez entrer, Marie !

Elle entra et sourit en le voyant.

— Suis-je si drôle à voir ?

— On va vous remettre sur pied, ne vous inquiétez pas, mon père et ma mère en ont vu d'autres. Vous vous êtes couché tard, hier soir.

Marie arrangea un peu la chambre et il remarqua qu'elle était bien jolie avec ses boucles châtain clair et son sourire irrésistible. Il estima qu'elle devait avoir environ 18 ans, mais soupira, il n'avait pas le temps pour ça. Il se passa de l'eau sur le visage, descendit pour le petit déjeuner et vit qu'à une table on avait déjà disposé une assiette et un verre qui l'attendaient. Il s'installa.

— Mon père connaît le moyen de vous redonner une allure présentable, c'est une boisson sombre au goût amer qui vient d'Afrique.

— Du café ! Vous avez du café ?

— Oui, mon oncle travaille à Paris dans un café. Cette boisson est vraiment étonnante, elle redonne de l'énergie, c'est incroyable. Vous en avez déjà bu ?

— Non, mais j'ai déjà observé des gens qui en buvaient à Paris, mais on n'en trouve pas en province.

Elle versa dans une tasse le liquide noir dont les vapeurs indiquaient que c'était très chaud. Méfiant, il sentit tout d'abord le fumet s'échappant de la tasse puis en but une toute petite gorgée.

— Alors ?

Il s'abstint de toute réponse et but à nouveau l'étrange boisson sombre. Un sourire éclaira son visage.

— Le goût est très spécial, mais cela me plaît beaucoup.

— Cela coûte cher et mon père ne le réserve qu'aux clients exceptionnels. Avec tout ce que vous avez fait hier soir, il était normal de vous en faire boire.

— Le vrai héros, c'est votre frère Raoul, au fait, où est-il ?

— À l'extérieur, il s'occupe de votre monture.

Il continua à déjeuner en conversant avec la jeune femme qui semblait désireuse de se cultiver.

— J'aimerais tellement pouvoir lire de beaux ouvrages comme on en trouve en ville, mais ils sont très chers.

— Vous savez lire, Marie ?

— Non, ni moi, ni ma mère, ni Raoul ne savons lire… Seul mon père sait. Mais il a promis qu'il m'apprendrait, comme à Raoul. En vérité, je ne connais que quelques mots, je sais écrire mon nom et celui des membres de ma famille. Il y a des écoles, mais il faut aller à Saintes, c'est là que mon père a appris à lire.

Nicolas termina son petit déjeuner en dégustant cette étrange boisson nommée « café » avec délectation. Il se leva et prépara la somme qu'il avait prévue pour régler sa note. Il sortit des pièces de sa bourse et les remit dans la main de la jeune femme.

— Il y a beaucoup trop, Monseigneur, il y a cinq livres[7] alors que vous ne nous en devez qu'un peu plus de deux !

— Vous n'aurez qu'à acheter des ouvrages avec la différence. C'est pour vous remercier de votre accueil, vous et votre famille.

Il sortit. Son cheval l'attendait, préparé par Raoul.

— Merci pour ton aide hier soir, mon garçon.

— Monseigneur, je vous ai vu vous battre, c'était incroyable, je n'avais jamais vu quelqu'un se battre comme cela, j'espère un jour que j'y arriverai.

— Pour cela, il faut beaucoup t'entraîner.

Il monta en selle, regarda le garçon qui souriait puis se tourna vers l'entrée de l'auberge où Marie et ses parents faisaient de même. Il les salua d'un geste de la main, ce devait être le soir, à Brouage, il ne fallait plus tarder. Il tira les rênes de son destrier et entama la route en levant la main une dernière fois.

Brouage

Il arriva en fin d'après-midi à Brouage et apprit que le chef d'escadre était absent pour plusieurs jours et qu'il se trouvait à Rochefort. Il faisait déjà nuit, mais il décida de repartir, deux heures étaient nécessaires pour rallier Rochefort, il dormirait sur place et verrait son supérieur le lendemain. En route, il n'avait cessé de songer à la belle Émilie qui l'obsédait, difficile d'oublier ce qui s'était passé sur *l'Audacieux*. Il souhaitait demander au chef d'escadre une permission pour aller demander sa main à son père, et ensuite il s'acquitterait des missions envers son roi.

---

[7] À l'époque, une livre française équivalait à 20 sols (ou sou).

Rochefort-sur-Mer

En chemin, Nicolas s'était demandé pour quelle raison le chef d'escadre s'était rendu à Rochefort, mais l'arsenal et la corderie royale s'y trouvant, il était logique qu'il y passât régulièrement. Il arriva en face des murailles qui délimitaient l'enceinte fortifiée de la ville et se présenta à la grande porte marquant l'entrée de la ville. Un garde vint vérifier ses papiers. Il entra dans la ville et se dirigea vers une auberge. Quand il y arriva enfin, la mine fatiguée et le manque criant d'amabilité des propriétaires lui firent amèrement regretter le visage souriant de Marie à l'auberge de Saintonge. Il constata que la nourriture était du même acabit que l'accueil et la literie qu'il testa en allant se coucher ne fit que confirmer la piètre qualité de l'ensemble des services proposés par cet établissement douteux. Il s'endormit en songeant à Émilie. Demain serait un autre jour.

Rochefort-sur-Mer – 20 octobre 1712

Nicolas avait mal dormi et comme pour confirmer son appréhension, le petit déjeuner qu'il prenait était loin d'être savoureux. Une serveuse à l'air désabusé s'approcha de lui en boitant.
— Vous avez tout ce qu'il vous faut ?
— Vous n'auriez pas du café par hasard ?
— Du quoi ?
— Non, laissez tomber.
— Vous dormirez ici ce soir ?
— Non ! dit-il en se forçant à sourire.

Il retourna à sa chambre, se promettant de repasser au retour par l'auberge de Saintonge. Il s'habilla et prit la direction de l'administration de la marine où il espérait trouver le chef d'escadre. L'arsenal maritime de Rochefort était immense. Bâti sur des marécages le long de la Charente, suffisamment éloigné de la côte pour le protéger des attaques ennemies, il avait permis à la Marine royale de retrouver sa fierté en produisant de nombreux bâtiments de guerre. *L'Audacieux* était l'un des premiers navires issus de ce chantier mis en place par Charles-Jean Colbert sous l'impulsion du roi. Le joyau de l'arsenal restait la corderie royale qui fournissait les cordages de toute la Marine royale dans un très long bâtiment, implanté parallèlement au fleuve.

Nicolas trouva qu'il régnait une agitation inhabituelle. Un écrivain de marine l'informa que le chef d'escadre se trouvait en

compagnie de l'intendant de la marine de Rochefort comme il s'y attendait.
— Où se trouvent-ils ?
— Ils sont en réunion, vous ne pouvez pas les déranger.

Nicolas pensa aller se promener dans les jardins de l'arsenal quand un jeune garçon vint le trouver.
— Vous êtes le lieutenant Nicolas de Guillemin ?
— Oui !
— Le chef d'escadre va vous recevoir. Suivez-moi.

Il emboîta le pas du messager et arriva devant le bureau de son supérieur, le chef d'escadre. Il remarqua que de nombreux gardes armés étaient présents et se demanda quelle en était la raison. Il nota également la présence de l'intendant de la marine François de Beauharnais de la Boëche, qui se tenait aux côtés de son supérieur. Il le connaissait pour l'avoir déjà rencontré. Il remarqua d'emblée leur attitude beaucoup trop contenue et comprit que quelque chose d'inhabituel se passait. En apercevant la majestueuse silhouette drapée dans une immense cape bleue poinçonnée de fleur de lys, il comprit qu'il avait en face de lui la personnalité la plus importante du royaume, Louis XIV, le roi de France.
— Votre Majesté, dit-il en s'inclinant pour saluer son souverain.
— C'est donc vous, lieutenant, qui avez gagné un combat naval contre l'ennemi et avez réussi à nous ramener un traître espagnol.
— Je n'ai fait que mon devoir d'officier de la Marine royale.
— Et pas plus tard qu'hier, vous avez sauvé mon courrier.

Nicolas en resta bouche bée, comment le roi avait-il pu le savoir aussi vite ?
— Je vois la surprise sur votre visage, sachez que pour gouverner de nos jours dans un pays aussi puissant que la France, il faut être bien informé. Mon réseau d'espions est le meilleur d'Europe, le plus efficace.
— Je ne sais que dire, Votre Majesté.

— Alors je parlerai à votre place, mais allons faire quelques pas dehors, votre personnalité me fascine et tous ces discours militaires, bien que nécessaires, me lassent un peu.

Nicolas laissa passer le monarque puis le suivit à l'extérieur.

— Quels sont vos projets dans l'immédiat ?

— Je suis venu pour rendre compte et savoir quelle nouvelle mission on voulait bien me confier.

— Ça, ce sont vos occupations officielles, mais il y a aussi Émilie.

Nicolas parut confus.

— Vous savez pour elle aussi ?

Il acquiesça de la tête.

— Dès que je le pourrai, j'irai demander sa main à son père.

— J'ai bien peur que cela n'arrive jamais.

Nicolas regarda le roi, un peu interloqué.

— Que voulez-vous dire, votre Majesté ?

— J'ai bien peur, monsieur, que ce ne soit un peu plus compliqué que cela ne l'est en apparence.

— N'est-elle pas la fille du gouverneur de Nouvelle-France ?

— Elle est bien la fille de monsieur Rigaud de Vaudreuil… mais pas officiellement.

Nicolas blêmit.

— C'est une bâtarde, pour laquelle son père verse discrètement une allocation lui permettant de vivre dignement, mais une bâtarde. Je doute que monsieur Philippe Rigaud de Vaudreuil souhaite faire de ce scandale une cérémonie aux yeux de tous. Et comme je vous l'ai dit, les renseignements de mes espions sont fiables.

Nicolas parut un bref moment décontenancé, mais il se reprit rapidement.

— Merci de m'en avoir informé, Votre Majesté.

Ils retournèrent vers le bâtiment où l'intendant et le chef d'escadre les attendaient en discutant.

— Revenons à vous. Votre victoire sur notre ennemi, bien que symbolique, permet à la France de sauver l'honneur. Il est vrai que nous avons remporté bien des victoires sur la terre ferme, mais l'humiliation que nous subissons sur les mers de la part la Royal Navy n'est pas acceptable. Vous avez réussi à battre les Anglais sur leur propre terrain, là où ils étaient quasiment invincibles. C'est pour cette raison que j'ai décidé de vous offrir un petit cadeau.

Il se tourna vers François de Beauharnais qui lui tendit un sabre dans son fourreau. Nicolas était très ému, le roi de France, le personnage le plus important du royaume lui faisait un formidable présent.

— Votre majesté, je ne sais que dire, c'est trop d'honneur !

— Non, vous êtes l'incarnation vivante et inaltérable de notre beau pays, vous êtes un symbole !

Il remit le sabre dans les mains de l'officier de marine qui restait admiratif. Il sortit le sabre de son fourreau pour inspecter la lame qui brillait de mille feux.

— C'est un cadeau magnifique, sire !

— Vous en ferez bon usage, où que vous alliez. Quelque chose me dit que cette histoire avec cette Émilie n'est pas tout à fait terminée, je me trompe ?

— Vous avez raison, sire, j'irai en Nouvelle-France quand même.

— Pour convaincre son père de la reconnaître ?

— Oui, sait-on jamais…

— Je vous souhaite bonne chance, je doute que nous puissions nous revoir.

— J'espère que oui.

— Je suis un vieil homme fatigué, monsieur de Guillemin, mais je laisse derrière moi un héritage prestigieux. Dans mille ans, il ne restera plus grand-chose de nous, mais il restera mon œuvre, j'ai fait construire des bâtiments dans toute la France, j'ai fait construire des ports, comme celui de Rochefort, j'ai fait construire des canaux et surtout, surtout, j'ai fait construire Versailles. Bien sûr cela a coûté beaucoup d'argent, Colbert me l'a assez reproché, mais j'ai rétabli le prestige de la France…même si sur les mers, nous pouvions faire encore mieux. Si seulement, j'avais davantage d'officiers comme vous.

Il se retourna à nouveau vers ses subordonnés. Le chef d'escadre s'avança vers lui et le prit par le bras.

— Les mérites que vous avez montrés vont vous permettre de choisir votre affectation. Trois capitaines vont être nommés, ce qui va libérer des postes de seconds sur ces bateaux. Ce sont des trois-ponts, les plus gros vaisseaux de la flotte. Il y a aussi une autre solution, plus risquée, mais pas forcément pour un homme tel que vous.

— Le commandement d'une frégate ?

— Exactement ! Évidemment, c'est un petit bâtiment, dont la principale qualité reste la vitesse de déplacement, mais il peut être une cible facile si les conditions le desservent et qu'il ne peut user de son avantage.

— Je sais, j'avoue que la proposition me séduit beaucoup, mais… j'aimerais vous solliciter avant de répondre à votre offre.

— Pour une permission pour demander la main de la jeune femme que vous aimez ?

— Oui !

— Au vu des exploits que vous avez réalisés et du royal soutien dont vous bénéficiez, il m'apparaît difficile de la refuser. Je vous laisse quelques mois pour régler l'affaire, mais veuillez dès votre retour vous représenter à Brouage. Je vais préparer une frégate pour la mettre à votre disposition. Concernant votre statut, étant donné votre âge et le fait que vous venez juste de passer second, il n'est pas possible de vous accorder le grade de capitaine. Vous prendrez le commandement, on vous appellera comme le veut la coutume « capitaine », mais votre

véritable grade sera lieutenant, de même que votre solde qui sera consécutive à votre grade.
— Cela ne me pose aucun problème.

Son supérieur jeta un œil sur son sabre.
— Le roi vous a vraiment fait beaucoup d'honneur, vous lui avez réchauffé le cœur, cette défaite qui s'annonce le chagrine au plus haut point, mais ce sont les inconvénients de la guerre.
— Mais nous n'avons pas encore perdu.
— Officiellement non, mais la situation n'est pas des plus favorables même si Villars vient de remporter une victoire sur le prince Eugène.

Nicolas comprit l'attention que lui avait accordée le roi.
— Nous avons du travail, vous devriez reprendre la route pour Bordeaux au plus vite.

Le chef d'escadre le salua et repartit vers le roi et l'intendant qui l'attendaient. En partant, il se retourna et croisa le regard de son souverain qui souriait, il n'oublierait pas de sitôt ses paroles. Il se hâta de repartir vers l'auberge pour reprendre ses affaires, mais sans s'y restaurer, au vu des piètres prestations offertes par l'établissement. Il déjeuna un peu après Rochefort, mais ne s'attarda pas, il lui tardait de revenir à l'auberge de Saintonge, le sourire de Marie et la gentillesse du jeune Raoul lui manquaient.

Il arriva tardivement, mais ne regretta pas d'avoir forcé l'allure, Raoul se précipita à sa rencontre.
— Monseigneur, tout s'est bien passé à Brouage ?
— Je suis même allée jusqu'à Rochefort.
— Vous en avez de la chance de voyager comme cela.
— Tu ne connais pas Rochefort ?
— Non, monseigneur, je n'ai jamais été plus loin que Saintes.

Nicolas le regarda en souriant, il l'aimait bien, ce garçon. Il entra, le père de Raoul l'attendait.
— Monsieur de Guillemin, quel plaisir de vous revoir !

— Cela veut dire qu'il est content de nos services.

Il tourna la tête et aperçut Marie, rayonnante, et songea à la soirée passée à Rochefort dont le propriétaire avait bien triste mine. Il remarqua également deux visages qu'il connaissait.

— Les Duchemin, ça par exemple !

— Monsieur de Guillemin, quel plaisir de vous revoir, votre séjour à Brouage s'est-il bien passé ?

— Je n'ai fait qu'un bref passage à Brouage, j'étais en fait à Rochefort.

— Nous aurions pu nous y croiser.

— Vos affaires se sont-elles bien passées ?

— Oui, c'est amusant, juste avant que vous arriviez, nous étions en train de narrer vos exploits d'avant-hier.

— Le vrai héros, c'est Raoul, moi je suis soldat de métier, donc accoutumé aux joutes.

Le garçon qui se tenait dans un coin de l'auberge rougit.

— C'est vrai que cet enfant, au vu de son statut, a été remarquable, mais cela ne diminue en rien la valeur de votre intervention.

Nicolas haussa les épaules en souriant d'un air entendu. Il s'installa aux côtés des marchands bordelais et termina la soirée en leur compagnie. Il ne mentionna pas son entrevue avec le roi, estimant que cela ne les concernait pas, d'autant plus qu'il les soupçonnait d'avoir rapporté les événements d'avant-hier à une de leur connaissance à Rochefort, ce qui expliquerait que le roi l'ait su si vite. Il leur fit part de son intention de partir pour la Nouvelle-France le plus tôt possible et trouva une oreille attentive, car les deux frères avaient l'habitude de commercer avec les colonies. Ils se donnèrent rendez-vous à Bordeaux. Nicolas rejoignit sa chambre. Son regard croisa celui de Marie. Il songea brièvement à Émilie, ce qui le fit douter de ses intentions, mais après réflexion, il n'était pas marié avec elle et le mensonge concernant sa naissance illégitime avait légèrement terni l'image qu'il avait d'elle. Ayant dédouané sa conscience d'accomplir une mauvaise action, il s'approcha d'elle, prit sa main puis l'entraîna dans un recoin de l'auberge pour l'embrasser. Elle n'opposa pas de résistance et promit de le rejoindre dans sa chambre.

Une demi-heure plus tard, il entendit taper doucement à sa porte. Il ouvrit et sans surprise découvrit Marie. Il referma la porte et ils s'allongèrent sur le lit, Nicolas avait éteint toutes les chandelles sauf une qui se trouvait sur une commode non loin du lit éclairant faiblement la pièce.

— Elle a de la chance !

— Qui ?

— Celle à qui vous pensez sans cesse.

— Cela vous dérange ?

— Non, je saurai bien vous la faire oublier, au moins l'espace d'une nuit.

Ils s'embrassèrent, ses cheveux étaient plus foncés que ceux d'Émilie, mais son sourire et ses yeux lui rappelaient la jeune femme de Nouvelle-France. Il ferma les yeux et imagina que Marie était Émilie. Les événements ne cessaient de se bousculer depuis qu'il avait croisé la route des deux navires anglais et celui qui était en train de se passer n'était pas le plus désagréable.

Rochefort – 21 octobre 1712

Il se réveilla seul dans son lit un peu après l'aube ne sachant à quel moment la jeune fille avec qui il avait partagé l'ivresse d'une nuit d'amour s'était éclipsée. Il se leva et descendit prendre son petit déjeuner. Marie était déjà là, mais ne lui accorda pas le moindre regard, baissant la tête comme si rien ne s'était passé. Son père se trouvait à l'entrée, ce qui expliquait sans doute son attitude. Il saisit une grande tranche de pain sur laquelle il étala du beurre. En commençant à manger, il eut la bonne surprise de voir arriver Marie avec une tasse de café.

— Vous avez cru que nous vous avions oublié ?

Pour la première fois, il la vit sourire enfin et lorsque leurs regards se croisèrent, elle rougit, sans doute en se souvenant de leur étreinte nocturne. Son père, suspicieux, lui jeta un œil inquisiteur, mais elle s'abstint de le regarder. Elle s'éloigna vers l'entrée de la cuisine pendant que Nicolas et l'aubergiste échangeaient des regards où le doute et la certitude se mêlaient de façon confuse, sans qu'aucun des deux ne l'emportât vraiment. Nicolas se demanda s'il avait fait le bon choix en se décidant à retrouver cette femme de naissance illégitime et surtout comment il l'annoncerait à son père. Il n'allait pas tarder à le savoir.

Domicile des de Guillemin – Bordeaux 24 octobre 1712

Il était arrivé chez ses parents tard dans la nuit et avait jugé opportun de reporter au lendemain cette discussion qui l'embarrassait considérablement. Il prenait son petit déjeuner, regrettant le café de l'auberge de Saintonge quand il eut la bonne surprise de voir arriver sa sœur.

— Ton mari n'est pas là ?

— Il est parti pour plusieurs jours, je repassais voir nos parents, je ne pensais pas te trouver ici, tout s'est bien passé à Brouage ?

— J'étais également à Rochefort, j'y ai même rencontré notre roi.

— Tu as rencontré le roi de France ? C'est incroyable ! Que t'a-t-il dit ?

— Beaucoup de choses intéressantes, mais l'une d'elles n'est pas une très bonne nouvelle.

Éloïse se figea.

— C'est à propos d'Émilie, poursuivit-il.

— Elle est déjà mariée ?

— Non, mais ce n'est guère mieux, c'est une bâtarde !

Éloïse mit sa main devant la bouche.

— Elle est bien la fille de monsieur Rigaud de Vaudreuil ?

— Oui ! Mais sa mère n'est pas sa femme, c'est assez embêtant. Le roi pense qu'on doit pouvoir s'arranger avec son père.

— Tu dois le rencontrer d'abord. Tu penses qu'il peut la reconnaître comme sa fille ?

— S'il la reconnaît, je pourrai l'épouser sans honte, sinon, je doute que père apprécie beaucoup.

Pendant qu'ils parlaient, ils n'avaient pas vu la silhouette paternelle se profiler dans leur dos.

— De quoi parliez-vous ?

Nicolas parut embarrassé, c'est sa sœur qui prit la parole.

— C'est à propos d'Émilie, père.

— Qu'est-ce que je dois savoir à son sujet ?

— Il y a eu certaines complications au moment de sa naissance ou plutôt des événements qui l'ont précédée.

— Je ne comprends rien à ce que tu dis, Nicolas.

— Elle est née hors mariage.

Le visage de Bertrand de Guillemin se raidit.

— Et que comptes-tu faire ?

— Je vais me rendre en Nouvelle-France pour demander à son père qu'il la reconnaisse.

— C'est une entreprise hasardeuse, mon fils. Et s'il ne la reconnaît pas ?

— Je suis persuadé qu'il le fera.

— Tu es bien confiant. Quoi qu'il décide, j'espère que tu ne feras pas de folie. Sache une chose, je n'accepterai jamais que tu épouses une bâtarde, réfléchis bien avant de partir !

Nicolas grimaça, son père le connaissait, il savait que Nicolas n'en ferait qu'à sa tête.

— Décidément, je n'ai eu que deux enfants et chacun m'a apporté son lot de soucis.

Nicolas semblait un peu désemparé, il savait qu'il risquait gros dans cette affaire, il se demanda si Émilie en valait la peine, mais se ravisa aussitôt, il était persuadé que oui. Bertrand quitta la pièce, laissant le frère et la sœur seuls.

— Tu l'épouseras quand même si son père refuse de la reconnaître ?

— J'avoue que je ne le sais pas encore moi-même, je reste convaincu qu'il va la reconnaître.

— Alors, il ne te reste plus qu'à trouver un bateau pour te rendre en Nouvelle-France.

— J'ai rencontré des marchands sur la route de Brouage, j'irai les voir dès demain pour savoir si je peux embarquer sur un de leurs bateaux.

Port de Bordeaux – 25 octobre 1712

Nicolas marchait sur les quais du port, se faufilant entre ceux qui chargeaient ou déchargeaient les marchandises au gré des départs et des arrivées des bateaux. Il portait une tenue civile, un pantalon beige et une veste brune protégée par un long manteau sombre qui descendait sous les genoux. Il cherchait les chais des frères Duchemin et s'arrêta pour tenter de se repérer au milieu de l'immense fourmilière humaine. Une gitane s'avança vers lui, affichant un immense sourire.

— Monseigneur, je lis les lignes de la main.

— Va faire ton commerce ailleurs.

— Pour vous, ce sera gratuit.

— Je ne crois pas à ce genre de balivernes !

— Vous avez tort, je me trompe rarement.

— Cela m'étonnerait ! Tu dis ça à tout le monde et comme tu ne revois jamais tes clients, tu ne peux pas savoir si tu t'es trompée ou pas.

— Une seule chose est importante, voulez-vous connaître votre avenir, ou pas ? Peut-être avez-vous peur, c'est le cas de bon nombre de gens.

— Ce n'est pas mon cas, dit-il en tendant la main.

Elle la lui saisit, l'examina longuement puis regarda Nicolas, semblant hésitante.

— Qui a-t-il ?

— Vous aurez un destin hors du commun, comme peu d'hommes en ont connu, vous aurez cinq enfants et trois noms.

— Vous n'avez pas l'impression d'exagérer un peu ? Trois noms ! Nous n'avons qu'un seul nom et cela suffit bien assez.

Il sortit une pièce d'un sol et lui jeta au vol. Elle l'attrapa avec une facilité qui témoignait d'une longue pratique.

— Je ne mens jamais, monseigneur, mais cela, vous ne le saurez que plus tard… Bonne journée, monseigneur !

Étrange rencontre, songea-t-il, mais les diseuses de bonne aventure étaient monnaie courante et cette dernière l'avait bien amusé. Il observa le fleuve où les gabarres faisaient la navette entre les navires de commerce et le quai pour acheminer les marchandises sur les quais et les confier aux portefaix[8] qui empilaient inlassablement les marchandises. À terre, d'innombrables échoppes[9] proposaient des produits destinés à la vie de tous les jours. Cette fourmilière humaine, mêlant marins, charretiers, marchands et armateurs, générait une grande activité faisant le bonheur des boulangers, bottiers, cardiers[10], potiers, drapiers, toiliers, menuisiers qui profitaient du dynamisme du port de Bordeaux. Nicolas arriva place Royale et demanda où il pouvait trouver les frères Duchemin. On lui indiqua l'hôtel des douanes, où les marchands s'acquittaient des taxes sur les produits qu'ils importaient. Nicolas se fraya un chemin au milieu de la foule, parvint à l'hôtel des douanes et finit par apercevoir l'un des frères Duchemin, Fernand, qui le reconnut immédiatement.

— Voici notre héros !

— Cela me fait plaisir de vous voir, votre frère Michel est-il avec vous ?

— Derrière vous.

Il se retourna et l'aperçut.

---

[8] Personnes dont le métier est de porter des choses lourdes, des fardeaux.

[9] Le sens premier d'« échoppe » désigne une petite boutique. Il provient du gascon « choppa » qui en occitan signifie « boutique ». Ces échoppes seront transformées à Bordeaux en maisons d'habitation.

[10] Artisan fabriquant des machines pour les cardeurs qui démêlaient la laine.

— Vous venez nous voir pour partir en Nouvelle-France ?
— On ne peut rien vous cacher.
— Allons prendre quelque chose dans un endroit tranquille, je connais un excellent cabaretier.
— Je vous suis.

Ils se dirigèrent vers la place du Palais, non loin du palais de l'Ombrière. L'établissement semblait être destiné à une clientèle aisée. Ils y pénétrèrent et découvrirent de nombreux marchands attablés dans une ambiance bon enfant. Plusieurs serveuses se relayaient pour servir les clients, et Nicolas aperçut dans un coin du cabaret deux jeunes femmes au sourire aguicheur, prouvant, comme il s'en était douté que la restauration n'était pas l'unique activité des propriétaires. Ils dégustèrent un excellent repas arrosé d'un vin de qualité. Les frères Duchemin attendirent un moment avant d'aborder le sujet qui leur tenait à cœur.
— Alors ainsi, vous souhaitez vous rendre en Nouvelle-France le plus rapidement possible pour régler une affaire de cœur ?
— Oui, et je pense que vous disposez du réseau qui me permettra de résoudre mon problème.
— En effet, il y a plusieurs possibilités pour vous rendre là-bas. La première est d'embarquer à bord d'un de nos navires de commerce qui appareillent une fois par mois pour la Nouvelle-France.
— Je pense que je vais prendre la seconde.

Les deux frères se regardèrent incrédules.
— Nous n'avons encore rien proposé !
— Je sais, mais il m'a semblé que la deuxième solution sera forcément plus risquée, mais plus rapide.
— En effet, voyez-vous l'homme qui déjeune en compagnie de trois amis sur votre droite ?
— Parfaitement !

— C'est un corsaire, il possède des lettres de marque du roi pour pourchasser tout navire ennemi et s'en emparer. Son bateau est beaucoup plus rapide et peut appareiller très rapidement.
— C'est un homme fiable ?
— Il a bonne réputation, nous l'avons rencontré à plusieurs reprises, mais vous savez pertinemment que les corsaires, vu la nature de leur activité, ne sont pas des enfants de chœur.
— Cela me convient et la rapidité est un atout primordial pour l'affaire qui me concerne.

Fernand Duchemin fit un signe de la tête et l'homme s'avança. Il était plutôt grand, blond, les yeux bleus, arborant une petite cicatrice verticale non loin de l'oreille gauche. Il s'assit à leur table.
— Bonjour, monseigneur, dit-il en serrant la main de Nicolas, je m'appelle Charles Grabac, corsaire au service du roi.
— Vous pouvez appareiller bientôt ?
— Dans quelques jours, je dois encore compléter mon équipage.
— Quel type de navire possédez-vous ? Un brigantin ? Une frégate ?
— Une corvette de trente canons, très rapide. Si vous voulez vous rendre en Nouvelle-France, vous y serez rapidement.
— J'habite rue Sainte-Eulalie, dès que vous serez prêt, n'hésitez pas à venir me chercher.

Il regagna sa table pendant Michel Duchemin resservait à boire à la tablée.
— Je pense que cette bonne nouvelle s'arrose.
— Bien des choses peuvent attendre, mais jamais les affaires de cœur.

Ils rirent tous les trois de concert.
— Le temps passe, monsieur de Guillemin, mais les problèmes des hommes restent les mêmes depuis l'aube des temps.

Port de Bordeaux – 28 octobre 1712, 22 heures.

Nicolas n'avait pas de nouvelles de Charles Grabac. Il décida de se rendre dans les bas quartiers, celui des tavernes, celui des marins qui buvaient jour et nuit en attendant de repartir pour une nouvelle destination. La violence était la maîtresse de ces lieux de débauche et d'excès, et les gens de bonne réputation ne fréquentaient pas ces quartiers par sécurité et par mépris, préférant ceux de la bonne société où les salles de jeux privées proliféraient, engendrant aussi de nombreuses dérives. Nicolas n'avait pas peur, mais il se tenait sur ses gardes, sachant que le danger pouvait venir de toute part. Il portait une grande cape en cuir, masquant son épée et ses deux pistolets. Il ne pouvait se permettre de patienter trop longtemps sans quoi il serait obligé de faire un autre choix pour partir. Il arriva devant la *taverne des Salinières.* On lui avait fait savoir que Grabac y venait souvent pour recruter son équipage.

Il pénétra dans la taverne et attira immédiatement le regard de tous ceux qui s'y trouvaient. Un des occupants de l'établissement le reconnut et se leva immédiatement, c'était celui qu'il cherchait. Il s'avança vers lui.

— Vous ne devriez pas venir ici, ce n'est pas un endroit pour vous.

— Vous y venez bien.

— Tous me connaissent et savent que je peux leur procurer du travail.

— Votre équipage est complet ?

— Presque ! Mon second est gravement malade et ne peut embarquer, mais j'en connais un autre de valeur, je ne vais pas tarder à le trouver, rentrez chez vous, je vous tiendrai au courant.

Nicolas remarqua un homme blond de grande taille qui les regardait, et estima qu'il devait s'agir de celui qui était candidat au poste de second. Il décida de quitter la taverne, mais au moment où il sortait il remarqua plusieurs ombres provenant d'un embranchement avec une petite ruelle. Que faisaient donc ces gens à attendre tapis dans l'obscurité ? Il eut un mauvais pressentiment. Il s'éloigna un peu, mais décida d'attendre un peu plus loin.

Il n'attendit pas bien longtemps. Grabac et l'homme de grande taille sortirent de la taverne et, comme il le craignait, un petit groupe leur emboîta le pas. Nicolas était à une soixantaine de pieds du duo qui n'avait pas remarqué qu'il était suivi. Il tira son épée de son fourreau, pressentant que cela allait rapidement s'envenimer. Il ne se trompait pas. Les rôdeurs se jetèrent sur le duo qui fit face, épée en main. Il fut tenté de tirer avec un de ses pistolets, mais la ruelle étroite ne s'y prêtait guère. Il s'avança et se joignit à la mêlée, soulageant Grabac et celui qui l'accompagnait. Malgré leur surnombre, leurs adversaires n'arrivaient pas à prendre l'avantage, Grabac se battait bien, de même que le grand blond, et pourtant le capitaine corsaire affrontait un rude adversaire qui maniait l'épée avec beaucoup de virtuosité. D'une feinte, il laissa son rival figé sur place avant de le transpercer d'un coup rapide. C'est alors qu'il vit le visage de celui qui combattait Grabac, le même qu'à l'auberge de Saintonge, le même qu'il avait cru mort avant qu'il ne lui filât entre les mains. Le regard de l'homme finit par croiser le sien et il vit ses yeux briller en le voyant, lui aussi l'avait reconnu.

L'ami barbu de Grabac se battait bien et avait déjà abattu un de ses adversaires. Grabac aussi était un excellent combattant, mais celui qu'il combattait, en plus d'un deuxième adversaire, était redoutable. Nicolas réussit à abattre son opposant et attaqua le binôme du balafré.

Le barbu parvint à tuer son rival, aussitôt imité par Nicolas. Ils étaient à présent à trois contre un. Cela ne découragea nullement leur adversaire qui fit face, décidément, c'était vraiment une fine lame. Cependant, au bout d'un moment il comprit qu'il avait affaire à trois combattants de haut niveau et qu'il ne pouvait remporter ce combat. Dès lors, il chercha une échappatoire qui se présenta sous la forme d'un avant-toit derrière lui. Avec une agilité surprenante, il se hissa dessus et réussit à agripper le bas du balcon juste au-dessus de lui. Nicolas rangea son épée et le poursuivit. Grabac lui saisit l'épaule.

— Ce n'est pas la peine, monsieur, cela ne sert plus à rien.

— C'est la deuxième fois que je le vois, il m'avait déjà filé entre les doigts la première fois, je n'ai pas envie que cela se renouvelle.

Pendant qu'ils discutaient, le fuyard était déjà monté sur le bord du toit, Nicolas s'élança à sa poursuite. Lorsqu'il parvint enfin au sommet, il vit son adversaire à une cinquantaine de pieds, bondissant de toit en toit. Il songea qu'il aurait du mal à le rattraper, mais cela ne l'arrêta pas. Il engagea la poursuite. Il ignorait par quelle étrange coïncidence cet individu s'était retrouvé par deux fois en travers de son chemin, mais avait bien l'intention de le savoir.

En bas, Grabac et son acolyte tentaient de suivre par le dédale des rues le parcours des deux voltigeurs. L'humidité automnale rendait les toitures glissantes et l'homme à la cicatrice glissa légèrement, permettant à Nicolas de réduire l'écart, mais pris dans son élan d'enthousiasme, il glissa à son tour, mais plus nettement, chutant en bas de la toiture, et ne réussit à s'agripper au bord que par réflexe, sa jambe gauche pendant dans le vide. Il poussa un soupir de soulagement, il l'avait échappé belle. Le temps qu'il se remît d'aplomb, l'écart avec le fuyard s'était à nouveau accru. Alors que Nicolas pensa avoir pris un retard pénalisant, il vit l'homme s'arrêter et revenir vers lui, il en comprit la raison : il était au bord d'une rue de taille moyenne, fait comme un rat. Il mit la main sur la poignée de son épée, se préparant au combat.

Mais à sa grande surprise, il le vit repartir en courant extrêmement vite vers le bord du toit et faire un bond incroyable avant de disparaître dans l'obscurité de la nuit. Un bruit violent de verre brisé lui indiqua qu'il avait percuté quelque chose. En arrivant sur le rebord du toit, il comprit. Le fuyard avait fait un saut de près de douze pieds pour enjamber d'un bond la rue et traverser une des fenêtres d'en face de l'immeuble d'en face, légèrement en contrebas ; il n'arrivait pas à le croire. Il eut d'abord un moment d'hésitation, mais pensa qu'après tout si le balafré avait pu le faire, il n'y avait aucune raison qu'il n'y arrivât pas. Il recula pour prendre de l'élan en ayant pris soin de calculer la trajectoire. Il s'élança et arriva au bord du toit. Un tout petit doute s'immisça dans son esprit, mais il était déjà trop tard, il n'avait plus le choix, il bondit au-dessus de la rue en direction de la fenêtre brisée. En dessous, Grabac et son compagnon avaient entendu le bruit de la fenêtre volant en éclat et s'étaient précipités vers le lieu d'où provenait le bruit. Lorsqu'ils arrivèrent sur place, ils virent Nicolas faisant un bond incroyable pour tenter d'atteindre l'ouverture béante sur la face opposée. Le grand gaillard barbu en eut le souffle coupé.

— Cet homme est fou !

— C'est bien possible, mais c'est une qualité recherchée sur un champ de bataille.

Nicolas s'aperçut qu'il allait être trop court juste avant l'impact. Il atterrit sur le bord de la fenêtre et eut à peine le temps de s'agripper sur le rebord avec les mains tandis que son genou gauche heurtait violemment le mur. Il se cramponna au rebord de la fenêtre brisée. Il essayait avec difficulté de se hisser à la hauteur de l'ouverture quand il vit arriver un homme portant une grande chemise blanche lui arrivant aux mollets qui lui pointa un pistolet sous le nez, les trois-quarts de son corps pendaient dans le vide.

— J'ai déjà vu des choses étranges, mais jamais des bandits passer à travers mes fenêtres pendant la nuit !

— Je ne suis pas passé à travers votre fenêtre, elle était déjà brisée quand j'ai sauté et je ne suis pas un bandit, je suis officier du roi et celui qui a cassé votre fenêtre est quant à lui bel et bien un bandit, je le poursuis.

— Qu'est-ce qui me prouve que vous n'êtes pas l'associé du bandit qui est entré chez moi ?

— Ma parole d'officier.

L'homme hésita.

— Je suis Nicolas de Guillemin, mon père, Bertrand, est connu à Bordeaux.

— Je le connais de réputation.

— Donc vous pouvez ranger votre pistolet et m'aider à monter, car le bandit est en train de s'enfuir.

Il hésita à nouveau quand une voix retentit derrière lui.

— Laisse-le monter, il n'a pas une tête de bandit, contrairement à celui qui a cassé notre fenêtre et qui avait une vilaine cicatrice.

Il se tourna et orienta son chandelier vers celle qui venait de parler. Nicolas distingua une femme dans l'obscurité.

— Merci, madame.

L'homme aida Nicolas à se hisser jusqu'au plancher de l'appartement.

— Savez-vous où il est parti ? J'espère qu'il n'a pas trop d'avance.

— Non, car il a visiblement rencontré des soucis en descendant vers la porte d'entrée, nous avons entendu des cris provenant du rez-de-chaussée.

Nicolas se hâta, croisant au passage un homme à la figure ensanglantée, confirmant les dires de l'homme de l'appartement. Il s'élança à l'extérieur. Il entendit un bruit de pas qu'il suivit jusqu'au quai, apercevant pour la première fois depuis qu'ils étaient sur les toits la silhouette du fuyard. Il partait en direction du fleuve, il fallait l'intercepter avant qu'il ne l'atteignît. Il força l'allure et aperçut une grande barque sur laquelle quelqu'un s'approchait de la berge à la rame. Il se mit à courir et le balafré l'aperçut. Il jeta un œil vers la Garonne, comprenant que son échappatoire n'arriverait pas à temps, et se retourna vers Nicolas en dégainant son épée.

Les lames s'entrechoquèrent et Nicolas, qui pour la première fois le combattait face à face sur un terrain stable, comprit pour quelle raison Grabac et Gabriel de Monbaillac avaient eu tant de mal en le combattant, c'était un escrimeur hors pair. Il se demanda qui donc il pouvait bien être ; son apparence était celle d'un homme habitué aux basses besognes, mais sa façon de s'exprimer et sa science des armes témoignaient d'une éducation raffinée. Rarement il avait combattu un adversaire de ce calibre. Ils étaient sur les berges de la Garonne dont le niveau variait en fonction des marées et, à cause de la violence des assauts, alors qu'il tentait une parade Nicolas glissa et perdit l'équilibre chutant sur le quai.

Alors qu'il aurait pu profiter de l'avantage de cette situation, l'homme à la balafre se dirigea en courant vers le fleuve où se trouvaient deux gabarots et la grande barque. Le balafré sauta dans la barque pendant que Nicolas se relevait. Il poussa l'esquif vers le large et sauta à bord. Nicolas se précipita au bord de la Garonne et cria.

— Quel est votre nom ?

— S'il vous intéresse, je veillerai à le faire graver sur votre tombe !

Nicolas pensa à utiliser un de ses pistolets, mais il savait que la poudre était mouillée et il désirait plus que tout se retrouver en face de celui qu'il avait affronté pour la deuxième fois ce soir. Il regagna la ville et retrouva Grabac.

— Alors ?

— Il m'a échappé, mais il ne perd rien pour attendre.

— C'est un rude combattant.

— Moi aussi !
— Je sais, nous vous avons vu à l'œuvre.
— Quand partons-nous ?
— Dans deux jours, vous serez prêt ?
— Je suis déjà prêt.
— Alors à bientôt, je vous tiendrai informé.

Ils se saluèrent et Nicolas regagna sa demeure, il lui tardait de partir.

Bordeaux demeure des de Guillemin – 30 octobre 1712

Nicolas rêvait qu'il était avec Émilie et au moment où il se penchait pour l'embrasser, le père de la jeune femme les surprenait en lui disant qu'il pouvait faire ce qu'il voulait, mais que jamais il n'épouserait sa fille officiellement. Il entendit Émilie crier et se réveilla en sursaut, constatant que la voix n'était pas celle d'Émilie, mais d'Éloïse, encore une fois, il les avait confondues. Éloïse fit irruption dans sa chambre constatant que son frère était nu dans son lit.

— Éloïse ! Qu'est-ce qui se passe ?

— Tu devrais t'habiller, dit-elle, en baissant le regard, gênée, tu as un visiteur. Tu étais en train de faire un rêve.

— Comment sais-tu que c'était un rêve et non un cauchemar ?

— Tu ne cessais de crier le prénom d'Émilie, cela semblait plutôt agréable… ajouta-t-elle en le regardant à nouveau.

— Qui veut me voir ?

— Un certain Gabriel de Monbaillac, tu connais ?

— Oui ! Ça par exemple, je m'habille au plus vite, fais-le patienter.

— Ne t'inquiète pas, je vais m'en occuper.

Il s'habilla en hâte, il lui tardait de revoir de Monbaillac, car il s'était éclipsé bien rapidement la dernière fois, mais au vu de la mission que lui avait confiée le roi, c'était bien naturel. En arrivant, il surprit sa sœur et le mousquetaire en grande conversation et tous deux se tournèrent vers lui.

— Je vois que vous avez fait connaissance avec ma sœur.

— Qui est charmante et dont la conversation est passionnante, votre famille ne manque pas d'atouts.
— Charmante… mais mariée depuis peu.
— Cet homme a bien de la chance, dit-il en regardant Éloïse.
— Je pense que le mieux est de vous laisser, déclara cette dernière, il me semble que vous avez beaucoup à vous dire.
— Merci, Éloïse.

Elle s'éloigna, non sans avoir jeté un regard complice à son frère.

— Je suis content de vous voir, annonça le mousquetaire, vous nous avez rendu un service inestimable.
— C'est bien normal, je suis moi aussi au service du roi. Avez-vous pu accomplir votre mission dans les temps ?
— Oui, même si le cheval que j'ai récupéré n'était pas aussi rapide que celui qui est malheureusement mort lorsque vous avez chuté en compagnie de ce sinistre bandit qui nous a échappé.
— C'est curieux que vous y fassiez allusion, car j'ai à nouveau croisé la route de cette canaille.
— Quand ?
— Pas plus tard qu'hier soir.
— C'est étonnant… dans quelles conditions ?
— Je rentrais d'une taverne avec le capitaine d'un bateau corsaire sur lequel je dois embarquer quand ce sinistre individu s'en est pris à nous.
— Vous en connaissez la raison ?
— J'avoue que non.
— Que s'est-il passé exactement ?
— Il nous a attaqués dans une ruelle sombre et, le combat tournant en notre faveur, je l'ai poursuivi d'abord sur les toits puis ensuite jusqu'au bord de la Garonne, mais il s'est à nouveau échappé.

— C'est fâcheux. La première attaque était ourdie dans le but de me dérober la lettre du roi, mais j'avoue que le motif de votre agression reste bien mystérieux.

— Nous ne savons même pas son nom.

— Depuis notre aventure de l'autre fois, je n'ai cessé d'y repenser, j'ai l'impression de connaître cet homme, mais sans jamais réussir à l'identifier ni à me souvenir où je l'aurais connu.

— Peut-être cela vous reviendra-t-il.

— Je l'espère… mais venons-en au véritable but de ma visite.

Il sortit une lettre qu'il lui tendit.

— Qu'est-ce que c'est ?

— Une lettre du roi à l'attention de monsieur Rigaud de Vaudreuil.

L'étonnement se lisait sur le visage de Nicolas.

— Vous connaissez le contenu de cette lettre ?

— Oui, elle octroie à monsieur Rigaud de Vaudreuil des terres en France et en Nouvelle-France qui sont destinées à constituer la dot d'Émilie.

— Ainsi, il sera forcé de la reconnaître.

— Il semble difficile de s'opposer à une décision du roi de France et je ne pense pas que monsieur Rigaud de Vaudreuil soit un mauvais homme. De cette façon, je pense que vous avez toutes les chances de pouvoir l'épouser. Vous avez fait bonne impression au roi et je dois dire qu'à moi aussi. Il semblerait que le roi Louis aime associer la France à des gens tels que vous. Quand partez-vous pour la Nouvelle-France ?

— Je ne devrais pas tarder, dans deux jours, je pense. J'avais déjà hâte de m'y rendre, mais à présent que j'ai la lettre du roi, cela me motive encore plus. Je suis content de vous avoir revu.

— Je vous dois beaucoup, monsieur de Guillemin, sans vous, je me serais retrouvé dans une bien triste situation.

— J'espère que nous aurons l'occasion de nous revoir.

— Il n’y a aucune raison que cela n’arrive pas, mais je dois vous avouer que je vais enquêter sur cet individu que vous avez affronté à deux reprises.
— J’y ai moi-même songé à plusieurs reprises, mais vous semblez également préoccupé.
— Deux choses me tracassent à son sujet. Il est au courant de bien des secrets, ce qui ne me paraît pas très normal, et sa science du combat à l’épée est exceptionnelle, j’avoue avoir rarement rencontré pareil adversaire, et ceci n’est pas anodin. Les bons escrimeurs sont rares et ne passent pas inaperçus, je dois savoir qui il est.
— Tenez-moi au courant dès que vous apprendrez quelque chose, mais je suis persuadé que je le trouverai à nouveau sur ma route d’ici peu.
— Je le crains également.

Gabriel de Monbaillac resta pour déjeuner avec Nicolas. Ce dernier se demanda si ce n’était pas une folie de tenter cette aventure, mais après tout, Émilie en valait largement la peine même s’il aurait préféré qu’elle lui ait dit la vérité, mais au fond, il trouva cela normal. Après tout, bien des gentilshommes auraient pris leurs jambes à leur cou en apprenant l’exactitude de sa situation. Il ne lui en voulait pas tant que ça et estimait qu’elle avait le droit d’être reconnue. Il repensa à son aventure avec Marie à l’auberge de la Saintonge. Peut-être se retrouverait-il lui aussi dans une situation similaire. Qui pouvait le prédire ?

Port de Bordeaux – 2 novembre 1712, 7 h 50

Nicolas arriva sur les quais de Bordeaux, regardant en direction de l'Est, vers la rive droite de la ville, le Soleil se lever, illuminant l'horizon d'un éclat flamboyant. Aveuglé par la lumière solaire, il chercha en vain sur le fleuve le navire qui devait le transporter vers les Amériques, vers la Nouvelle-France. Alors qu'il scrutait en vain la Garonne, il ne vit pas arriver sur sa droite celui qui était le capitaine de la corvette *Eugénie* amarrée quelque part au milieu de l'immense flotte qui mouillait dans le port de la Lune.

— Vous êtes ponctuel, monsieur de Guillemin, vous avez hâte de partir pour la Nouvelle-France ?

— En effet, j'aime régler les affaires au plus vite, en amour comme lorsque je fais mon travail d'officier du roi de France.

— Vous n'avez que cette petite malle comme bagage ?

— Oui, je n'aime pas trop me charger.

— Avez-vous eu des nouvelles du bandit que vous poursuiviez l'autre jour ?

— Hélas non, mais je trouve qu'il croise ma route un peu trop souvent à mon goût. Je l'avais déjà affronté sur la route de Brouage et, je ne sais pour quelle raison étrange, il s'est retrouvé à Bordeaux, mais j'espère bien le découvrir.

Nicolas regarda au loin la corvette *Eugénie*, fine comme un oiseau, taillée pour la vitesse, il avait eu l'habitude de naviguer ces derniers temps sur des navires plus imposants, mais il regrettait parfois ses premières années quand il officiait sur une frégate en tant qu'enseigne. Ils embarquèrent sur une grande barque qui se tenait sur la berge, et les deux matelots qui attendaient devant le frêle esquif le repoussèrent vers le fleuve. Il y avait en tout quatre hommes sur l'embarcation qui se dirigeait vers la corvette. Nicolas regarda la ville en train de s'éveiller et la surface de l'eau qui reflétait les couleurs flamboyantes de l'astre solaire. Nicolas portait la même tenue civile qu'habituellement mais avait troqué son pantalon beige contre un plus sombre.

Une fois parvenus contre le flanc du grand voilier, ils grimpèrent à bord à l'aide de l'échelle hors le bord[11] qui menait au pont de l'*Eugénie*. Il monta les marches une à une et arriva sur le pont du navire qui le conduirait vers la Nouvelle-France. C'était un trois-mâts avec un mât d'artimon beaucoup plus court, pas très grand, mais sans aucun doute taillé pour la vitesse. Les capitaines corsaires étaient souvent de très bons marins pour s'attaquer à de gros navires de commerce et il ne doutait pas que Grabac fût l'un d'eux. On le conduisit à sa cabine et il se hâta de regagner le pont pour voir le navire lever l'ancre et admirer sa ville natale pendant que le soleil, dardant ses rayons sur la cité gasconne, illuminait le ciel.

---

[11] On appelait échelle hors le bord un assemblage de lattes de bois fixées sur les coques des navires de façon à constituer une échelle de bois dont les marches étaient creusées sur la face supérieure de façon à constituer un sillon afin que ceux qui montent puissent s'y agripper.

Atlantique nord – 5 novembre 1712, 8 h 20

L'*Eugénie* filait plus rapidement que n'aurait jamais pu le faire *l'Audacieux* qu'il avait brièvement commandé, pas loin de dix nœuds. Toutes ses voiles étaient déployées et elle libérait tout son potentiel de vitesse, impressionnant Nicolas qui avait l'habitude de navires plus lents.

— Alors, lieutenant, que pensez-vous de mon navire ?

— Il doit être difficile de lui échapper quand vous donnez la chasse.

— En effet, mais vous savez que les navires de commerce sont moins rapides que nous, il faudrait le voir contre une frégate pour savoir son véritable potentiel.

Charles Grabac sourit largement.

— Qu'ai-je dit de si surprenant ?

En guise de réponse, Grabac tira sa longue-vue d'une des poches de son grand manteau et la tendit à Nicolas.

— Regardez sur bâbord.

Nicolas s'exécuta et déplia le cylindre métallique, souriant à son tour.

— C'est un des nôtres !

— Oui ! C'est un Malouin, l'*Espoir*, corsaire comme nous. Je connais son capitaine, Guy Pardaillac, un sacré marin.

— C'est une frégate ?

— Oui !

— Trop rapide pour vous ?

— Nous allons vite le savoir. Barre à bâbord, nous fonçons sur le navire.
— Bien, capitaine, répondit le timonier, faisant rouler la grande barre à roue.
— Vous pensez qu'il nous a vus.
— Je pense que oui, regardez, il se détourne lui aussi de sa route.

Les deux bateaux convergèrent l'un vers l'autre. Cette course en plein milieu de l'océan n'était pas pour déplaire à Nicolas qui, l'esprit obnubilé par Émilie, avait besoin de se distraire et l'occasion ne pouvait être plus belle que celle de la rivalité des deux capitaines voulant éprouver le potentiel de vitesse de leurs bateaux.

Il fallut un peu plus d'une heure pour que les deux bateaux fussent proches l'un de l'autre. Grabac et Pardaillac se regardaient à la longue-vue et se saluèrent. L'*Eugénie* était légèrement plus petite que l'*Espoir*, mais Grabac connaissait son potentiel.

Au départ, l'*Espoir* prit un avantage marqué sur son rival, mais le vent forcit et l'*Eugénie* donna l'intégralité de son potentiel. La corvette de Grabac filait maintenant à douze nœuds sur l'océan en furie et des gerbes d'eau s'abattaient à présent sur le pont du navire corsaire. Le vent arrivait de travers et les deux navires gitaient déjà considérablement. L'*Eugénie* revenait peu à peu sur l'*Espoir* en même temps que résonnaient les clameurs de son équipage, enthousiasmé par cette course un peu inattendue. La houle grossissait et désormais les deux navires bondissaient sur les sommets des vagues devenues gigantesques avant de replonger dans un grand fracas accompagné de gerbes d'écume monstrueuses.
— Gaboriau, vérifiez si tout est bien amarré, il ne faudrait pas que nous endommagions le navire.
— À vos ordres, capitaine !

Nicolas regardait les deux navires qui filaient à grande vitesse sur l'océan en furie. Il savait que le vent allait continuer à forcir et également qu'aucun des deux capitaines ne voudrait abandonner, ce qui risquait d'entraîner des dégâts dans le gréement, voire sur la coque. Dans ces conditions, la corvette revenait encore sur la frégate ; les deux navires n'étaient désormais plus très loin l'un de l'autre. Soudain, des cris éclatèrent sur le pont de l'*Eugénie*, l'*Espoir* venait de prendre une énorme vague sur le pont qui avait balayé tout sur son passage. Louis Gaboriau s'approcha de son capitaine.

— Cela devient trop dangereux, capitaine, il faut réduire la voilure pendant que nous pouvons encore le faire. Dans une heure ou deux, il sera presque impossible de grimper au mât avec autant de toile et nous risquons gros.

Grabac regarda son second quelques secondes avant de répondre.

— Qu'en pensez-vous, de Guillemin ?

— Je pense qu'il a raison.

Grabac regarda une dernière fois le gréement avant de s'exprimer. Il se retourna.

— Repliez les perroquets !

Louis Gaboriau, le second, répéta l'ordre en s'avançant sur le pont. Il était désormais difficile de se déplacer tant le navire ballottait au gré de la gigantesque houle qui secouait le navire, comme s'il n'était qu'un fétu de paille. Les gabiers se hâtèrent de monter le long des haubans à chacun des trois-mâts. Le navire secouait tellement qu'ils ne progressaient que lentement et d'immenses gerbes d'eau les atteignaient, rendant l'ascension extrêmement périlleuse. Si le perroquet de fougue, celui du mât d'artimon, le plus petit des trois, et donc celui qui était le plus accessible, fut rapidement replié, ce ne fut pas le cas du petit et du grand perroquet disposés respectivement sur le mât de misaine et le grand mât, car ils étaient situés beaucoup plus haut. Le repliage de l'un des trois perroquets ralentit à peine la corvette, Grabac, Gaboriau et de Guillemin regardaient, impatients, le travail des gabiers des deux autres mâts. Généralement, on envoyait les meilleurs gabiers sur les deux plus grands mâts, ce qui était le cas sur l'*Eugénie*. Un cri retentit, un des hommes venait de chuter, mais s'était heureusement raccroché à un hauban et réussit à agripper l'échelle de corde située sous le perroquet. Grabac poussa un soupir de soulagement. Les gabiers réussirent enfin à replier les deux perroquets restants. Le bateau avait légèrement ralenti l'allure, mais sa vitesse restait élevée. Gaboriau observait l'*Espoir* qui était à un demi-mile sur bâbord.

— Regardez, capitaine ! Ils font la même chose.

Les trois officiers regardèrent les gabiers de la frégate tenter de réaliser la manœuvre qu'ils venaient d'effectuer à grand peine sur l'*Eugénie*. Comme sur la corvette, les gabiers replièrent le perroquet de fougue aisément, mais ceux des autres mâts posaient un problème, le navire remuait tellement qu'il était difficile pour les marins de monter aux échelles de corde. L'*Eugénie* profita de sa récente stabilité pour gagner un peu de terrain et reprendre l'avantage. Le regard des trois hommes allait de leur bateau à celui de Pardaillac quand tout à coup, alors qu'ils observaient l'*Espoir*, un des gabiers tomba du haut du mât dans la mer. Sur le pont de la frégate, tous s'agitaient, « un homme à la mer », hurlaient les marins du navire corsaire, mais déjà les équipages des deux bateaux savaient qu'il serait impossible de récupérer le marin tombé avec une mer aussi déchaînée. Celui qui était désormais seul dans l'immensité des flots serait bientôt mort en ayant vu le navire s'éloigner. Personne ne broncha, c'était le lot des hommes de mer, mais tous eurent une pensée émue pour le malheureux.

Dans l'après-midi, le vent se renforça et les deux équipages replièrent les huniers ainsi que les brigantines des deux navires. Désormais, la course entre les deux navires était passée au second plan. La priorité était à présent de ne pas endommager les vaisseaux, car de leur vitesse dépendait leur capacité à s'attaquer aux navires de commerce ennemis. S'ils subissaient une avarie, il leur faudrait regagner un port français et passer beaucoup de temps à réparer. Nicolas regagna brièvement sa cabine. Il eut beaucoup de mal à conserver son équilibre tant le bateau remuait, mais il avait l'habitude de la mer et de tous ses aléas. Il pensa à Émilie, à son sourire, à ses yeux, à sa façon de parler, dans peu de temps il pourrait à nouveau en profiter. En arrivant dans sa cabine, il ouvrit la malle dans laquelle il avait mis le sabre que lui avait offert le roi de France. Il fixa la poignée d'un rouge écarlate et le pommeau doré qui luisait malgré la pénombre régnant dans la cabine. La lame brillait également. Il ne l'avait jamais affiché en public, mais il était fier du présent de Louis XIV même s'il se demandait parfois s'il en était digne. Il regagna le pont du bateau. Dieu seul savait ce que le destin lui réservait. Il repensa en souriant à la prédiction de la voyante sur le port, ces gens-là racontaient n'importe quoi, mais cela l'avait distrait.

En arrivant sur le pont, il constata que la nuit tombait et avec elle l'inquiétude grandissante que le vent forcît encore. Grabac semblait avoir la situation bien en main et son second paraissait un homme avisé, il se sentait en sécurité. Avant la nuit, Grabac ordonna de replier l'un des trois focs, ce qui n'augurait rien de bon. L'*Eugénie* naviguait à présent avec très peu de toile et des trombes d'eau s'abattaient sur le pont où la circulation devenait très dangereuse et difficile. Nicolas tint à demeurer aux côtés de deux officiers corsaires, il était à bord en tant qu'invité, mais il restait avant tout un officier de la Marine royale.

Le vent ne tomba pas pendant la nuit qui fut particulièrement agitée. Nicolas savait que si le vent montait encore, cela les mettrait tous en péril, mais rien de cela n'arriva. Il ne put trouver le sommeil durant la nuit et il fallut attendre le matin pour que la force du vent chutât enfin. Les premières lueurs de l'aube pointaient sur l'horizon et ils cherchèrent la frégate du regard sans parvenir à la localiser.

— J'espère qu'il ne leur est rien arrivé de fâcheux, lâcha Gaboriau.

— Le vent est tombé, on va envoyer la vigie en haut du grand mât.

Avant qu'il ne donne l'ordre, un cri retentit à la poupe du vaisseau, c'était le timonier qui barrait l'*Eugénie*. Les trois officiers montèrent sur la dunette et se précipitèrent sur la rambarde arrière. Grabac tira sa longue-vue et observa les voiles blanches.
— C'est bien lui, c'est Pardaillac. Leur bateau n'est pas endommagé, tout va bien.
— Alors nous avons gagné la course, souffla Nicolas.
— Qui vous a dit que la course était terminée. Monsieur Gaboriau, établissez les huniers !

Le second du navire corsaire s'exécuta et les gabiers grimpèrent à nouveau dans les échelles de corde pour rétablir les huniers. Gaboriau, à qui Grabac avait remis la longue-vue, était en train de surveiller l'*Espoir*.
— Capitaine, ils font la même chose que nous.
— Vous voyez, de Guillemin, c'est ce que je vous disais, la course n'est pas terminée.

Fleuve Saint-Laurent – 14 décembre 1712

Le voyage avait paru à Nicolas interminable, mais pourtant il était conscient que l'*Eugénie* avait rallié la Nouvelle-France en quarante jours alors qu'il en fallait habituellement soixante. Il était impressionné par la vitesse de la corvette. Le navire corsaire naviguait à présent dans le Saint-Laurent, Grabac et Gaboriau, anxieux, se tenaient à la proue du navire pour évaluer la situation. Nicolas les rejoignit, observant les rives du grand fleuve, blanchies par la neige hivernale. Il ne se souvenait pas d'avoir affronté un tel froid et comprit l'inquiétude des deux officiers ; des morceaux de glace, charriés par le Saint-Laurent apparaissaient un peu partout.

— Vous pensez pouvoir remonter jusqu'à Québec ?

— J'espère que oui, mais nous allons devoir réduire notre vitesse.

— Quand serons-nous à Québec ?

— Demain, si tout va bien. Ne vous inquiétez pas, monsieur de Guillemin, vous verrez sans doute bientôt votre promise.

— En espérant que tout se passe bien avec son père, soupira Nicolas.

Québec, capitale de la Nouvelle-France – Colonie du Canada[12] – 16 décembre 1712

Nicolas n'était jamais venu en Nouvelle-France, mais en avait déjà beaucoup entendu parler. Il savait que le climat rigoureux n'incitait pas à s'y établir et que le peuplement progressait bien plus lentement que dans les colonies britanniques. Il avait également beaucoup entendu parler des incessantes guerres avec les tribus amérindiennes, principalement les Iroquois. Une partie du Saint-Laurent était gelée, obligeant l'*Eugénie* à progresser très lentement, n'ayant hissé que la brigantine et l'un des focs. Nicolas avait remarqué que le lit du fleuve s'était à présent considérablement rétréci, ce qui avait d'ailleurs valu son nom à la ville de Québec, « Képak » en langue iroquoise, tandis qu'ils contournaient une grande île, nommée « Isle et comté de Saint-Laurent[13] », qui occupait presque toute la largeur du fleuve. Beaucoup d'agitation régnait à présent sur le pont et il comprit qu'il était enfin parvenu au terme de son voyage. En effet, ils ne tardèrent pas à

---

[12] À l'époque de la Nouvelle-France, le Canada n'est que la partie supérieur de celle-ci avec au sud, la Louisiane, plus à l'est, l'Acadie et au nord Plaisance (Terre-Neuve et le Labrador). La colonie du Canada ne correspond donc pas géographiquement au futur pays du Canada, qui sera plus grand et dont les délimitations territoriales seront différentes. La colonie du Canada comprenait notamment les territoires situés le long du fleuve Saint-Laurent, ceux se trouvant autour de la Baie d'Hudson ainsi que la région des Grands Lacs.

[13] Elle sera rebaptisée en 1792 « île d'Orléans ».

apercevoir Québec, ce qui remplit Nicolas de joie. Sur sa droite, il aperçut l'embouchure d'une rivière bien plus petite que le Saint-Laurent que Grabac lui indiqua comme étant la rivière Saint-Charles. Nicolas apercevait déjà la cathédrale ainsi que le château qui surplombait la ville. On lui avait dit que les hivers de Nouvelle-France étaient plus froids que ceux de l'Est de la France. Il allait à présent pouvoir le constater par lui-même.

Ils mouillèrent devant la ville et apprêtèrent deux chaloupes pour se rendre à terre qui était recouverte d'un blanc manteau, habituel à cette période de l'année. Nicolas fit charger sa malle et les rameurs se mirent à l'action. Il regardait la capitale de Nouvelle-France, elle n'était pas bien grande comparée à Bordeaux, mais symbolisait la présence française aux Amériques. Grabac lui apprit qu'elle comptait 9 000 habitants. À cause des rigueurs de l'hiver, beaucoup de colons étaient repartis en France au bout d'un an. L'arrivée du bateau corsaire n'était naturellement pas passée inaperçue. Ils constatèrent qu'une petite troupe de soldats les attendaient sur la berge. La barque de Nicolas toucha terre et Grabac bondit pour s'avancer au-devant de l'officier qui dirigeait le comité d'accueil.

— Capitaine Charles Grabac, au service de Sa Majesté le roi de France, dit-il en remettant au capitaine des gardes ses lettres de marque.

Celui-ci examina soigneusement les documents qu'il approuva d'un signe de tête. Il reporta son attention sur celui qui accompagnait Grabac qui en profita pour présenter Nicolas.

— Mon ami, Nicolas de Guillemin, est officier de Sa Majesté et souhaite s'entretenir avec le gouverneur.

— Au sujet de Québec ?

— Non, répondit Nicolas, c'est une affaire d'ordre privé.

— Suivez-moi !

Ils se dirigèrent vers l'entrée de la ville et passèrent dans une allée au milieu des maisons des Québécois qui étaient disposées sur les berges du grand fleuve. L'officier de Nouvelle-France les mena jusqu'au château Saint-Louis où résidait Philippe Rigaud, marquis de Vaudreuil, gouverneur de Nouvelle-France et père d'Émilie. Nicolas avait beau avoir affronté bien des ennemis et livré un grand nombre de combats, il était anxieux, ayant vérifié à plusieurs reprises dans son manteau que la lettre du roi s'y trouvait bien. Il n'avait traversé l'Atlantique que dans ce but et ne s'imaginait pas essuyer un refus. Quoi qu'il arrivât, il défendrait son point de vue. De plus, il lui tardait de revoir Émilie. Il n'avait pas arrêté de penser à elle durant tout le voyage. Il n'avait oublié ni leur dernière étreinte ni sa personnalité enjouée dont il ne se lassait pas. Il se demanda si elle s'attendait à ce qu'il traversât tout l'Atlantique pour elle, peut-être serait-elle surprise de sa venue. Une fois dans le château Saint-Louis, ils arrivèrent dans une grande pièce où plusieurs hommes étaient en grande conversation. Outre Philippe Rigaud de Vaudreuil, se trouvait l'intendant à ses côtés ainsi qu'un troisième homme plus âgé, probablement un conseiller. En voyant les visiteurs arriver, ils se tournèrent vers eux.

— Monsieur de Vaudreuil, on demande à vous voir, annonça le capitaine des gardes.

— Qui demande à me voir ?

— Moi, monsieur, permettez-moi de me présenter, Nicolas de Guillemin, lieutenant dans la marine de Sa Majesté.

— Ce n'est pas le roi qui vous envoie, sinon vous seriez en uniforme.

— Je viens à propos d'Émilie.

Le gouverneur de France eut un moment d'hésitation, ne s'attendant visiblement pas à cette intervention, puis il se reprit.

— Est-ce que vous pouvez nous laisser seuls, messieurs, il s'agit vraisemblablement d'une entrevue privée.

Tous quittèrent la pièce à l'exception de Nicolas et de monsieur Rigaud de Vaudreuil qui détailla son visiteur de la tête au pied, constatant qu'il présentait bien. Il se doutait de la raison de sa venue, mais la trouvait surprenante.

— Je vous écoute, monsieur de Guillemin, que puis-je faire pour vous ?

— J'aimerais vous demander la main d'Émilie.

De Vaudreuil parut amusé.

— Vous êtes audacieux, monsieur, mais vous n'avez pas besoin de mon accord pour cela.

— Émilie n'est donc pas votre fille ?

— Elle l'est, bien sûr, mais il n'y a aucun document qui l'atteste, je ne l'ai jamais reconnue. Elle est née d'une relation adultérine, un accident. Officiellement, mes seuls enfants sont ceux nés de mon union avec mon épouse. Émilie n'est pas de ceux-là, j'en suis bien désolé pour vous, surtout si vous êtes venu exprès de France.

— Mais vous pouvez toujours la reconnaître ?

— Pour quelle raison le ferais-je ?

Il sortit la lettre du roi d'une de ses poches.

— Pour celle-là, par exemple.

Il tendit la missive au gouverneur qui brisa le sceau de cire et s'empressa de la lire. Une fois sa lecture terminée, il porta sur Nicolas un regard plus bienveillant.

— Une lettre du roi de France m'octroyant des terres ici et en France, vous devez avoir de sacrées relations pour bénéficier d'un tel soutien. Vous souhaitez vous installer ici ou rentrer avec Émilie en France ?

— La vie ici m'a l'air assez rude, moins agréable qu'à Bordeaux, d'où je viens. Cela veut dire que vous acceptez ma demande ?

— Il est difficile de refuser quelque chose à une personne recommandée par Sa Majesté, le roi Louis XIV, lui-même. Quant à la situation sur place, elle n'est guère brillante. Plus au sud, les colonies britanniques prospèrent et nous sommes victimes d'agressions répétées contre nos possessions. Nous ne sommes que quelques milliers et les Anglais sont beaucoup plus nombreux. Le commerce avec les

Autochtones est florissant même si nous avons eu de nombreux conflits avec les Iroquois.
— J'ai entendu dire qu'un bon nombre de femmes, envoyées par le roi, avaient rejoint Québec.
— « Les filles du Roy », cela a été une très bonne idée de la part de Sa Majesté. Il y a peu, en 1666, on comptait 800 hommes pour 45 femmes. Ce n'est pas comme cela que notre population risquait d'augmenter et beaucoup de nos compatriotes avaient pris la fâcheuse habitude de se marier avec des Indiennes, pas toujours chrétiennes, de surcroît, il fallait à tout prix remédier à cela. Grâce au roi, 800 femmes sont arrivées ici, surtout des orphelines venant principalement des couvents de France. En plus, notre souverain leur octroyait une dot de 50 livres.
— J'ai parfois entendu des propos malveillants à leur propos.
— Parce que les gens mélangent tout, ils confondent les filles que Sa Majesté a envoyées en Louisiane qui ne sont malheureusement pas les mêmes que celles venues à Québec, des catins, des mendiantes, des voleuses issues des prisons du royaume de France. Elles n'ont rien à voir avec nos femmes !
— Et la mère d'Émilie ?
— C'était une fille du Roy, naturellement. Une très jolie femme issue de la petite noblesse rochelaise, une femme instruite, à l'esprit vif, comme sa fille… Elle était malencontreusement veuve et était encore très jeune.

Sentant que le sujet de la conversation devenait délicat, il décida prudemment de revenir à la raison qui l'avait conduit en Nouvelle-France.
— Pourrais-je voir Émilie ?

Le gouverneur parut embarrassé.
— Émilie n'est pas à Québec en ce moment…

Nicolas le regarda, attendant la réponse du gouverneur.
— Émilie se trouve à fort Frontenac, en compagnie de sa mère.
— C'est loin d'ici ?

— Environ une quarantaine de jours si tout va bien, bien après l'île de Montréal, au nord des Grands Lacs.

Nicolas resta figé sur place, il ne s'attendait pas à ça.

— Si vous désirez vous y rendre, je peux vous confier à Pierre Lafleur, un coureur des bois. Il connaît parfaitement le trajet pour l'avoir maintes fois parcouru, vous serez dans de bonnes mains avec lui.

— Pourquoi s'est-elle rendue là-bas ?

— Sa mère s'est remariée et son mari est en poste sur place. J'imagine que si vous avez traversé l'Atlantique, un voyage en plein hiver au cœur de la Nouvelle-France ne vous fait pas peur.

— Vous présumez bien. Quand puis-je partir ?

— Dès demain si vous le souhaitez ?

Les deux hommes se dévisagèrent un bref instant.

— Elle ne vous a pas parlé de moi ?

— Non, mais nous ne nous voyons pas souvent.

Un nouveau silence s'instaura.

— Sans doute, ne pensait-elle pas que vous traverseriez l'Atlantique pour me faire votre demande.

— Je pense que votre fille le vaut… Et concernant votre proposition de partir demain, je l'accepte. Je vais prendre les dispositions nécessaires pour me préparer.

— Avant votre départ, je dois vous prévenir que les forêts de Nouvelle-France ne sont pas très accueillantes en hiver et que l'on y fait parfois de mauvaises rencontres : Indiens ou Anglais.

— Alors elles ne sont pas vraiment différentes des forêts de France. Merci pour votre hospitalité, gouverneur.

Nicolas s'achemina vers la sortie tandis que Philippe Rigaud de Vaudreuil le regardait avec curiosité. Il n'aurait jamais pensé que sa fille illégitime pût séduire un homme tel que Nicolas de Guillemin.

Nicolas rejoignit Grabac qui remarqua l'expression de déception sur son visage.

— Les nouvelles ne sont pas bonnes ?
— Elles pourraient être pires… mais Émilie se trouve à quarante jours d'ici.
— Cela fait beaucoup.
— Je pense que le mieux est que vous me laissiez en Nouvelle-France et que vous rejoigniez les routes commerciales pour y faire une belle prise.
— Peut-être nous retrouverons-nous ?
— Ce n'est pas impossible, mais pour l'instant je serai ici pour quelque temps.
— Je vais m'occuper de faire descendre vos affaires.
— Je vous remercie.

Grabac s'éloigna et Nicolas regarda autour de lui. Décidément, rien n'était simple avec Émilie, mais il était persuadé qu'elle en valait la peine.

Québec – 17 décembre 1712

Nicolas prenait son petit déjeuner en compagnie du gouverneur, tout en sachant que Grabac se préparait à lever l'ancre pour partir vers le sud. Le gouverneur passa la plupart du temps à parler de la Nouvelle-France, immense, dont la position restait précaire.

— Je dois absolument rapporter en France un maximum de fourrures pour prouver au roi que ce territoire est une belle opportunité pour notre pays. C'est le seul moyen si l'on veut que la Nouvelle-France puisse perdurer. Son existence reste fragile.

Après avoir dit cela, il fixa Nicolas qui y sentit comme une allusion à sa propre situation.

— Un peu comme ma relation avec votre fille…

— Je n'ai pas voulu vous offenser… mais nous ne devons en aucun cas masquer la vérité dans votre situation… sinon vous irez vers une grande déception.

— Je n'y ai pas vu d'offense, sinon j'aurais réagi bien différemment. Connaissez-vous bien votre fille ?

— Il est vrai que je ne la vois pas souvent, mais en tant que père, je sais tout ce qui se passe dans sa vie et connais parfaitement son caractère, n'ayez aucun doute là-dessus.

Un homme arriva et le gouverneur se leva.

— Je vais devoir vous laisser, j'ai beaucoup de travail, je vous confie aux bons soins de mon secrétaire qui s'occupera de vous avant votre départ.

Nicolas regarda monsieur Rigaud de Vaudreuil s'éloigner, le laissant seul avec un petit bonhomme assez âgé qui le guida dans une pièce adjacente au salon qui semblait être la bibliothèque de la demeure du gouverneur.

— Attendez-moi ici, je vais aller chercher Lafleur.

Le secrétaire sortit et Nicolas s'assit sur un des deux grands canapés disposés au milieu de la pièce. Au bout de quelques minutes, il entendit taper à la porte, songeant que le vieil homme avait fait vite, mais lorsque la porte s'entrouvrit, il comprit immédiatement, en apercevant la silhouette d'une vieille femme, que ce n'était ni le secrétaire du gouverneur, ni Lafleur. Surpris par l'irruption de cette intruse, il se leva pour s'enquérir de l'identité de la visiteuse, mais avant qu'il ait pu dire un mot, la femme parla.

— J'ai une lettre à vous remettre.

Son cœur s'emballa.

— Une lettre ? De qui ?

— D'Émilie ! Qui d'autre pourrait vous écrire si loin de la France !

Il eut du mal à dissimuler son impatience et la messagère, comprenant sa position, lui tendit la missive. Il l'ouvrit en hâte, jetant un œil à cette femme, habillée comme une servante qui avait la soixantaine, mais conservait un regard plutôt vif.

— Connaissez-vous Émilie personnellement ?

— Depuis sa naissance, monseigneur.

Il prit connaissance de la lettre de celle qu'il devait épouser :

Nicolas, mon amour.

J'espère que tu as pu arriver en Nouvelle-France sans encombre. Mon père a dû t'apprendre que je n'étais pas sa fille légitime, il ne m'a jamais reconnue. Je n'ai pas osé te l'avouer, j'avais peur que tu me repousses, ta famille est noble, ils ne voudront certainement pas d'une bâtarde parmi eux, car je ne suis rien d'autre. J'ai utilisé le nom de mon père que je ne porte pas en réalité, car il est celui de la vérité de ma naissance. Sans doute ne voudras-tu plus de moi. Quelle que soit ta décision, je l'accepterai. J'ai souvent pensé que notre rêve était trop beau. L'amour est un sentiment noble, mais il ne confère aucun avantage dans notre société, c'est bien dommage. Je crains de connaître ta décision dans pareil cas. Pardonne-moi d'avoir fait comme si c'était possible…

Ton Émilie, celle qui était Émilie Rigaud de Vaudreuil…

Il termina la lecture, pensif. Ne sachant pas que Nicolas avait su la vérité sur sa naissance, Émilie avait anticipé le pire, c'était bien normal. Il s'aperçut que la vieille femme le dévisageait.

— Je suppose que vous allez repartir en France. Vous serez aimable de laisser une lettre pour ma maîtresse.

— Vous vous trompez, je viens de demander la main d'Émilie à son père qui a accepté. De plus, je n'aurai pas besoin de faire de lettre, car je compte me rendre moi-même à fort Frontenac pour lui annoncer.

— Mais…

— Monsieur Rigaud de Vaudreuil pourrait même reconnaître Émilie.

— Quelle sorte d'homme êtes-vous ?

— Je suis comme les autres, ni plus, ni moins.

— Ça, j'en doute ! Quand partez-vous ?

— Dès cet après-midi.

— Avec une escorte officielle ?

— Avec Lafleur.

— Un coureur des bois… Combien serez-vous ?

— Six, en m'incluant. Quelque chose vous tracasse ?

— Non, vous serez dans de bonnes mains, les coureurs des bois connaissent parfaitement les routes menant vers le sud et sont habitués aux rigueurs de l'hiver canadien.

Elle le jaugea du regard puis tourna les talons. Nicolas la regarda s'éloigner et repartit vers sa chambre, il fallait préparer ses affaires.

Québec – 17 décembre 1712, 14 h 30

Pierre Lafleur vint le trouver. Il tenait dans ses bras un grand manteau de fourrure, des gants et une toque confectionnés également en peau de bête. Il avait également apporté avec lui un grand mousquet qu'il tendit à Nicolas.

— Quand partons-nous, Lafleur ?

— Le plus tôt possible, d'ici une heure, je pense.

Nicolas observa les trois canoës disposés sur la berge.

— Nous partons là-dedans ?

— Oui, ce sont des canoës, les Indiens les utilisent pour naviguer sur le Saint-Laurent, c'est le moyen de locomotion le plus rapide. Je me doute que vous avez l'habitude de naviguer sur des navires plus grands.

— Je m'en contenterai, mais le Saint-Laurent est-il gelé ?

— Pas tout à fait, mais dans quelques jours, peut-être même demain ou après-demain, il ne sera plus praticable et cela durera jusqu'au printemps, c'est pour cela qu'il faut faire vite.

Nicolas, Lafleur et leurs quatre compagnons se hâtèrent de préparer leurs embarcations qu'ils portèrent vers le fleuve. Avant d'embarquer, Nicolas se retourna et aperçut le gouverneur, Philippe Rigaud de Vaudreuil qui l'observait au loin. Il n'aurait su dire s'il espérait qu'il réussît ou pas. Il lui avait semblé que cette situation l'embarrassait au plus haut point. Il verrait au retour, il avait l'habitude de gérer des situations compliquées, il s'en contenterait même si l'environnement de la Nouvelle-France lui était particulièrement inconnu.

Ils avancèrent les canoës dans l'eau et malgré ses bottes, Nicolas sentit le froid de l'eau glacée. Dieu que cette région était inhospitalière ! Il était monté en compagnie de Lafleur qui lui montra comment utiliser les pagaies. Il lui conseilla également de positionner son mousquet à portée de main. Nicolas était à l'avant du canoë pendant que le coureur des bois se tenait à l'arrière. Le lieutenant de la Royal constata que Lafleur pagayait du côté opposé au sien. Le fleuve était en grande partie gelé, ne laissant que d'étroits corridors dans lesquels les fines embarcations s'engageaient avec prudence. Nicolas n'osait même pas imaginer ce qui se passerait si les canoës chaviraient, vu la température de l'eau.

Ils s'éloignèrent peu à peu de Québec, mais ne naviguèrent qu'une heure, car la nuit tombait et ils se dépêchèrent d'établir un bivouac. Nicolas regretta le confort de l'*Eugénie,* mais appréciait cette vie en plein air. Ils firent un grand feu, seule garantie de ne pas mourir gelés, et ramassèrent une grande quantité de bois pour l'alimenter. L'officier français constata que les canoës n'étaient pas uniquement des moyens de locomotion, car les trappeurs les utilisaient également comme abris pour la nuit ; posés sur le flanc, et recouverts de peaux d'ours, ils offraient une couche confortable pour les hommes des bois. Après le dîner, Nicolas s'endormit rapidement, la journée avait été longue et Lafleur n'avait cessé de lui narrer les récits de cette terre où il était né. Il ne connaissait pas la France et Nicolas comprit qu'il ne la verrait probablement jamais.

Fleuve Saint-Laurent – 18 décembre 1712

Nicolas se réveilla en sursaut, il avait rêvé de son mariage avec Émilie. Dans son rêve, la jeune femme refusait au dernier moment de l'épouser sous le regard hilare de son père. Il regarda autour de lui. Visiblement ses compagnons étaient déjà levés depuis un petit moment et dégustaient leur petit déjeuner près du feu.

— Vous avez bien dormi ?

— Oui, il fait un peu froid, mais ça va.

Il vit ses compagnons sourire.

— Qu'ai-je dit de si amusant ?

— En ce moment, il ne fait pas très froid. Ici, il peut faire beaucoup plus froid, mais en attendant, venez déjeuner avec nous, vous aurez besoin de force.

— Vous pensez pouvoir continuer à remonter le fleuve ?

— Oui, mais on sent que le froid est plus vif, le Saint-Laurent ne tardera pas à geler, c'est pour cela qu'il faut parcourir le plus de distance possible pour rejoindre Trois-Rivières.

— Vous pensez que nous allons y arriver ?

— Logiquement, oui.

— Et sinon ?

— Nous emprunterons la piste qui longe le fleuve, par la forêt, c'est plus long et plus dangereux, mais nous le faisons régulièrement.

Ils mangèrent des haricots mélangés avec du lard. Nicolas regretta cette boisson sombre qu'il avait bue à l'auberge de Saintonge, mais savait qu'il était difficile d'en trouver. Peu de temps après, ils mirent à l'eau les canoës et s'engagèrent sur le grand fleuve où d'immenses blocs de glace rendaient la navigation de plus en plus aléatoire. Une fois dans l'embarcation, il se retourna et observa la nature environnante. Ils étaient seuls dans l'immensité sauvage d'un pays qu'il était en train de découvrir.

Fleuve Saint-Laurent – Non loin de Trois-Rivières – 26 décembre 1712

Si au départ il avait eu du mal à suivre le rythme soutenu par les hommes des bois pour pagayer, il avait rapidement appris et n'avait désormais aucun mal à les suivre. Il avait d'ailleurs remarqué qu'ils pagayaient plus vite qu'au départ, prouvant qu'ils s'étaient adaptés à son niveau et à l'évolution de celui-ci au fil des jours. Le Saint-Laurent n'avait pas encore gelé, mais l'espace navigable s'était réduit considérablement. Nicolas découvrait l'immensité et la beauté de ces terres sauvages et s'émerveillait de ces paysages qui ne cessaient de receler de nouvelles surprises. Il avait lu les cartes avant de partir et avait conscience qu'il était difficile de gouverner une colonie aussi grande que celle du Canada. Ils avaient déjà pu observer de grands cerfs et Nicolas aperçut, sur une des berges, un félin de taille moyenne qu'il reconnut comme étant un loup-cervier[14]. Un des compagnons de Lafleur leva son fusil, mais l'animal l'aperçut et déguerpit pour se fondre dans la densité de la forêt.

— C'était un jeune, il n'était pas bien grand, fit remarquer Nicolas.

— Non, c'était un adulte, les loups-cerviers de Nouvelle-France sont plus petits que ceux de France. En ce qui concerne les ours, c'est le contraire, ceux d'ici sont énormes.

— Et les loups ?

---

[14] Lynx.

— Ce sont les mêmes, vous ne tarderez pas à vous en apercevoir, ils sont relativement courants dans les bois de notre colonie.
— Quand arriverons-nous à Trois-Rivières ?
— Demain, je pense.
— Pour quelle raison cela s'appelle Trois-Rivières ? J'ai regardé la carte, il n'y a qu'une seule rivière.
— Vous comprendrez en arrivant. Plusieurs petites îles se trouvent à l'embouchure de la rivière St-Maurice, située juste avant Trois-Rivières, donnant l'illusion qu'il n'y a pas une rivière, mais trois, d'où ce nom.
— Et les Indiens ?
— Les relations sont bonnes avec les Algonquins avec qui nous entretenons de bonnes relations commerciales ; ils fournissent de nombreuses peaux de bêtes que nous rapportons en France. Certains se sont même convertis, ce qui nous facilite la tâche. Concernant les Iroquois, ce n'est pas la même chose, ils sont alliés aux Anglais et n'ont pas hésité à perpétrer des massacres au sein de certaines de nos colonies. Un traité de paix a été signé pour apaiser la situation, mais les tensions demeurent. Les Cinq-Nations, comme ils se sont eux-mêmes surnommés, sont tous des peuples parlant la langue iroquoise, ils s'en sont également pris à d'autres Autochtones comme les Hurons ou les Mohicans.
— Comment fait-on la différence entre tous ces gens ?
— Ne vous inquiétez pas, nous savons parfaitement les reconnaître, restez avec nous et rien ne vous arrivera.

Ils avaient progressé autant qu'ils l'avaient pu, car le Saint-Laurent était en train de se solidifier pour revêtir le manteau de glace hivernal qu'il avait l'habitude d'endosser jusqu'à fin mars, début avril, période à laquelle ses eaux étaient à nouveau praticables. Par deux fois, ils avaient dû parcourir les rives blanchies du grand fleuve en portant les canoës pendant une heure ou deux avant de pouvoir naviguer à nouveau au milieu des blocs de glace. Nicolas avait pu apprécier la légèreté de ces embarcations issues de la culture indigène qui étaient parfaitement adaptées aux rivières de la Nouvelle-France.

Durant les longues soirées auprès du feu, il avait pu faire plus ample connaissance avec ses compagnons de route et découvrait avec surprise et agrément la rudesse et la simplicité de leur vie. Eux aussi étaient curieux de découvrir cet étrange personnage, officier du roi qui partageait leur quotidien comme s'il était l'un des leurs. Au détour d'une conversation, ils apprirent qu'il avait rencontré le roi de France lui-même. Ils n'en furent que plus impressionnés et ne purent s'empêcher de le questionner.

— Comment est-il, le roi de France ? demanda l'un d'eux.

— J'avais souvent rêvé de le rencontrer, et finalement c'est arrivé par hasard. C'est quelqu'un d'assez impressionnant. Il connaît tout, il sait tout et s'intéresse à tout.

— Vous l'avez rencontré à Versailles ?

— Non, à Rochefort, en allant rencontrer mon chef d'escadre.

— C'est un beau souvenir.

— Oh oui et il m'en a laissé un autre en m'offrant un cadeau.

— Un cadeau du roi de France ! s'écrièrent les coureurs des bois en chœur.

— Sans vouloir être indiscret, c'était quoi ? se risqua à demander Lafleur.

Après un bref moment d'hésitation, Nicolas attrapa son grand sac en cuir dans lequel il avait mis le présent de son souverain. Il extirpa l'arme enveloppée dans une étoffe aux couleurs du royaume de France, bleue ornée de fleurs de lys. Il ôta le tissu et ses compagnons de route découvrirent éberlués le sabre offert par Louis XIV dont la lame brillait à la lueur du feu et dont ils admirèrent le pommeau ainsi que la poignée d'un rouge vif.

— Il est magnifique, vous devez être un homme de grande valeur.

— J'espère en être digne.

Les coureurs des bois se turent avant que Lafleur ne reprît le fil de la conversation.

— Ce n'est pas une arme décorative, au moins.

Certains rirent et Nicolas comprit qu'il devait à présent leur faire une démonstration de l'efficacité de son arme. Il saisit deux topinambours et s'éloigna de quelques pas en direction de la berge. Il jeta en l'air les deux tubercules et, au moment où ils redescendaient, donna un coup de sabre d'un geste rapide et précis qui fouetta l'air. Avec l'obscurité, ceux qui étaient autour du feu n'avaient pas pu voir grand-chose, ils s'approchèrent, curieux, et trouvèrent ce qui restait des deux légumes, fendus en deux. Lafleur le regarda.

— Votre sabre est une arme magnifique, mais les batailles que nous menons dans les bois exigent également du courage et l'art du combat. Vous êtes bien loin de votre environnement naturel. Officier dans la Marine royale n'exige pas les mêmes qualités que celles requises pour lutter sur les terres de Nouvelle-France.

— Je le sais. J'ai simplement voulu vous démontrer l'efficacité de mon arme et en même temps vous distraire, je n'ai pas voulu vous offenser.

— Ce n'est pas le cas. On nous a demandé de vous mener jusqu'à fort Frontenac, nous le ferons. Nous ne sommes pas capables de manier le sabre comme vous, mais les Anglais et les Iroquois nous redoutent, et ce n'est pas pour rien.

Nicolas ne dit rien et rangea son sabre. Ainsi, les coureurs des bois le prenaient pour un officier de salon et affichaient un certain mépris pour ces officiers au superbe uniforme, eux qui vivaient dans les bois et menaient une vie rude et austère. Après cet incident, les conversations se cantonnèrent à des banalités sur leur voyage et Nicolas, sentant le malaise, alla se coucher rapidement.

Trois-Rivières – 27 décembre 1712

Ils arrivèrent dans l'après-midi en vue de Trois-Rivières qui se résumait à quelques dizaines de maisons de taille moyenne dont la plupart étaient situées à l'intérieur d'une palissade en bois érigée pour les protéger d'attaques potentielles. Le site sur lequel était bâti ce fortin offrait naturellement sur le côté qui bordait le fleuve une protection efficace grâce à la raideur des pentes qui y menaient. Ce n'était pas vraiment une ville, mais plutôt un gros village. En voyant la mine quelque peu désappointée de Nicolas, Lafleur intervint.

— Ce n'est pas bien gros, mais Trois-Rivières est une place importante pour le commerce de la fourrure.

Ils orientèrent leurs canoës vers un passage disposant d'une pente plus douce permettant aux visiteurs de gravir aisément les berges pour se diriger vers l'entrée du fort. Avant cela, Nicolas avait pu constater de ses yeux l'effet d'optique que générait la présence de nombreuses îles à l'embouchure de la rivière Saint-Maurice, justifiant l'appellation de « Trois-Rivières ». Ils accostèrent, mirent pied à terre et tirèrent leurs embarcations sur la terre ferme où d'autres canoës se trouvaient déjà. En observant les silhouettes présentes sur les berges, il constata qu'il était pour la première fois en présence d'Indiens et Lafleur remarqua son trouble.

— Ce sont des Algonquins, qui sont nos alliés.

Visiblement, Lafleur et ses compagnons étaient connus, vu l'accueil que leur réservèrent les Indiens ainsi que les habitants de la ville. Ils s'acheminèrent vers l'entrée du fortin de bois. Le chemin qui y conduisait contournait une grosse butte avant d'arriver aux portes de bois qui permettaient de pénétrer dans l'enceinte. Avant d'entrer, Nicolas remarqua sur sa gauche les habitations des Autochtones, des huttes au toit arrondi qui étaient recouvertes de peaux de bêtes. À l'entrée, une sentinelle les regarda d'un œil bienveillant et les laissa franchir le seuil de l'enceinte fortifiée. Une fois à l'intérieur, ils se dirigèrent vers un bâtiment et Nicolas vit un homme que Lafleur lui présenta comme étant François de Galiffet de Caffin, le gouverneur de Trois-Rivières. Un homme l'accompagnait et l'un des compagnons de Lafleur lui remit un petit sac contenant du courrier.

— Bonjour, gouverneur.

— Bonjour, Lafleur.

Le gouverneur reporta immédiatement son attention sur Nicolas qu'il examina de la tête au pied.

— Qui est l'homme qui vous accompagne, Lafleur ?

— C'est un officier que j'accompagne au fort Frontenac pour une affaire d'ordre privé.

— Me ferez-vous le plaisir de dîner avec nous ce soir, monsieur ?

— Avec plaisir, gouverneur. J'ai beaucoup entendu parler de Trois-Rivières.

— Je pense que vous devez être surpris de voir qu'un endroit aussi faiblement peuplé dispose d'un poste de gouverneur.

— En effet, mais je connais l'importance stratégique que revêt cet emplacement pour la traite des fourrures.

— Vous avez parfaitement raison, tout l'acheminement des peaux vers la France dépend de positions comme la nôtre, et surtout, de nos relations avec les Autochtones que vous avez pu rencontrer avant de rentrer dans le fort.

— J'ai aperçu leur campement autour du fort.
— Ce sont des Abénaquis, qui parlent l'un des dialectes algonquins. Ce sont nos alliés dans les confrontations qui nous opposent aux Anglais. Je vais vous laisser vous installer, après nous aurons tout loisir de pouvoir converser à souhait.

Nicolas se retira pour regagner la chambre qu'avait mise à disposition le gouverneur. Il eut une pensée fugace pour Émilie. Chaque jour il se rapprochait un peu plus d'elle, malgré toutes les difficultés rencontrées. Il se changea et rejoignit le gouverneur et sa femme pour le dîner. Les Indiens qu'il avait vus à l'entrée du fort suscitaient sa curiosité. Ils semblaient fort différents des peuples d'Europe qu'il avait déjà rencontrés. Il prit place.
— Monsieur de Guillemin, ma femme se demandait quel genre d'affaires peut donc vous amener dans nos froides contrées, si loin de votre foyer.
— Je me rends au fort Frontenac dans le but de retrouver celle qui sera bientôt ma femme.

L'épouse du gouverneur le regarda en souriant, sous-entendant qu'elle avait déjà évoqué le sujet.
— Prenez garde, Monsieur de Guillemin, une fois que vous aurez passé l'île de Montréal, vous vous retrouverez au milieu de contrées faiblement habitées, sauvages et inhospitalières.

Il but une gorgée de vin.
— Enfin, avec Lafleur, vous êtes dans de bonnes mains.

Nicolas passa une bonne soirée, le gouverneur était un hôte particulièrement agréable et il comprit que le poste de gouverneur de Trois-Rivières était une lourde responsabilité. Il prit plaisir à profiter d'un vrai lit après plusieurs jours de campement sauvage et s'endormit rapidement.

Trois-Rivières – 28 décembre 1712

Une mauvaise surprise les attendait dès le matin. En quittant le fort, ils constatèrent avec dépit que le Saint-Laurent était entièrement gelé. Ils discutèrent avec les Abénaquis qui leur indiquèrent qu'ils devraient désormais emprunter les routes passant par les bois, ce qui ne les réjouit pas, le froid s'intensifiait et c'était à présent devenu leur principal ennemi. Alors qu'ils discutaient, un homme âgé, petit, trapu et arborant une grande barbe blanche s'approcha d'eux.

— Je le connais, c'est Marc Joussant, déclara Lafleur visiblement peu enthousiaste.

— Je souhaiterais vous accompagner, je sais qu'on peut encore naviguer. À quelques kilomètres d'ici, quand le fleuve s'élargit, une partie reste navigable. Cela vous fera gagner deux ou trois jours si vous pouvez utiliser les canoës sur cette partie du Saint-Laurent.

— Je vous remercie, vous êtes seul ?

— Nous étions trois, mais mes deux compagnons ont été tués.

— Les Iroquois ?

— Non, les tuniques rouges !

— À quel endroit ? s'enquit Lafleur.

— Un peu après Montréal.

— C'est pour cela que vous n'avez pas envie de repartir tout seul ? ajouta Lafleur.

— Vous avez tout compris, déclara le vieil homme.

— Vous êtes d'où ? demanda Nicolas.

— Je vis là où l'on peut trouver des peaux. Je ne possède rien à l'exception de mon fusil et des affaires que je porte sur moi. J'ai passé les trente dernières années dans ces forêts, j'en connais la moindre parcelle.
— Vous parlez abénaquis ?
— Je parle plusieurs dialectes algonquins et aussi hurons.
— Alors, vous serez de bonne compagnie, ajouta Nicolas.
— Je vous remercie, monsieur.

Il les salua et repartit chercher ses affaires. Lafleur regarda Nicolas d'un air sévère.

— Écoutez, le gouverneur m'a demandé de vous escorter, ce que je fais comme je l'ai déjà fait dans le passé, mais sachez une chose, c'est moi qui décide qui nous accompagne ou pas. Vous ne connaissez pas le pays, il peut être dangereux de partir avec des gens qui ne sont pas fiables.
— Vous avez raison, Lafleur, mais arrêtez de me faire passer pour un imbécile dès que vous le pouvez, c'est vrai que vous connaissez parfaitement le pays, mais cela fait presque vingt ans que je me bats, au service de Sa Majesté, j'ai embarqué pour la première fois comme mousse quand j'avais 10 ans et j'en ai bavé, je ne suis pas un petit coq de salon, comme le portrait que vous dressez de moi.

Pour une raison que Nicolas ignorait, Lafleur n'aimait pas Joussant. Ayant soutenu son arrivée dans le groupe, il espérait que cela ne générerait pas de conflit.

Il fut décidé de transporter les canoës en empruntant le chemin qui longeait le fleuve. Les embarcations, fabriquées dans du bois de bouleau étaient, de façon surprenante, particulièrement légères et les Indiens avaient l'habitude de les porter sur de longues distances. Leur principal inconvénient demeurait leur encombrement important qui ne les rendait pas très maniables dès que les chemins devenaient étroits et la végétation trop dense.

En partant, Nicolas remarqua les regards pas très amicaux que ne cessaient de se jeter Lafleur et Joussant, ce qui n'augurait rien de bon pour les jours à venir.

Dans la soirée, ils installèrent le bivouac et allumèrent du feu. S'ils avaient bien progressé, l'ambiance ne s'était guère détendue et Nicolas sentit que les rancœurs que Lafleur et son groupe nourrissaient à l'égard de Joussant ne dataient pas d'aujourd'hui. Pendant la corvée de bois il en profita pour échanger avec lui discrètement.

— J'aimerais savoir ce qui se passe avec Lafleur, Joussant, on dirait qu'il y a un contentieux entre vous.

— Cela remonte à un différend que nous avons eu il y a quelques années. Il y a eu un conflit concernant les zones de chasse et le gouverneur de Trois-Rivières a décidé de les séparer et d'attribuer un territoire défini pour chacun. Cette année-là, j'ai rapporté avec mon ami Dupassaut trois fois plus de peaux que Lafleur, il m'en a toujours voulu et depuis nos relations ne se sont pas vraiment améliorées. C'est juste au départ un problème de jalousie. Il a toujours été jaloux de moi. J'ai beaucoup parcouru ce pays et j'ai rapporté de nombreux renseignements qui ont permis de cartographier les lieux que j'ai visités. C'est pour cela que le gouverneur m'a toujours regardé d'un œil favorable, mais il n'y a eu aucune tricherie concernant les zones de chasse. J'ai vu également qu'il ne vous aimait pas beaucoup.

— Sauf qu'entre nous, il n'y a pas vraiment eu de problèmes, je ne connais pas l'origine de son ressentiment envers moi.

— Probablement parce que vous êtes un officier de la Marine royale. Lafleur est né ici, mais il a servi quelques années dans la marine comme matelot et cela ne s'est pas bien passé. Je n'en sais pas plus.

— Nous nous rendons au fort Frontenac, le voyage risque d'être long.

— Vous avez de la chance, je m'y rends également, cela vous permettra d'avoir avec vous quelqu'un de moins antipathique que Lafleur.

— J'espère qu'au long du voyage nos relations s'apaiseront.
— J'aimerais partager votre optimisme.

En revenant vers le camp, ils virent Lafleur et seulement deux des trappeurs, les autres n'étaient toujours pas rentrés. Ils s'assirent et les minutes passèrent sans que leurs autres compagnons ne les rejoignissent. Lafleur paraissait nerveux, commençant visiblement à se poser des questions. Il finit par se lever.

— Je vais aller voir ce qu'ils fabriquent.

Il se leva et s'enfonça dans l'obscurité. Joussant et Nicolas se dévisagèrent, interrogatifs, quelque chose n'allait pas, c'était l'évidence. Mais avant qu'ils aient pu ouvrir la bouche, ils entendirent des cris et saisirent leurs fusils. La première chose qu'ils virent dans la nuit noire, ce fut Lafleur et ses deux hommes qui arrivaient en courant. Ce n'est qu'après qu'ils virent une masse sombre à leurs trousses et si Nicolas ne sut de quoi il s'agissait, Joussant, quant à lui, comprit immédiatement et mit en joue ce qui poursuivait les coureurs des bois. Il attendit que les trois hommes arrivent au camp pour tirer, tandis Nicolas pu enfin distinguer la raison de leur panique : c'était un ours énorme, bien plus gros que ceux d'Europe, comme le lui avait dit Lafleur. Sans s'affoler, Joussant tira au dernier moment et toucha la bête non loin de la tête, mais cela ne fit que le ralentir et l'énerver encore plus. L'animal arriva au camp tandis que les hommes fuyaient vers la berge. Lafleur et un de ses compagnons tirèrent à leur tour, mais l'ours était toujours debout. Il se dirigeait à présent vers leurs compagnons d'infortune, acculés au grand fleuve gelé.

Après avoir regardé brièvement l'immensité lisse et blanchie par l'hiver, ils décidèrent de s'y réfugier. Nicolas n'avait avec lui que ses pistolets, pas de quoi pouvoir venir à bout d'une bête de cette taille. Alors qu'ils ne s'étaient avancés que de quelques pas sur l'eau gelée, l'ours arriva et la glace céda rapidement sous son poids. Tous furent projetés dans l'eau glacée et l'animal, visiblement peu enclin à prendre un bain, rentra sur la berge et demeura immobile en grognant. Il paraissait évident que s'ils ne rentraient pas sur la terre ferme, ils mourraient rapidement, il fallait trouver une solution, et vite.

— Il faut faire quelque chose, déclara Lafleur, parlant fort, la voix déformée par l'émotion.

— La poudre est mouillée, on ne peut plus utiliser les fusils.

— Alors, il faut tenter de regagner la rive.

— Le premier qui posera pied à terre sera mis en pièces par cet ours gigantesque, cela me semble évident.

— À terre, il y a dans mes affaires un deuxième fusil, si je peux l'attraper, j'ai une chance d'abattre cet animal diabolique, lâcha Lafleur.

— Je vais créer une diversion, dit Joussant, de toute façon, cette eau nous glace le sang.

Joussant s'approcha de la rive et immédiatement l'ours vint vers lui. Il se mit à crier le plus fort qu'il put et l'animal se dressa sur ses pattes de derrière. Il était immense, le plus gros que Nicolas eût jamais vu. Lafleur bondit à terre et se jeta sur son paquetage pour en extraire le fusil. Il mit la poudre dans le canon et bourra le canon de son arme avec sa tige, mais déjà la bête l'avait vu et se retournait vers lui. Il mit en joue le gigantesque plantigrade et tira, mais cela n'arrêta pas l'animal, blessé, mais toujours aussi dangereux. Il fallait viser la tête pour abattre l'ours, ce que n'avait visiblement pas réussi à faire le coureur des bois. Effrayé, ce dernier se précipita vers un arbre et entama l'ascension, la peur au ventre. L'arbre était imposant et le mammifère arriva à sa base et se remit à nouveau debout.

Nicolas avait profité de la confusion pour retourner à terre, suivi par ses compagnons, il fallait à tout prix secourir Lafleur. Nicolas ouvrit son sac et saisit le sabre offert par le roi de France dont la lame était beaucoup plus solide qu'une épée. Il ôta l'étoffe bleue couverte de fleurs de lys qui l'enveloppait et le saisit vigoureusement, se tournant vers l'animal. Il savait ce qu'il devait faire. Il avait conscience que les balles qu'on lui avait tirées n'avaient pas atteint ses parties vitales. Cet animal était effrayant, mais il n'avait guère le choix. Il arriva au pied de l'arbre et immédiatement l'ours se tourna vers lui, toujours dressé sur ses pattes de derrière. Il savait qu'il n'avait que peu de temps pour agir avant d'être frappé à son tour. D'un coup vif, il frappa l'animal au cœur et l'immense ursidé lui tomba dessus, ce fut la dernière chose qu'il vit avant de perdre connaissance.

Les coureurs des bois se hâtèrent de s'attrouper autour de l'immense ours en dessous duquel se trouvait Nicolas de Guillemin.

— Vous pensez qu'il est mort ? demanda l'un des trappeurs.

— Vous parlez de qui, de l'ours ou de Nicolas ? répondit Joussant.

— La bête semble morte, quant à celui qui se trouve en dessous, je doute qu'après s'être retrouvé écrasé par un ours de cette taille, il puisse être encore en vie.

— Au lieu de parler, nous devrions nous dépêcher de déplacer ce monstre, car s'il vit encore, il n'en a plus pour longtemps.

Les six hommes commencèrent à se saisir de l'ours pour le faire basculer, mais celui-ci remua en grognant et tous bondirent de frayeur en arrière. Mais visiblement, c'était le dernier souffle du gigantesque mammifère. L'animal râla encore une ultime fois avant de s'immobiliser, complètement inerte. À nouveau, ils s'approchèrent de lui et peu à peu, le tirèrent pour libérer leur compagnon. Le corps de l'officier de marine gisait, inerte, paraissant mort. Tous se demandèrent s'il vivait encore, mais déjà Joussant revenait avec un seau qu'il venait de remplir avec de l'eau glacée qu'il jeta au visage de Nicolas qui sortit de sa torpeur en sursaut, provoquant une vague de sourires dans l'assemblée qui le regardait.

— Vous nous avez fichu une sacrée trouille ! dit Lafleur. D'autre part, vous êtes sacrément courageux d'avoir affronté ce monstre armé de votre sabre.

— Mon sabre ? Où est-il ? demanda l'intéressé encore à moitié groggy par l'incroyable choc qu'il venait de subir.

Tous regardèrent l'ours et virent le sabre de Nicolas, offert par le roi de France, planté en plein cœur de l'infortuné mammifère. Lafleur tendit la main au héros du jour.

— Je vous présente mes excuses pour avoir douté de vous, vous n'êtes pas un officier de salon, comme je le croyais. Vous êtes même quelqu'un d'un courage rare !

Nicolas reprenait peu à peu ses esprits.

— Merci, j'avoue que c'était la première fois que je me trouvais confronté à un animal de cette taille, qui ne sont pas très courants sur les navires de la Marine royale.

Tous rirent en chœur et Nicolas fut heureux de constater que cet incident avait permis d'apaiser les tensions dans le groupe. Nicolas s'approcha de l'ours et le regarda.

— Quelle bête magnifique ! Pour quelle raison nous a-t-il attaqués ?

— En fait... déclara un des compagnons de Lafleur, hésitant, nous avons trouvé l'animal endormi, ils dorment généralement tout l'hiver. Nous avons pensé que nous pouvions l'abattre durant son sommeil... mais il s'est réveillé, et il n'était pas très content...

Tous le regardèrent, ce n'était pas très glorieux d'attaquer l'ursidé pendant son sommeil. Nicolas, à présent, comprenait mieux l'enchaînement des événements qui avaient conduit ces hommes à vouloir surprendre l'ours et s'étaient trouvés pris à leur propre piège. Nicolas retira son sabre du corps inerte.

— Vous devriez garder cette arme avec vous, dans les bois, elle pourrait bien encore vous servir.

— Vous avez raison, Lafleur.

Tous grelottaient.

— Dépêchez-vous d'ôter vos vêtements, si vous ne voulez pas mourir de froid.

Ils s'exécutèrent, s'enroulèrent dans des peaux de bête et s'approchèrent du feu. Ils l'avaient échappé belle, cela leur ferait une belle histoire à raconter et Nicolas était heureux, il avait l'impression d'avoir réussi son examen d'admission auprès de ces rudes gaillards qu'étaient les coureurs des bois.

Entre Trois-Rivières et Montréal – 29 décembre.

Ils étaient partis une heure après le lever de soleil et pagayaient depuis sur un fleuve quasiment gelé. Nicolas se demandait s'il serait possible de continuer quand ils arrivèrent à un endroit où le Saint-Laurent s'élargissait considérablement, donnant l'impression d'un petit lac. Cela leur permit de progresser à nouveau rapidement, car ils trouvèrent de nombreux passages au milieu des blocs de glace. Lafleur sourit, il connaissait visiblement bien l'endroit et savait qu'en atteignant cette partie du fleuve, ils pourraient bénéficier d'un peu de répit avant que les eaux du Saint-Laurent ne se figeassent pendant plusieurs mois. Il avait bien compris qu'ils pouvaient à tout moment se trouver contraints de retourner sur les berges pour poursuivre leur périple à pied, leur faisant inexorablement perdre plusieurs jours de voyage.

Sur une des rives, une scène attira leur attention, et l'un des trappeurs tendit le bras pour désigner le spectacle qu'offrait la nature. Une meute de loups poursuivait un caribou qui avait bien du mal à échapper à ses poursuivants. Dans une course désespérée, l'infortuné mammifère tenta de traverser le grand fleuve, mais à peine eut-il posé les sabots dans l'eau en partie gelée que deux des prédateurs furent sur lui, scellant définitivement son sort. La nature est cruelle et sur les terres de Nouvelle-France, en cette période de l'année, il n'y a pas de place pour les plus faibles, ils sont condamnés à servir de nourriture à ceux qui ont la force de survivre.

La journée fut longue et exceptionnellement ils continuèrent à avancer alors que la lumière du jour commençât à décliner. Nicolas fut d'abord surpris de cette attitude plutôt inhabituelle avant de comprendre ce que voulait faire Lafleur. À l'endroit où le fleuve se rétrécissait à nouveau, se trouvait un archipel et ils accostèrent sur l'un des îlots au crépuscule, alors que la visibilité diminuait déjà de façon importante. Une fois à terre, l'un des hommes se hâta d'allumer le feu pendant que ses compagnons tiraient les canoës sur la berge et déchargeaient le matériel.

— Sur cette petite île, nous risquons moins la menace des prédateurs, même si dans quelques jours, quand tout sera gelé, ils pourront marcher sur l'eau solidifiée.

Tous se réunirent auprès du feu, ils étaient fourbus et s'endormirent rapidement.

Non loin de Montréal – 2 janvier 1713

Ce qu'ils redoutaient depuis le départ finit par se concrétiser. Le fleuve gela alors qu'ils n'étaient plus très loin de l'île de Montréal. Lafleur estima le trajet restant à parcourir à environ deux jours, mais en traversant les bois, tout était plus compliqué et plus aléatoire. Lafleur informa Nicolas qu'il leur faudrait environ deux à trois semaines depuis Montréal pour rallier fort Frontenac, mais les territoires qu'ils traverseraient pour aller jusqu'au lac Ontario, au nord duquel se situait fort Frontenac, n'étaient pas aussi paisibles que ceux qu'ils venaient d'emprunter. Les terres se trouvant sur la rive sud du Saint-Laurent étaient revendiquées par l'Empire britannique et les affrontements y étaient fréquents, il leur faudrait rester prudents, ils n'étaient que sept et les patrouilles anglaises parcourant « la frontière » ne manquaient pas de s'en prendre aux Français.

Montréal – 5 janvier 1713

Ils parvinrent sur l'île de Montréal en milieu de journée. L'eau étant entièrement gelée, ils n'eurent guère de mal à traverser le Saint-Laurent et à arriver devant l'enceinte fortifiée de la ville. Sur leur gauche se tenait une autre île, celle de Saint-Paul, sur laquelle trônait un château, le seule édifice visible. Nicolas se rendit compte que visiblement Lafleur et Joussant étaient connus sur place, car la sentinelle en poste les salua d'un geste de la main et donna l'ordre d'ouvrir les portes. Ils pénétrèrent dans l'enceinte et parvinrent à une petite place entourée de maisons où les autorités locales résidaient.

Contrairement à Québec, capitale administrative, Montréal était avant tout une place forte du commerce de la fourrure, mais aussi un site religieux de premier plan. Les coureurs des bois se mêlaient aux missionnaires, quel que fût le lieu de la ville où l'on se trouvait. Nicolas remarqua la différence entre Québec, plus organisée, plus protocolaire, et la cité de Montréal, plus agitée, plus diverse. On proposa rapidement de les héberger, ici tout le monde connaissait la dure vie que menaient les hommes des bois qui dormaient dans cette nature qui devenait si rude et inhospitalière l'hiver, et que tous redoutaient.

Nicolas était éreinté. Bien que plus jeune que ceux qui composaient la petite troupe, il n'avait pas l'habitude de marcher sur d'aussi longues distances. Les coureurs des bois étaient, quant à eux, rompus à ce genre de pratiques qui constituait leur mode de vie. Il savait en outre qu'à Montréal il dormirait mieux qu'au milieu des bois où les cris des animaux le réveillaient continuellement durant les longues nuits de l'hiver de Nouvelle-France.

Ils furent bien accueillis et purent se restaurer autrement qu'avec de la viande salée et des haricots. Ils furent logés dans une grande maison qui servait pour les visiteurs de passage, on y trouvait un grand nombre de coureurs des bois. Les Indiens, présents en petit nombre dans la ville, restaient à l'extérieur.

Entre fort Frontenac et Montréal – 16 janvier 1713

Le Saint-Laurent, par sa grande taille et la diversité naturelle qu'il proposait, ne cessait de surprendre Nicolas. Au milieu du grand fleuve, une multitude d'îles, de tailles variables, richement boisées, offrait un spectacle grandiose pour l'enfant de Bordeaux. Il avait autrefois maintes fois admiré d'autres îles qui se trouvaient dans l'embouchure de la Garonne mais les paysages de Nouvelle-France ne cessaient de l'émerveiller, lui faisant parfois oublier la rigueur de l'hiver.

Au fil du voyage, les relations entre Joussant et Lafleur ne s'étaient guère améliorées, signe d'une rancœur tenace que les deux coureurs des bois nourrissaient l'un envers l'autre. Il craignait qu'un incident survînt, prétexte à un affrontement qu'il redoutait dans cet environnement hostile. Il lui tardait d'arriver à fort Frontenac.

Non loin de fort Frontenac – 19 janvier 1713

Ils avaient quitté Montréal deux semaines plus tôt. Il n'y avait qu'une piste, qu'empruntaient été comme hiver les voyageurs pour faire la liaison entre Montréal et fort Frontenac. Les rapides de Lachine, un peu après Montréal, rendaient le passage en canoë si dangereux qu'il n'était pas possible de les traverser. Le passage par les terres était donc le seul praticable et, l'hiver, les rivières gelées facilitaient leur traversée jusqu'au printemps. Ils n'étaient plus bien loin de fort Frontenac, environ un à deux jours selon Lafleur et Joussant. Le froid s'était accentué, les obligeant à se protéger davantage les mains et le visage. Tous les cris de la faune environnante qui les accompagnait depuis leur départ de Québec s'étaient également atténués, créant parfois un silence impressionnant que seul le bruit de leurs pas venait troubler.

Nicolas avait remarqué que Joussant, Lafleur et un de ses hommes nommé Lestage ne cessaient de regarder derrière eux.

— Que se passe-t-il ? finit-il par demander.

— On nous suit depuis environ deux heures.

— Les Iroquois ?

— Les Iroquois font moins de bruit pour se déplacer et on ne les voit, le plus souvent, qu'au dernier moment, affirma Joussant. Non, ce sont des Blancs.

— Anglais ou Français ?

— Ça, nous n'allons pas tarder à le savoir.
— Mais nous sommes sur des terres françaises, non ? s'exclama Nicolas.
— En théorie, oui, mais les colonies anglaises ne cessent d'envoyer des troupes venant de Nouvelle-Angleterre.

Ils poursuivirent leur marche à travers la forêt. Ils n'avançaient pas très vite, une épaisse couche de neige tombée durant la nuit ralentissait leur avancée. À présent, Nicolas regardait également derrière lui. Il sentait l'inquiétude palpable chez ses compagnons qui se concrétisa quand il les vit préparer leurs fusils. Il comprit alors que ce n'étaient pas des compatriotes.
— Combien sont-ils, Lafleur ?
— Plus que nous, c'est certain.
— Comment savez-vous que ce sont des Anglais ?
— Ils font de plus en plus de bruit, ce qui veut dire qu'ils forcent l'allure pour revenir sur nous. Si c'étaient des Français, ils n'auraient aucune raison de le faire.

Mais Nicolas était déjà parvenu à la même conclusion peu après les premiers mots du coureur des bois.
— Qu'allons-nous faire ? Les attendre pour les affronter ?
— Non, ici, nous n'avons que rarement l'avantage du nombre, c'est pourquoi nous pratiquons la « Petite Guerre ».
— La « Petite Guerre » ? Qu'est-ce que c'est ?
— C'est une stratégie basée sur une succession d'escarmouches où l'on tire sur les Anglais, avant de prendre la fuite.
— Ce n'est pas très glorieux !
— Certes, mais c'est la seule façon de gagner, les Indiens la pratiquaient sur ces mêmes terres, bien avant nous. Nous n'avons pas d'autre façon de remporter la victoire. Affronter les Anglais face à face, c'est l'assurance que tout finisse en massacre.
— Ils vont revenir sur nous ?

— Les soldats sont plus légers, car leur paquetage est moins volumineux que le nôtre, donc ils nous rattraperont, tôt ou tard.
— Nous ne sommes plus très loin de fort Frontenac ?
— C'est vrai, je pense que nous sommes à une journée de marche du fort, peut-être plus, ils nous auront rejoints bien avant que nous puissions l'atteindre.

Ils avaient continué à marcher pendant qu'ils discutaient et Nicolas observa la mine grave de ses compagnons, comprenant que l'affrontement était presque inévitable.

Durant près de deux heures, ils poursuivirent leur progression, mais le bruit des pas derrière eux ne cessait de se rapprocher. Nicolas remarqua que Lafleur était en discussion avec Lestage et un des autres coureurs des bois. Les deux trappeurs confièrent leur paquetage au reste de la troupe, prirent leur fusil, puis Lafleur leur adressa un signe de la tête et ils s'arrêtèrent, laissant le reste du groupe continuer de cheminer vers le sud. Devant le regard interrogatif de l'officier français, Lafleur prit la parole.
— Lestage et Courtois sont les deux plus rapides du groupe, ils vont attendre les Anglais et faire feu, en prenant soin de protéger leur position pour éviter le tir adverse. Leur but n'est pas d'engager le combat avec nos adversaires, mais de les surprendre et de décamper pour pouvoir en réduire le nombre.
— Et comme ils n'ont pas de paquetage, ils pourront ainsi revenir sur nous et distancer les Anglais, affirma Nicolas.
— Vous avez parfaitement compris notre stratégie.

Nicolas jeta un dernier regard aux hommes des bois, il n'y avait pas la moindre expression sur leur visage, ils semblaient avoir l'habitude de ce genre de pratiques. Ils avaient un sacré courage.

Lestage et Courtois se positionnèrent sur une petite butte qui permettait d'avoir une bonne vue de la piste qu'empruntaient ceux qui longeaient le Saint-Laurent. Ils attendirent, discutant des journées de chasse et du bon temps passé au fort, au coin du feu, pour évacuer la tension qui les animait, sachant que ce qu'ils faisaient était extrêmement dangereux. Une demi-heure plus tard, ils virent pour la première fois du rouge à travers la végétation, avant qu'ils aient pu constater par leurs propres yeux ce qu'ils avaient craint : c'étaient bien des Anglais. Ils se trouvaient déjà en position de tir, chacun visant un de leurs rivaux, le premier pour Courtois, le deuxième pour Lestage. Les détonations des armes retentirent presque en même temps et l'un des soldats s'écroula, le second. Seul Lestage avait fait mouche. Les troupes anglaises marquèrent un bref temps d'hésitation qui donna aux deux Français le temps de prendre un peu d'avance. Ils firent feu à leur tour, mais les deux coureurs des bois étaient déjà hors de portée. Il y avait une quinzaine de tuniques rouges, suffisamment pour les mettre en péril.

Le groupe de Lafleur continuait de progresser à travers la forêt canadienne blanchie par la neige et ceux qui le composaient guettaient derrière eux tout signe du retour de leurs compagnons, espérant qu'ils aient pu remplir leur mission sans le moindre mal.

Lafleur fut le premier à les entendre revenir et avec un des autres trappeurs, ils prirent position à leur tour pendant que le reste du groupe se répartissait les paquetages. Lestage et Courtois passèrent en trombe, n'échangeant que quelques mots.

— Un de moins, ils sont quinze.

Nicolas suivit ce qui restait de la petite troupe pendant que les deux premiers tireurs revenaient vers eux d'un pas rapide. Il jeta un bref regard vers les deux coureurs des bois qui attendaient leurs adversaires le regard rivé vers l'endroit d'où ils allaient surgir. Ils avaient un sacré cran, c'était une tactique très risquée, mais il savait qu'ils avaient l'habitude de l'utiliser.

Lafleur et son camarade attendaient en position de tir et ne tardèrent pas à voir arriver leurs adversaires. Si les deux premiers tireurs avaient quasiment fait feu simultanément, il n'en fut pas de même cette fois-ci. Lafleur tira le premier, abattant net le premier soldat en vue, l'autre coureur des bois attendit un peu avant de faire feu, se mettant en danger, car en partant quelques secondes trop tard, il s'exposait ainsi au tir adverse. Lafleur l'invectiva pour l'inciter à partir, mais cela ne servit à rien, les soldats britanniques répliquèrent, le blessant à la cuisse tandis que celui qu'il avait visé s'écroulait, raide mort.

— Pars vite, Lafleur, c'est fini pour moi, je suis foutu.

Lafleur eut un moment d'hésitation et finit par s'enfuir, sachant que son compagnon avait raison. Il lui jeta un dernier regard pendant que les Anglais arrivaient sur eux. L'autre coureur des bois se hâta de recharger son arme en se tenant à couvert pour éviter leurs tirs. Il avait presque réussi à verser de la poudre dans le canon de son arme avec sa poire à poudre quand ses adversaires surgirent, baïonnettes au canon, se jetant sur lui en le transperçant pendant qu'il tentait d'abattre un des soldats. Mais son tir ne toucha personne et il succomba, perforé par les lames anglaises. Lafleur avait compris et savait aussi qu'il courait moins vite que Lestage et Courtois. À présent, c'était au tour de Joussant et de son autre compagnon de jouer leur rôle. Il savait que ce dernier était un très bon tireur, mais ce n'était pas le cas du dernier de ses compagnons qui de plus n'avait pas de fusil à silex, mais un vieux mousquet à la cadence de tir bien plus lente. Il espérait distancer suffisamment ses poursuivants, mais n'en était pas vraiment sûr, il n'avait plus la vigueur de ses jeunes années.

Il finit par apercevoir au loin ses compagnons embusqués, mais quelque chose attira immédiatement son attention. La silhouette qu'il apercevait n'était pas celle de son ami, mais celle de l'officier français. Il avait du mal à en croire ses yeux, c'était de Guillemin et Joussant qui se tenaient prêts à ouvrir le feu. Il savait qu'il avait réussi à prendre un peu d'avance sur les Anglais et arriva au niveau des tireurs.

— Je suis seul, il n'a pas survécu.

La remarque ne suscita pas une grande émotion chez les deux hommes en position de tir. Il continua sa route pour rejoindre le reste du groupe pendant que Nicolas et Joussant attendaient leurs adversaires. Joussant avait insisté pour viser le deuxième soldat, celui qui était le plus loin et le plus difficile à atteindre. Il ne connaissait pas les qualités de tireur de Nicolas et préférait se réserver la tâche la plus ardue.

Peu de temps après, ils virent la végétation remuer et du rouge apparaître dans leur champ de vision. Ils attendirent néanmoins de pouvoir distinguer nettement deux des soldats pour ouvrir le feu. Joussant donna le signal et ils tirèrent de concert, mais Joussant grimaça, il venait de louper sa cible, contrairement à Nicolas, qui avait fait mouche. Ils n'avaient pas le temps de se répandre en regrets, il fallait déguerpir au plus vite. Ils patientèrent juste le temps que les Anglais fissent feu et décampèrent, mais un des fantassins n'avait pas tiré en même temps que ses camarades et la détonation résonna en même temps que le cri de Joussant.

— Joussant ?

— Ce n'est rien, partez, vous irez plus vite sans moi.

— On va quand même tenter notre chance.

— Seul, vous êtes certain d'y arriver.

— Je ne laisse personne derrière, Joussant, même un vieux bouc râleur.

Ils s'élancèrent sur la route, mais leurs poursuivants n'étaient pas bien loin. Ils arrivèrent en bas d'une petite colline et les deux hommes se regardèrent, comprenant que l'ascension réduirait inexorablement l'écart, les plaçant automatiquement à portée de tir adverse. Parvenus au sommet, ils virent à nouveau les Anglais qui tirèrent, les forçant à plonger. Joussant transpirait à présent, sa blessure lui faisait souffrir le martyre. Nicolas jeta un bref regard à ses ennemis, puis à Joussant.

— Partez devant, Joussant, je vais les ralentir.

— Vous êtes fou ! C'est du suicide.

— Non, c'est stratégique, ils vont avoir du mal à gravir la pente comme ce fut le cas pour nous, c'est notre chance. Prenez mon fusil.

— Et vous ?

— Il me reste mes deux pistolets.

Joussant ne dit rien et partit en courant. Nicolas attendit, regardant les soldats arriver. Il savait qu'il était en position de force au sommet de la colline, il avait étudié la stratégie militaire, même si c'était un marin. S'il réussissait, il dévalerait la pente dans les pas de Joussant en utilisant beaucoup moins de temps que les Anglais n'en useraient pour gravir la colline. Avec la neige qui recouvrait le sol et les grands manteaux d'hiver, il était difficile de se déplacer rapidement, il savait qu'il pouvait dans ces conditions distancer les soldats anglais.

Il s'était dissimulé derrière un grand arbre et jetait un regard furtif aux soldats en rouge qui montaient péniblement la pente enneigée. Il fallait attendre que ses adversaires fussent à portée de tir. Celle de ses deux pistolets était moins grande que celle des fusils anglais, mais ils étaient beaucoup plus maniables. Il fallait aussi attendre que non pas un, mais deux soldats fussent à portée de tir, car il voulait faire coup double, ce qui était ambitieux et risqué, mais qui leur permettrait d'avoir non pas un, mais deux adversaires de moins, ce qui était non négligeable.

Il estima que c'était le moment. Il s'écarta et abattit le premier fantassin assez aisément. Ce ne fut pas le cas pour le deuxième qui eut le temps de relever son fusil, mais Nicolas fut plus rapide et l'abattit avec son second pistolet. Ses camarades ouvrirent le feu et notre héros, en voulant se coucher pour éviter les balles, trébucha et tomba dans la pente en glissant. Lui qui voulait descendre le plus rapidement possible, c'était réussi. Il se releva et chercha du regard ses deux pistolets. Si l'un d'eux se trouvait légèrement au-dessus de lui, il aperçut l'autre qui malheureusement était quelques mètres plus haut. Il hésita l'espace de quelques secondes. S'il remontait le récupérer, il risquait de perdre le bénéfice de sa tactique. Il décida néanmoins de tenter sa chance, il grimpa et ramassa l'arme, entendant l'officier anglais qui haranguait ses troupes, puis décampa aussi rapidement qu'il le put. Quand il pénétra dans un maquis de végétation épaisse, ses adversaires n'étaient pas encore parvenus au sommet de la colline.

Il se déplaçait d'un pas rapide, il fallait à tout prix établir un écart suffisant avec eux pour le mettre à l'abri de la portée de leurs fusils. Il se demanda si Joussant, malgré sa blessure, allait réussir à rejoindre les autres, il n'allait pas tarder à le savoir.

La progression dans la neige fraîchement tombée était difficile. Il avait également du mal à respirer, il faisait froid, très froid, et l'air qui rentrait dans ses poumons était glacé. Nicolas eut l'impression que le bruit des pas de ses poursuivants était de plus en plus atténué, il était certain de gagner du terrain sur eux. En dépit de son gros manteau de fourrure, il n'avait pas de paquetage à supporter et était jeune, au meilleur de sa forme. Au bout de quelques minutes, il aperçut la silhouette trapue de Joussant devant lui. Malgré sa blessure et son âge, il maintenait un rythme plutôt élevé ; toutes ces années à parcourir les pistes lui avaient donné une endurance exceptionnelle, mais est-ce que ce serait suffisant pour distancer les Anglais ? Il n'en savait rien.

Il n'était, à présent, plus très loin de Joussant. Ce dernier, entendant les pas derrière lui, se retourna, inquiet, mais sourit en apercevant Nicolas. Il ne ralentit pas pour autant, sachant que de toute façon, il allait moins vite que l'officier français. Au moment où il arriva à la hauteur du vieux trappeur, il vit l'interrogation se lire sur son visage.

— J'en ai tué deux, mais j'ai glissé en descendant et manqué me blesser.

— L'essentiel est que vous ayez pu en tuer deux de plus, même s'ils sont plus nombreux que nous le pensions au départ.

— J'ai remarqué, ils sont en réalité plus proches de vingt en comptant l'officier qui les mène. Nous en avons déjà tué six, ils doivent être à présent moins d'une quinzaine.

Joussant respirait fort et avait du mal à s'exprimer clairement. Parviendrait-il à faire la liaison avec le reste du groupe ? Nicolas en doutait, mais peu après ils virent au loin, alors qu'ils traversaient une petite clairière, le reste du groupe. Joussant avait de plus en plus de mal, il transpirait, mais tenait bon. Pour répondre aux regards inquiets que son compagnon lui jetait par intermittence, il répondit :

— Ne vous inquiétez pas, je tiendrai ! Mais ils nous rejoindront tôt ou tard et nous devrons nous battre à deux contre un si nous réussissons à rejoindre le reste du groupe.

— Je sais, Joussant, et nous ne pourrons plus réitérer la manœuvre que nous venons d'exécuter.

— Non ! Ils sont maintenant beaucoup trop près.

Ils parvinrent dans une clairière vallonnée assez grande et Lafleur, qui regardait constamment derrière lui, finit par apercevoir leurs compagnons. Il vit également au loin les soldats britanniques qui revenaient également sur eux, il allait falloir se battre. Décidant que c'était le bon moment, alors que Nicolas et Joussant n'étaient plus qu'à une vingtaine de pieds, Lafleur s'arrêta et fit mettre ses compagnons en position de tir. Dès que les deux hommes les eussent dépassés, les détonations retentirent et trois soldats tombèrent, mais ils répliquèrent avant que deux des trappeurs n'aient pu se protéger derrière un arbre. Leurs compagnons d'infortune regardèrent, la mine grave, le corps de leurs camarades étendus sur le tapis blanc de l'hiver canadien. Mais le plus urgent restait leur propre survie, ils prirent la fuite. Nicolas regarda autour de lui, ils n'étaient plus que quatre en l'incluant, il ne restait avec lui que Joussant, Lafleur et Lestage. Ces derniers ramassèrent les fusils de leurs compagnons gisant sur la neige.

Les Anglais n'étaient à présent plus très loin, ils entendaient les jurons de l'officier anglais qui encourageait sa petite troupe en insultant les Français. Devant, Lestage, le plus jeune et le plus fort des trappeurs faisait la piste en piétinant la neige, rendant le passage moins difficile pour ceux qui lui emboîtaient le pas. À l'arrière, Joussant traînait, exténué par le rythme soutenu et diminué par sa blessure. Depuis un petit moment, Lafleur, Joussant et Nicolas ne cessaient de se dévisager, comprenant que leur situation était catastrophique et que les prochaines décisions permettraient d'établir s'ils allaient vivre… ou mourir.

— Nous ne pouvons plus fuir, Lafleur, aboya Joussant, il va falloir les affronter.

— Il a raison, insista Nicolas.

— Que proposez-vous ?

— Vu notre infériorité numérique, il faut choisir un terrain qui nous soit favorable.

— En espérant que nous ayons le temps d'exécuter cette manœuvre. Dans peu de temps, c'est-à-dire bien avant l'arrivée de la nuit, ils seront sur nous.

— Je sais ! Il est fort possible que nous trouvions cet emplacement en progressant, sinon, il faudra improviser.

Pendant une heure, ils continuèrent à avancer, mais les Anglais ne cessaient de se rapprocher d'eux et l'écart entre Joussant et le reste du groupe continua de croître, rendant sa situation personnelle très précaire. S'ils ne trouvaient pas une solution rapidement, il serait le premier à mourir, il le savait.

Ils entendaient toujours les cris des Anglais et arrivèrent au bord d'une rivière quand les premiers coups de fusil retentirent. Les Français se protégèrent en se dissimulant derrière de grands arbres qui bordaient la rivière. Dès que le feu cessa, ils traversèrent la rivière qui était partiellement gelée, Lestage trébucha, Joussant voulut l'aider, mais ce dernier refusa. Nicolas et le vieux trappeur échangèrent un regard, ce n'était pas le moment de se chamailler, leurs vies en dépendaient.

Sur l'autre rive, une petite colline richement boisée apparaissait et tous se dévisagèrent, comprenant qu'il leur fallait la gravir au plus vite, car s'ils ne parvenaient pas à son sommet, ils se retrouveraient à découvert sous le feu anglais. Ils s'élancèrent, la peur au ventre, jetant sans cesse des regards vers le bas dans la crainte de voir apparaître leurs poursuivants. Alors qu'ils avaient presque réussi l'ascension, ils virent les Anglais entamer la traversée de la rivière et, dans la foulée, ouvrir le feu. Par habitude, Joussant et Lafleur se plaquèrent au sol et Nicolas s'abrita derrière un arbre. Lestage, qui était pourtant presque au sommet, pensant sans doute être à l'abri des tirs adverses, hurla avant de chuter dans la pente, touché au dos. Nicolas, qui venait de recharger son fusil, sortit soudainement de derrière l'arbre et abattit à son tour le tireur. Il trouva refuge derrière un autre arbre situé à quelques mètres du haut de la colline. Joussant et Lafleur avaient profité de la confusion pour ramper et étaient eux aussi presque parvenus au sommet. Nicolas recula, atteignit le point culminant de la colline le premier et se hâta de recharger son arme. Il vit Joussant qui se tenait à quelques mètres de lui et Lafleur qui continuait à ramper sous le feu adverse. Il parvint enfin au sommet pendant que les soldats britanniques progressaient en s'abritant derrière les arbres.

Les trois Français étaient enfin parvenus à atteindre le haut de la colline, se trouvant séparés les uns des autres par des écarts d'une dizaine de pieds. Nicolas était le plus à gauche en regardant la rivière, à sa droite se situait Joussant, puis Lafleur. Il interpella le vieux trappeur.

— Joussant, tout à l'heure, je parlais de tenir une position favorable, nous y sommes. Nous sommes trois contre un, je viens de les compter, ils sont encore dix, mais nous pouvons réussir. Votre blessure vous affaiblit et nous ne valons pas beaucoup mieux, si nous continuons à fuir, nous sommes perdus, il faut tenir la position. Ce sont eux qui doivent prendre les risques et faire l'effort, je pense que c'est notre seule chance.

Lafleur avait entendu et approuva d'un mouvement de tête. Les soldats anglais se trouvaient embusqués derrière les arbres situés au bas de la colline. Ils progressaient lentement en passant d'arbre en arbre. Lafleur avait deux fusils qu'il rechargea. Joussant l'imita ainsi que Nicolas qui fit de même avec son fusil et ses deux pistolets. Ils commencèrent à tirer, mais ni les Français ni les Anglais ne touchèrent leurs cibles et ceux-ci étaient à présent à un quart de la pente qui devait bien mesurer trois cents pieds. Nicolas décida de s'éloigner de sa position en se reculant et en se décalant plus sur sa gauche pour pouvoir ouvrir l'angle de tir et ainsi se trouver sur le flanc des tireurs adverses. Il attendit que Joussant et Lafleur ouvrissent le feu. Les fantassins britanniques répliquèrent et se dissimulèrent rapidement se mettant hors de portée des tirs de Joussant et de Lafleur, mais pas de ceux de Nicolas qui, s'étant décalé, pouvait maintenant apercevoir les tireurs les plus à gauche. Il prit son temps et tira, abattant l'un des Anglais. Un autre soldat, pensant que toutes les armes françaises étaient déchargées, se leva pour viser Nicolas, mais Lafleur l'abattit avec son deuxième fusil. Cependant, leurs adversaires s'étaient à nouveau rapprochés, ils étaient presque à la moitié de la pente et avaient fermé l'angle de tir du côté de Nicolas.

Ils continuaient à gagner du terrain sans qu'aucun des combattants ne pût toucher un de leurs rivaux. Les soldats n'étaient à présent plus très loin et les Français savaient qu'ils ne pourraient les tuer tous. La crispation de leur visage traduisait leur anxiété. Nicolas déposa ses pistolets devant lui sur sa sacoche en cuir et dégaina son sabre qu'il planta dans la neige. Au moment où il releva la tête, les Anglais étaient sur eux. Lafleur en tua un de plus, mais ni Nicolas ni Joussant ne touchèrent leurs rivaux avec leurs fusils. Nicolas saisit son sabre et un de ses pistolets avec lequel il abattit un soldat anglais d'une balle dans la tête. Le combat s'engagea alors à l'arme blanche. Nicolas affrontait trois adversaires, dont l'officier, et Lafleur et Joussant chacun un. Joussant et Lafleur avaient chacun dans leurs deux mains un grand poignard et un tomahawk. Les soldats anglais se battaient avec leurs fusils munis de baïonnettes, qui étaient une innovation récente, mais terriblement efficace lorsqu'il s'agissait d'affronter l'adversaire en combat rapproché.

Nicolas, avec son sabre, bénéficiait d'une plus grande mobilité et il réussit à éviter l'assaut du premier soldat en bondissant sur le côté et en lui tranchant la gorge d'un coup de sabre. L'officier britannique se jeta sur lui avec son épée et il engagea le combat pendant que l'autre fantassin essayait de le contourner pour le prendre à revers. Plus loin, Lafleur avait réussi à bloquer le fusil de son rival avec son poignard et le frappa avec son tomahawk au niveau du genou. L'Anglais recula, la jambe ensanglantée, il tenait à peine debout, ne pouvant prendre appui que sur une jambe. Lafleur tenta de le frapper de nouveau. Il para le coup avec son fusil, mais sous l'effet du choc tomba à la renverse. L'Anglais s'effondra et Lafleur le frappa au niveau de sa deuxième jambe. Il était désormais incapable de se défendre et Lafleur l'acheva à coups de tomahawk.

En se retournant, il aperçut Joussant qui avait pu renverser son adversaire et lui assénait de violents coups de couteau. Il reporta son attention sur Nicolas qui affrontait deux adversaires. Il se dirigea vers lui tout en l'observant ; il se battait admirablement bien, il l'avait mal jugé, c'était un sacré combattant. Il lança avec une grande violence sur le fantassin anglais son tomahawk qui se figea dans sa tête. L'officier britannique, déjà en perdition, recula et ne put échapper à l'attaque de Nicolas qui lui asséna un coup de sabre en plein cœur. C'était terminé. Ils regardèrent autour d'eux. Tous leurs adversaires étaient morts. La neige, rougie à de multiples endroits, témoignait de la violence de

l'affrontement. Joussant remarqua Nicolas qui parcourait le champ de bataille.
— Quelque chose ne va pas, monsieur de Guillemin ?
— Ils étaient dix au moment où ils ont traversé la rivière et pourtant, je n'en vois que neuf.

Joussant et Lafleur dénombrèrent à leur tour les cadavres ennemis et arrivèrent à la même conclusion.
— Vous pensez qu'il est embusqué quelque part.
— Non, il n'aurait aucune chance contre nous trois. Il a dû partir d'ici.
— Un déserteur ?
— Non, je ne le crois pas, où irait-il ? Dans cet environnement hostile, il n'a nulle part où aller.
— Peut-être était-il blessé et s'est-il caché quelque part, agonisant.
— Probablement, mais je pense qu'il vaut mieux partir d'ici le plus rapidement possible.
— Nous allons continuer de longer la piste le long du fleuve, annonça Lafleur.
— Je pense qu'il vaut mieux éviter ce parcours qui me semble trop fréquenté, affirma Joussant en regardant fixement l'autre trappeur.
— Nous allons perdre une journée, peut-être deux si nous prenons par la forêt, il vaut mieux longer le fleuve.
— C'est vrai, mais c'est peut-être mieux que de perdre la vie.

Nicolas se trouvait entre les deux et ne savait que faire. Il avait envie de rejoindre fort Frontenac au plus vite, mais ils ne pouvaient se permettre de croiser à nouveau la route des Anglais. Ils étaient trop diminués, cinq d'entre eux avaient perdu la vie et la présence d'autant de soldats sur le territoire les inquiétait.
— Ce qui est certain, c'est que si nous longeons le Saint-Laurent, nous serons à fort Frontenac demain soir. Si nous passons par les routes qui s'en éloignent, elles sont à première vue plus sûres, mais rien ne dit que

nous ne ferons pas de mauvaises rencontres et nous arriverons plus tard au fort. Le combat a été intense, nous avons tous besoin de repos.

Après un bref moment d'hésitation, ils décidèrent de poursuivre par la même voie, mais Joussant semblait contrarié par ce choix et il adressa peu la parole à Lafleur, se contentant de dialoguer avec Nicolas. Ils s'éloignèrent le plus possible du lieu de la bataille et installèrent leur campement pour la nuit. Le froid était intense et ils prirent soin d'alimenter suffisamment leur feu. Il aurait été dommage de périr gelés juste après avoir remporté une telle victoire. Nicolas s'endormit en pensant à la journée du lendemain, au terme de laquelle il pourrait enfin voir Émilie.

Sur la route de fort Frontenac – 20 janvier 1713

Ils étaient partis depuis environ une heure quand ils entendirent le grognement d'une meute de loups qui paraissaient se disputer. En s'approchant, ils comprirent l'origine de la querelle : les restes d'une charogne à moitié dévorée par la meute. À leur approche, les loups décampèrent et leur sang se glaça quand ils découvrirent ce que les prédateurs dévoraient ; il s'agissait d'un cadavre humain, celui d'un coureur des bois comme eux. Ils demeurèrent muets de stupeur un bref instant avant que Nicolas ne rompît le silence.

— Vous le connaissiez ?

Les deux trappeurs indiquèrent que non d'un petit geste de tête. Joussant s'approcha de ce qui restait du corps du malheureux.

— Il déjà était mort avant que les loups commencent à le dévorer.

— Comment le savez-vous ? demanda Nicolas.

— S'il avait été vivant, il y aurait des traces de morsures au niveau de la gorge et ils lui auraient dévoré le ventre en premier. Au lieu de cela, la gorge est intacte et ils se sont attaqués aux mains, aux bras et au visage en premier. Il était déjà en partie gelé quand ils l'ont trouvé.

— De quoi est-il mort, alors ?

Lafleur saisit son couteau et le plongea dans un petit trou à travers le grand manteau de fourrure qu'il portait, à la hauteur du cœur.

— De ça ! dit-il en exhibant une balle.

— Une balle anglaise ! s'exclama Joussant en crachant par terre.
— Qu'en savez-vous ?
— Les coureurs des bois ne se tuent pas entre eux, cela me semble évident.
— Ce qui semble évident, répondit Nicolas, c'est qu'il ne serait guère judicieux de trop s'attarder ici.
— Je le savais, marmonna Joussant, que ce n'était pas une bonne idée…

Lafleur jeta un regard noir à son camarade. Ils poursuivirent leur marche. Joussant allait mieux. Même s'il avait beaucoup dormi, il paraissait encore diminué, mais il pourrait enfin se reposer une fois parvenu au fort.

Alors que le Soleil était à son zénith, ils s'arrêtèrent pour déjeuner et Joussant, après avoir consommé un peu de viande salée, but, avant de s'assoupir contre un arbre. Voyant les regards que Lafleur lui jetait, Nicolas l'interpella.
— Vous ne l'aimez pas beaucoup, Lafleur, n'est-ce pas ?
— Non ! Et j'ai mes raisons !

Nicolas ne répondit pas et continua à dévisager le vieux trappeur.
— C'est un tricheur ! poursuivit Lafleur, on nous avait attribué des secteurs bien définis et lui il est allé sur ceux des autres pour pouvoir prendre plus de peaux.
— C'est faux !

Joussant venait de se réveiller et il avait visiblement tout entendu.
— C'est vrai que nous avons rapporté un nombre record de peaux cette année-là, mais ce n'est que pure coïncidence. J'ai eu la chance d'avoir un territoire particulièrement giboyeux et j'en ai bien profité, mais je ne suis jamais allé dans la zone des autres. D'ailleurs, il n'y a aucun témoin, c'est ce vieux rat qui s'est mis à répandre des rumeurs sur mon compte,

uniquement parce qu'il était jaloux de mon succès. Cela a toujours été un envieux.
— C'est faux, tu as triché ! Tous les coureurs le savent !

Nicolas intervint, d'autant plus que les deux hommes parlaient de plus en plus fort et que ce n'était pas vraiment le moment de le faire.
— Calmez-vous ! Il faut rester discrets !

Les deux coureurs des bois s'affrontèrent du regard un bref instant avant d'obtempérer et de se remettre en marche. Nicolas poussa un soupir de soulagement. Pendant qu'ils cheminaient en direction de fort Frontenac, Joussant, qui fermait la marche, se retourna à plusieurs reprises.
— Qu'y a-t-il, Joussant ?
— J'ai bien l'impression qu'on nous suit.
— Pourtant, nous n'entendons presque rien, ajouta Nicolas.
— Ce sont des Anglais, mais pas les mêmes, rétorqua Lafleur.
— Que veut-il dire, Joussant ? insista l'officier français.
— Ce n'est pas l'armée classique, les tuniques rouges, ce sont des rangers, qui vivent dans les bois, comme nous, et portent des vêtements sombres. Ils sont bien plus dangereux que l'armée classique, habitués au combat dans les bois et ce sont des très bons pisteurs.
— Vous pensez que nous pouvons les distancer ?
— Probablement, mais ce n'est pas certain.
— Combien peuvent-ils être ?
— En général, ce sont des petits groupes d'une dizaine d'individus, mais comme je vous l'ai dit, ce sont de rudes combattants et qui se déplacent sans bruit, comme nous.
— Si nous parvenons à atteindre fort Frontenac, nous serons en sécurité, mais ce n'est pas garanti. Nous pouvons aussi avoir la chance de tomber sur une patrouille française, cela m'est déjà arrivé.

Si Nicolas n'avait à aucun moment entendu le moindre bruit depuis plus d'une heure qu'ils étaient partis, la mine grave des deux coureurs des bois indiquait que la menace se précisait et qu'ils devraient à nouveau se battre. Leurs fusils étaient chargés, prêts pour l'affrontement qui s'annonçait. Alors qu'ils progressaient, une détonation retentit, les obligeant à se protéger. Lafleur se retourna, mais ne put distinguer aucun de leurs adversaires, ce qui augmenta leur angoisse ; les rangers étaient bien plus habiles que les troupes régulières anglaises. Ils augmentèrent la cadence et, comme un peu avant, mais Joussant, toujours diminué par sa blessure, traînait la patte.

Tous trois se retournaient régulièrement, mais impossible de voir ceux qui les suivaient, toujours dissimulés par la végétation. Un nouveau coup de feu éclata, mais cette fois-ci, s'ils n'avaient pu apercevoir le tireur, Joussant avait vu d'où était parti le tir. Il fit feu dans la même direction, sans toutefois faire mouche.

— Nous ne sommes plus très loin de fort Frontenac, une heure ou deux.

— Ils nous auront rejoints bien avant, ils ne sont pas très loin derrière nous d'autant plus qu'entre une et deux heures de marche, cela fait une différence considérable compte tenu de notre situation, du genre de celle qui sépare la vie de la mort.

Ils progressèrent encore quelques minutes, la peur au ventre avant que Joussant s'exprimât.

— Je viens d'en voir un ! Ils portent des vêtements verts, ce qui explique que nous n'ayons pu les distinguer. Ils se confondent parfaitement avec la végétation environnante. Ils sont à environ six cents pieds derrière nous, ce qui explique pourquoi ils ne nous ont pas atteints en tirant, nous sommes hors de portée de leurs fusils, mais ils ne cessent de se rapprocher.

— Ils auraient pu attendre pour tirer pour tenter de nous surprendre, ajouta Nicolas.

— Ils savent très bien que nous les avons repérés.

Environ vingt minutes avaient passé et l'anxiété était montée d'un cran, car plus le temps s'égrenait, plus ils avaient conscience d'être à portée du tir adverse. Ils venaient de traverser une petite clairière et s'enfonçaient dans un petit bosquet de conifères assez épais qui les protégeait. Lafleur se posta en position de tir, laissant ses compagnons avancer. Il n'eut pas bien longtemps à patienter, quelques minutes plus tard, l'avant-garde des rangers apparut, difficile à percevoir à cause de son uniforme vert. Il attendit un peu puis fit feu et le deuxième Anglais s'effondra. Les Britanniques répliquèrent sans que leur tir puisse les atteindre. Il rejoignit Joussant et Nicolas en souriant.

— Vous avez fait mouche ?

— Oui, en plein dans le mille !

— Un de moins !

— Ils sont encore bien plus nombreux que nous. En espérant que la rivière de Frontenac soit gelée.

— Que voulez-vous dire, Lafleur ?

— Le fort se trouve de l'autre côté de la rivière de Frontenac qui logiquement devrait être gelée en cette période.

— Et si ce n'est pas le cas ?

Les deux coureurs des bois se dévisagèrent d'un air grave.

— C'est simple, dans ce cas-là, nous sommes morts !

Ils avaient encore accéléré l'allure, mais leurs poursuivants les avaient imités, tenant à intercepter les Français de la même façon que ces derniers jetaient toute l'énergie qui leur restait dans cette course pour la vie, sans être sûrs de rien.

L'écart s'était encore réduit et ils se trouvaient maintenant à moins de trois cents pieds des Anglais. Si le terrain, abondamment boisé de conifères ou de bouleaux, les avait pour le moment protégés des tirs adverses, la fin du parcours, plus clairsemée, augmentait les risques de se faire tuer. Selon Lafleur, ils devaient se trouver à moins d'une lieue, peut-être une demi-lieue du fort et transpiraient abondamment étant donné l'effort qu'ils produisaient pour échapper aux rangers.

— Les paquetages ! Il faut laisser les paquetages, sinon ils vont nous rattraper, ils gagnent du terrain ! s'écria Lafleur.

Joussant acquiesça d'un hochement de tête et ils s'exécutèrent, ne gardant avec eux que leurs armes et repartant au petit trot. Ils ignoraient que peu de temps auparavant les Anglais avaient adopté la même stratégie en envoyant vers l'avant cinq d'entre eux, démunis de leurs paquetages, pendant que les autres les portaient. Ils espéraient ainsi faire la jonction très rapidement avec les Français et une fois que le combat aurait démarré, le reste du groupe pourrait les rejoindre.

Ce fut Joussant qui les vit en premier et se posta immédiatement en position de tir, imité aussitôt par Lafleur. Pourtant, ce furent les Anglais qui ouvrirent le feu en premier, ils étaient à environ cent cinquante pieds d'eux. Joussant sentit une brûlure au bras gauche, il était à nouveau touché et plus sérieusement que la fois précédente. Tous trois tirèrent à leur tour et Lafleur fit mouche, abattant l'un des cinq rangers. Ils se replièrent, adoptant un rythme plus rapide tout en rechargeant leurs armes. Ils savaient désormais qu'avec un des leurs diminué par une blessure, les Anglais les rattraperaient inexorablement. Joussant suait et râlait, il ne tiendrait pas longtemps à ce rythme.

Ils coururent pendant une dizaine de minutes avant d'entendre à nouveau des détonations, sans qu'aucun d'eux ne fût touché. En revanche, ils remarquèrent que le bruit des armes était plus fort, signe que leurs poursuivants gagnaient du terrain.

Ils progressèrent encore, mais Joussant n'en pouvait plus, quand Nicolas, qui ouvrait la marche, crut distinguer au loin des édifications ; ce devait être fort Frontenac, mais auraient-ils le temps d'y parvenir ? Ils l'espéraient, mais la situation était difficile. Un peu plus loin, ils aperçurent à nouveau les rangers, ils étaient tout proche, une centaine de pieds. Les tireurs se positionnèrent et les armes crachèrent du feu. Si ce fut Nicolas et Joussant qui firent mouche touchant le même adversaire en même temps, Lafleur fut touché à son tour à l'épaule. Ils s'affaiblissaient de plus en plus. Ils s'élancèrent vers la rivière de Frontenac qui les séparait du fort, mais leurs chances de l'atteindre s'amenuisaient encore.

Il n'y avait plus que trois rangers, mais ils savaient que les autres n'étaient pas bien loin. Ils commençaient par apercevoir, de temps à autre, à travers la végétation, le fort français. Joussant perdait du sang, s'affaiblissant de plus en plus, même s'il savait qu'il n'était plus très loin de la délivrance. Les branches, qu'ils ne prenaient plus soin d'écarter avec précaution, comme lorsqu'ils progressaient lentement, leur cinglaient le visage et déchiraient leur peau, déjà éprouvée par la morsure du froid intense qui régnait depuis quelques jours, créant des plaies dont le sang gelait presque instantanément. Mais il fallait absolument tenir !

Ils se trouvaient à présent à cinq cents pieds de la bordure de la rivière de Frontenac et constatèrent que, comme ils l'espéraient, elle était gelée, ce qui leur permettrait de traverser à pied. Quelques minutes plus tard, des coups de feu éclatèrent et ils se plaquèrent au sol. Nicolas voulut utiliser son fusil, mais Lafleur secoua la tête pour l'inciter à y renoncer.

— Pas maintenant !

Cent cinquante pieds les séparaient encore de l'immensité glacée de la rivière qui les séparait de fort Frontenac. D'autres coups de feu retentirent, probablement du second groupe de rangers qui suivait derrière, mais aucun ne toucha sa cible. Nicolas regarda Lafleur dont l'expression du visage l'incitait toujours à ne pas répliquer. Ils n'étaient plus qu'à quelques foulées du bord de la rivière de Frontenac et à mille cinq cents pieds du fort.

— C'est maintenant que le plus difficile commence, annonça Lafleur.

— Oui, répondit Nicolas, je comprends mieux pourquoi vous m'avez demandé de ne pas faire feu ; nous sommes à présent à découvert et nous sommes beaucoup plus vulnérables.
— En effet, monsieur de Guillemin, et en plus comme le sol est glissant, l'écart entre nous et les rangers va immanquablement se réduire, nous mettant ainsi à portée de leurs armes. Le deuxième groupe de rangers devrait également nous rejoindre.

Ils entamèrent le déplacement sur l'immense miroir de glace avec prudence, mais hâtèrent rapidement le pas. À peine avaient-ils parcouru une centaine de pieds que les Anglais arrivèrent à leur tour au bord de la rivière. Nicolas avait parfaitement compris la manœuvre. Tous trois épaulèrent leurs fusils et les deux camps tirèrent quasiment simultanément. Les trois rangers s'écroulèrent, provoquant des cris de joie dans les rangs français. Mais Nicolas s'aperçut que seuls Joussant et lui étaient encore debout. Il se retourna, apercevant Lafleur, à terre, touché à la cuisse.
— Lafleur ?
— C'est fini pour moi ! Laissez-moi et poursuivez votre route !
— C'est hors de question ! s'exclama Nicolas.

Joussant ne disait rien, se contentant d'observer l'autre coureur des bois assis sur la glace, la jambe ensanglantée.
— Dans un sens, cela vous arrange bien, Joussant.
— Arrêtez vos leçons de morale, c'est vous qui depuis le départ ne cessez de chercher le conflit, c'est vrai que je ne vous ai jamais apprécié, mais mes seuls ennemis restent les Anglais… et les Iroquois.
— Ce n'est pas le moment, intervint Nicolas qui jetait des regards inquiets en direction de la fin de la piste, redoutant l'arrivée de la deuxième partie du groupe de rangers.
— Il a raison, intervint Joussant, il faut filer, et vite !

Lafleur ne dit rien, se contentant de recharger son fusil. Nicolas et Joussant poursuivirent en faisant de même. L'officier français jeta un ultime regard en direction du vieux trappeur qui avait le sien rivé sur l'endroit d'où allait surgir d'un moment à l'autre le reste du groupe de rangers.

Ils étaient maintenant à environ cent cinquante pieds de Lafleur quand ils entendirent les premiers coups de feu. En se retournant, ils constatèrent que le coureur des bois avait fait mouche tandis que les Anglais, pourtant plus nombreux, l'avaient manqué, lui procurant un bref instant de répit, mais pour combien de temps ? Il s'aperçut que Joussant lui tapotait sur l'épaule.

— Qu'y a-t-il ?

— Regardez le fort, il y a de l'agitation.

Nicolas se tourna et vit que le vieil homme disait vrai ; on venait d'ouvrir les portes de l'enceinte fortifiée, ce qui signifiait qu'ils envoyaient une troupe à leur rencontre.

— On devrait peut-être retourner aider Lafleur, proposa Joussant.

— Vous avez raison, d'autant plus qu'à présent, nous ne sommes plus qu'à trois contre quatre, le combat s'est équilibré.

Ils repartirent vers Lafleur pendant que d'autres coups de feu éclataient. Cette fois, c'étaient les Anglais qui avaient touché leur cible et Lafleur s'effondra.

Tout en progressant, ils cherchèrent le moindre signe de vie chez leur compagnon, qui ne tarda pas à remuer. Joussant et Nicolas tirèrent à leur tour et un de leur adversaire tomba au sol. Mais déjà les Anglais répliquaient. Nicolas se jeta au sol, mais Joussant, moins vif, fut fauché par deux balles anglaises. Nicolas le regarda et constata avec amertume qu'il ne bougeait plus. Plus loin, Lafleur ne valait guère mieux. Il se retrouvait seul contre trois et, se tournant, constata qu'une troupe de soldats provenant du fort se dirigeait vers eux au pas de charge, mais ils étaient encore loin, au moins neuf cents pieds. Il n'avait pas le choix et s'abrita derrière le corps de Joussant pendant que les rangers arrivaient à hauteur de Lafleur. Ils l'ignorèrent pour se concentrer sur Nicolas.

Nicolas rechargeait son arme en grande hâte, imité par ses adversaires. Il savait qu'il pouvait également se servir de ses deux pistolets, mais les rangers se trouvaient encore hors de portée de ceux-ci. Il jeta un œil au fusil de Joussant, mais il fallait le recharger, ce qu'il entreprit de faire. Plus loin, les rangers avaient adopté une nouvelle tactique ; ils se séparèrent, s'éloignant les uns des autres pour encercler Nicolas. Il s'était fourré dans un sacré guêpier.

Partis depuis le fort un peu plus tôt, le petit groupe de soldats français se dirigeait rapidement vers le lieu du combat, mais ils étaient encore trop loin pour pouvoir intervenir. Nicolas tenta de s'emparer du fusil de Joussant, mais un des Anglais fit feu, le dissuadant de tenter à nouveau la manœuvre. Les deux autres rangers se trouvaient à la fois sur sa gauche et sa droite, c'était mission impossible. Il fallait prendre une décision, et vite. Il tira sur sa gauche et atteignit son adversaire à l'épaule, mais comme il l'avait redouté, l'autre ranger tira à son tour, l'atteignant au bras gauche. Il avait manqué sa cible. Il avait ôté ses gants depuis trop longtemps et ses doigts s'étaient engourdis à cause du froid. Il aurait du mal à recharger son arme, alors que deux de ses adversaires étaient encore valides ; cela allait être difficile. Alors qu'il s'attendait à ce que les Anglais rechargent leurs armes, il vit les rangers se précipiter vers lui en criant et en sortant leurs couteaux. Ils avaient raison, ce serait plus facile, maintenant que Nicolas était diminué, de terminer le combat au corps à corps.

Il venait de remettre des gants pour se réchauffer les mains, car il craignait de ne pouvoir tenir son sabre. Les rangers n'avaient pas de baïonnettes comme les troupes régulières britanniques, mais possédaient de très grands couteaux et avaient l'habitude du corps à corps. Nicolas se retrouva rapidement encerclé et, de plus, le sol gelé n'offrait pas une grande stabilité. Il tira une peau d'ours qu'il glissa sous ses bottes pour éviter de glisser. Ses adversaires restaient prudents, craignant visiblement son sabre. Alors qu'il en surveillait deux, le troisième avait manœuvré pour se glisser dans son dos et tenta de le poignarder. Nicolas, d'un pas de côté, l'évita et lui trancha la tête d'un coup de sabre. Ses comparses, loin d'avoir été refroidis par la mort de leur compagnon, se jetèrent ensemble sur le Français.

Au loin, les soldats français étaient à présent suffisamment près pour ouvrir le feu, mais vu l'enchevêtrement des corps, ils ne pouvaient tirer sans risquer de tuer leur compatriote. Ils forcèrent l'allure pour revenir sur le lieu du combat. Pendant ce temps, Nicolas était dans une position inconfortable, luttant pour sa survie contre deux fous furieux qui s'acharnaient sur lui. Il se demandait bien comment il allait s'en sortir quand l'un de ses assaillants glissa sur le côté, lui laissant un peu de répit. Au moment où des coups de feu claquèrent, tuant net le ranger qui était à l'écart. L'autre, surpris, releva la tête et Nicolas réussit à le repousser et à se dégager, mais l'Anglais se releva rapidement. Il était grand et fort et le Français était exténué. Nicolas regarda les soldats en train de recharger leurs fusils puis chercha son sabre qui était à terre, il n'aurait pas le temps de le ramasser. Il dégaina son poignard et fit face. L'assaut de l'homme fut tellement violent que Nicolas bascula en arrière et s'affala sur la glace. Juste avant de perdre connaissance, il entendit des coups de feu tonner.

Fort Frontenac

Quand Nicolas revint à lui, il était allongé dans une civière rudimentaire portée par deux soldats. Il constata qu'il n'était pas très loin de l'entrée du fort et en se tournant, il vit que ses compatriotes transportaient aussi un autre blessé, probablement Lafleur. Ils pénétrèrent dans le fort. Celui-ci avait des formes bien particulières puisqu'à chaque angle, une avancée triangulaire en forme de pointe de flèche formait un bastion qui ressortait de la forme carrée de l'enceinte du fort. L'architecture en étoile des forts était le fruit du génie militaire de Vauban qui avait compris, qu'ainsi construits, ils permettaient de résister plus efficacement aux assauts ennemis.

Une fois à l'intérieur, il vit des gens s'avancer vers lui. Les soldats les déposèrent au sol en attendant le médecin du fort. Sa blessure au bras lui faisait mal, mais n'était pas grave. Il était surtout épuisé par l'éprouvante course menée dans les bois pour échapper à ses poursuivants. Il pensait qu'il pourrait bientôt se reposer quand il entrevit un visage qui lui était familier : Émilie ! Mais à sa grande déception, elle ne lui accorda qu'un bref regard avant de détourner la tête. Ce n'était pas possible ! Il avait fait tout ce chemin et risqué sa vie pour ça ! Un piètre regard, accordé à la dérobée ! Malgré la fatigue qui engourdissait son esprit, il se ressaisit et pensa que son apparence était bien différente de celle qu'il avait quelques mois plus tôt, quand il l'avait rencontré pour la première fois. Il passa la main sur son visage, et sentit l'épaisse barbe qui s'était développée depuis son départ de Québec. De plus, il portait un grand manteau en fourrure qui lui donnait l'allure d'un de ces coureurs des bois avec qui il avait marché depuis plus d'un mois. Il se releva d'un coup et se tourna vers celle qui s'éloignait.

— Émilie !

Malheureusement, sa voix diminuée par la fatigue ne portait pas bien loin. Il saisit un de ses pistolets qu'il avait rechargé sans avoir le temps de s'en servir, le releva et fit feu. Tout le monde se tourna vers lui, les soldats le regardant, l'air incrédule, ne comprenant pas la raison de son geste. Émilie, intriguée, s'avança et il prononça à nouveau son prénom. Elle s'approcha davantage, l'examinant plus minutieusement. Elle se concentra sur ses yeux et comprit enfin.

— Nicolas ?

— Ai-je tant changé que ça ?

Elle se mit à rire en mettant la main devant sa bouche.

— En vérité, oui…

Il se mit à rire à son tour et elle se précipita vers lui en l'enlaçant puis l'embrassa tendrement sur la bouche sous les hourras de la population du fort. Elle le regarda à nouveau.

— Tu as une bien triste mine, que s'est-il passé ?

— Nous avons été attaqués et traqués par les Anglais à deux reprises.

L'officier qui avait conduit la troupe qui était intervenue se tenait juste à leurs côtés.

— Bien que ces territoires appartiennent à Sa Majesté le roi Louis XIV, ces diables d'Anglais ne cessent de faire des incursions sur nos possessions.

— Ça, je l'ai constaté, soupira Nicolas. Mais vous ne faites rien ?

— Nous n'avons pas assez d'hommes, répliqua l'officier. Mais vous êtes épuisé, vous avez besoin de repos, nous allons vous conduire vers nos quartiers où l'on pourra vous loger dès que le médecin vous aura examiné.

— C'est lui ? demanda Nicolas, voyant quelqu'un en train de s'occuper du compagnon qu'ils avaient ramené en même temps que lui.
— Oui, il s'occupe de votre ami.

Nicolas s'avança et réalisa avec surprise que celui qu'il croyait être Lafleur n'était autre que Joussant. C'est lui qui avait survécu à ses blessures, et non son autre compagnon, contrairement à ce qu'il croyait.
— Docteur !

Le médecin se tourna vers lui.
— Il vivra ?
— À ce moment, je ne peux l'affirmer avec certitude, mais votre ami est sacrément résistant, ça on peut le dire.

Il vit que le vieux trappeur ouvrait les yeux.
— Vous m'entendez, Joussant ?

Le vieil homme tourna légèrement la tête.
— De Guillemin… Si vous êtes là, c'est que je ne suis pas encore rendu au paradis.

Ils rirent tous deux, mais le coureur des bois grimaça immédiatement.
— S'il vous plaît, il a besoin de repos, intervint le médecin. J'en ai terminé avec lui, voyons votre bras.

Nicolas laissa le docteur l'examiner. Il ôta son grand manteau et vit Émilie l'examiner avec attention. Comme il l'interrogeait du regard, elle ne tarda pas à s'exprimer.
— C'est incroyable comme tu as maigri !
— Tu sais, dans les bois, on ne faisait pas beaucoup de festins, sauf la fois où nous avons tué un ours énorme.
— Vous avez tué un ours géant !
— Oui, Joussant te le racontera quand il ira mieux, il est plus doué que moi pour ça. En plus de la nourriture assez pauvre que nous mangions, nous marchions beaucoup et nous avons encore accéléré la cadence à la fin quand nous avions les Anglais aux trousses.

Émilie faillit sourire, mais voyant la mine grave de celui qu'elle aimait, elle s'abstint de le faire.

— Beaucoup des gens avec qui je suis parti de Québec pour venir te rechercher sont morts sur cette maudite piste. J'ai l'habitude de me battre, mais pas avec un froid pareil ni dans de telles conditions.

Le docteur venait d'achever son examen et faisait un bandage autour du bras de l'officier de marine.

— Alors, docteur ?

— Vous avez de la chance, la balle a traversé votre biceps sans faire trop de dégâts, pas de nerf ou de tendon abîmé, pas d'os cassé, mais vous aurez encore mal pendant deux ou trois semaines, le temps que cela cicatrise et il faudra attendre une ou deux semaines de plus pour pouvoir utiliser votre bras comme avant.

Ils le remercièrent puis repartirent ensemble en direction du fort, main dans la main.

— Est-ce que Josiane t'a remis ma lettre ?

— Oui !

— Alors tu sais que je t'ai menti, je ne suis que la fille naturelle de Philippe Rigaud de Vaudreuil. Dans mes rêves, j'étais la fille légitime de mon père, et toi, tu étais celui que j'épousais aux yeux de tous, mais ce n'était qu'un rêve, pas la réalité. Je suis désolée de te l'avoir caché, Nicolas, dit-elle en baissant les yeux.

— Je l'ai su avant de quitter Bordeaux.

Elle s'arrêta et le regarda de nouveau.

— Tu savais… et pourtant tu es venu… pour une fille de rien…

— Tu n'es pas une fille de rien, Émilie, tu vaux beaucoup plus que ton statut.

— Ces belles paroles ne changeront pas, hélas, mon statut, je reste aux yeux de tous une bâtarde, même si mon père est de noble lignée, il m'a conçue dans le lit d'une autre, pas celui de sa femme.

— Je sais… Mes paroles ne peuvent en aucun cas modifier ton statut, mais cela le peut, dit-il en tirant de son manteau un étui cylindrique de cuir qui renfermait des documents.

Il s'aperçut d'ailleurs en l'examinant qu'il était couvert de sang, ce qui amusa la jeune femme.

— Un document officiel, couvert du sang du héros qui l'a apporté, on ne peut rêver mieux !

Il sourit à son tour, devant l'amusement de celle qu'il aimait.

— Pas tout à fait un document officiel, c'est une copie d'un document que j'ai remis à ton père.

Il lui tendit et elle commença à le lire. Au fil de la lecture, il vit l'expression de son visage se détendre progressivement pour aboutir à un sourire assez large.

— C'est incroyable, comment as-tu fait ? J'ignorais que tu avais de tels soutiens. Et qu'a répondu mon père ?

— Tu poses beaucoup de questions, laisse-moi un peu y répondre !

— J'ai souvent pensé à toi, Nicolas, mais en vérité, je dois te le dire, je ne pensais pas te voir arriver et encore moins avec un tel papier.

—J'ai rencontré Sa Majesté le roi de France, c'est lui qui m'a appris la vérité sur ta naissance, il avait une certaine sympathie pour moi. Il m'a d'abord offert ce magnifique sabre, dit-il en exhibant le cadeau du roi qui suscita un petit cri d'admiration de la part d'Émilie, puis il m'a fait envoyer cette lettre, me permettant de te rendre le statut que te confère ta filiation.

— Aucun homme n'a jamais fait autant pour moi… dire que je me suis donnée à toi comme une simple courtisane.

— Ne te fais pas d'illusions sur la vertu supposée de ceux qui s'affichent à la cour du roi. Les qualités dont ils se vantent en public ne correspondent pas toujours à ce qu'ils sont en réalité. Ce qui compte, c'est la sincérité de notre amour.

Émilie paraissait songeuse.

— Et mon père, tu ne m'as toujours pas répondu, qu'a-t-il dit lorsque tu lui as montré le document ?
— Rien, il m'a juste dit où te tu trouvais, mais je ne pensais pas affronter pareils dangers. Plusieurs de ceux qui m'accompagnaient sont morts en chemin. Ces territoires sont immenses, d'une beauté incomparable, mais convoités par nos ennemis. Il faut revenir à Québec.
— Je n'ai guère envie de partir maintenant, avec nos ennemis et ce froid. Il vaut mieux attendre le printemps.
— Je n'ai pas envie d'attendre autant, il doit y avoir une autre solution. Je vais en discuter avec Joussant, il connaît mieux le pays que moi.
— Joussant, c'est celui qui est au trois-quarts mort, le vieux bonhomme agonisant ?
— Il va se remettre, enfin, j'espère, c'est un sacré type !

L'attention des deux amoureux fut soudain attirée par une étrange discussion entre un Français fort bien habillé et un groupe d'Indiens. L'homme semblait assez bien maîtriser la langue indigène et jetait par intermittence des regards au couple.

— Qui est-ce ? demanda Nicolas.
— Le commandant du fort, Zacharie-François Hertel de la Fresnière.
— Il semble plutôt à l'aise pour parler avec les Autochtones.
— Il paraît qu'il a vécu trois ans parmi les Iroquois.
— Trois ans ? Mais pour quelle raison ?
— Il était leur prisonnier.
— Cela n'a pas dû être facile… dit Nicolas, quelque peu admiratif.

De la Fresnière s'arrêta de parler avec les Iroquois et se dirigea vers eux.

— Émilie semble bien vous connaître, monsieur.
— C'est parce qu'elle est la raison de ma venue à fort Frontenac.
— J'ai été navré d'apprendre les péripéties que vous avez dû affronter pour parvenir jusqu'ici.

— Plusieurs de mes compagnons de route sont morts en affrontant les Anglais. Vous connaissiez Lafleur ?
— Oui, ainsi que tous ceux qui l'accompagnaient.
— C'est normal qu'autant de Britanniques soient présents sur notre territoire ?
— Hélas, oui, les incursions de petits groupes ennemis ne sont pas rares. L'issue de la guerre est indécise. Nous avons déjà perdu l'Acadie et les territoires situés autour de la baie d'Hudson, ce qui va permettre à la HBC[15] de faire de gros profits avec la traite des fourrures, maintenant qu'ils ont évincé nos coureurs des bois.
— C'est de cela que vous parliez avec les Iroquois ?
— Oui, ce sont des Mohawks plus exactement qui sont les alliés traditionnels des Anglais, ils ne sont guère loquaces, malheureusement. Mais venez donc dans mes quartiers, Émilie y loge déjà, vous y serez plus à l'aise.

Avant de suivre les pas du commandant du fort, il regarda une dernière fois Joussant qui paraissait très affaibli. Il ne partageait pas l'optimisme du médecin. Ils dînèrent, mais Nicolas, très fatigué par son périple et diminué par sa blessure alla se coucher très rapidement, il avait besoin de reprendre des forces.

[15] Hudson Bay Company, Compagnie de la Baie d'Hudson.

Fort Frontenac – 23 janvier 1713

Trois jours avaient passé depuis qu'il était arrivé au fort. La fatigue s'était peu à peu estompée et Joussant allait également mieux. Il restait toujours alité, mais conversait de plus en plus longtemps, signe que son état s'améliorait. Au fur et à mesure que les forces de Nicolas renaissaient, son désir pour Émilie n'avait cessé de croître, sentiment qui paraissait être plus que réciproque. Le commandant, comprenant qu'il avait besoin de repos, avait renoncé à l'inviter à dîner les précédentes soirées, mais sentant, comme sa promise, qu'il se portait mieux, il avait décidé de le convier à nouveau pour partager son repas en même temps que la jeune femme. À l'extérieur, le froid s'était intensifié, n'incitant pas à s'éloigner du fort.

— Vous semblez mieux vous porter, cette fois, monsieur de Guillemin.

— Oui, je vous remercie, mais il va falloir envisager de rejoindre Québec, je ne peux pas séjourner ici éternellement.

— Avec le froid qui règne, ce sera difficile de remonter vers le nord sans courir de grands risques, surtout si vous voulez partir en compagnie de mademoiselle.

Émilie afficha un sourire approbateur.

— Existe-t-il une autre route que celle qui suit le Saint-Laurent ?

— Si on s'éloigne du lit du fleuve, soit on traverse des zones à l'ouest où règnent la plupart des tribus indigènes soit à l'est, des terres contrôlées par les Anglais.

— Et au sud ?
— Vers le sud, c'est possible si vous voulez rejoindre la France, mais pas Québec.

Nicolas regarda Émilie.

— Je pense que mon père donnera l'autorisation, ce n'est pas la peine de repasser par Québec, il suffit de lui envoyer une missive.
— Elle a raison, affirma de la Fresnière, vous avez mis plus d'un mois à faire le trajet dans des conditions difficiles, même si vous rejoignez Québec, vous ne pourrez pas partir avant avril, en fonction des bateaux qui seront sur le départ.
— Peut-on atteindre l'Atlantique en traversant les colonies de Nouvelle-Angleterre ?
— Vous pouvez tenter de passer à travers les colonies, on y trouve majoritairement des fermiers. Certaines zones comme New York ou Boston sont à éviter absolument à cause des contingents assez importants de troupes britanniques.
— Y a-t-il un endroit où nous puissions embarquer sans attirer l'attention ?
— Vous pouvez tenter de passer par la colonie du Maryland, ce sont surtout des catholiques, ils n'aiment pas beaucoup la couronne britannique. On y trouve parfois quelques Français qui sont certes de pauvres gens, mais si vous portez des tenues peu voyantes, cela peut fonctionner.

Nicolas resta songeur et son regard croisa celui d'Émilie.

— Qu'en penses-tu ?
— Cela demande réflexion, pourquoi pas…

Chaque jour, Nicolas passait du temps avec Joussant qui, de façon surprenante, guérissait lentement de ses blessures, mais devait encore demeurer alité. Au petit matin, il alla trouver le coureur des bois pour s'enquérir de son état de santé, mais aussi pour lui demander

conseil. En entrant dans la petite pièce, il vit que le vieil homme était réveillé et qu'il avait remarqué l'arrivée de l'officier de marine.
— Alors, Joussant, il semble que vous ayez finalement choisi de rester dans le monde des vivants.
— J'ai longuement repensé à ce qui s'était passé dans les bois, je n'ai de toute façon rien d'autre à faire que de penser. J'aurais dû y rester, j'aurais dû mourir dans cette forêt.
— Des regrets ?
— Non ! Dieu a décidé que j'avais encore un rôle à jouer sur cette terre. Il m'a choisi plutôt que Lafleur.
— Cela ne s'est jamais apaisé entre vous ?
— Lafleur était un jaloux, toujours envieux de ceux qui avaient mieux réussi que lui.
— Pourtant, vous partagiez la même façon de voir le monde.
— Lafleur est né ici, dans un monde qu'il a parcouru des milliers de fois sans jamais le comprendre. Moi, je suis né en France, j'ai suivi mon père quand j'avais douze ans. Il est mort ici, j'aurais pu revenir au pays, mais j'ai choisi de rester en Nouvelle-France.
— Pourquoi ?
— En France, je n'étais rien, ma famille était pauvre, notre seule richesse, c'étaient les rêves. Ici, j'ai pu réussir. Pour la première fois, les gens m'ont regardé différemment. Certes, il fait froid, la région est hostile, mais pas pour ceux qui ont le pouvoir de changer leur vie. En France, nous avions à peine de quoi subsister. Ici, je suis libre d'aller où bon me semble. Là-bas, nous étions prisonniers de notre misère.

Nicolas regarda le vieux trappeur, il était issu d'un milieu aisé et allait où bon lui semblait. En l'écoutant, Nicolas comprenait mieux la rage qui l'animait, celle de défendre ce qu'il avait acquis.
— Vous allez repartir, de Guillemin ?

— D'ici quelques jours, mais nous avons le choix entre repartir vers Québec ou nous diriger vers le sud pour tenter de passer à travers les lignes ennemies.
— Comme vous avez pu le constater, toutes les routes sont dangereuses, y compris celles qui sont en théorie sous le contrôle des troupes françaises.
— Oui, nous n'avons de toute façon pas assez de troupes pour contrôler un territoire aussi immense. Que feriez-vous ?
— Il faut prendre en compte une chose importante ; si vous avez pu vous adapter aux rigueurs de l'hiver du nord de la Nouvelle-France, il n'est pas certain qu'une dame puisse en faire autant. Il sera difficile pour Émilie de marcher dans la neige et de dormir à l'extérieur avec ce froid.
— Cela veut dire qu'il vaut mieux passer par le sud… Je vais y réfléchir.

Fort Frontenac – 26 janvier 1713

Nicolas et Émilie avaient longuement discuté avec Zacharie-François Hertel de la Fresnière. Il pouvait leur fournir une escorte pour parvenir jusqu'au fort Pontchartrain, situé à l'extrémité du grand lac Érié. Le commandant du fort approuvait également cette option qu'il jugeait plus logique. Restait à trouver un moyen de parvenir jusqu'à la mer en toute sécurité, et il avait son idée sur la question.

Un bateau construit par les Français faisait la navette pour traverser le lac Ontario et rejoindre l'autre extrémité du lac en quelques jours. En dépit des conditions climatiques qui rendaient la navigation dangereuse à cette période de l'année, le commandant du fort autorisa Nicolas et Émilie à utiliser le navire.

Joussant se portait mieux et parvenait à présent à se déplacer, bien qu'il fût encore diminué par ses blessures. Alors que Nicolas effectuait sa visite quotidienne, il eut la surprise de le trouver en compagnie d'un Indien de grande taille, assez jeune, avec lequel il semblait en grande conversation. Ils s'arrêtèrent en le voyant arriver. Joussant sourit en apercevant Nicolas, aussitôt imité par l'indigène.

— Nicolas, venez, approchez que je vous présente quelqu'un qui compte beaucoup pour moi.

— Voici Kitchi ! Je lui ai parlé, il vous guidera pour pouvoir quitter le pays.

Nicolas, qui n'avait pour l'instant pas eu énormément de rapports avec les Autochtones, semblait sur la retenue. Le vieil homme le sentit.

— Vous pouvez avoir toute confiance en lui.

En examinant plus attentivement le visage de l'Indien, l'officier comprit, bien avant que le vieux coureur des bois le lui annonçât lui-même, que c'était celui d'un Métis.

— C'est votre fils, Joussant ?

— En effet, c'est le fils de Chepi, une femme abénaquise avec qui j'ai eu deux enfants.

— Deux garçons ?

— Non, Kitchi a une sœur, Sokanon, qui a épousé un guerrier d'une autre tribu. Je la vois de temps à autre.

— Monsieur de la Fresnière va nous faire escorter par certains de ses hommes.

— C'est normal, mais comme vous êtes un militaire, vous avez dû remarquer qu'il manquait d'hommes. Il vous accordera le minimum pour vous escorter, mais est-ce que ce sera suffisant en cas d'attaque ? J'en doute ! En cas de coup dur, il est bon d'avoir quelqu'un comme Kitchi à côté de soi. Il connaît bien le pays et parle plusieurs dialectes algonquins et iroquois.

— Je vous fais confiance, merci pour votre geste.

— Vous plaisantez ! Sans vous je serais probablement mort, les rangers m'auraient achevé si vous ne vous étiez pas battu comme un lion. Le roi a eu raison de vous confier ce sabre, vous méritez cet honneur.

Il eut un bref silence.

— Quand partez-vous ?

— Dans quelques jours.

— Cela n'effraye pas Émilie de partir comme cela ?

— Non, ce n'est pas ce genre de femme.

— Alors, elle est faite pour vous.

— Je le pense aussi. Kitchi parle-t-il notre langue ?
— Oui, mais il ne fréquente pas beaucoup les Blancs.
— Pour quelle raison ?
— Certains, parmi son peuple, se méfient de nous, et je ne peux pas leur donner complètement tort. N'oubliez pas que Kitchi est un Métis et pour eux, rien n'est jamais facile.

Nicolas regarda le jeune Indien dont le visage n'exprimait rien. Difficile de savoir ce qu'il pensait de la mission que lui avait confiée son père. Il avait le même regard bleu que son père. De toute façon, il faisait confiance à Joussant.

Départ de fort Frontenac – 31 janvier 1713

Nicolas venait régulièrement converser avec Joussant. Il se portait désormais nettement mieux et se déplaçait à présent dans le fort, mais d'un pas mal assuré. Il faudrait encore un certain temps pour que toutes les séquelles consécutives à ses blessures disparaissent définitivement. Kitchi restait de marbre, toujours aussi imperturbable, ne laissant à aucun moment filtrer ses émotions, ce qui rendait Émilie nerveuse. Partir à l'aventure avec un de ces hommes, que beaucoup de Blancs considéraient comme des sauvages, ne l'incitait pas à envisager le voyage comme une promenade de santé.

À une vingtaine de lieues de fort Frontenac était amarré un grand sloop d'une cinquantaine de pieds qui présentait un confort rudimentaire concrétisé par trois petites cabines à l'arrière ainsi qu'une partie commune réservée à l'équipage. Nicolas, Émilie, Kitchi et un petit contingent de soldats embarquèrent sur le navire. Une dizaine d'hommes étaient nécessaire pour manœuvrer l'embarcation dont la mission principale était de traverser le lac Ontario. Si la partie supérieure du lac était gelée, l'endroit où ils se trouvaient permettait de naviguer.

Kitchi demeurait toujours aussi silencieux et dormait avec l'équipage. Nicolas avait beaucoup appris en compagnie des coureurs des bois et il savait désormais parfaitement se débrouiller pour faire face à l'hiver de Nouvelle-France.

Un jeune lieutenant commandait le navire, Vincent Larbaud, ce qui rappela à Nicolas ses jeunes années au service du roi de France lorsqu'il était un tout jeune lieutenant débutant sa carrière. Il s'approcha de lui.

— Bonjour, lieutenant !

— Bonjour ! On m'a dit que vous étiez également lieutenant, mais sur un bateau nettement plus gros que celui que je commande, et qu'en plus, vous naviguiez sur l'océan, pas sur un lac.

— C'est exact, mais aujourd'hui, je ne suis qu'un simple passager, rien de plus.

— Mais vous êtes bien plus. Personne ici n'ignore les exploits que vous avez réalisés pour parvenir jusqu'au fort. J'aimerais un jour avoir la chance de pouvoir faire mes preuves, comme vous.

— Il n'est pas possible de rallier le fleuve Érié depuis le fleuve Ontario ?

— Non, car au milieu de la rivière Niagara qui relie les deux fleuves, il y a des chutes d'eau immenses qui interdisent tout passage.

— J'aimerais bien voir ça !

— Ce sera pour un autre jour, monsieur de Guillemin.

Il resta un moment appuyé sur le bastingage en contemplant l'immense étendue d'eau avant de remarquer la silhouette de Kitchi à l'autre bout du navire. Il se dirigea vers lui. L'indien le regarda venir sans rien dire, en le fixant.

— Tu ne dis pas grand-chose, Kitchi, notre compagnie est-elle si déplaisante que cela ?

— Mon père m'a confié une mission, vous escorter, je l'accomplirai, le reste n'est pas très important. Après, je retournerai parmi les miens.

— Mais tu es à moitié Blanc, à moitié Indien, les Blancs sont aussi ton peuple.

— C'est vrai que je suis moitié Blanc, moitié Indien, mais il y a une moitié de moi que je préfère… et l'autre dont je ne sais que faire…

Nicolas ne dit rien et se retourna pour partir quand l'Abénaquis reprit la parole.

— Mon père m'a dit que tu lui as sauvé la vie, c'est pour cela que je suis venu…

Nicolas se tourna vers lui.

— Pour rien d'autre ?

— Non, rien d'autre !

— C'est dommage !

— Vous n'avez peut-être pas, vous et votre femme, une bonne opinion de moi ?

— Je ne juge jamais ceux que je ne connais pas sur leurs cultures ou le fait qu'ils appartiennent à un peuple différent du mien, uniquement à leurs actes, c'est ce qui nous différencie. Et Émilie n'est pas ma femme ! Pas encore…

Nicolas repartit vers le centre du bateau. L'Abénaquis le regarda s'éloigner sans rien dire. Pour lui, tous les Blancs, à l'exception de son père, étaient les mêmes, mais il avait apprécié la discussion. Il se dit que d'ici à leur destination finale, à fort Pontchartrain, ils auraient l'occasion de faire plus ample connaissance.

Plus loin, Nicolas s'interrogeait sur Kitchi. Jusqu'à quel point pouvait-il lui faire confiance ? Après tout, il était le fils de Joussant et il faisait confiance au coureur des bois. Il décida donc de se fier à lui, il n'avait de toute façon pas vraiment le choix…

À l'autre bout du lac Ontario – 4 février 1713

Ils avaient mis cinq jours pour traverser le lac Ontario et la petite troupe mit pied à terre. Sur place, le froid était beaucoup moins intense qu'à fort Frontenac. Au sol, une fine couche blanche démontrait qu'ici il avait moins neigé. Sur le grand lac, ils avaient aperçu des blocs de glace d'une taille assez imposante, mais rien qui ne pût empêcher la navigation.

Nicolas regarda la petite troupe de soldats qui s'apprêtait à les escorter, ils étaient huit, sans compter Kitchi. Il avait déjà effectué un trajet assez incroyable en compagnie des coureurs des bois dans des conditions bien plus rigoureuses que celles qu'ils devaient affronter de l'autre côté du lac. En revanche, il se demanda ce que valaient les soldats dans ce genre d'environnement comparativement aux coureurs des bois qui passaient le gros de leur existence au milieu des forêts de Nouvelle-France, été comme hiver.

Émilie avait revêtu une robe peu encombrante, davantage adaptée à la marche que celles qu'elle avait habituellement. Elle portait également des bottes qui montaient jusqu'au genou. Elle s'était couverte comme Nicolas d'un grand manteau de fourrure. Peu de temps après avoir quitté le navire, ils installèrent le bivouac et allumèrent un grand feu. Kitchi semblait plus à son aise que sur le bateau, mais ne cessait d'inspecter les environs. Il avait passé toute son existence dans ce milieu et n'abaissait jamais sa vigilance.

En direction de fort Pontchartrain – 5 février 1713

Il fallait environ deux semaines pour rallier fort Pontchartrain. Le jeune lieutenant ouvrait la route, suivi de quatre de ses soldats, puis venaient Nicolas et Émilie, et ensuite le reste de la petite troupe. Kitchi fermait la marche, jetant occasionnellement des regards autour de lui.

De façon surprenante, Émilie ne paraissait guère gênée de parcourir d'aussi grandes distances à pied et le jeune officier de Marine royale comprit que sa vie, en retrait de celles menées par ses demi-frères et sœurs, n'avait pas dû être celle d'une jeune noble, car elle était visiblement habituée à se mouvoir dans ces grands espaces bien plus aisément qu'il ne l'aurait supposé. Quant à lui, le périple enduré un peu plus tôt en compagnie des coureurs des bois, qui, à l'exception de Joussant, y avaient tous laissé leur vie, l'avait considérablement endurci et il se sentait prêt à présent à parcourir de grandes distances dans la forêt de Nouvelle-France. Il faisait encore froid, mais rien de comparable avec les températures glaciales qu'ils avaient dû endurer entre Québec et fort Frontenac.

Le midi, ils firent une courte pause pour se restaurer, en mangeant de la viande salée et du pain. Si la pellicule de neige était beaucoup plus fine que l'épaisse couche de neige qu'ils avaient rencontrée plus au nord, elle restait encore suffisamment conséquente pour leur fournir de l'eau en abondance tout le long du parcours.

— Tu connais ces terres, Kitchi ?
— Je connais toute la région des Grands Lacs que j'ai souvent parcourue avec mon père.
— Vous connaissez aussi les différentes tribus qui y vivent ? ajouta Émilie.
— Oui, je les connais bien.
— Et vous parlez aussi leurs langues ?

Kitchi se contenta de regarder la jeune femme sans répondre. Oui, bien sûr, il les connaissait, c'était l'évidence.
— Vous parlez aussi les langues des différentes tribus blanches ? demanda le jeune Indien à Émilie.
— Je sais parler l'anglais, l'allemand, l'espagnol en plus du français… et je connais aussi quelques mots d'algonquin…
— Vous savez ce que veut dire mon nom ?
— Oui, cela signifie courageux.

Kitchi ne prononça pas un mot, mais Nicolas remarqua que son regard était rivé sur la jeune femme. L'Algonquin finit par rompre le silence.
— Et que veut dire Émilie ?
— Cela signifie rusée.
— Comme le coyote !
— Oui !
— Vous devez être quelqu'un d'important chez les Blancs.
— Non, chez les Blancs, je ne suis qu'une bâtarde. C'est…
— Je sais ce que cela signifie…
— Vous êtes Abénaquis, je ne sais pas quelle place vous attribuez aux bâtards ?
— C'est un terme qui n'existe pas chez nous, cela n'a aucune importance, seule la valeur de l'individu compte.

Émilie resta silencieuse un bref moment, avant de répondre.

— C'est étonnant, les miens vous traitent de sauvages, mais je m'aperçois que par certains aspects, vous l'êtes bien moins que la plupart des Blancs.

Kitchi ne répondit pas à la jeune femme, mais pour la première fois depuis qu'ils se connaissaient, il sourit. Émilie avait réussi à fissurer le rempart que l'Abénaquis avait construit entre lui et les Blancs, mais nul n'aurait pu dire si cela durerait. Pendant les pauses, Émilie restait lovée contre Nicolas et leur tendresse faisait chaud au cœur, mais le jeune homme savait que leur situation restait précaire tant qu'ils ne seraient pas mariés et surtout tant que son père ne l'aurait pas reconnue.

Entre fort Frontenac et fort Pontchartrain – 9 février

Les jours avaient passé sans incident notable et surtout dans une ambiance bien meilleure que celle que Nicolas avait connue plus tôt avec Lafleur et Joussant. Les températures s'étaient adoucies, comme l'humeur des voyageurs, rendant le déplacement plus agréable, même si le froid perdurait. Cependant, même s'il faisait nettement meilleur qu'à Québec, le printemps était encore loin. Nicolas remarqua qu'Émilie était curieuse de tout ce qui l'entourait, ce qui semblait également plaire à Kitchi qui paraissait pourtant difficile à apprivoiser.

Depuis leur départ du bord du lac Ontario, ils n'avaient pas croisé âme qui vive, mais compte tenu de ce qui s'était passé en descendant le Saint-Laurent, Nicolas restait prudent. Il interrogea le lieutenant Larbaud.

— Risquons-nous de croiser des Anglais ici ?

— Non, ce sont les territoires des Sénécas, ils n'y viennent pas beaucoup. C'est une tribu de langue iroquoise.

— Nos relations sont bonnes avec eux ?

— Ils étaient présents durant le massacre de Lachine où beaucoup de colons français périrent. Nos relations avec eux ne sont pas bonnes, même si elles se sont améliorées ces derniers temps.

Nicolas, songeur, rejoignit Kitchi qui était à l'arrière du petit groupe.

— Tu as entendu ce que nous disions sur les Sénécas, Kitchi, qu'en penses-tu ?

— Sénécas, Oneidas ou Mohawks, c'est pareil, ce sont des chiens ! Ils n'ont cessé de faire la guerre aux Abénaquis et aux autres tribus algonquines.

— Tu penses que nous les rencontrerons ?

— Ils savent déjà que nous sommes là, s'ils ne se montrent pas, c'est qu'ils ont leurs raisons.

Ils continuèrent leur marche en direction de fort Pontchartrain, mais désormais Nicolas surveillait continuellement les alentours.

Entre fort Frontenac et fort Pontchartrain – 14 février 1713

Émilie était allée se rafraîchir à la rivière quand elle entendit un bruit derrière elle. Elle se retourna et entrevit une ombre au milieu de la végétation. Elle se trouvait à environ une soixantaine de pieds du campement. Elle aurait dû demander à Nicolas de l'accompagner. Elle avait ouvert son corsage et était sur le point de le refermer quand une silhouette qu'elle reconnut se dessina à une douzaine de pas d'elle : Kitchi. Il l'observait, bien que son corsage à moitié ouvert laissât apparaître assez nettement le haut de sa poitrine. Elle le referma à la hâte en rougissant, ce qui n'avait pas l'air de gêner celui qui l'épiait. Elle ne sut au départ que faire, craignant une réaction violente chez l'Indien, puis elle l'interpella.

— Qu'est-ce que vous regardez comme ça ?

— Vous !

— Votre regard me gêne, on dirait que vous n'avez jamais vu de femme blanche.

— Si, mais je suis toujours surpris des manières qu'elles font pour pas grand-chose. Les femmes abénaquises se baignent nues dans la rivière et cela ne semble pas les gêner.

— Et vous voudriez que je fasse comme elles ? En plus, l'eau est glacée en cette saison !

Kitchi s'abstint de répondre et, pour la première fois, baissa les yeux. Elle s'éloigna de la rivière en pensant à l'Abénaquis. Difficile de savoir ce qu'il avait en tête. Tout s'était précipité depuis sa rencontre avec Nicolas, mais elle ne regrettait rien. Sa vie d'avant n'était guère agréable, le jeune officier lui offrait un destin dont elle n'avait jamais osé rêver et elle l'aimait tout en sachant que c'était plus que réciproque, car Nicolas avait accompli une grande distance et bravé bien des dangers pour pouvoir la retrouver. Elle rejoignit le groupe et vit quelques minutes plus tard le jeune Indien arriver. Ils reprirent leur route.

Une heure plus tard, le petit groupe ralentit. Tous semblaient en alerte, ne cessant de regarder autour d'eux.

— Qu'est-ce qui se passe ? demanda Émilie.

— Il y a des groupes de guerriers devant nous, probablement des Iroquois, annonça Kitchi impassible.

Mais avant qu'ils aient pu esquisser le moindre geste, l'Abénaquis était parti dans la direction indiquée par l'officier. Nicolas et Émilie se regardèrent, ne sachant que faire.

— Il sait ce qu'il fait ! s'exclama le jeune lieutenant.

Leur compagnon de route avait disparu dans la végétation et ils observèrent les soldats préparer leurs armes. Quelques minutes plus tard, des détonations retentirent, provoquant l'anxiété parmi les Français. Kitchi n'avait toujours pas réapparu et tous s'interrogeaient pour savoir ce qui se passait réellement. Un peu plus tard, ils entendirent du bruit devant eux, ce qui semblait indiquer qu'un groupe important se déplaçait. Ils pointèrent leurs armes en direction d'où semblait provenir l'agitation, une grande tension se lisait sur leurs visages, ils n'étaient pas très nombreux, pas de taille à affronter un grand nombre de guerriers. Soudain, une voix rompit le silence.

— Ne tirez pas !

C'était la voix de Kitchi et il était accompagné de nombreux guerriers. Un mélange d'inquiétude et de curiosité parcourut l'assemblée. Qu'est-ce que cela signifiait ? Comme pour répondre aux questions que tous se posaient, le jeune Indien prit la parole.

— Ce sont des Abénaquis et des Algonquins.

— Qu'est-ce qui se passe, Kitchi ?

— Les Sénécas et les Mohawks ont fait des raids, ils ont brûlé des villages et enlevé des femmes de chez nous. Tous sont sur le sentier de la guerre, nous allons récupérer nos femmes.

— Nous ?

— C'est mon peuple, et ma sœur, Sokanon, est prisonnière des Sénécas, son mari a été tué, c'est à moi de la délivrer.

Un des guerriers à côté de Kitchi parla.

— Qu'est-ce qu'il dit ?

— Que des femmes blanches sont également retenues prisonnières.

— Françaises ? demanda un des soldats.

— Les Sénécas sont des alliés des Anglais, il y a de fortes chances que oui.

Kitchi interrogea un des guerriers qui acquiesça d'un signe de la tête.

— Françaises, confirma Kitchi.

— Alors, il est de notre devoir d'intervenir, affirma le jeune lieutenant.

Émilie se tourna vers Nicolas.

— Cela me semble dangereux.

— Je suis d'accord avec toi, mais nous n'avons guère le choix, j'en ai bien peur. Nous ne sommes pas bien nombreux pour entreprendre ce genre d'entreprise et en cas d'échec, nous provoquerons la colère des Sénécas.

— Nous allons évaluer la situation, affirma Larbaud, le but n'est pas d'affronter les Iroquois, mais d'essayer de reprendre les otages, si possible par la ruse.

— Espérons que nos alliés indiens soient en accord avec votre façon de voir, ajouta Émilie, quelque peu sceptique.

Il fut donc décidé de prêter main-forte aux Algonquins et Abénaquis et ils suivirent les guerriers. Émilie n'avait pas trop de choix, elle ne pouvait rester à l'écart, car le lieutenant Larbaud n'avait pas assez d'hommes pour la protéger, mais en venant avec eux, elle risquait de se faire tuer.

Ils progressèrent pendant presque une heure avant que l'un des Abénaquis donnât l'ordre de faire une halte. Ils s'accroupirent, tentant de distinguer à travers la végétation le village des Sénécas. Ils finirent par l'apercevoir et constatèrent qu'il était d'une taille assez importante. D'après ce qu'ils avaient pu en voir, les Algonquins et les Abénaquis étaient environ une vingtaine, pas forcément de quoi à tenir tête à plusieurs centaines de guerriers qui paraissaient habiter sur place. Il aurait été logique de revenir avec des renforts, mais visiblement leurs alliés indigènes n'avaient pas forcément le même point de vue qu'eux. Kitchi se trouvait à côté de Nicolas.

— Qu'est-ce que tu penses de la situation, Kitchi ?

— Ils sont très nombreux, mais l'effet de surprise peut jouer en notre faveur.

— Ils n'ont pas de sentinelles ?

— Si, il faudra les tuer avant d'intervenir, mais nous devons attendre la nuit.

Cette dernière remarque rassura Nicolas. De jour, cela aurait été une folie. Le plus difficile restait d'éviter de se faire remarquer.

Il fut décidé de poster des guetteurs pour savoir ce qui se passait dans le camp. Au bout d'une heure, il eut la surprise de voir un petit groupe de soldats anglais quitter le campement des Iroquois. Alors qu'il allait se retourner, la tenue d'apparence civile d'un des Anglais attira son attention. Il concentra toute son attention sur son visage et eut la surprise de reconnaître celui qu'il avait affronté à deux reprises en France, l'homme à la cicatrice. Que diable venait-il donc faire ici ? Et pour quelle raison le retrouvait-il toujours sur sa route ? Il le vit s'éloigner du village Sénécas, laissant Nicolas songeur. Au moins cette fois, il n'aurait pas à l'affronter.

Ils attendirent deux heures que la nuit commençât à tomber, mais un peu avant que les lueurs de jour pâlissent, ils avaient été témoins d'une scène assez pénible. Les Sénécas avaient fait sortir leurs prisonnières, une quinzaine de femmes parmi lesquelles se trouvaient effectivement trois Blanches. Nul ne savait pourquoi, mais un des guerriers avait frappé violemment une des femmes indiennes en la jetant à terre. Nicolas remarqua que Kitchi, en observant la scène, fronçait les sourcils.

— Tu connais cette femme, Kitchi ?

— Oui, je la connais, et aussi celui qui l'a frappée. La femme, c'est Sokanon, ma sœur. Quant au guerrier Mohawk, il s'agit de Tekoa.

— Il y a beaucoup de Mohawks ?

— Oui, environ une centaine, ils s'allient parfois quand ils font la guerre aux autres tribus. Les femmes font partie des prises de guerre.

— Penses-tu qu'il soit possible de pénétrer dans le camp des Sénécas ?

— C'est difficile, mais pas impossible. Par contre, si nous prenons les femmes, nous irons moins vite que les Mohawks et les Sénécas qui se lanceront à nos trousses. Nicolas observait la lente progression de l'obscurité.

— Il va falloir attendre quelques heures qu'ils soient tous endormis. Pour quelle raison Tekoa s'en est-il pris à Sokanon ?

— Ma sœur a beaucoup de caractère, personne n'arrive à lui imposer quoi que ce soit, à l'exception de mon père.

— C'est pareil dans ma famille, ajouta Émilie.

Cette dernière remarque laissa Nicolas songeur, mais il avait déjà remarqué ce trait de caractère chez la jeune femme et cela lui plaisait.

Il faisait à présent très sombre. L'incessant brouhaha des conversations avait cessé, les grands feux, autour desquels tous se rassemblaient, avaient perdu de leur éclat, le village s'était endormi et les seuls signes d'activité étaient le ballet des sentinelles qui sillonnaient en silence les contours du village. L'obscurité enveloppait les lieux de vie, c'était le moment propice pour mettre leur plan à exécution. Ils entamèrent des discussions pour savoir comment s'introduire dans le camp en prenant le moins de risques possible. Les Abénaquis et les Algonquins décidèrent d'envoyer quelques guerriers, parmi lesquels se trouvait Kitchi, qui avait manifesté son désir d'être volontaire, sa sœur faisant partie des prisonnières. Nicolas intervint.

— Je viens avec vous.

— Pour quelle raison ? demanda l'un des Abénaquis qui comprenait le français.

— Il fait sombre et en pleine nuit les prisonnières blanches ne feront pas forcément la différence entre vous et les Iroquois. Ma présence les rassurera.

Kitchi approuva la proposition d'un signe de tête et les autres guerriers se rallièrent à son avis, prouvant qu'il était respecté parmi les siens. Le groupe se prépara et ils disparurent dans la nuit, laissant Émilie rongée par l'inquiétude. Elle s'attendait à ce que Nicolas voulût participer à la libération des femmes retenues dans le camp, mais craignait cette initiative à haut risque. C'était très dangereux, mais si elle s'était trouvée à la place de ces femmes, elle aurait aimé qu'on vînt la délivrer.

Le petit groupe s'avança vers la partie ouest du village, qu'ils estimaient la plus vulnérable. Quatre sentinelles s'y trouvaient et huit guerriers furent désignés pour s'en occuper, quatre pour attaquer directement les gardes, quatre en couverture au cas où cela tournerait mal. Il fallait non seulement progresser lentement sans émettre le moindre bruit qui aurait pu trahir la manœuvre d'approche, mais également se synchroniser pour s'attaquer aux sentinelles en même temps, et éviter que l'une d'elles pût donner l'alerte.

Nicolas observa les guerriers, habitués à se mouvoir dans la nature avec la grâce d'un félin en train de chasser, s'approcher peu à peu de leur cible. Ils n'étaient plus qu'à quelques pas et ils retinrent leur souffle. La tactique fut parfaitement exécutée et avant qu'ils aient pu se rendre compte de ce qui leur arrivait, les guetteurs gisaient à terre, sans vie. À présent, le reste des guerriers s'infiltra dans le village à la recherche des captives. Les longues maisons en bois dans lesquelles les Sénécas habitaient étaient suffisamment grandes pour héberger un nombre important de personnes, ce qui rendait la tâche compliquée, car y pénétrer signifiait se retrouver face à de nombreux guerriers.

Ils avaient repéré approximativement l'endroit où ils avaient vu les prisonnières en dernier, mais n'étaient pas certains de la maison précise dans laquelle elles étaient entrées. Trois maisons se trouvaient dans la zone et tous se dévisageaient, ne sachant par laquelle commencer. Finalement, Kitchi prit l'initiative et ouvrit la porte d'une des maisons. Tous n'étaient pas couchés et, heureusement, l'obscurité jouait en leur faveur. Un des occupants de la maison interpella Kitchi.

— Qu'est-ce que tu veux ?

— Je cherche Tekoa ?

— Il n'est pas là, il dort dans la maison d'à côté, tu ne le sais pas depuis le temps ?

— Si, je me suis trompé.

— Certains guerriers se trompent volontairement pour aller voir les femmes des autres.

Ceux qui ne dormaient pas rirent, amusés. Heureusement, Kitchi maîtrisait parfaitement les différents dialectes iroquois.

— De quelle famille es-tu ? demanda son interlocuteur.

Kitchi referma la porte sans répondre. L'occupant de la maison hésita à sortir pour vérifier l'identité de l'intrus, mais il était fatigué et partit rejoindre sa femme. Kitchi retourna au milieu des siens parmi lesquels se trouvaient Nicolas et l'officier français.

— Alors ?

— Je pense que les prisonnières se trouvent dans la maison voisine de celle dans laquelle je viens d'entrer, celle de Tekoa. Il va falloir agir rapidement.

Kitchi discuta avec les membres des tribus algonquines et abénaquises pour établir une stratégie d'entrée. Comme Kitchi et Tekoa se connaissaient, il n'était pas possible pour lui de pénétrer le premier dans l'habitation sous peine de se faire reconnaître et de déclencher l'alerte des locaux. Un autre guerrier abénaquis se proposa pour prendre la tête du groupe d'intervention. Les soldats français participeraient à la manœuvre, mais Émilie resterait à l'arrière en compagnie de deux des militaires.

Ils progressèrent à nouveau dans l'obscurité, regardant nerveusement autour d'eux. Il n'y avait pas le moindre signe de mouvement, tous dormaient. Ils se dirigèrent vers le logement de Tekoa, Kitchi était quatrième dans la file de guerriers qui s'avançait tout doucement, en faisant attention de ne pas émettre le moindre bruit. Nicolas suivait les pas du jeune Abénaquis.

Ils arrivèrent enfin devant la porte de la tente et avant d'entrer, jetèrent un dernier coup d'œil un peu partout pour s'assurer qu'ils ne seraient pas dérangés. Le guerrier poussa la porte et constata que tous les occupants sommeillaient. Il s'aventura plus loin, aussitôt imité par ceux qui lui emboîtaient le pas, concentrant leurs regards sur les corps immobiles pour tenter de repérer les prisonnières. Kitchi venait de passer le seuil d'entrée quand un cri retentit. Ils n'avaient pas vu les guerriers dissimulés sur les côtés de la porte. Déjà, ceux qui l'avaient précédé avaient été attaqués. Il se retourna furtivement et constata qu'à l'extérieur il en était de même, ils venaient de se faire piéger.

La situation devint rapidement intenable, aussi bien à l'intérieur de la maison iroquoise qu'à l'extérieur, ils étaient submergés par le nombre. Ils avaient pensé surprendre leur adversaire, mais c'était l'inverse qui s'était produit. Dans la maison, Kitchi se battait comme un diable, fidèle à sa réputation, tandis qu'au-dehors Nicolas, qui avait tiré son sabre de marine, bataillait aussi avec beaucoup de courage. Autour d'eux, leurs alliés tombaient comme des mouches, réduisant considérablement leurs chances de s'en tirer. Nicolas vit Larbaud s'effondrer, victime d'un coup à la tête. Et lui non plus ne vit pas le coup venir dans son dos, qui le laissa groggy, avant qu'il perdît connaissance. Sa dernière pensée fut pour Émilie, qu'allait-elle devenir ? Kitchi était désormais seul debout, et il ne tarda pas à rejoindre ses compagnons.

Campement des Iroquois – Dans la nuit du 14 au 15 février 1713

Ce fut l'ouïe qui revint en premier, lui permettant d'entendre les conversations dans cette langue qu'il ne connaissait pas, mais qu'il estima être de l'iroquois. Ensuite, ce fut sa vue. Aux images troubles succéda peu à peu une vision plus nette de sa nouvelle situation. Ils étaient une douzaine, solidement ligotés contre la paroi d'une des maisons iroquoises, parmi lesquels se trouvaient deux des soldats, ainsi que le lieutenant Larbaud. Il repéra également Kitchi avec qui il échangea un bref regard dans lequel se lisait la colère, celle de s'être fait piéger, mais aussi celle qui réclamait une revanche, bien que sa situation actuelle ne s'y prêtât guère. Un homme s'avança, qu'il identifia comme étant Tekoa. Il le dévisageait avec amusement, comme un vainqueur qui toise son ennemi vaincu. Il passa également devant Kitchi et le regard que s'adressèrent les deux Amérindiens fut chargé de haine ; ces deux-là se connaissaient et ne s'appréciaient guère. Nicolas continua de balayer les alentours sans parvenir à localiser Émilie, lui faisant craindre le pire. Avait-elle été tuée, ou était-elle retenue prisonnière à l'écart ? Il était impossible de le savoir pour le moment, il aurait sa réponse plus tard, mais sentit une immense tristesse l'envahir à la seule idée qu'il aurait pu lui arriver quelque chose. Ce qui était certain, c'était qu'il se trouvait en bien mauvaise posture. Il vit une femme arriver, une femme blanche d'une trentaine d'années qui lui donna de l'eau. Il but et dévisagea la jeune femme.

— Merci ! Vous êtes Française ?

— Oui, faites attention à vous, ils peuvent être très violents.

Tekoa s'approcha d'eux.

— Interdiction de parler aux prisonniers.

Nicolas le regarda.

— Qu'allez-vous faire de nous ?

— Je ne sais pas, peut-être négocier une rançon auprès de vos compatriotes, peut-être vous vendre aux Anglais.

— Vous maîtrisez bien le français.

— Je l'ai appris en captivité. Il n'y a pas mieux que la captivité pour apprendre une langue. Sans doute votre séjour ici vous permettra de maîtriser l'iroquois, à moins que vous mouriez avant, ce qui n'est pas impossible.

Il reporta ensuite son attention sur Kitchi.

— Amenez celui-là.

Deux robustes guerriers s'avancèrent vers Kitchi et le sortirent du groupe en le prenant chacun par un bras.

— Tu n'es qu'un lâche Tekoa, tu te caches derrière les tiens pour refuser de m'affronter, sale froussard, nos femmes et nos enfants ont plus de courage que toi !

— Il n'y a aucune lâcheté à refuser d'affronter un guerrier vaincu, j'ai montré à maintes reprises mon courage au combat, je n'ai rien à prouver à mon peuple qui connaît ma valeur.

Il y avait de la rancœur chez Kitchi de s'être fait piéger aussi stupidement et Tekoa prenait plaisir à l'humilier. Ils furent installés dans une des maisons pour la nuit les pieds liés, les mains attachées dans le dos, et peu à peu, la fatigue les gagnant, ils s'endormirent.

Au petit matin, ils furent réveillés par une voix qui n'était pas celle de leur geôlier, mais avait une sonorité douce, celle d'une voix féminine. Nicolas pensa à Émilie, mais ce n'était pas elle, d'autant plus que la langue parlée était indigène. Il constata que l'Indienne s'adressait à Kitchi qui semblait bien la connaître, probablement Sokanon, sa sœur. Ils parlaient à voix basse et les regards incessants que la jeune femme jetait autour d'elle témoignaient qu'elle avait peur de se faire surprendre, prouvant qu'elle était là contre l'avis des Sénécas. Elle finit par tourner la tête en direction de Nicolas.

— Vous parlez notre langue ?

— Oui, répondit-elle avec un léger accent. Tu t'inquiètes pour la jeune femme blanche, celle qui est blonde ?

— Oui !

— Elle va bien !

— Que vont-ils faire de nous ?

— C'est Orenda qui va décider de votre sort.

— Je croyais que c'était Tekoa le chef ?

— Orenda est la mère de Tekoa. Dans la société des Cinq-Nations, ce sont les femmes qui commandent.

— Les Cinq-Nations ?

— Les Cinq-Nations qui forment la confédération iroquoise, les Mohawks, les Oneidas, les Onondagas, les Sénécas et les Cayugas. Iroquois, c'est le nom que ton peuple leur a donné. Eux se nomment les Haudenosaunee, qui signifie le peuple aux longues maisons[16].

---

[16] Le mode de vie relativement élaborée des nations iroquoises, basée sur une constitution orale, la Gayanashagoya composée de 117 paragraphes dont s'inspirèrent les Pères fondateurs des États-Unis d'Amérique pour leur propre constitution et furent également utilisés pour l'ONU, reposent sur des principes égalitaires que louèrent les penseurs comme Engels pour qui la société iroquoise est la société idéale. Il n'y pas de gouvernement, et les décisions sont prises par des conseils de sages qui sont semblables à la société communiste de l'URSS, basée sur les Soviets, un conseil regroupant une sélection de citoyens.

— Quelles sont nos chances de nous en sortir ?
— Les Cinq-Nations détestent les peuples algonquins. Ceux qu'ils capturent ne sont pas vraiment chanceux.
— Et pour les prisonniers français ?
— De toute façon, chez les peuples iroquois, il n'y a que trois statuts pour les prisonniers, l'adoption, l'esclavage ou le poteau de torture. Pour les guerriers survivants, ce sera la torture. Moi, je suis esclave, et ce sera probablement le sort de ton amie blonde.
— Et pour nous ?
— Les Sénécas et Mohawks sont suffisamment nombreux, il n'y aura pas adoption, j'en suis certaine, il ne te reste donc que deux possibilités. Concernant la torture, j'ai pu voir de mes yeux les sévices qu'ils infligeaient aux prisonniers, ce sont des spécialistes pour faire souffrir. Ceux qui sont entre leurs mains meurent très lentement dans d'atroces souffrances.
— Quand connaîtrons-nous notre sort ?
— Ce soir, ils réunissent le conseil de Sachems. Chaque représentant donnera son avis, mais vu le nombre important de prisonniers, je suis certaine qu'ils vont préparer une séance de torture.
— On dirait que c'est un événement festif pour eux.
— C'est le cas, après la torture, il y aura un grand banquet avec les restes des suppliciés.

Nicolas grimaça de dégoût.

— Il faut trouver une solution pour partir d'ici rapidement.
— Je suis d'accord. Kitchi aussi.

Sokanon s'éloigna et Nicolas vit à ses côtés le visage horrifié de Larbaud.

Malheureusement, sous cet aspect civilisé et démocratique se dissimule une réalité de vie beaucoup moins séduisante, la civilisation iroquoise est violente et radicale.

— Vous saviez ce que les Iroquois faisaient à leurs prisonniers, lieutenant ?
— Oui, ce qu'ils infligent à ceux qui ont le malheur de tomber entre leurs mains est particulièrement horrible, ils les découpent en petits morceaux, lentement, parfois cela dure des jours.
— Les femmes participent aussi ?

Larbaud marqua un bref temps d'arrêt.

— Non seulement les femmes, mais les enfants aussi, c'est leur culture.

L'officier baissa les yeux, il fallait à tout prix trouver une solution. Ils se trouvaient dans une pièce isolée, au fond d'une des longues maisons en bois iroquoises. Il fallait qu'il collectât un minimum de renseignements.

Le midi, un groupe de femmes esclaves leur apporta leur repas. La majorité était des Indiennes provenant d'autres tribus, mais Nicolas remarqua aussi qu'une des femmes blanches faisait aussi partie du nombre.

— C'est étrange qu'ils nous nourrissent aussi bien, fit observer Nicolas.
— Plus vous serez forts, plus le spectacle du poteau de torture durera longtemps, répondit la femme blanche.
— Dans ce cas, je préfère jeûner affirma Nicolas.

Elle s'approcha de lui et murmura à voix basse.

— Je m'appelle Hélène. Si vous voulez fuir, vous aurez besoin de forces, je vous conseille donc de manger.
— Dites-moi, avez-vous rencontré les Anglais qui étaient au camp hier ?
— Oui ! Ils viennent régulièrement, les Iroquois sont leurs alliés.
— Il y avait quelqu'un avec eux qui portait une cicatrice assez marquée sur le visage, savez-vous qui c'est ?
— Oui, c'est un mercenaire, un Français du nom d'Alexandre Tolbiac.

— J'ai eu l'occasion par deux fois de croiser le fer avec lui et j'aimerais bien le retrouver pour régler ce différend.
— Si vous l'avez affronté à deux reprises et que vous êtes toujours vivant, c'est que vous devez être un escrimeur exceptionnel, car beaucoup sont morts de sa main.
— C'est dommage qu'il n'ait pas décidé de mettre son talent au service du roi…
— Mais il l'a fait, il a fait partie des prestigieux mousquetaires.
— Que savez-vous de son passé ?
— Rien de précis, mais un des Anglais m'a déjà parlé de son histoire, cela semble être une bien vilaine affaire. En tout cas, il semble nourrir une rancune tenace contre la France.

Cette dernière déclaration expliquait beaucoup de choses et lui remémora la conversation qu'il avait eue avec Gabriel de Monbaillac, le mousquetaire, et accessoirement, courrier de Sa Majesté Louis XIV.
— Et vous, que faites-vous là ?
— J'ai traversé l'Atlantique pour pouvoir enfin trouver la paix, mais je n'ai pas réussi dans mon entreprise

Il observa le visage de cette femme qui reflétait une grande lassitude.
— Je me nomme Nicolas de Guillemin, je ferai tout pour vous aider.
— Merci, monsieur, mais il faudra d'abord quitter l'endroit, et cela, ce n'est pas gagné ! Ces gens-là sont vigilants, et si vous vous enfuyez, il vaut mieux ne pas retomber entre leurs mains.
— De toute façon, dans les deux cas, j'ai l'impression que ce sera le poteau de torture pour moi, donc le choix sera vite fait.

Une fois Hélène partie, il repensa aux deux duels qu'il avait eus avec Tolbiac. Peut-être aurait-il l'occasion de recroiser sa route, peut-être jamais… Mais sa préoccupation majeure restait de se sortir de la situation dans laquelle il se trouvait. Il s'aperçut que Kitchi le regardait.

— Tu as raison, Nicolas, il faut partir d'ici, même si la mort au poteau de torture est une mort noble.
— Je préfère mourir au combat.
— Moi aussi, mais les Iroquois considèrent les peuples algonquins comme moins courageux qu'eux, c'est l'occasion de leur montrer ce que je vaux.
— Probablement as-tu raison, mais ton peuple t'a baptisé « le courageux », c'est cela qui compte. De plus, les Iroquois le sachant, je pense qu'ils te réservent un sort particulièrement cruel.
— Je sais, c'est pour cela que cela m'embête de fuir.
— Pour moi, le vrai courage, c'est au combat, et le seul qui serait noble pour toi serait d'affronter Tekoa, d'égal à égal.

Kitchi baissa la tête, songeur. Nicolas comprenait les doutes qui obsédaient le jeune Indien, pour lui, le plus important était de démontrer son courage. S'enfuir, c'était honteux, mais Nicolas voulait vivre, et avait absolument besoin de lui pour le faire. Il restait persuadé qu'il pouvait réussir, mais il lui faudrait l'aide de tous. L'idée de finir découpé en morceaux au poteau de torture par tout le village ne l'enchantait guère, mais le temps filait, le rapprochant peu à peu de l'échéance qu'il redoutait tant.

Le soir arriva et avec lui la réunion du conseil. Elle fut animée, comme habituellement, et à l'issue des discussions, les sentences tombèrent ; les femmes en esclavage et les hommes au poteau de torture. Nicolas comprit que cette fois, c'était la fin. Comme pour confirmer ce qu'il craignait, Sokanon l'informa que la cérémonie « festive » débuterait d'ici une heure ou deux. Il grimaça, tout se précipitait et il n'avait toujours pas revu Émilie.

Une heure plus tard, ils virent entrer dans la cabane plusieurs guerriers qui les désignèrent du doigt, lui et Kitchi. Sa dernière heure avait sonné, il avait beau y réfléchir, il ne trouvait pas de solution pour sortir de la situation dans laquelle il s'était, bien malgré lui, fourré.

Au milieu du village se trouvaient quatre poteaux en bois aux pieds desquels de sombres taches rougeâtres ne laissaient aucun doute quant à leur utilisation. Le sang des malheureux qui avaient été, bien malgré eux, les principales attractions des séances de sévices infligés par les membres du village formait une large auréole tapissant le sol environnant qu'il avait imbibé. Nicolas grimaça, mais le visage de Kitchi n'exprima pas la moindre expression. Autour, une foule particulièrement enthousiaste se regroupait, attendant avec hâte que le spectacle commençât. C'est alors que Nicolas aperçut enfin celle qu'il guettait depuis un long moment : Émilie. Elle était en pleurs et n'arrivait pas à détourner le regard de celui qu'elle aimait, attaché comme un animal, exhibé aux yeux de tous, préparé pour subir les pires des tourments. Elle finit par disparaître en s'éloignant. Cela rassura en partie Nicolas, ainsi elle se portait bien, mais ses pensées revinrent aussitôt à sa situation immédiate.

Les guerriers leur retirèrent leurs vêtements et Nicolas ressentit tout de suite la morsure du froid qui était encore vif. Ils furent bientôt torse nu, et on leur lia les mains au-dessus de leur tête. Une fois qu'ils furent attachés, les femmes s'approchèrent et elles leur retirèrent le bas de leurs vêtements en poussant de petits cris de satisfaction. Ils étaient maintenant entièrement nus. Nicolas ressentit une profonde humiliation. À ses côtés, Kitchi ne bronchait toujours pas. Bientôt, le froid glacé les saisit, mais Nicolas comprit que bientôt ce serait le cadet de ses soucis. Ils entendirent de nombreux cris provenant de l'une des extrémités du village, se demandant à quoi pouvait bien correspondre cette euphorie, mais le jeune homme avait l'impression que ce n'était pas forcément une bonne chose pour eux. L'attente se prolongea, et Nicolas observa tous les membres du village converger vers la l'endroit d'où provenaient les cris. Qu'est-ce qui pouvait bien susciter cette agitation ? Nicolas pensa que c'étaient probablement leurs futurs bourreaux qui exécutaient une sorte de cérémonie avant d'entamer la séance de torture.

Alors qu'il ne restait plus grand monde sur place, à l'exception de vieilles femmes et d'enfants, il vit arriver Émilie en compagnie de Sokanon et d'Hélène. Il se sentit honteux de se retrouver dans une telle posture devant les trois femmes.

— Que se passe-t-il ? C'est en rapport avec la cérémonie ? demanda Nicolas.

— Je n'en sais rien, dit Émilie, nous ne savons pas ce qui se passe.

— Quelqu'un vient d'arriver au village, intervint Kitchi.

— Une autre tribu invitée pour la cérémonie ?

— C'est possible, ajouta Sokanon.

Le bruit des voix provenant de l'attroupement se faisant de plus en plus fort, ils comprirent qu'ils revenaient vers eux. Les femmes partirent, à l'exception d'Émilie, qui s'attarda auprès de Nicolas.

— Hélène m'a raconté ce qu'ils faisaient aux prisonniers, c'est horrible.

— Je sais, je ne pensais pas finir comme ça. J'ai beau essayer de trouver une solution, je crois que cette fois, c'est fini pour moi.

Elle l'embrassa sur la bouche en pleurant.

— Pour te donner du courage.

— Dépêche-toi de partir, ils vont revenir, pense à toi, et lie-toi aux autres femmes.

— Je n'aime pas cette Indienne et la façon qu'elle a de te regarder.

— Elle me regarde comme une jeune femme qui voit un homme nu, rien de plus. Il faut que vous vous entraidiez.

Elle souffla dédaigneusement. C'était bien le moment de lui faire une scène de jalousie ! Comment Émilie pouvait-elle être jalouse d'une Indienne ? Il n'avait aucune envie d'avoir une romance avec une Autochtone, il n'était pas comme Joussant, même s'il trouvait Sokanon particulièrement jolie. La jeune femme blonde s'éloigna, non sans lui avoir adressé un regard irrité.

L'endroit ne resta pas longtemps vide. Il vit ceux qui étaient partis un peu plus tôt revenir et comprit enfin les raisons des cris : il y avait des visiteurs et ce n'étaient pas des membres d'une autre tribu indienne, comme il l'avait supposé un peu plus tôt, mais un groupe d'une quinzaine d'Européens. Deux d'entre eux se trouvaient aux avant-postes pendant que le reste de la troupe s'avançait en transportant de longues caisses en bois dont il devinait le contenu. Si au départ, quand il avait constaté en les voyant de loin que c'étaient des Blancs, il avait un bref moment espéré, mais avait dû rapidement déchanter, car ce qu'il voyait ne l'enchantait guère : c'étaient de vulgaires trafiquants. Des gens sans grande morale, prêts à faire des affaires avec ceux qui ont de l'argent, sans se soucier de ce qui est bien ou mal. Les deux hommes qui semblaient être les chefs de cette bande de brigands s'avancèrent en souriant vers le lieu de supplice, et rirent en voyant la situation de Nicolas et de Kitchi. L'un était blond, légèrement plus grand que Nicolas, alors que son compère était châtain, plutôt mince et de petite taille. Le salut ne viendrait pas d'eux, cela paraissait évident. Ils se dirigèrent vers une des cabanes et l'attente se prolongea en même temps que le froid s'intensifiait au point que Nicolas se demanda s'il ne regrettait pas que le spectacle commence.

— Si cela continue, nous allons mourir de froid ! s'exclama Nicolas.

— Il vaudrait peut-être mieux.

— Qu'est-ce qui se passe, Kitchi ?

— Je n'en sais rien, mais cela semble lié à l'arrivée de cette troupe de Blancs.

La nuit tomba et au bout d'un moment des femmes vinrent allumer un feu près d'eux, permettant d'atténuer la sensation de froid. En revanche, à l'exception de ces femmes et des quelques enfants qui jouaient autour d'eux, personne ne semblait leur prêter attention.

Il faisait sombre quand un groupe de guerriers arriva enfin et l'estomac de Nicolas se noua, la cérémonie allait commencer. Pourtant, à sa grande surprise, ils les détachèrent et les conduisirent dans la cabane où se trouvaient les autres prisonniers qui furent surpris de voir leurs compagnons revenir sans la moindre égratignure. On leur lia les mains et les pieds à nouveau et Larbaud s'enquit de la situation.

— Que s'est-il passé, de Guillemin ?

— Je n'en sais rien, mais c'est lié à l'arrivée d'un groupe de trafiquants qui vient d'entrer dans le camp.

— Des trafiquants ?

— Ils ont apporté avec eux des caisses qui sont certainement remplies de fusils.

— Les traîtres ! Ils vendent aux Iroquois des fusils avec lesquels ils nous tirent dessus !

— Vous avez raison, mais exceptionnellement, je ne m'en plaindrai pas, ils nous ont fait gagner un bref répit.

On rhabilla les deux prisonniers pour la nuit et les femmes, parmi lesquelles se trouvaient Émilie, Hélène et Sokanon, vinrent nourrir les prisonniers. Ce fut l'Indienne qui s'exprima en premier, répondant aux regards interrogateurs des captifs.

— Ils négocient et pour la tribu, c'est visiblement quelque chose d'important, ce qui explique que la cérémonie n'ait pas débuté.

— Et pour cause, intervint Larbaud, ils amènent des fusils, ce qui leur donnera un avantage important lorsqu'ils feront la guerre.

— Il y a une trentaine de fusils, poursuivit Hélène, et le but de la négociation n'est pas seulement de les acheter à ces bandits, mais également d'en obtenir davantage.

— Et la cérémonie ?

— Ils l'ont reportée au lendemain, affirma soudain Émilie, en fixant du regard son amoureux.

— Tu comprends l'iroquois, demanda Nicolas, un brin ironique.

— C'est Sokanon qui me l'a dit, affirma-t-elle, en insistant sur le prénom comme pour lui montrer qu'elle avait suivi ses consignes.

Les femmes repartirent et Émilie resta en dernier et déposa à nouveau un baiser sur les lèvres de Nicolas. Il plongea son regard dans le sien.

— Tu es la femme que j'aime, Émilie, j'ai traversé l'Atlantique pour toi. Ce n'est pas pour m'enticher d'une Indienne !

— C'est vrai que peu d'hommes l'auraient fait, mais elle a beau être une Indienne, elle n'en est pas moins femme, et très jolie qui plus est, et même si tu es différent de tous ceux que j'ai rencontrés jusqu'à présent, tu n'en demeures pas moins un homme, donc sensible au charme féminin.

Elle partit en direction de la sortie en lui adressant un dernier regard. Il reporta son attention en direction de Kitchi, peu loquace depuis qu'ils étaient prisonniers.

— Tu devrais sourire, Kitchi, nous venons quand même de gagner un petit sursis, même si tu estimais que mourir en prouvant ton courage au poteau de torture était une mort digne.

— Il y a d'autres formes de mort digne, et de toutes, je préfère celle qui consiste à mourir en combattant. Concernant ce qui vient d'arriver, je suis songeur, peut-être est-ce un signe du Grand Esprit qui a des projets pour moi.

— Peut-être, peut-être pas, car si rien ne change, nous mourrons de toute façon demain, mais gagner un jour de vie supplémentaire, c'est plutôt agréable.

— C'est vrai, confirma le jeune Indien qui, pour la première fois, sourit légèrement.

— Vous devriez dormir, intervint Larbaud, toutes les forces que vous pourrez emmagasiner vous seront peut-être nécessaires.

— Vous avez raison !

Nicolas s'allongea et ses dernières pensées furent pour Émilie, mais il songea également brièvement à Sokanon. C'est vrai qu'elle était très belle et ne manquait pas de charme. Il chassa immédiatement cette idée de son esprit, son destin, c'était Émilie, et personne d'autre.

Village Sénécas – Dans la soirée

Il était déjà relativement tard quand Nicolas se réveilla en sursaut et constata que Kitchi était aussi réveillé.

— Qu'y a-t-il ?

— Quelqu'un vient d'entrer dans la cabane.

Nicolas songea immédiatement à Émilie, mais également à Sokanon ou Hélène, mais la silhouette qui s'avançait dans l'ombre ne ressemblait à aucune d'elles. Il lui fallut un certain temps avant de pouvoir la reconnaître. C'était l'un des deux trafiquants, le plus petit des deux. Il voulut prononcer un mot, mais instantanément le visiteur mit son index devant sa bouche pour indiquer qu'il ne fallait pas dire le moindre mot. Il s'agenouilla près de lui et posa ses mains sur ses genoux, mains recouvertes de gants d'un cuir très souple et très fin. Il avait apporté avec lui un petit sac qu'il posa à ses côtés. Il était à présent suffisamment près pour entamer la conversation.

— On va vous aider à vous évader.

Nicolas le dévisagea, quelque peu surpris.

— Pour quelle raison nous aider ?

— Nous savons ce qu'ils sont capables de faire subir aux prisonniers, nous voulons vous éviter ça, à vous et aux autres Blancs. Combien êtes-vous ?

— Quatre ! Mais il est hors de questions de laisser les Indiens.

— C'est leur culture, ils faisaient cela entre eux bien avant que les Européens ne foulent leur sol.

— Peu importe, ils partent avec nous !

— Faire sortir quatre personnes du village sera difficile, une douzaine, c'est de la folie.

— Les femmes viennent aussi avec nous.

— Vous plaisantez !

— Est-ce que j'en ai l'air ?

— Pour sortir d'ici, il faudra passer par-dessus la palissade, vous imaginez les femmes réaliser cette performance avec leurs robes ?

— C'est faisable, difficile, mais faisable.

— Peut-être devrais-je vous laisser là ! Après tout, pourquoi prendre des risques pour un entêté qui se fera probablement tuer une fois sorti d'ici ?

— Si j'en réchappe, je n'ai pas l'intention de mourir. Votre chef ne sera pas content quand vous lui apprendrez que vous avez désobéi.

— Mon chef !

Il ricana.

— Qu'est-ce qui vous dit que le chef ce n'est pas moi ?

— J'ai suffisamment d'expérience pour savoir qui sont les chefs et qui sont les sous-fifres.

Il se releva et dégaina une dague. Nicolas frémit, se demandant s'il n'était pas, cette fois, allé trop loin. D'un geste vif, il lança le couteau, qui se figea entre ses cuisses, à quelques centimètres de son entrejambe. Il lui jeta un dernier regard, tout sourire, et s'éclipsa aussi prestement qu'il était apparu, laissant Nicolas un petit peu perplexe. Le jeune homme n'avait pas voulu libérer Nicolas, mais lui avait donné le moyen de le faire lui-même. Il approcha la corde qui lui enserrait les poignets de la lame plantée dans la terre entre ses cuisses et commença à la trancher. Il finit par se délivrer et coupa également celle enroulée autour de ses chevilles. Les autres prisonniers le regardaient, attentifs, attendant leur tour.

Nicolas libéra d'abord Larbaud puis examina la pièce où ils étaient retenus captifs. Peu à peu, tous se libérèrent et Larbaud ouvrit le sac que leur visiteur avait laissé au sol.

— Un grappin !

— Cela nous sera bien utile.

Nicolas regardait l'un des murs de bois de la maison iroquoise.

— C'est la seule issue possible, celle qui nous permettra d'éviter de passer devant le reste des occupants de la maison.

— Je sais, répondit Larbaud. Le grappin nous sera bien utile, le mur extérieur doit bien faire quatre toises[17] de haut. Vous voulez toujours libérer les femmes ? Vous vous rendez compte qu'elles sont quelque part dans le camp et il paraît évident qu'il nous sera impossible d'y circuler sans nous faire repérer.

— Moi, je peux le faire !

Ils se retournèrent vers Kitchi.

— De toute façon, je ne partirai pas sans Sokanon !

— Et moi sans Émilie !

— S'ils nous attrapent, ce ne sera jamais pire que ce qu'ils s'apprêtaient à nous faire subir.

Nicolas et Larbaud avaient beau essayer de percer un trou dans le bas du mur de bois, ils n'y parvenaient pas.

— Et la pièce d'à côté ? C'est de là qu'est venu notre mystérieux visiteur, c'est étrange qu'il soit passé inaperçu.

— Vous avez raison, Larbaud, il faut vérifier.

Kitchi écarta la peau de cerf séchée qui permettait de séparer l'endroit où ils étaient retenus captifs et le reste de l'habitation qui se composait d'un enchevêtrement de poutres en bois cylindriques, formant une immense toile d'araignée, et sur lesquelles les Iroquois suspendaient différents objets. Latéralement, surélevés du sol d'environ trois pieds, reposaient les lits qui étaient alignés tout le long des parois,

[17] Une toise équivaut à environ deux mètres.

formant une immense rangée et sous lesquels on entreposait le bois nécessaire à alimenter les foyers disposés au centre de la pièce.

En voyant plusieurs Indiens affalés sur le sol, ils comprirent comment leur visiteur s'était introduit sans être vu ; ils étaient ivres. Visiblement, les trafiquants avaient apporté de l'alcool et ceux qui tenaient encore debout avaient abandonné toute vigilance. Mais il était dangereux de traverser toute la cabane, quelqu'un risquait de donner l'alarme. Kitchi, d'un geste de la main, leur montra la solution en indiquant le plafond de la maison iroquoise au sommet de laquelle se trouvait un trou assez large pour qu'un homme pût s'y glisser. Cette ouverture, de forme carrée, était située au-dessus des foyers et permettait ainsi l'évacuation des fumées. La structure de poutres en bois consolidait la maison, et permettait de grimper jusqu'au toit ; c'était la solution, évidemment !

Nicolas remarqua des sacs sous l'une des premières litières et constata que c'étaient leurs affaires personnelles qu'ils récupérèrent. Nicolas s'empara de son sac contenant en outre son sabre et ses pistolets. Restait maintenant le plus difficile à accomplir, quitter les lieux.

Tout en surveillant les occupants de la maison, ils entamèrent l'ascension en grimpant sur les poutres. Kitchi, dont tous admirèrent l'habileté, parvint le premier au sommet. Avec l'obscurité, il paraissait difficile de les remarquer, mais il convenait de rester prudent. Peu à peu, ils arrivèrent tous sur le toit de la maison iroquoise. Au loin, ils distinguèrent le gigantesque banquet festif qui se tenait en l'honneur de leurs invités. En apportant des armes, les bandits étaient reçus comme des rois. La guerre restait intense dans ces contrées et l'avantage que procuraient les fusils était décisif.

Les regards des évadés se dirigèrent vers la palissade en bois, distante d'environ trente pieds de la maison sur le toit de laquelle ils se trouvaient. Kitchi regarda Nicolas.

— Je vais aller chercher les femmes, je maîtrise parfaitement leur langue, pour moi ce sera facile de me fondre dans la masse en modifiant un peu mon apparence physique. Ce n'est pas la peine de m'accompagner, pour vous, ce serait trop dangereux et vous risqueriez de tout faire tomber à l'eau.

— Quel est ton plan ?

— Une fois que je les aurai trouvées, je les ramène au pied du mur d'enceinte. Le mieux est d'attendre sur le toit, je vais faire le plus vite possible, car ils ne tarderont pas à remarquer notre évasion.

Durant un bref instant, Kitchi, avec l'aide des Abénaquis, modifia son apparence pour ne pas trahir son identité, adaptant les signes distinctifs de sa tribu pour ressembler davantage à un Sénécas. Puis, avec la souplesse d'un chat, Kitchi se laissa glisser au sol et partit en direction du banquet.

— Il a un sacré courage, lâcha Larbaud, admiratif.

— Je sais, c'est d'ailleurs ce que signifie son nom en algonquin, le courage…

Kitchi avançait dans le camp, l'air le plus décontracté possible. Tout comportement anormal, comme celui d'une nervosité excessive, l'aurait immédiatement mis en danger. Il avait enlevé tous les signes d'ornement qui auraient pu trahir son origine abénaquise, mais craignait malgré cela de se faire repérer. Certains guerriers le connaissaient parfaitement et n'auraient eu aucun mal à l'identifier. Heureusement pour lui, l'obscurité et l'ambiance festive jouaient en sa faveur. Sans elles, il paraissait évident qu'il aurait dû tenter une autre stratégie. Beaucoup étaient déjà partis se coucher et il espérait que les femmes fussent encore debout. Logiquement oui, car c'étaient elles qui faisaient le service pour les invités.

La première qu'il aperçut fut Hélène, ce qui ne l'enthousiasma pas vraiment, car c'était celle qu'il connaissait le moins et en qui il avait le moins confiance. Prudemment, il attendit qu'elle servît un groupe d'hommes assis au coin d'un feu et commençât à s'éloigner pour partir dans sa direction. Il n'était plus qu'à cinq ou six pieds quand elle le reconnut et faillit crier. Puis elle se figea et le laissa venir. Il respira, on était passé près d'une catastrophe.

— Vous êtes libre ?

— Oui, et vos compatriotes aussi, je suis venu pour vous et pour les autres femmes.

— Vous pensez pouvoir nous faire sortir du camp ?

— Oui ! Où est Sokanon ?

— Là-bas ! dit-elle en détournant le regard dans la direction qu'elle indiquait.

Kitchi découvrit avec émoi que sa sœur se tenait en compagnie de Tekoa et qu'en plus, Émilie était, elle, assise entre les deux bandits. Voilà qui compliquait sérieusement sa tâche. Il fallait élaborer un moyen pour tirer discrètement les deux jeunes femmes des griffes de ceux qui les entouraient. Il remarqua en plus que Tekoa avait la main sur la cuisse de sa sœur et que l'un des Européens était anormalement près d'Émilie, ce qui laissait indiquer qu'au vu de leurs intentions, il serait difficile de les extraire de là. Il fallait trouver une solution qui ne serait pas simple. Une idée lui vint.

— Est-ce que tu peux remettre ça à Sokanon ?

Il lui remit un de ses bracelets.

— Ce sera difficile.

— Alors, porte-le au poignet, elle le remarquera sans aucun doute.

Elle s'exécuta et passa l'objet à son poignet.

— Ne prends pas de risques, lui conseilla le jeune Abénaquis.

— Je viens de le faire, lui répondit la jeune femme, en lui adressant un regard sévère.

Kitchi la regarda s'éloigner en ayant l'impression que tout cela se terminerait mal, cela ne le gênait pas outre mesure, il brûlait d'en découdre avec Tekoa, mais savait que si cela avait lieu au milieu du village, il y avait de fortes chances pour que l'altercation tournât en sa défaveur. Il se posta à l'écart, près d'une maison, et observa la scène.

Hélène arriva et, de façon astucieuse, tendit le bras pour attraper un plat posé aux pieds de Sokanon. Cette dernière remarqua le bracelet et se figea. Elle adressa un bref regard à Tekoa, qui heureusement discutait avec un des chefs des trafiquants. Elle se leva, mais l'Iroquois lui agrippa fermement le poignet.

— Où vas-tu ?

— Un besoin urgent, je n'en ai pas pour longtemps, je reviens.

— Je l'espère pour toi, sinon je viendrai moi-même te chercher.

Elle se força à sourire.

— Tu n'auras pas à le faire.

Tekoa suivit Sokanon du regard dans la nuit jusqu'à ce qu'elle disparaisse. Elle était réticente à ses avances, ce qui ne l'encourageait que davantage à persévérer. Il était persuadé d'arriver à ses fins, d'une façon ou d'une autre.

Sokanon continua de suivre Hélène jusqu'au moment où elle reconnut la silhouette qui se dessinait dans la pénombre.

— Tu es fou de te monter, s'il t'attrapait…

— Je suis venu pour te chercher, toi et les autres femmes.

— Comment sortirons-nous du camp ? Il y a des gardes à l'entrée.

— Par-dessus la palissade, nous avons un grappin.

— Les femmes indiennes ont l'habitude, elles grimperont sans aucun mal. En revanche, pour les Blanches, ce sera une autre paire de manches.

— Elles viennent avec nous, Sokanon !

Le frère et la sœur s'affrontèrent du regard mais la jeune femme finît par céder.

— Il y a un autre problème, j'ai vu les regards que Tekoa te lance, il sera difficile de s'en débarrasser.

— C'est pareil pour Émilie, mais j'ai une idée.

— Je vais attendre, ne tarde pas trop.
— Ne t'inquiète pas ! Mais surtout, évite de te montrer, même si leur attention est concentrée sur les Blancs.
— Qui sont-ils ?
— Je pense qu'ils vendent des armes à tous ceux qui peuvent leur acheter. Ils sont dangereux.
— C'est pourtant l'un d'entre eux qui est venu nous délivrer.
— Oui, mais ils ne sont pas venus pour toi, mais pour le Français, pour Nicolas, tu le sais bien ! On ne peut pas leur faire confiance !
— Ce sont aussi des Français ?
— Oui, le plus grand s'appelle Mathieu, et le plus petit, Paul.
— Reste éloignée d'eux, et je n'aime pas l'attitude de Tekoa.
— Ici, je suis une esclave, je n'ai pas trop le choix, s'il me veut, je ne peux pas m'y opposer, sinon il me tuera.
— Ton mari ?
— Il est mort, Kitchi, tué par les Mohawks.
— Je suis triste pour lui, c'était un bon guerrier.
— Et un bon mari également, mais on ne peut refaire le passé. Je dois te laisser, si je suis absente trop longtemps, il viendra me chercher.

Tandis que Sokanon repartait, Kitchi repensa à leur enfance. Sa sœur avait eu pendant longtemps une mauvaise réputation, se querellant avec tous, filles comme garçons, avant de s'assagir. Elle avait porté un autre nom, peu flatteur, avant de pouvoir en changer. Il avait souvent pris sa défense, mais savait qu'elle était forte, presque autant qu'un homme.

La jeune Indienne retourna au milieu des convives, la soirée battait son plein et Tekoa la dévisagea avec insistance quand elle prit place à nouveau près de lui.
— Tu en as mis du temps ! J'ai cru que j'allais être obligé de venir te chercher.
— Tu es trop impatient, les femmes ont besoin de temps.

Tekoa observa qu'elle avait deux grandes coupes.

— Qu'est-ce que c'est ?

— C'est de l'alcool qu'ont apporté les Blancs.

— Donne m'en une !

— Fais attention, c'est très fort !

Il s'énerva.

— Je suis le meilleur guerrier de ma tribu ! Qu'est-ce que je risque ? Si les Blancs peuvent le boire, moi aussi !

Il lui arracha l'une des grandes coupes et but abondamment.

— Cette eau de feu est fabuleuse ! J'adore !

Le plan de Sokanon se déroulait mieux qu'elle avait escompté. À ce rythme, Tekoa serait rapidement saoul et elle pourrait se faufiler dans le camp pour rejoindre son frère. Elle observa furtivement Émilie, il allait être autrement plus difficile de se débarrasser de son soupirant, qui paraissait avoir l'habitude de boire de l'alcool.

L'occasion ne tarda pas à se présenter puisqu'il fallait à nouveau remplir les plats qui étaient vides. Les femmes se levèrent à l'exception d'Orenda, la mère de Tekoa, pour aller chercher des plats de maïs et de haricots qui constituaient la base de l'alimentation des tribus iroquoises avec la courge. En marchant, Sokanon s'approcha d'Émilie et d'Hélène.

— Les hommes se sont évadés, ils nous attendent à l'autre bout du village.

— Évadés ? Mais comment ?

— Peu importe, il ne faut pas manquer l'occasion de partir d'ici.

— Tekoa sera bientôt saoul, mais le tien, dit Hélène en désignant Émilie, semble plutôt résistant.

— J'ai une solution, ajouta Sokanon, verse-lui ça dans sa coupe dit-elle en lui remettant des baies.

— Qu'est-ce que c'est ?

— Rien de dangereux, mais cela le rendra malade un court moment.

La jeune femme mit les baies dans sa poche. Un peu plus loin, tapi dans l'ombre, Kitchi ne perdait pas une miette du manège des femmes. Il avait confiance en Sokanon, mais en comptant les Françaises et les femmes abénaquises, il y avait neuf femmes à faire sortir du village. S'ils avaient pu trouver une issue, cela aurait été plus simple, mais il était impossible de passer par l'entrée principale. La seule solution pour rester discret, c'était de passer par-dessus le mur d'enceinte, mais il savait que pour les femmes, ce ne serait pas forcément aisé. Il s'était enroulé dans une peau d'ours qui dissimulait sa tenue d'Abénaquis qui aurait pu le faire identifier. Même s'il mourait d'envie de se mesurer à Tekoa, il admit qu'il valait mieux pour le moment quitter le village. Il finirait par le retrouver, il en avait la certitude.

Un peu plus loin, Nicolas et le reste du groupe s'impatientaient. Plus le temps passait et plus le risque d'être découverts grandissait. Même si à cette heure-là beaucoup étaient déjà couchés, il restait encore suffisamment d'yeux et d'oreilles pour les mettre en danger. Le jour où il avait rencontré Émilie sur le vaisseau de guerre anglais, il n'aurait jamais pensé que cela pût le mener si loin, mais nous ne sommes que l'instrument de notre destin.

Les femmes avaient retrouvé leur place autour du feu et le repas se poursuivait. Les Blancs qui avaient apporté des armes étaient visiblement considérés comme des invités de marque et les Iroquois les recevaient en grande pompe. Sokanon continua de remplir le verre de Tekoa qui paraissait de plus en plus ivre, mais du côté d'Émilie, cela n'évoluait guère et la jeune Indienne commençait à s'inquiéter de la situation. Quand Émilie allait-elle se décider de mettre les baies dans le vin que buvait Mathieu. Alors qu'elle commençait à désespérer, la jeune femme blonde profita de ce que son prétendant avait une discussion animée avec l'autre trafiquant, Paul, pour écraser les baies au fond de sa coupe avant de la remplir à nouveau. Elle lui tendit en souriant, mais au moment où il allait la saisir, son compagnon lui agrippa et s'en empara, au grand désespoir d'Émilie. Il tenta de le lui reprendre, encouragé par Émilie, en vain, puis abandonna. Sokanon, qui n'avait pas perdu une miette de ce qui venait de se dérouler, grimaça légèrement. De son côté, elle était parvenue à ses fins alors qu'Émilie se retrouvait dans une situation bien embarrassante.

Paul, vida d'un trait le contenu du gobelet puis ne tarda pas à ressentir les premiers effets des baies utilisées par la jeune Française. Tekoa étant raide mort, Sokanon se leva, et partit en direction de son frère. En arrivant, elle vit que les autres femmes étaient déjà sur place. Dans l'obscurité, elle discerna la surprise sur le visage de son frère, la voyant arriver seule.

— Où est Émilie ?

— J'ai tout fait pour l'aider, je lui ai donné des baies pour rendre malade le bandit qui lui faisait des avances, mais ça n'a pas marché.

Elle le regarda fixement, attendant qu'il se prononce sur la situation, ce qui semblait le contrarier.

— Cela complique les choses, Nicolas ne va pas être content, finit-il par lâcher.

— Si on l'attend, personne ne sortira ! s'exclama Sokanon, passablement énervée. Je ne troquerai pas ma liberté contre celle de cette fille ! Et toi, si tu restes, comme tous les hommes prisonniers, tu sais ce qui t'attend ! J'ai essayé de l'aider, mais elle a raté son coup.

Kitchi savait que sa sœur avait raison, maintenant qu'ils s'étaient évadés, chaque minute passée dans le village les mettait un peu plus en danger. À contrecœur, il ordonna à la petite troupe de se mettre en marche, mais il leur demanda de se déplacer individuellement pour éviter d'attirer l'attention. Il fut le dernier à quitter les lieux, et jeta un dernier regard en direction de la maison où Mathieu et Émilie avaient disparu. Mais le calme régnait et aucun signe d'agitation n'émana de l'habitation iroquoise.

En arrivant sur place, Nicolas le dévisagea. Il l'avait vu regarder un par un les visages des arrivants pour y chercher celui de celle qu'il aimait, et la déception se lisait sur son visage en même temps qu'une question qu'il n'avait pas besoin de poser.

— Elle est partie dans une des maisons avec un des trafiquants, il n'y avait rien à faire.

— Je vais aller la chercher !

— Alors tu mourras ! Pour rien…

— Plutôt mourir que de rester les bras croisés, à ne rien faire !

— Si le trafiquant la prend sous sa protection, elle a une chance de s'en sortir !

— Mais ce n'est pas sûr !

— La seule chose qui soit certaine, c'est ta mort, si tu tentes quelque chose dans l'immédiat.

— Il a raison, intervint Larbaud, agir dans ces conditions, c'est mourir à coup sûr. Si nous entrons dans la maison, aucun de nous n'en ressortira, ils sont trop nombreux.

— Quand ils verront que nous nous sommes évadés, ils s'en prendront à elle !

— Pas forcément, poursuivit Kitchi, mais priez pour qu'ils ne nous rattrapent pas si nous parvenons à quitter les lieux.

Nicolas réfléchissait, mais bien que cela ne lui plût guère, ses compagnons avaient raison. Il fallait partir, ils n'avaient que trop attendu. La nuit était fraîche, mais bien moins que le froid intense qu'il avait rencontré après Québec.

Nicolas lança le grappin sur le haut du mur en bois et, à la surprise de tous, réussit à sa première tentative à arrimer le crochet de métal au sommet, prouvant que ce n'était pas la première fois qu'il réalisait cet exercice. Ce furent d'abord les Abénaquis et les Algonquins, le corps musclé par les efforts répétés, qui montèrent avec une certaine facilité. Habitués à ce genre d'exercice, ils n'eurent aucun mal à parvenir en haut du mur. De l'autre côté, une corde permettait de descendre. La tâche pouvait paraître plus facile, mais il fallait faire attention de ne pas s'abîmer les mains. Les deux soldats effectuèrent également la manœuvre aisément, restait le plus difficile, faire franchir aux femmes la palissade.

À l'intérieur du village, de l'autre côté du mur, il ne restait que trois hommes, Larbaud, Kitchi et Nicolas qui, rongés par l'inquiétude, scrutaient les environs, à l'affût du moindre signe d'agitation anormale. Pour l'instant, tout avait parfaitement fonctionné, une grosse partie du village dormait et l'autre restait autour du feu du banquet, mais l'assemblée s'était considérablement réduite au fur et à mesure des départs des protagonistes.

Ce fut au tour des premières femmes d'escalader le mur d'enceinte et le moins que l'on pût dire, c'est que si elles n'avaient pas la force physique et l'aisance de leurs homologues masculins, les femmes algonquines ne s'en tirèrent pas trop mal. Hélène fut la première des trois Blanches à entamer l'ascension et même si elle peina énormément, elle grimpa laborieusement pour parvenir au sommet où étaient restés deux des Abénaquis qui lui agrippèrent les bras et la hissèrent jusqu'en haut une fois qu'elle fut presque arrivée au sommet. Les deux autres Européennes l'imitèrent et Nicolas, pour la première fois, remarqua combien elles étaient jeunes, probablement entre dix-huit et vingt ans. Elles se nommaient Françoise et Annabelle, et, de toutes celles qui avaient été capturées, elles semblaient les plus marquées, les plus choquées.

Au moment où Sokanon allait s'élancer, Kitchi fit un geste et tous s'immobilisèrent. Avant que Nicolas n'ait pu dire le moindre mot, Kitchi le devança.

— Quelqu'un vient !

Ils se séparèrent et se dissimulèrent en retrait. Une silhouette se dessina peu à peu dans l'obscurité, mais ils ne distinguaient pas encore son visage. Kitchi saisit son tomahawk et Nicolas son sabre. Ils reconnurent la veste épaisse que l'intrus portait, c'était celle d'un des deux trafiquants, le plus grand des deux chefs, Mathieu. Kitchi s'apprêta à lancer son tomahawk pour le frapper quand Nicolas retint son geste. Kitchi le dévisagea d'un air interrogateur, cherchant à comprendre ce qui avait motivé l'intervention du Français. Nicolas n'eut pas à répondre, car peu à peu, ils distinguèrent le visage d'Émilie.

— Tu as pu t'en sortir ?

— Naturellement !

— Comme tu n'avais pas réussi à donner les baies, je…

— Les baies, ce n'était pas une si bonne idée que ça, la preuve est que ma stratégie a mieux fonctionné.

— Mieux fonctionné ? intervint Sokanon, nous allions partir sans toi, à quelques minutes près, nous serions dehors, qu'aurais-tu pu faire toute seule ?

— Tu me prends vraiment pour une sotte ! C'est justement toute seule que j'ai pu me débrouiller, sans utiliser ta méthode qui ne valait rien !

— Ça suffit, s'exclama Nicolas, ce n'est ni le moment ni le lieu ! Vous allez réveiller tout le village !

— Il a raison, dit à son tour Kitchi en regardant fixement sa sœur, le plus important est de sortir d'ici.

Nicolas prit Émilie à part.

— Qu'y a-t-il entre vous deux ?

— C'est à toi de me le dire, peut-être qu'elle me voit comme une rivale ?

— Bien sûr que non ! J'ai traversé tout l'océan pour toi, c'est toi que j'aime, il n'y a aucun doute là-dessus.

Pendant ce temps, Larbaud avait entamé l'ascension et était arrivé au sommet sans trop de mal.

— À toi, Sokanon, lui demanda son frère.

— Elle d'abord, répondit-elle, en dévisageant Émilie.

— Vous pensez que je ne serai pas capable de monter ?
— Je connais les femmes comme vous, je les ai observées quand j'étais dans les villes françaises, vous ne faites rien par vous-mêmes, mais demandez à vos domestiques de faire les choses à votre place. C'est pour cela que vous n'avez pas de force et resterez au niveau du sol.
— C'est que ce n'étaient pas des femmes comme moi. Vous croyez me connaître, mais vous ne savez rien de moi !

Kitchi était nerveux, les femmes parlaient trop fort, cela risquait d'attirer l'attention.

— Arrêtez ! manqua crier Nicolas, mais il baissa le ton de sa voix au dernier moment.

Émilie saisit la corde en défiant l'Indienne du regard et commença à monter. Sans avoir l'aisance des femmes abénaquises qui l'avaient précédée, elle surprit le trio restant en gravissant la distance qui la séparait du haut du mur en progressant régulièrement, ce qui agaça Sokanon. À peine eut-elle atteint le point le plus élevé du mur que Sokanon s'élança à son tour. Nicolas poussa un soupir de soulagement, mais il remarqua que Kitchi scrutait quelque chose depuis une minute. Nicolas n'eut pas le temps de le questionner, l'Abénaquis le devança.

— On vient !
— Combien ?
— Trois hommes !

Nicolas se retourna vers le mur, Sokanon était déjà parvenue au sommet. Kitchi demeurait immobile, toujours très calme.

— Il faut attendre qu'ils approchent et ne rien faire avant.
— Ils ont vu que nous escaladions le mur ?
— Non, il fait trop noir, sinon ils courraient dans notre direction au lieu de marcher tranquillement, mais ils ont repéré une activité suspecte et veulent vérifier de quoi il s'agit. Il faut que tu commences à monter, je peux m'en charger.
— Tu en es sûr ?

— Oui, vas-y !

Nicolas entama l'ascension, mais prit son temps, inquiet quant à l'évolution de la situation. Les trois Iroquois n'étaient plus qu'à une quinzaine de pieds quand l'un d'eux s'agita, ayant visiblement repéré la tenue européenne de Nicolas. Le tomahawk de Kitchi partit à une vitesse phénoménale et se figea dans le crâne d'un des trois guerriers. Kitchi tira son poignard et la lutte s'engagea. L'Abénaquis luttait comme un diable contre les deux guerriers sénécas. Alors qu'il était quasiment parvenu au sommet, Nicolas vit dans l'obscurité deux autres Iroquois arriver. Kitchi venait de poignarder l'un de ses adversaires, mais Nicolas était persuadé que s'il ne faisait rien, Kitchi mourrait. Il se laissa redescendre rapidement et tira son sabre. Kitchi lui adressa un bref regard, sachant que le choix que venait juste de faire l'officier français allait sans doute lui sauver la vie.

La lutte s'engagea et Nicolas tua rapidement son adversaire avant de s'attaquer à ceux qui s'acharnaient sur l'Abénaquis, mais même s'ils étaient en infériorité numérique, Kitchi réussit à tuer l'un de ses opposants pendant que Nicolas achevait l'autre. Ils se précipitèrent vers la corde sans rien dire et Kitchi indiqua à Nicolas de passer en premier. L'officier de marine monta avec une rapidité qui étonna l'Abénaquis qui grimpa à son tour. Une fois au sol de l'autre côté, Nicolas attendit l'Indien. Les autres s'étaient déjà avancés, sachant que le duo les rattraperait aisément. Kitchi ne fit pas la totalité de la descente et sauta à mi-hauteur.

— Ça va ? lui demanda Nicolas.

— Oui, tu te bats bien et montes à la corde aussi vite que moi, tu mérites les louanges que mon père m'a fait à ton sujet. Merci de ton intervention, sans toi ils m'auraient probablement tué ou arrêté.

Nicolas posa sa main sur l'épaule de Kitchi.

— Tu aurais sans doute fait de même pour moi.

Mais à peine eurent-ils ramassé leurs affaires que des cris éclatèrent dans le village. Kitchi paraissait furieux.

— Maudites femelles, braillardes comme des pintades ! lança-t-il en s'élançant dans la végétation pendant que dans leur dos, les cris s'amplifiaient.

Quelque part entre les trois Grands Lacs, Huron, Ontario et Érié – 16 février 1713

Il avait fallu que plusieurs guerriers le saisissent, puis lui mettent la tête dans un baquet d'eau pour que Tekoa recouvrît ses esprits. Face à lui, se tenait sa mère, Orenda, et le moins que l'on pût dire, c'est qu'elle était furieuse.

— Tu t'es endormi et ils ont filé !

— Les prisonniers ?

— Qui d'autre ? Je t'ai vu avec cette esclave, tu n'as pas arrêté de boire l'eau de feu apportée par les Blancs et voilà le résultat.

— Les esclaves aussi sont parties ?

— Bien sûr ! Tu n'as pas l'esprit clair, je me demande si tu es capable d'organiser leur traque.

Il se leva énervé.

— Naturellement que je le suis. Je vais prendre une cinquantaine de guerriers, ils ne sont qu'une dizaine sans compter les femmes et avec elles, ils iront moins vite que nous. Combien ont-ils d'avance ?

— Pas beaucoup, le temps que tu rassembles tes hommes et que tu partes, tu devrais les rattraper rapidement.

— Je vais les ramener, et après nous ferons une grande fête et nous mangerons leurs cœurs.

— Et les femmes ?

— J'arracherai moi-même celui de Sokanon après lui avoir fait manger celui de son frère.
— Tu sembles avoir retrouvé un peu de bon sens, hâte-toi, il me tarde de les voir attachés au poteau de torture.

Vingt minutes plus tard, le groupe de chasseurs commençait à suivre la trace des évadés, Tekoa ouvrait la marche d'un pas décidé.

Même s'il faisait nuit, Kitchi, qui était en tête du groupe, progressait comme s'ils étaient en plein jour. Pour l'instant, tous avaient réussi à suivre le rythme particulièrement rapide qu'il imprimait, mais il avait conscience que les femmes ne soutiendraient pas une telle cadence toute la journée, surtout les Européennes, peu habituées à d'aussi longues marches. Le jeune Abénaquis avait son idée sur la question et Nicolas voyait qu'il ne cessait de discuter avec un autre Abénaquis, bien que Nicolas eût un certain mal à distinguer les Abénaquis des Algonquins. Il s'approcha de lui.
— Que se passe-t-il ?
— Si nous continuons à marcher, les Mohawks et les Sénécas nous rattraperont et ils sont plus nombreux que nous.
— Tu as une autre solution ?
— Oui, si nous arrivons à atteindre le grand lac Érié, nous pouvons nous en sortir. Sur l'eau, nous serons à égalité.
— Il nous faut des canoës !
— Je sais où en trouver, il faut forcer l'allure pour y arriver avant eux.

Nicolas se retourna pour regarder le visage d'Émilie. Elle n'avait rien dit depuis qu'ils avaient quitté le village et suait abondamment, indiquant qu'elle avait déjà du mal à soutenir un tel effort. Il s'approcha d'elle.
— Tout va bien, Émilie ?

Elle acquiesça de la tête.
— Comment as-tu réussi à te sortir des griffes de ce bandit ?

Elle sourit.
— Nous étions dans une des cabanes et il m'a amenée près de son lit et m'a demandé de me déshabiller.
— Tu l'as fait, dit-il, avec un petit pincement au cœur.
— Oui, il n'y avait pas d'autre solution pour le mettre en confiance. Je lui ai demandé de faire de même et il a commencé par ôter son pantalon et au moment où il était en train d'enlever sa chemise longue, j'ai profité qu'il avait la tête couverte pour saisir son pistolet et lui en mettre un bon coup sur le crâne.
— Tu ne l'as pas…
— Non, il respirait encore, j'en suis certaine.
— Sans doute regrettes-tu la vie tranquille que tu avais avant de me rencontrer.
— Avant de te connaître, mon existence était morne et ennuyeuse et mon destin balisé à l'avance, un mariage de convenance avec quelqu'un de la petite bourgeoisie de Québec. Je ne regrette rien, Nicolas, ni ta rencontre, ni le fait que je sois devenue la domestique de ces sauvages, ni aucun des moments que j'ai vécus avec toi. Pour la première fois de toute ma vie, j'ai l'impression d'exister, je ne suis plus l'ombre de moi-même, je peux enfin me montrer à la lumière. Tu m'as sauvée deux fois, peut-être auras-tu l'occasion de le faire encore dans l'avenir.

Nicolas regarda furtivement Sokanon qui les observait.
— Cette Indienne ne cesse de te dévisager. Je ne laisserai aucune femme empiéter sur mon territoire, même si elle est une Autochtone, même si celui que j'aime me dit qu'elle ne compte pas pour lui.
— Et ton père ?
— Je suis née d'une relation adultérine. Je suis le résultat d'une liaison illégitime et c'est pour cela que j'ai été condamnée à vivre dans l'ombre de ce monde qui me considère comme un accident. Je prouverai à tous, et surtout à mon père, que je suis digne de ce monde qui ne voulait pas de moi. Je préfère mourir dans cette forêt avec toi, que prisonnière de

mon statut de bâtarde, loin de mon père et de tout son entourage. Ici, je suis libre, libre d'être celle que j'ai choisi d'être, et non pas celle que l'on voulait faire de moi.

Nicolas comprit qu'au-delà de l'amour qui les liait, leur relation était pour Émilie un symbole de fierté pour se sortir de sa condition. Il toucha le pommeau de son sabre, celui que le roi de France lui avait offert. Il avait toujours bénéficié d'une chance insolente. Un peu plus loin, Kitchi et Sokanon parlaient en langue abénaquise.

— Pourquoi cette dispute avec Émilie ?

— Je ne l'aime pas !

— Parce que Nicolas l'aime ?

— Cela n'a rien à voir ! Et Nicolas est un Blanc, il ne s'intéresse pas aux femmes comme moi.

— Notre père a bien épousé une femme abénaquise.

— Père est différent des autres Européens, tu le sais bien.

— Oui, je le sais, mais Nicolas l'est aussi, par bien des aspects.

— S'il l'était, comment expliquer qu'il se soit attaché à cette femme issue de la noblesse française.

— Tu juges Émilie uniquement sur son apparence, mais dans la réalité, elle est plus comme nous dans le monde des Blancs, un paria !

— Décidément, je ne sais pas ce que vous lui trouvez.

Quatre heures s'étaient écoulées depuis leur départ du camp et déjà le ciel s'éclaircissait, montrant que l'aube n'était plus très loin. Ils avaient réussi à maintenir une cadence élevée, mais tous savaient que tôt ou tard, ils seraient rejoints par le groupe de guerriers qui les suivaient. Malgré le froid, tous transpiraient abondamment. Kitchi et Nicolas marchaient à l'arrière du petit groupe, juste derrière les femmes, pendant que Larbaud et le reste des hommes étaient en tête de la petite file qui progressait dans la forêt de Nouvelle-France.

— Où se trouvent les canoës ? demanda Nicolas.

— Nous y serons quand le Soleil sera à son zénith.
— À qui sont ces canoës ?
— Aux Oneidas ?
— Nous allons les négocier ?

Kitchi sourit.

— Les Oneidas font partie des Cinq-Nations iroquoises, ce sont des alliés des Mohawks et des Sénécas. S'ils savent que nous avons fui le camp, ils nous mettront en pièces. De plus, ils n'apprécient pas vraiment les Algonquins et les Abénaquis, qui sont leurs ennemis.
— Donc, nous allons les voler ?

Kitchi acquiesça de la tête.

— Nous n'avons pas le choix, il faut traverser le grand lac.
— Et de l'autre côté ?
— Avant il y avait les Ériés, la nation du chat.
— Du chat ?
— Les Français l'appellent le puma. Ce peuple a maintenant disparu, en face, il y a des Shawnees, ils parlent un dialecte algonquin et détestent les Iroquois, ils nous aideront. Mais il va falloir naviguer jusqu'à l'extrémité du lac, car plus haut il y a d'autres tribus iroquoises.
— J'imagine que l'apparence de notre groupe peut laisser penser que nous nous sommes battus et ils pourraient très rapidement nous suspecter d'avoir eu des démêlés avec d'autres tribus iroquoises, ajouta Nicolas.
— Des Français se déplaçant avec des Abénaquis, des Algonquins et surtout des femmes françaises et algonquines seraient automatiquement suspects à leurs yeux, nous ne pouvons pas prendre un tel risque.

Le Soleil était à présent à son zénith, mais la densité de la forêt ne permettait pas de savoir où se trouvaient ceux qui les pourchassaient, ils étaient peut-être tout près, mais rien ne pouvait le confirmer. Cela faisait presque une heure que Kitchi cherchait le village des Oneidas,

sans pour le moment avoir pu le localiser. Tout le monde s'impatientait, y compris les autres guerriers abénaquis.
— Tu es sûr de l'emplacement de ce village ? lui demanda Nicolas.
— Oui, j'y suis venu avec mon père, mais c'était il y a des années.
— Il est possible qu'il ait été détruit ou déplacé.
— Cela arrive, mais j'espère que non.
— Moi aussi !

Ils remarquèrent soudain qu'un des Abénaquis pointait le doigt en désignant quelque chose sur sa droite. Ils s'approchèrent.
— Là-bas, c'est le village des Oneidas.
— Il est plus grand que dans mon souvenir, mais oui, c'est bien celui que je cherchais. Il faut le contourner pour accéder au lac, logiquement les canoës doivent se trouver de l'autre côté.

Au moment où ils s'apprêtaient à repartir, Kitchi, d'un geste, fit signe à tout le monde de ne plus bouger.
— Qu'y a-t-il ?

Il montra des mouvements à travers la végétation.
— Les Oneidas ?
— Non, Tekoa !

Les fuyards s'immobilisèrent, pétrifiés à l'idée d'être découverts, car ils n'étaient pas assez nombreux pour pouvoir les affronter sans risquer d'être massacrés. Ils les épièrent et attendirent qu'ils fussent entrés dans le village des Oneidas. Kitchi fit signe de la main de le suivre et aussitôt tous lui emboîtèrent le pas.

Ils contournèrent le campement ennemi en décrivant un large cercle, se déplaçant discrètement et en se baissant au milieu de la végétation. Ils ne perdirent pas une miette de ce qui se passait à l'intérieur du village oneidas, craignant à tout moment une irruption de guerriers. Ils parvinrent enfin à l'emplacement où ils laissèrent leurs canoës et virent que deux guerriers oneidas s'y trouvaient. Ils se regroupèrent et évaluèrent la situation.

— Il faut absolument éviter qu'ils crient. Nous allons les attaquer par surprise.

Kitchi et l'un des Algonquins se détachèrent du groupe et se positionnèrent non loin de chaque cible. Visiblement habitués à ce genre de manœuvres, les deux hommes bondirent en même temps, couteau en avant, et se jetèrent sur les Oneidas. Kitchi et son compagnon mirent la main sur la bouche de leurs opposants avant de les poignarder mortellement. L'approche était parfaite. Kitchi allait faire un geste pour rameuter le reste du groupe quand il constata qu'un troisième guerrier se tenait un peu plus loin, dissimulé par des buissons. Ce dernier partit en poussant des cris, c'était la catastrophe ! Malheureusement pour lui, il s'élança en direction de l'endroit où les Français étaient dissimulés. Nicolas et Larbaud lui coupèrent la route, sabre en main. Il s'arrêta net, tournant la tête pour mesurer la distance qui le séparait de Kitchi qui était à ses trousses. L'hésitation lui fut fatale, les deux officiers français le transpercèrent de part en part, mais le mal était fait, ils étaient repérés. Les Oneidas avaient des arcs qu'ils récupérèrent pour les emporter avec eux.

Déjà, les Abénaquis et les Algonquins tiraient plusieurs embarcations vers les rives de fleuve. Kitchi et deux Abénaquis retournèrent les bateaux restants et les éventrèrent à grand coup de tomahawk. Il fallait faire vite, les habitants du village et Tekoa n'allaient pas tarder à rappliquer. Ils étaient dix-neuf, dont neuf femmes. Ils prirent cinq canoës, quatre contenant quatre passagers, et un de trois. Larbaud et le soldat en prirent un avec les deux jeunes filles, Françoise et Annabelle. Nicolas monta avec Kitchi, pensant emmener Émilie et Hélène, mais constata que cette dernière se trouvait déjà en compagnie d'une femme abénaquise sur un autre canoë. Sokanon ne se fit pas prier pour s'inviter à bord, sous le regard courroucé d'Émilie, mais ce n'était pas le moment de se disputer, toutes deux l'avaient parfaitement compris. Ils poussèrent les embarcations pour s'éloigner de la berge et se mirent à pagayer.

Ils n'étaient qu'à environ quatre-vingt-dix pas du bord du lac quand ils virent plusieurs guerriers se précipiter vers la rive. Tous pagayaient avec beaucoup d'énergie adressant des regards inquiets en direction de la berge. La tension était à son comble. Cent cinquante pieds séparaient désormais les fines embarcations des Iroquois, mais plusieurs coups de feu retentirent, provoquant des cris de terreurs parmi les fuyards. L'attention de tous se reporta tout d'un coup vers l'avant-dernier bateau pour constater que celui qui se trouvait à l'arrière venait de s'écrouler vers l'avant, mortellement touché. Ils constatèrent avec effroi que sa pagaie venait de tomber à l'eau, les mettant en fâcheuse posture. Le dernier canoë se dirigea vers la pagaie, une femme abénaquise ramassa la pagaie. Ils s'approchèrent de l'autre embarcation qui avait logiquement ralenti et ils tendirent la pagaie à l'Indienne qui se trouvait juste devant lui. Courageusement, elle se mit à son tour à pagayer, remplaçant celui qui venait d'être tué.

Mais ce n'était pas terminé, sur la berge, les tireurs venaient de recharger leurs armes qui firent feu à nouveau.

— Baissez-vous ! cria Larbaud

Même si tous les Indiens ne comprirent pas les mots de l'officier français, dès que les premiers s'aplatirent à l'intérieur des canoës les autres les imitèrent. Ils se relevèrent, reportant leur attention vers les autres pour savoir si certains avaient été touchés, mais ce ne fut pas le cas cette fois. Plus la distance augmentait entre eux et leurs ennemis, plus la tension diminuait, mais tout risque n'était pas pour autant écarté, comme le prouva une nouvelle salve déclenchée par les Iroquois. Comme la fois précédente, ils se couchèrent et le résultat fut le même qu'un peu plus tôt. Ils étaient à présent à plus de trois cents pieds de la berge et les tirs cessèrent. L'inquiétude diminua

progressivement même si quelques-uns se retournaient, un brin angoissés, vers la rive.
— Combien de temps nous faudra-t-il pour traverser le lac, Kitchi ?
— Il faut se diriger vers le fond du lac pour éviter les tribus iroquoises, si tout se passe bien, que les femmes nous relaient de temps à autre, nous y serons à la tombée de la nuit.
— Avec Émilie, je suis certaine que nous allons former une formidable équipe, ajouta Sokanon.
— Décidément, rien ne me sera épargné, répondit la jeune femme blonde en se retournant vers Nicolas.

Dans la soirée

C'étaient à présent Sokanon et Émilie qui pagayaient de concert alors qu'ils s'approchaient des rives se trouvant à l'opposé de leur point de départ. Depuis un moment, Kitchi scrutait les berges en essayant de trouver un endroit pour accoster. Depuis le milieu de la journée, Sokanon s'était rapprochée de son frère vers l'avant de leur frêle esquif, comme Émilie, qui l'avait imitée à l'arrière pour se rapprocher de Nicolas, c'était dans l'ordre des choses. Malgré le mépris affiché par la jeune Indienne à l'égard de la jeune femme blonde depuis leur rencontre, le comportement de cette dernière n'avait cessé de la surprendre, ne correspondant pas à l'idée qu'elle s'était faite d'elle, celle d'une jeune noble européenne, entourée de domestiques pour satisfaire le moindre de ses désirs. Elle interpella son frère en abénaquis pour éviter que les autres passagers la comprennent.
— Kitchi !
— Qu'y a-t-il ?
— Je suis surprise de voir comment Émilie se débrouille bien. Tout à l'heure, tu as dit qu'elle était comme nous, pourquoi ? Elle est la fille du gouverneur de Québec, non ?

— Oui, mais elle n'a pas vécu avec le reste de sa famille, car sa mère n'était pas la femme du gouverneur. Dans la religion des Blancs, les hommes ne peuvent avoir qu'une seule femme.
— Je le sais !
— Émilie a grandi dans un milieu très différent de celui de ses frères et sœurs et ils n'avaient probablement qu'une seule domestique.
— Ce qui explique qu'elle soit aussi débrouillarde, je comprends mieux.
— Émilie est une bâtarde, elle est considérée dans la société des Blancs comme quelqu'un de moindre importance, un peu comme nous, les Métis.

Le fait d'avoir quelque chose en commun avec Émilie irrita fortement la jeune femme abénaquise.
— Arrête de penser à Nicolas, il est amoureux de cette femme.
— La plupart des Européens me regardent de façon hautaine, pourtant la moitié de mon sang est le même que le leur ! Nicolas est le premier Blanc qui me regarde comme celle que je suis, une femme, sans se soucier de mon origine.
— Un conseil, oublie-le ! Nous avons d'autres soucis.
— Toi aussi, tu l'apprécies.
— C'est vrai, il est différent, mais le fossé qui nous sépare de lui reste important, ne l'oublie pas !

Sokanon se retourna vers Émilie et Nicolas. Tous deux l'observaient sans rien dire. Son frère lui avait dit qu'Émilie connaissait quelques mots d'abénaquis, pas suffisamment pour avoir compris l'essentiel de la conversation qu'elle venait d'avoir avec son frère, mais le doute s'immisça dans son esprit.

Ils installèrent le bivouac et allumèrent le feu, mais tous restaient sur leurs gardes. En théorie, ils avaient accosté suffisamment loin pour sortir du territoire iroquois, mais dans ce pays, aucune zone territoriale n'était définitive, elles pouvaient évoluer au fur et à mesure des conflits, et les tribus iroquoises avaient souvent pris l'ascendant sur les autres. Émilie se blottit contre Nicolas et ils s'embrassèrent tendrement.

— Tu sais Nicolas, j'ai souvent rêvé d'aventure quand j'avais seize ou dix-sept ans, mais je ne m'attendais pas à quelque chose d'aussi rude.

Il sourit légèrement.

— Il y a peu de temps encore, j'étais persuadé d'épouser une de ces femmes sophistiquées qui sont tellement répandues dans la bonne société bordelaise. Le destin en a pourtant décidé autrement. Les régions que nous traversons ne sont pas encore stabilisées et organisées, tout n'y est que fragile et provisoire.

Ils s'embrassèrent à nouveau. Un peu plus loin, Kitchi les observait. Il voyait la tendresse qu'ils avaient l'un pour l'autre, le mal que s'était donné Nicolas pour la retrouver et il n'avait pas oublié non plus que dans le camp, quand le brigand nommé Paul était intervenu pour les libérer, il aurait pu choisir de laisser les autres femmes et les Indiens, mais il n'avait pas voulu le faire. À l'exception de son père, il n'avait jamais aimé les Blancs, arrogants et méprisants à son égard. Nicolas lui redonnait l'espoir qu'il avait cru éteint dans son cœur.

Un tour de garde fut établi avec une seule sentinelle armée de ce qu'ils avaient pu récupérer, un tomahawk et un arc. Tous s'endormirent rapidement, leur évasion les avait éprouvés et ils avaient besoin de récupérer.

Un des Abénaquis montait la garde et Nicolas devait prendre le dernier tour un peu avant l'aube. Nerveux, il s'était réveillé, peu de temps avant de relayer la sentinelle. À ses côtés, Émilie dormait sous les couvertures. Peut-être devrait-il s'avancer pour remplacer le garde un peu avant l'heure. Il toucha son sabre, qu'il avait récupéré dans le village iroquois et dont il ne se séparait pas. Il repensa à sa rencontre avec le roi de France, il avait ce jour-là ressenti un immense honneur en recevant ce présent de son souverain. Perdu dans ses pensées, il se rendit compte que tout à coup, on n'entendait plus un bruit. Il se releva pour jeter un coup d'œil à la sentinelle et se rendit compte avec stupeur qu'elle n'était plus là. Il se leva d'un seul coup, dégainant son sabre et s'approcha de l'endroit où aurait dû se trouver la sentinelle. Son cœur se figea quand il aperçut le corps inanimé de l'Abénaquis. Il regarda autour de lui, remarquant dans la pénombre un nombre considérable de silhouettes qui se dessinaient autour du camp.

— On nous attaque ! cria-t-il à pleins poumons.

Tous se réveillèrent en sursaut et ils ne tardèrent pas à identifier leurs adversaires, c'était Tekoa avec des guerriers mohawks et sénécas. Il était difficile d'en déterminer le nombre à cause de l'obscurité, mais Nicolas estima qu'ils devaient être une vingtaine, plus nombreux qu'eux, mais pas d'une supériorité numérique écrasante.

Nicolas évita la charge d'un guerrier en s'écartant de côté et en le perforant de part en part avec son sabre. En se retournant, il vit que Larbaud et Kitchi venaient eux aussi de gagner leurs duels, mais certains de leurs alliés gisaient au sol, dont le soldat qui accompagnait Larbaud. Le nombre supérieur et l'effet de surprise jouaient pour le moment en faveur des Iroquois. Nicolas se dirigea vers un autre adversaire et remarqua que les femmes s'étaient regroupées derrière Sokanon. Accaparé par son combat, il ne discerna pas deux guerriers mohawks se jeter sur elles. Leur cible semblait être Sokanon, probablement désignée par Tekoa.

Sokanon faisait face, poignard à la main, mais les deux Iroquois semblaient amusés par la scène. Ils ne prenaient visiblement pas leur adversaire au sérieux. L'un d'eux finit par tenter sa chance en avançant brutalement vers elle. Elle recula et donna un coup de couteau. La lame toucha le Mohawk au flanc, lui assenant une blessure profonde, mais non mortelle, car elle n'avait touché aucun organe vital. Son opposant lui saisit le poignet, lui arrachant son arme, pendant que son compagnon l'attrapait par le cou. Elle cria et se débattit, mais rien n'y fit. Alors que la situation était désespérée, les deux guerriers s'effondrèrent simultanément et Sokanon eut la surprise de voir une autre femme abénaquise et surtout Émilie qui avaient poignardé les deux hommes dans le dos. La jeune femme blonde et l'Indienne se dévisagèrent longuement.

— Maintenant tu sauras que je ne suis pas une de ces femmes qui miaulent toutes la journée dans les cours des grandes maisons françaises et qui ne sont bonnes qu'à papoter autour d'une tasse de thé. Mon père est gouverneur de Québec, mais ma mère n'avait pas beaucoup d'argent et j'ai appris à me défendre comme tu viens de le constater et je pense que tu ne t'en plaindras pas.

— J'avoue avoir commis une erreur te concernant, mais le temps n'est pas aux palabres, il faut aider les hommes.

Nicolas se battait à deux contre un, comme Kitchi. Le sabre de l'officier français effrayait les deux Iroquois et ils avaient raison, il réussit à trancher la cuisse d'un de ses deux rivaux et le second se jeta sur lui, tentant de le surprendre. Il le blessa également à la cuisse avant de lui transpercer le cœur. Le deuxième hésita, pas Nicolas, qui le toucha d'abord à l'épaule, puis au ventre. Diminué par l'accumulation de blessures, il avait énormément de mal à se mouvoir et Nicolas l'acheva. En se retournant, il constata que Kitchi se battait comme un démon et avait massacré ses deux adversaires. Nicolas vit la silhouette dans la pénombre au dernier moment et manqua se faire surprendre, c'était Tekoa et il paraissait être un rival bien plus coriace que ceux qu'ils venaient d'abattre.

Le tomahawk de Tekoa jaillit à une vitesse fulgurante pour tenter d'atteindre Kitchi au visage, mais ce dernier le bloqua avec le sien et tenta d'enfoncer son poignard avec sa main gauche dans le ventre de son ennemi. L'Iroquois bloqua à son tour l'arme, comme Kitchi l'avait fait. Ils s'affrontèrent en se dévisageant, la colère déformant leurs visages, les muscles raidis, fournissant toute l'énergie dont ils étaient capables. Kitchi parvint à faire basculer son rival qui manqua tomber au sol, mais se redressa in extremis, s'éloignant de l'Abénaquis. Chacun se déplaçait maintenant d'un pas rapide, feignant l'attaque dans l'espoir de trouver une ouverture. Nicolas observa un Iroquois qui tentait de se placer dans le dos de Kitchi, il le suivit. Ce n'est qu'au dernier moment que Nicolas comprit sa manœuvre, il allait tenter de jeter un tomahawk sur Kitchi. L'arme jaillit dans la nuit et Nicolas, qui n'était pas très loin, coupa sa trajectoire en tentant de la dévier avec son sabre. La hachette ne passa pas très loin de Kitchi, mais le choc fut tellement violent que Nicolas eut l'impression que son sabre allait se briser.

Les deux Indiens avaient multiplié les attaques sans parvenir à atteindre leur adversaire. Les yeux de Tekoa brûlaient d'une rage folle alors que Kitchi semblait toujours impassible. Il commença à reculer, laissant le Mohawk s'avancer vers lui.

— Tu as peur ! Je n'ai jamais compris pourquoi on t'appelait Kitchi !

Il se jeta sur lui, mais contrairement à ce qu'il avait escompté, l'Abénaquis ne bougea pas d'un pouce et son poignard perfora le ventre de son ennemi d'un geste vif, juste avant que son tomahawk ne frappât l'articulation de son épaule gauche. Tekoa était maintenant immobilisé, mais la haine n'avait pas disparu de son regard, il tenta de ramasser l'arme de sa main gauche, mais le tomahawk de Kitchi s'abattit violemment sur son front, lui fendant le crâne en deux. La bataille était en train de tourner en leur faveur, mais ils n'étaient plus que quatre, car un autre de leurs compagnons était gravement blessé à la poitrine, profondément entaillée par une des haches de guerre iroquoises.

La mort de leur chef avait créé un vif émoi parmi les Iroquois, entraînant un vent de panique et générant une grande désorganisation. Malgré leur supériorité numérique, les Mohawks et les Sénécas n'avaient pu vaincre la coalition composée de Français, d'Indiens algonquins et abénaquis. Kitchi restait soucieux, ils n'étaient pas encore en sécurité, il fallait décamper de là au plus vite, si Tekoa les avait retrouvés, d'autres

Iroquois le pourraient également. Ils rangèrent leurs affaires. Nicolas et Larbaud s'apprêtaient à enterrer leur compagnon mort au combat.

— Que faites-vous ?

— Nous lui donnons une sépulture chrétienne, c'est notre tradition, sinon les bêtes sauvages lui dévoreront le corps.

— Il faut partir le plus vite possible, rien ne dit qu'il n'y a pas d'autre groupe de guerriers dans les environs. Chaque minute perdue ici fait le jeu de nos adversaires et peut nous coûter la vie. En plus, en cette saison le sol est dur, difficile à creuser.

— Alors nous le recouvrirons de pierres.

Ils se retournèrent et virent Émilie.

— Je vais les aider, affirma Sokanon.

Kitchi regarda autour de lui, derrière Émilie, il y avait Hélène, Françoise et Annabelle.

— Faites vite alors !

Les deux Français, aidées par les cinq femmes allongèrent le soldat au sol et ramassèrent des pierres jusqu'à que son corps fût complètement recouvert. Larbaud et Nicolas posèrent la dernière grosse pierre sur son visage et ils récitèrent une courte prière. Déjà, Kitchi s'avançait vers la forêt.

— Quelle direction prenons-nous ? demanda Larbaud.

— Nous coupons par la forêt.

— La végétation est dense, nous ne progresserons pas très vite.

— C'est vrai, mais c'est plus sûr, car il semble évident qu'ils nous ont retrouvés en longeant les rives du lac. Nous serons plus en sécurité dans la forêt qu'en prenant des chemins trop à découvert. Je prends la tête, il ne faut pas laisser trop de distance entre nous, car sinon ceux qui marchent à l'arrière risquent de se perdre. Je ne marcherai pas trop vite, pour que tout le monde puisse nous suivre.

— Où allons-nous ?

— Vers la côte !

— Je reste à l'arrière, indiqua Nicolas.

Kitchi lui adressa un regard comme pour indiquer que c'est ce qu'il attendait de lui. Le jeune Abénaquis avait raison, il fallait s'éloigner au plus vite du lac Érié, car c'était la limite des zones habitées par les Cinq-Nations iroquoises, mais tous étaient conscients qu'ils se dirigeaient vers des contrées qui étaient des possessions de la couronne britannique, ce qui indiquait que le danger ne serait plus le même, mais qu'ils étaient loin d'être tirés d'affaire.

Au bout d'une heure, Sokanon s'approcha d'Émilie qui la regarda approcher avec une certaine curiosité.

— Je voulais te remercier, Émilie, tu m'as sauvé la vie. Je me suis bien trompée sur ton compte, tu n'es pas une de ces dindes qui passent leur temps à rire et à se poudrer le nez, comme j'en ai beaucoup observées dans les villes françaises.

— J'ai essayé toute ma vie de leur ressembler, mais en fin de compte, les années d'enfance auprès de ma mère, dans un cadre qui n'était pas celui de la noblesse de mes demi-frères et demi-sœurs, m'ont tellement marquée que je n'arrive pas à le dissimuler. Ironiquement, quand j'ai rencontré Nicolas, je lui ai caché, pensant que cela me desservirait, alors qu'en réalité, c'est ce qu'il a le plus aimé dans ma personnalité, ce côté naturel et un brin décivilisé qui me rend différente des femmes qu'il a déjà rencontrées.

— Lui aussi est différent, il ne laisse personne lui dicter sa conduite, il est courageux, comme mon frère ou mon père. Vous êtes faits pour vous entendre.

— Je suis contente de te l'entendre dire, donc plus de conflits entre nous.

— Non, tu as ma parole, maintenant, nous sommes comme deux sœurs.

Nicolas ayant vu Sokanon s'approcher de sa promise s'était inquiété au départ, craignant un nouveau conflit, mais il constata que les deux femmes, qui se trouvaient quelques pieds devant lui et dont il n'entendait pas les propos, souriaient et riaient en chœur. Cela le rassura, c'était au moins un problème de résolu, restait leur situation, plutôt précaire, d'autant plus que, comme la première fois lorsqu'il avait suivi le cours du Saint-Laurent, leur troupe s'était réduite comme peau de chagrin. Cette fois, ils ne survivraient pas à une confrontation avec des troupes anglaises, il fallait à tout prix les éviter. Il huma l'air qui s'était radouci, plus ils avançaient vers le sud, plus il faisait doux, mais on était encore loin du printemps.

Haute-Louisiane – 23 février 1713

À plusieurs reprises, ils avaient croisé des patrouilles anglaises, signe qu'ils se trouvaient non loin des zones de colonisation anglaise. À cause de la guerre, les Anglais avaient renforcé les zones limitrophes. Ils croisèrent également une milice coloniale, mais même si elles ne représentaient pas autant de danger que les troupes régulières anglaises, mieux valait ne pas s'y frotter.

— Vous connaissez les positions françaises en Nouvelle-France ? Que Pensez-vous de toutes ces patrouilles, Larbaud ?

— Je ne pensais pas qu'ils surveilleraient autant leur frontière. Peut-être est-ce mieux de rejoindre une de nos garnisons, à fort Miami ou à fort Saint-Joseph qui se situent plus à l'ouest. Une fois sur place, il sera plus facile d'organiser votre retour. C'est plus long, mais bien moins risqué. Traverser les colonies britanniques en cette période de guerre semble trop dangereux.

— C'est la meilleure solution, approuva Émilie. Je ne tiens pas à revivre l'horreur de ce qui s'est passé dans le village iroquois.

Nicolas interrogea Kitchi du regard.

— Je suis d'accord.

— Et toi, comment feras-tu pour rejoindre fort Frontenac ?

— Il y a des bateaux qui naviguent sur les Grands Lacs et qui peuvent me ramener non loin de fort Frontenac. Beaucoup d'Abénaquis vivent dans les forts avec les Français, je partirai avec eux.

— Puisque tout le monde est d'accord, nous partons vers un des deux forts, vous savez où ils se trouvent, Larbaud ?
— À peu près, je n'y suis jamais allé, mais plus nous nous éloignerons des colonies britanniques, plus nous serons en sécurité. Il faut trouver une rivière et peut-être aurons-nous la chance de croiser certains de nos compatriotes.
— Et les Indiens ?
— Ce sont des Chaouanons ou des Miamis, ils ne poseront pas de problème, ce sont des alliés des Français, des peuples algonquins.

Haute-Louisiane – 24 février 1713

Le Soleil était à son zénith et ils allaient s'arrêter pour déjeuner quand ils aperçurent une grande rivière. Nicolas interrogea Larbaud et Kitchi du regard. Ils hésitèrent. À la grande surprise de Nicolas, ce fut Émilie qui prit la parole.

— C'est une rivière importante, avec beaucoup de débit, probablement l'Ohio.

— Tu sais où elle mène ? demanda Nicolas.

— Je sais qu'elle rejoint le grand fleuve Mississippi, il y avait une carte de Nouvelle-France dans le bureau de mon père.

— Tu voyais quand même ton père de temps à autre.

— C'est vrai Nicolas, mais pas souvent quand même.

— Je me demande si suivre le cours de cette rivière n'est pas la meilleure des solutions, dit Nicolas.

— Je suis certain, ajouta Larbaud, que nous trouverons forcément certains de nos compatriotes et pourrons ainsi nous orienter.

— Nous n'avons pas de bateau !

C'était Hélène qui venait d'intervenir. Son visage était marqué, elle semblait épuisée et avait visiblement compris qu'il lui faudrait encore marcher, ce dont elle n'avait pas l'habitude. De plus, elle était plus âgée que les autres femmes et le fardeau de ces années supplémentaires semblait à présent peser sur ses frêles épaules. Elle avait dit cela en regardant Nicolas et il semblait évident au groupe que c'était désormais lui qui prendrait les décisions.

— Nous suivrons le cours du fleuve en direction de l'ouest et finirons sans doute par trouver un moyen de locomotion. Nous ne marcherons pas vite, à notre rythme, s'exclama-t-il en dévisageant Hélène, après tout, plus personne ne nous poursuit.
— Nous n'avons rien à manger !
— Vous avez raison, Hélène, notre priorité est de trouver à manger.
— Je vais m'en occuper, dit Kitchi, il y a beaucoup de gibier par ici.

L'indien disparut dans la végétation accompagné de l'autre Abénaquis, nommé Chogan. Nicolas et Larbaud restèrent au camp pour protéger le groupe. Nicolas regarda la robe d'Émilie dont le bas était en lambeaux. Il tira son couteau.
— Je vais te raccourcir ta robe.

Il coupa le bas de la robe, ôtant la partie la plus abîmée. Cela permettait d'apercevoir les bottes qu'elle portait en dessous. Il regarda les autres femmes, mais leur tenue était plus simple et plus adaptée aux déplacements dans la végétation. Kitchi revint deux heures plus tard avec Chogan. Ils ramenaient une biche. Cela tombait bien, tout le monde mourait de faim.

Les femmes s'occupèrent de préparer l'animal pour le griller. Un feu fut allumé. Nicolas vit qu'Hélène et les deux jeunes femmes blanches, Françoise et Annabelle, savaient parfaitement vider et dépecer le cervidé. Il chercha Émilie du regard et la trouva en train de ramasser du bois pour le feu.
— Tu sais d'où viennent les deux femmes les plus jeunes ?
— Oui, c'étaient des femmes de colon, elles ont été enlevées et leurs maris tués.
— Elles avaient des enfants ?
— Non, elles sont jeunes, elles n'ont pas vingt ans !

La jeune femme blonde les observa un bref moment en train de préparer l'animal pour le repas avant de reprendre la discussion.

— Elles étaient prisonnières des Iroquois depuis plusieurs mois, c'est là qu'elles ont appris à dépecer un animal. Elles ont beaucoup souffert, mais le principal est qu'elles soient en vie. Quant à Hélène…
— Nous avons déjà parlé ensemble de son passé.
— Ah… J'ignorais.
— Elle m'a fourni des informations précieuses sur quelqu'un que j'ai croisé à deux reprises en France.
— Un ami ?
— Pas vraiment… quelqu'un de très dangereux.

Il regarda Hélène.

— Je me demande si elle m'a tout dit le concernant, elle paraissait en savoir beaucoup, elle l'a sans doute croisé à plusieurs reprises dans le camp.
— Il y a maintenant peu de chance que tu le croises à nouveau.
— Qui sait…

Tous regardaient avec impatience la viande griller quand des bruits de pas vinrent troubler leur quiétude. Ils se levèrent en prenant leurs armes et aperçurent des silhouettes qui venaient vers eux.

— Des Indiens ?
— Non, des Blancs !
— Étonnant, il ne doit pas y en avoir beaucoup dans les parages.

Ils attendaient de savoir de quelle nationalité étaient les trois hommes qui s'avançaient et quelles étaient leurs dispositions. Alors qu'ils n'étaient plus qu'à une centaine de pieds, Nicolas et Larbaud s'avancèrent pour parlementer. Le reste du groupe les regarda aller au contact des intrus. Personne n'entendit ce qu'ils disaient, mais tous remarquèrent qu'ils faisaient de grands gestes sans connaître la raison de cette agitation. À la surprise de tous, Nicolas se retourna et appela Émilie qui parut aussi surprise que ses compagnons. En arrivant sur place, elle comprit immédiatement la raison de sa venue ; c'étaient des Espagnols, issus d'un milieu modeste, car ils ne parlaient que l'espagnol et les connaissances linguistiques de Nicolas paraissaient largement insuffisantes.

— Demande-leur qui ils sont, demanda Nicolas.

Elle s'exécuta puis donna la réponse.

— Ils sont venus d'Espagne, il y a huit ans de cela, en pensant trouver de l'or ou de l'argent en Nouvelle-Espagne. Ils sont d'abord restés au Mexique[18] et en Haute-Californie, avant de remonter la grande rivière Arkansas et d'arriver au Mississippi. Ils ont décidé de prendre vers le nord et ont suivi le cours de l'Ohio.

— Où veulent-ils se rendre ?

— Ils veulent aller en Floride pour embarquer en direction de l'Espagne, ils ont en assez de ce pays.

— C'est la direction opposée !

— Ils le savent, mais les militaires français leur ont refusé le passage.

— Nous pouvons arranger cela, ont-ils un bateau ?

— Oui, mais il n'est pas bien grand.

— C'est embêtant…

— Il y a quelques heures, ils ont vu un autre bateau, plus grand, sur la rivière, qui paraissait abandonné, nous pouvons le prendre.

Nicolas acquiesça.

— Cela me semble une bonne idée, dis-leur de venir manger avec nous et on parlera du voyage.

Ils rejoignirent le groupe et firent leur rapport aux autres. Kitchi n'avait guère l'air emballé.

— Ce sont des menteurs, je ne crois pas un seul mot de leur histoire.

— Moi non plus, avoua Nicolas, ce sont probablement des gens comme nous, en fuite.

— On devrait les tuer, poursuivit Kitchi, et prendre leur bateau.

— On ne peut pas tuer les gens sur une simple suspicion.

---

[18] Pour éviter toute confusion, à cette époque, le Mexique, comme la Haute-Californie, ne sont que des provinces de la Nouvelle-Espagne.

— Je pense au contraire, qu'il faut se fier à son instinct, car ce genre d'erreur peut décider si on va vivre ou mourir.
— Nous allons les surveiller de près et au moindre geste suspect, nous agirons, mais il est hors de question de se conduire comme de vulgaires bandits.

Nicolas regarda les visages de ses compagnons qui l'observaient d'un air dubitatif. Larbaud vint à son secours.
— Ils ont parlé d'un deuxième bateau, tant que nous ne savons pas où il se trouve, nous ne pouvons pas agir. Nous sommes douze et ne pouvons tous tenir sur ce petit bateau.

Les paroles de Larbaud eurent leur effet et ils se rangèrent à son avis. Une fois que tous fussent d'accord sur la conduite à tenir, ils se tournèrent vers les trois Espagnols qui les avaient regardés parler et s'agiter sans comprendre le moindre mot de la discussion qu'ils avaient analysée comme particulièrement animée sans en comprendre la raison.

Émilie présenta tout le monde, y compris les trois hispaniques, Diego, un petit gaillard châtain clair aux yeux bleus et ses deux compagnons, Miguel, le plus grand des trois et Pablo, le plus âgé, dont les traits du visage exprimaient une grande fatigue accentuée par le poids des années, qui n'avaient, au vu de la triste mine qu'il arborait, pas dû être des plus faciles. Ils remarquèrent que les trois gaillards étaient lourdement armés de pistolets, poignards et sabres ; ce qui ne fit que renforcer leur méfiance à leur égard. Ils partagèrent la viande de la biche qu'ils venaient de tuer et discutèrent longuement durant la soirée, posant un grand nombre de questions auxquelles Émilie ne répondit pas toujours. Kitchi s'était mis à côté de la jeune femme et semblait regarder les trois Espagnols avec méfiance. Diego demanda qui étaient les Indiens qui les accompagnaient et si on pouvait leur faire confiance. Il avait remarqué les regards que l'Abénaquis lui adressait et qu'il semblait sur ses gardes. Émilie présenta ses compagnons autochtones de façon plutôt flatteuse, ce qui n'atténua en rien la méfiance des hispaniques vis-à-vis des Indiens. Finalement, tout le monde s'endormit au coin du feu, à l'exception des visiteurs qui dormirent un peu plus loin en ayant allumé leur propre feu, les regards de Kitchi les ayant dissuadés de partager le même espace que les Français.

Haute-Louisiane – 25 février 1713

Selon Diego, le bateau qu'ils avaient aperçu et qui devait mesurer vingt-quatre pieds de long se trouvait à environ deux jours de marche en suivant le cours de l'Ohio. L'humeur était meilleure pour plusieurs raisons : tout d'abord, ils se sentaient davantage en sécurité, même si la méfiance d'une partie du groupe à l'encontre du trio espagnol ne s'était pas tarie. La deuxième était qu'ils avaient bien dormi pour la première fois depuis longtemps, et de plus, ils avaient le ventre plein, mais la principale raison de leur enthousiasme restait qu'ils avaient l'espoir d'enfin pouvoir mettre fin à cette douloureuse aventure en retrouvant leurs compatriotes. Une fois arrivés à l'embranchement entre l'Ohio et le Mississippi, Kitchi et Chogan prendraient la direction du nord pour rentrer chez eux.

Nicolas remarqua que les Espagnols, particulièrement Diego et Pablo ne cessaient de dévisager les femmes, et plus spécialement Émilie. Influencé par cette constatation plutôt déplaisante, il se demanda si finalement Kitchi n'avait pas raison au sujet des trois lascars. Mais comme Larbaud l'avait fait remarquer, le plus important était de récupérer le bateau, car cela leur permettrait de progresser plus rapidement.

Il avait été convenu que les trois Espagnols resteraient sur leur bateau pendant que le reste du groupe les suivrait depuis la berge. L'embarcation progressant plus rapidement que ceux qui étaient à pied, ils firent leur possible pour se maintenir au niveau des Français. À aucun moment Kitchi ne lâcha le trio du regard, ce qui n'échappa aux hispaniques.

Haute-Louisiane – 27 février 1713

Cela faisait plus d'une heure qu'ils cherchaient l'emplacement du bateau aperçu à l'aller, et dans le groupe des Français les premiers doutes commencèrent à germer dans les esprits quant à l'existence de celui-ci. Certains avancèrent la thèse que d'autres s'en étaient emparés, mais l'inquiétude se lisait de plus en plus nettement sur le visage des Espagnols. Pour la première fois depuis que Nicolas était arrivé en Nouvelle-France, les températures étaient clémentes et ils avaient ouvert leurs grands manteaux pour profiter au maximum de cette embellie. Ils venaient de déjeuner et le trio avait répondu aux questions du groupe qu'Émilie leur soumettait. Ils étaient certains qu'ils trouveraient le bateau avant le coucher du soleil.

Ils continuèrent de progresser et les Espagnols ne cessèrent de dévisager Kitchi dont l'expression du visage n'avait cessé de se décontracter au fur et à mesure de l'avancée de la journée, arborant désormais une mine particulièrement souriante. À plusieurs reprises, il avait sorti son tomahawk pour en vérifier le tranchant d'un air satisfait, provoquant des suées de transpiration chez les trois hommes. En fin de journée, ils firent halte et Nicolas, Kitchi et Émilie se dirigèrent vers le trio.

— Vous aviez dit que nous devions trouver le bateau dans la journée ?

— C'est vrai, mais nous nous sommes sans doute trompés, nous allons moins vite qu'à l'aller, nous devrions le trouver demain matin.

— Vous êtes sûrs qu'il est bien là ?

— Oui, señor, tout à fait sûr.
— Nous allons camper, c'est la première fois depuis longtemps que nous avons une aussi belle journée.
— Pour nous, Espagnols, habitués à un climat beaucoup plus clément, c'est encore plus difficile que pour vous !

Ils préparèrent le camp et Nicolas ôta son manteau. Diego, qui l'observait, devint pâle comme un linge et discuta abondamment avec ses deux compagnons.
— Que disent-ils ? demanda Nicolas à Émilie.
— Je n'en sais rien, ils ne parlent pas en espagnol, mais utilisent un dialecte local, je ne comprends rien.
— Demande-leur ce qui se passe, je n'aime pas ça.

Émilie interrogea les trois Espagnols, mais ils lui répondirent que ce n'était rien d'important, renforçant encore la suspicion des Français. Tous se réunirent autour du feu pour le dîner et le trio, à plusieurs reprises, reparla à nouveau dans son dialecte. Kitchi leur jetait des regards noirs et une grande tension était palpable dans la petite assemblée. Comme d'habitude, les Espagnols s'isolèrent pour dormir, mais personne ne ferma l'œil durant la nuit jusqu'au petit matin.

Il faisait encore sombre, le ciel commençait à s'éclaircir, indiquant que l'aube était proche. Nicolas sentit qu'on lui touchait l'épaule, il attrapa son pistolet, mais s'aperçut que c'était Kitchi.
— Qu'est-ce qui se passe ?
— Ils sont partis !
— Les Espagnols ?
— Oui, ils ont décampé il n'y a pas très longtemps. On se lance à leur poursuite ?
— Non, ils ont pris leur bateau, ils vont de toute façon plus vite que nous.
— Je peux les rattraper !

— Ce n'est pas la peine, il faut vérifier tout le matériel pour voir si rien ne manque. Si c'est le cas, nous ne ferons rien.

Ils réveillèrent les autres qui furent eux aussi assez surpris du départ des trois lascars.

— Pour quelle raison sont-ils soudain partis ? Vous avez remarqué ou entendu quelque chose hier soir, Émilie ? demanda Larbaud.

— Non, uniquement des banalités, mais ils discutaient souvent dans leur dialecte, ce qu'ils ne faisaient pas avant.

— Quelque chose a provoqué cette réaction, mais nous n'en saurons probablement jamais la raison, ajouta Nicolas.

— Ils ont changé d'attitude quand tu as ouvert ton manteau, j'en suis persuadée, dit Émilie.

— Elle a raison, poursuivit Larbaud, c'est forcément quelque chose dans votre tenue qui a provoqué leur réaction.

Nicolas regarda sa tenue. C'étaient des vêtements civils, mais il s'attarda sur son sabre. Il pensa qu'il ne connaissait pas l'origine du présent que le roi de France lui avait fait, mais chassa rapidement cette idée de ses pensées. Non, c'était forcément autre chose, mais il ne voyait pas quoi. Il remarqua que Larbaud l'observait, ou plutôt comme Nicolas, il fixait son regard sur le sabre qu'il portait à la ceinture.

— D'où tenez-vous cette arme ?

— C'est un cadeau !

— De quelqu'un de votre entourage ?

— Non, d'un grand personnage de l'État.

Nicolas jugea prudent de ne pas dire qu'il le tenait de leur souverain, en admettant que l'autre officier puisse le croire, ce qui n'était pas certain. Larbaud s'approcha de Nicolas et regarda de plus près le sabre.

— Il ne ressemble guère aux sabres français, je n'en ai jamais vu de pareil. En tout cas, il est magnifique. Celui qui vous l'a offert devait vous apprécier grandement.

— En plus, c'est une arme terriblement efficace, je l'ai testé à plusieurs reprises.

Ils déjeunèrent, puis se mirent en route assez rapidement, tous avaient en tête de savoir pour quelle raison les trois Espagnols avaient soudainement déguerpi.

Cela faisait deux heures qu'ils marchaient quand ils découvrirent avec surprise le bateau dont les hispaniques leur avaient parlé, et qui finalement, existait bien. Cette découverte laissa nos héros encore plus perplexes, car non seulement les Espagnols n'avaient pas menti, mais de surcroît, leur départ devenait de plus en plus inexplicable. Nicolas regarda à nouveau sa tenue. Quelque chose les avait effrayés, mais il ne voyait pas quoi. Il en parla à Larbaud et Kitchi, qui eux non plus ne comprenaient pas grand-chose à ce mystère. Ils vérifièrent le bateau qui était une grande barque, il avait l'air en état de naviguer et ils découvrirent à l'intérieur qu'il y avait également les avirons. Qu'étaient devenus ses propriétaires d'origine ? Ils ne le sauraient probablement jamais. L'essentiel était qu'à présent, ils pourraient progresser plus rapidement en remontant la rivière.

Rivière Ohio – 5 mars 1713

Cela faisait une semaine qu'ils avançaient sur leur bateau en suivant le cours de la grande rivière Ohio. Ils n'avaient, depuis le départ des trois Espagnols, pas vu âme qui vive. Kitchi, le premier, aperçut un groupe d'Indiens qui campait sur la rive gauche de la rivière. Mais avant que les Français n'aient posé la question, Sokanon avait répondu.

— Ce sont des Shawnees, normalement, ils ne sont pas hostiles.

Plusieurs de ceux qui étaient sur la berge s'avancèrent, confirmant les paroles de Sokanon, et se dirigèrent vers eux. Depuis leur évasion, ils n'avaient plus de fusils et se trouvaient relativement vulnérables. Kitchi se mit à l'avant du bateau et adressa un message de paix d'un signe de la main aux Shawnees. Ces derniers se groupèrent sur la berge. Ils ne portaient pas d'armes, signe de leur bonne volonté. En s'exposant ainsi, Kitchi avait aussi montré qu'ils n'avaient pas d'intention belliqueuse.

En arrivant sur la berge, Kitchi prit l'initiative et réussit à se faire comprendre de ses interlocuteurs. Sokanon, l'autre guerrier abénaquis, Chogan, ainsi que plusieurs des femmes comprenaient également ce que disaient les Shawnees, ce qui facilita la conversation. Ces derniers invitèrent le petit groupe composé de Français et d'Indiens à se joindre à eux et à partager leur dîner. Kitchi demanda s'ils n'avaient pas vu les trois Espagnols, mais à leur grande surprise, les Shawnees leur dirent qu'ils ne les avaient pas aperçus, ce qui laissa nos amis quelque peu perplexes.

— C'est étrange, dit Larbaud, logiquement ils auraient dû passer par ici.

— Cela signifie qu'ils ont emprunté un autre parcours.

— Pourtant, avec leur bateau, la rivière était le moyen le plus approprié pour se déplacer rapidement.

— Peut-être finirons-nous par savoir ce qui s'est passé.

Ils virent que Kitchi était en grande discussion avec l'un des Shawnees et que celui-ci faisait des grands gestes pour décrire quelque chose.

— Que dit-il ? lui demanda Nicolas.

— Il raconte que des Blancs sont passés par ici il y a un mois avec un grand bateau à voile.

— De quelle taille le bateau ?

Kitchi traduisit à nouveau.

— Environ cinquante pieds.

Nicolas et Larbaud restèrent muets de surprise.

— Combien d'hommes peut transporter un tel navire ? demanda Émilie à Nicolas.

— Une vingtaine, mais je me demande quelle est la raison de sa présence ici.

— Dans quelle direction allait-il ?

— Il remontait la rivière, à l'inverse de nous, annonça Kitchi.

Les Shawnees étaient une cinquantaine et vivaient dans des habitations de forme circulaire. Ils dînèrent avec eux et constatèrent qu'aucun d'eux ne possédait d'armes à feu, seulement des arcs et des flèches. Il ne leur restait que les deux pistolets de Nicolas, mais comme ils n'avaient plus de poudre, il était devenu impossible de s'en servir, auxquels il fallait ajouter les sabres des deux officiers, les tomahawks des deux guerriers abénaquis, les arcs et quelques poignards, pas de quoi repousser un danger de grande ampleur s'il se présentait.

Le repas fut copieux, les Shawnees ne semblaient manquer de rien, mais leur progression en direction du Mississippi s'annonçait bien plus périlleuse.

Rivière Ohio – 6 mars 1713

Ils étaient restés deux jours auprès des Shawnees, puis avaient repris le fil de leur voyage vers l'ouest. Les Shawnees avaient donné deux arcs supplémentaires aux Abénaquis, ce qui était mieux, mais Nicolas et Larbaud auraient préféré posséder des fusils, luxe qu'ils n'auraient pas avant bien longtemps, tant ils se sentaient éloignés de la civilisation et des avantages qu'elle procurait. Au fur et à mesure qu'ils progressaient, le climat s'adoucissait, leur permettant d'alléger leurs tenues. Depuis leur départ du village shawnee, ils n'avaient pas rencontré âme qui vive. La veille, les Abénaquis avaient tué un cerf et les femmes l'avaient dépecé et préparé.

Même si le voyage créait une certaine intimité, les deux jeunes femmes européennes, Françoise et Annabelle, paraissaient anormalement distantes, ne se mêlant que peu au reste du groupe. Profitant d'un moment de détente, Émilie et Hélène allèrent les trouver.

— Vous n'avez pas dit grand-chose depuis que nous nous sommes évadés, c'est plutôt agréable d'être libre, non ?

— Oui, mais cela n'efface pas tout.

— Qu'est-ce qui s'est passé ? demanda Émilie.

La jeune femme blonde vit qu'Annabelle pleurait.

— Ce sont les Iroquois ?

— Non, ce sont des soldats anglais, des rangers, ce sont des brutes, ils nous ont…
— J'ai compris, pas la peine d'en dire plus… Comment avez-vous atterri chez les Iroquois ?
— Nous nous sommes enfuies pendant la nuit, mais on n'y voyait rien, nous nous sommes perdues et des Iroquois nous ont capturées.
— Vous étiez mariées ?
— Oui, nos maris ont été tués par les rangers, la famille de Françoise et la mienne étaient voisines, on se voyait régulièrement.
— Vous aviez des enfants ?
— Non…

Elle se remit à pleurer de plus belle…

— Qu'allons-nous devenir ?
— Vous retrouverez des maris, mais il faut d'abord se tirer d'affaire, ce qui n'est pas gagné, le pays est immense et les mauvaises rencontres peuvent être assez fréquentes.
— Beaucoup sont déjà morts…
— Mais vous, vous êtes vivantes, c'est l'essentiel.

La soirée fut la plus tranquille et la plus plaisante de celles qu'ils avaient passées depuis leur évasion. Françoise et Annabelle avaient retrouvé le sourire et pour la première fois depuis longtemps, des rires éclatèrent tout au long du dîner. Ils s'endormirent tranquillement, apaisés de la tension qui avait émaillé les deniers jours passés à fuir.

Rivière Ohio, peu de temps avant l'aube – 7 mars 1713

Vincent Larbaud ouvrit lentement les yeux et pressentit immédiatement quelque chose d'anormal. Tout était calme, étrangement calme. Chaque matin, ils entendaient le cri des oiseaux et des bruits à l'origine inconnue provenant de la forêt. Ce matin-là faisait exception à la règle, ce qui l'alerta. Il voulut se saisir de son sabre, mais il n'en eut pas le temps. Tout autour d'eux se tenaient une douzaine d'hommes, armés de pistolets et de fusils. Ils n'avaient pas posté de sentinelle, ne le jugeant pas utile, ils avaient fait là une grosse erreur. Ses compagnons se réveillèrent à leur tour, évaluant la situation qui n'était pas en leur faveur.

Alors qu'ils se posaient de nombreuses questions quant à l'identité et l'origine de la petite troupe, deux silhouettes qu'ils avaient déjà aperçues trois semaines plus tôt leur permirent de savoir qui étaient leurs assaillants ; c'étaient Paul et Mathieu, les deux trafiquants qui avaient rendu visite aux Iroquois.

— Regardez qui voilà ! Comme on se retrouve !

Hélène eut un moment d'hésitation.

— Ils nous ont aidés, ils ne sont pas hostiles ?

Les deux bandits sourirent.

— Nous voulions vous éviter le poteau de torture, cela ne veut pas pour autant dire que sommes de votre côté.

Nicolas remarqua le bateau auquel les Shawnees avaient fait allusion, arrimé près de la berge. Il voulut se saisir de son sabre, mais avant qu'il ait pu esquisser le moindre geste, un grand gaillard lui asséna un grand coup sur la tête et il perdit connaissance.

Nicolas reprit peu à peu ses esprits. Ironie du sort, ils se retrouvaient entièrement ligotés par ceux-là mêmes qui leur avaient permis de s'évader. Tous ses compagnons, y compris les femmes, étaient attachés. Il tourna la tête et aperçut les deux leaders qui le dévisageaient en souriant.

— Je vois que vous avez fait bon usage du couteau que vous a donné Paul.

— Que nous voulez-vous ? Pour quelle raison nous retenez-vous prisonniers ?

— Nous n'avons rien de personnel contre vous et nous ne vous voulons aucun mal. Si vous êtes retenus captifs, c'est uniquement parce que vous avez de la valeur. Il me semble évident que vous et votre ami, dit-il en désignant Larbaud, pouvez avoir de la valeur. Vos familles peuvent payer une bonne rançon pour votre libération. C'est peut-être aussi le cas des quatre femmes blanches.

— Et les Indiennes, elles n'ont aucune valeur pour vous ?

— De par leur statut social, non, mais nous manquons de femmes, là où nous vivons, et ces Indiennes sont jeunes et particulièrement jolies, surtout celle-là, dit-il en montrant Sokanon.

— Nous sommes peut-être jolies, comme vous dites, mais ce n'est pas le cas de la bande de ruffians et de crapules que vous dirigez, sales, mal rasés et grossiers.

— Tu parles très bien notre langue pour une Indienne. En plus, j'ai l'impression que ta peau est plus claire que celle des autres et les traits de ton visage sont beaucoup plus fins, tu es une Métisse ?

— Pourquoi ? Cela changera-t-il quelque chose à votre décision ?

— Tu as en tout cas du répondant, cela me plaît !

— Mais vous, vous ne me plaisez pas du tout, si vous voulez me mettre dans votre lit, il ne faudra pas oublier de m'attacher avant de dormir, sinon vous pourriez ne plus vous réveiller du tout.

Les hommes de Mathieu rirent tous de concert.

— Elle a un sacré tempérament cette diablesse ! s'exclama l'un d'entre eux.

Vincent Larbaud intervint.

— Si vous êtes Français, votre devoir est de nous remettre aux autorités françaises.

— Nous sommes des marchands, notre devoir nous incite à réaliser les affaires que nous jugeons les plus profitables pour notre commerce.

— Des marchands ! C'est une plaisanterie, vous n'êtes que des bandits, uniquement préoccupés par l'idée de vous remplir les poches par tous les moyens possibles, y compris les plus infâmes !

— Vous pouvez dire tout ce que vous voulez, cela ne changera rien à notre décision.

Il se retourna, s'adressant à un grand gaillard, celui-là même qui avait assommé Nicolas.

— Tu me les charges sur le bateau, sauf les femmes, les Blanches naturellement. Elles feront le service à bord.

Il marqua un temps d'arrêt en dévisageant Émilie.

— Et tu m'enfermes la blonde dans ma cabine.

— Oui, capitaine, dit l'homme en souriant malicieusement.

Il se retourna, un petit bonhomme, au crâne dégarni et portant des lunettes regardait les affaires de ceux qu'ils venaient de capturer en utilisant un lorgnon.

— Alors ?

— Pas grand-chose… à l'exception de ce sabre… À qui appartient-il ?

— À celui-là, indiqua Paul en désignant Nicolas.

— Vous vous appelez ?

— Nicolas de Guillemin.
— Ce sabre vous appartient ?
— Oui, votre compère dit vrai.
— Apparemment, vous n'en êtes pas le premier propriétaire, car à l'intérieur de la garde des initiales sont inscrites, H. M., ainsi qu'une date.

Il regarda minutieusement les inscriptions et annonça.
— A priori, cela date de 1671.

Tous se tournèrent vers Nicolas qui au vu de sa mine stupéfaite ignorait complètement de quoi il retournait.
— Tu penses qu'il a de la valeur ? demanda Mathieu.
— Difficile à dire, peut-être que oui, peut-être que non. Cela dépend de l'identité de ce H. M. Il se peut que ce ne soit qu'un illustre inconnu comme quelqu'un de plus connu. Je pense de toute façon que ces deux gaillards ont beaucoup plus de valeur que ce sabre. Leurs familles paieront pour leur libération.

Pendant qu'ils procédaient à l'embarquement, Émilie adressa à Nicolas un regard où se mêlaient inquiétude et colère. Pour l'instant, ils ne pouvaient rien faire, mais la jeune femme savait que son amoureux avait de la ressource, et après tout, elle restait libre, riche de l'expérience acquise ces dernières semaines.

Jonction de la rivière Ohio avec le Mississippi – 16 mars

Le grand sloop avait parcouru la distance entre leur point de départ et le grand fleuve Mississippi bien plus rapidement qu'ils n'auraient pu le faire avec leur frêle esquif. Émilie contemplait avec émerveillement le décor naturel de la Nouvelle-France. Le bateau qui les transportait quittait à présent les eaux bleues de la rivière Ohio pour arriver dans le Mississippi dont les eaux boueuses indiquaient clairement la séparation entre les deux cours d'eau. Sur leur droite, le Mississippi continuait son tracé vers le nord et une petite île apparaissait en plein milieu, compliquant ainsi le passage des bateaux sur le grand fleuve qui devenait subitement beaucoup plus étroit.

Elle avait déjà remarqué que tous ceux qui étaient à bord savaient parfaitement manœuvrer un voilier sur un parcours pourtant extrêmement sinueux et piégeux, comportant un nombre considérable d'îlots. C'étaient des marins aguerris et parfaitement entraînés. La jeune femme se demanda quel était le but de son voyage, car mises à part les traditionnelles politesses d'usage et les banalités de la vie de tous les jours, ils n'avaient pas échangé grand mots. Elle savait que Nicolas était retenu captif et ligoté dans une autre des pièces et elle n'avait pour le moment pas réussi à le voir. Si au départ, Mathieu avait demandé à ce qu'elle soit placée dans sa cabine, Paul n'avait pas appliqué la consigne, sans qu'elle en connaisse la raison, et elle s'était retrouvée avec les autres femmes.

Mathieu portait des bottes en cuir, semblables à celles qu'arboraient les officiers français et elle se demanda d'où il venait. Paul n'était jamais très loin de son compère et, contrairement à Mathieu, il ne lui prêtait pas beaucoup d'attention. À aucun moment, il n'avait été brutal avec elle, contrairement à ce qu'elle avait redouté depuis le départ. Les autres femmes étaient également libres, mais le soir, toutes étaient enfermées dans deux des cabines du navire.

Émilie remarqua qu'une agitation anormale régnait sur le pont. Alors qu'elle s'apprêtait à remonter pour voir de quoi il s'agissait, elle vit arriver Paul qui paraissait beaucoup plus énervé qu'à l'accoutumée.

— Que se passe-t-il ?

— L'Indien, le frère de Sokanon, il faut aller le chercher, vite !

— Kitchi ?

— Oui !

— Pour quelle raison ?

— Il y a un grand nombre d'Indiens sur le fleuve dans des canoës. Ils semblent vouloir monter à bord.

Émilie sourit malicieusement.

— Ne riez pas ! Si nous sommes en danger, vous l'êtes peut-être aussi !

Paul avait la clé de la cabine où les hommes étaient enfermés, deux solides gaillards l'accompagnaient. Ils ouvrirent et, à la stupéfaction des occupants, demandèrent à Kitchi de sortir. Ce dernier regarda brièvement Nicolas, qui acquiesça d'un petit signe de la tête, l'incitant à obtempérer sans discuter. Les regards de Nicolas et d'Émilie se croisèrent et ils échangèrent un petit sourire. Au moment où ils ressortirent, une violente secousse ébranla le bateau, manquant faire chuter ceux qui se trouvaient à la porte de la cabine.

— Il faut remonter sur le pont, insista l'un des gaillards.

— Je sais, nous avons probablement touché les bas-fonds.

Paul s'adressa à Kitchi.

— Je suppose que vous parlez notre langue aussi bien que votre sœur.

— Oui, c'est pour cela que vous avez besoin de moi ?
— Vous le verrez une fois sur le pont.

Kitchi sortit, encadré par les deux matelots. Personne ne remarqua l'absence d'Émilie, ils avaient d'autres priorités. Kitchi émergea sur le pont du bateau et, en observant autour de lui, comprit immédiatement la raison de sa présence. Devant le bateau, une immense flottille de canoës s'avançait vers eux. C'étaient des Indiens et au vu des arcs qu'ils portaient et qu'ils pointaient en direction du bateau, ils paraissaient avoir des intentions belliqueuses. Kitchi se plaça à côté de Mathieu, le capitaine du bateau.

— J'ai deux solutions à ma disposition : la première est d'ouvrir le feu sur eux et vu la puissance dont nous disposons, il y a de bonnes chances que nous l'emportions. La deuxième, c'est de parlementer avec ces gens-là, mais étant donné qu'à part quelques mots en iroquois, je ne connais aucune des langues indigènes, cela risque de tourner court.

Kitchi sourit en regardant Mathieu.

— Vous voulez que j'intervienne et tente de leur parler.
— Vous savez qui ils sont ?
— Je pense qu'il s'agit de ceux que les Français nomment « Illinois ». Je peux essayer de leur parler.

Il s'avança à l'avant du bateau et leva les mains en signe de paix. Une des embarcations s'approcha du voilier et Kitchi prit la parole. Ils échangèrent quelques phrases entre eux.

— Alors ?
— Leur langue ressemble à la mienne, je ne comprends pas tout, mais en insistant, j'arriverai à savoir à peu près ce qu'ils veulent.
— Excellent ! J'ai bien fait de vous garder. Demandez-leur ce qu'ils veulent.

Kitchi s'exécuta et reprit la conversation puis se retourna en direction de Mathieu.

— Ce sont leurs terres, ils demandent qui vous êtes et ce que vous venez faire ici ?

— Dis-leur que nous voulons juste passer.

Kitchi continua.

— Ils semblent peu disposés à vous laisser faire.

— Dis-leur que s'ils nous laissent passer, je peux leur faire des présents.

— Quelles sortes de présents ?

— Il nous reste encore une ou deux caisses de fusils.

Kitchi regarda Mathieu d'un air noir.

— Vous donnez des armes à feu à toutes les tribus et ensuite elles se font la guerre entre elles.

— Elles se faisaient la guerre entre elles bien avant que nous arrivions.

— Sauf que maintenant, avec les armes des Blancs et les conflits qu'ils ont ramenés d'Europe, il y a beaucoup plus de morts.

— Sans doute devrions-nous envisager la première option.

— Je vais traduire, répondit Kitchi, sans quitter Mathieu des yeux.

Pendant ce temps, Émilie s'engouffra dans l'écoutille, puis se dirigea vers la cabine où Nicolas était retenu prisonnier. Tous les membres de l'équipage étaient remontés sur le pont, leur attention accaparée par la nuée de canoës entourant leur navire. Bien qu'elle fût seule, elle regarda prudemment autour d'elle pour vérifier qu'aucun des hommes de Mathieu ne fût demeuré à l'intérieur, mais il n'y avait personne. Elle sortit le trousseau de clés qu'elle avait subtilisé à Paul un peu plus tôt et les essaya une par une, avant que l'une d'elles réussît à ouvrir la porte. Quand Nicolas aperçut son visage par l'ouverture, il rayonna de bonheur. Elle vint vers lui et l'embrassa fougueusement sous le regard amusé de Larbaud et de l'autre guerrier abénaquis.

— Qu'est-ce qui se passe sur le pont ?

— Il y a des centaines d'Indiens dans des canoës sur le fleuve, on ne sait pas ce qu'ils veulent.

— C'est pour cela qu'ils avaient tant besoin de Kitchi, pour parlementer.
— Oui.
— Comment cela se passe à l'extérieur ?
— Je l'ignore, Nicolas.
— Si une bataille commence, nous ne tarderons pas à en entendre le bruit.
— Je peux vous libérer, si tu veux.
— Nous sommes quatre contre vingt et ils ont des armes à feu dont nous sommes démunis, ce serait un massacre. Évidemment, si le combat débute, cela change tout, cela nous permettra d'en profiter. Il faut attendre de voir ce qui se passe.

Ils entendirent du bruit, quelqu'un marchait dans le couloir. Émilie, le cœur battant, ressortit. Qui cela pouvait-il bien être ? Paul ? L'un des marins ? En arrivant dans le couloir, la silhouette d'Hélène se dessina devant elle. Émilie poussa un soupir de soulagement.
— Tu es bien imprudente, cela pourrait être n'importe qui et tu aurais perdu ta liberté.
— Comment cela se déroule sur le pont ?
— Kitchi a fait des signes de paix et plusieurs des Indiens s'apprêtent à monter à bord. Tu dois ressortir, tu ne peux pas rester là.

Elle se retourna vers Nicolas, le regard interrogateur.
— Écoute, Émilie, ce n'est pas le moment, mais si tu as réussi à subtiliser les clés à Paul, tu pourras le refaire à nouveau. Retourne sur le pont avec Hélène, il faut attendre une situation plus favorable.
— Il a raison, intervint Larbaud, vous êtes habile, il faut patienter un peu, une autre occasion se représentera.

Elle referma la porte et, avec Hélène, regagna le pont où la situation restait indécise. En arrivant, elle vit que plusieurs des Indiens du fleuve étaient montés à bord et étaient en grande discussion avec Kitchi qui traduisait pour Mathieu et Paul qui se tenaient à ses côtés.

Par chance, personne ne prêta attention à son irruption sur le pont, pas plus qu'ils ne semblaient avoir remarqué sa disparition, la situation en cours était trop importante pour qu'ils puissent penser à autre chose. Elle se félicita d'avoir choisi le moment opportun pour aller voir Nicolas. Annabelle s'avança lentement vers elle.

— Où étais-tu ?

— Où veux-tu que je sois allée ? Qu'est-ce qui se passe ?

— Je ne comprends pas, ils n'arrêtent pas de discuter, ils n'ont pas l'air d'accord.

Sokanon, qui avait entendu, s'approcha.

— Mathieu a proposé aux Illinois des fusils, mais eux n'ont jamais vu d'armes à feu et ils doutent de l'efficacité des présents que l'on veut leur offrir.

Elle prit Sokanon par la main.

— Viens avec moi !

Les deux femmes se dirigèrent vers le petit groupe et Émilie prit la parole.

— Pourquoi parler pendant des heures, faites-leur une démonstration !

Tous les hommes lui adressèrent un regard où se mêlaient surprise et irritation, à l'exception de Paul qui semblait particulièrement amusé par l'intervention de la jeune femme. Les Illinois demandèrent à Kitchi ce qui se passait. Ce dernier sembla plutôt embarrassé pour expliquer ce qu'Émilie avait dit. Celle-ci n'avait pas compris que son irruption venait de mettre à mal l'autorité de Mathieu.

— Demandez à votre meilleur tireur de viser quelque chose.

— Je tire moi-même assez bien, je n'ai pas à demander à quelqu'un d'autre.

Paul donna l'ordre aux matelots d'aller chercher une caisse de fusils. Restait à trouver la cible adéquate. Paul remarqua des oiseaux qui se trouvaient un peu plus haut sur le fleuve, sans doute des canards sauvages. La caisse arriva sur le pont. Les hommes de Mathieu en ouvrirent une et extirpèrent deux fusils qu'on chargea. Paul en saisit un et Mathieu fit de même pour l'autre. Tous deux visaient l'endroit où se trouvaient les volatiles sous les yeux de Kitchi et de la délégation d'Illinois. Un premier coup de feu retentit, qui donna l'impression que le coup était manqué, mais Émilie comprit que son but était surtout de faire décoller les oiseaux qui s'envolèrent d'un seul coup. Un second coup de feu éclata et l'un des canards chuta brutalement à la surface de l'eau sous les murmures ébahis des Illinois et le sourire plein de satisfaction des deux tireurs. Celui qui paraissait être le chef du groupe d'Indiens semblait très impressionné et discuta de manière enthousiaste avec Kitchi.

L'affaire paraissait entendue. Émilie s'approcha de Paul qu'elle bouscula d'une manière apparemment accidentelle, mais qui ne l'était pas en vérité, pour accrocher à nouveau les clés à son ceinturon. Mais alors qu'elle allait s'excuser, une main puissante lui saisit le poignet et lui serra la faisant crier de douleur. C'était Mathieu.

— Ah… Arrêtez, vous me faites mal !

— J'espère bien ! Un conseil, n'intervenez plus jamais devant tout le monde comme vous l'avez fait, sinon je vous ferai bien plus mal.

— Mon intervention vous a rendu service, grâce à moi vous avez trouvé un accord !

— C'est vrai ! Mais j'aurais pu perdre la face devant mes hommes. Écoutez-moi bien ! Si tout fonctionne bien, c'est que mes hommes me craignent et me respectent. Si ce fragile équilibre était rompu, tout pourrait arriver ! Vous avez compris ?

— Oui, fit-elle en le défiant du regard.

Mathieu la lâcha, puis s'éloigna, sans lui accorder le moindre regard sous l'œil amusé de Paul.

— Méfie-toi de lui, Mathieu peut être aussi bien gentil que violent.

— Ça vous plairait qu'il me frappe.

— Oui ! Mais pas autant que de le faire moi-même ! Le voyage est long, et ce ne sont pas les occasions de faire des maladresses qui manqueront. À bientôt, lâcha Paul en s'éloignant.

Émilie demeura sur le pont, observant les hommes charger les fusils en échange de présents que les Illinois rapportaient à bord. Apparemment, il y avait bien plus de fusils que ce qu'elle avait pensé au départ. Où se les étaient-ils procurés ? Mystère. Hélène s'approcha d'elle.

— Fais attention à toi !

— J'ai compris ! D'où viennent ces fusils ?

— Je ne pense pas qu'ils aient été achetés, sinon ce seraient des armes françaises. Celles qu'ils ont données aux Iroquois étaient anglaises, quant aux autres, elles proviennent des Provinces-Unies.

— Des armes volées !

— Vu le profil de ces loustics, cela ne me semble guère surprenant.

Elles regagnèrent l'entrepont. Le moral de Nicolas ainsi que celui de ses compagnons s'étaient améliorés, car ils savaient qu'Émilie était à présent capable de les délivrer.

Mississippi – 25 mars

Le tracé du Mississippi était incroyablement sinueux, parsemé d'une multitude d'îles ou d'îlots de tailles très diverses, et sa profondeur très inégale, rendait la navigation hasardeuse, pour ne pas dire risquée. Les températures avaient augmenté, permettant les promenades sur le pont, qui devenaient de plus en plus agréables.

Les quatre Françaises se tenaient à l'arrière du bateau quand elles virent une certaine agitation à bord. En suivant le regard des marins, elles observèrent un fortin en bois non loin du fleuve. Immédiatement, le cœur d'Émilie battit à tout rompre, en pensant qu'un petit contingent de soldats français se tenait à l'intérieur et qu'elle pourrait probablement donner l'alerte. Elle vit Mathieu venir vers elle.

— Je sais ce que vous pensez ! Mais ce n'est qu'un petit poste de traite, il n'y a pas de soldats, juste des trappeurs et sans doute quelques missionnaires. C'est le fort Prud'homme, mais contrairement au nom qu'il porte, ce n'est pas un vrai fort.

— Je vais vous décevoir, mais vous ne savez rien de ce que je pense, vous croyez savoir, mais vous l'ignorez.

— Vous avez en partie raison, mais les gens sont bien plus prévisibles que ce qu'ils croient. Tant que votre ami sera enfermé, vous ne tenterez rien qui puisse lui nuire.

Ils se dévisagèrent. Depuis le départ, contrairement à ce qu'elle avait craint au début, il n'avait rien tenté pour abuser d'elle. Pensait-il qu'elle avait une certaine valeur, c'était possible, tôt ou tard elle aurait sa réponse. Elle remarqua que Mathieu et Paul étaient en grande discussion, faisant de grands gestes en montrant le pont. Leur attitude l'intrigua et elle aurait aimé être une petite souris pour savoir ce qu'ils disaient. Paul s'engouffra dans l'écoutille menant aux cabines puis Mathieu se dirigea vers elle souriant légèrement.

— Vous vous demandez sûrement, madame, ce que nous venons de dire.

— En effet !

— Maintenant que le climat est plus clément, j'ai demandé que les prisonniers puissent sortir pour une courte promenade sur le pont, vous voyez, je ne suis pas le monstre que vous croyez.

— Et moi, je ne suis pas le genre de femme que l'on éblouit avec quelque parade sans éclat.

— Je sais ! Et c'est ce qui me plaît en vous.

Elle se força à sourire. Ainsi, c'était cela qu'il avait en tête, la séduire en se donnant l'image d'un gentleman et en aucun cas ne donner l'impression d'être une brute qui pourrait la prendre de force. Peu de temps après, Paul ressortit, accompagné de Kitchi qui portait des fers aux poignets et aux pieds. Paul lui jeta un regard ironique.

— L'attrait que les femmes exercent sur les hommes les pousse à se comporter de manière bien surprenante.

Au moment où Kitchi passait devant Mathieu, leurs regards se croisèrent.

— Maintenant que vous n'avez plus besoin de moi, je redeviens votre prisonnier, lança Kitchi.

— Quel autre choix as-tu dans ta position ?

— Peut-être aurais-je dû renoncer à être votre interprète la dernière fois, en attendant que la situation dégénère.

— Je pourrais tout aussi bien te faire pendre au mât !
— Qui vous aidera la prochaine fois que vous aurez besoin d'un traducteur ?
— J'ai probablement surestimé ton importance, après tout nous sommes des commerçants habitués à négocier avec des gens ne parlant pas forcément notre langue.
— Vous êtes des trafiquants, vous intéressez vos interlocuteurs tant que vous avez quelque chose à proposer en échange.
— Je te trouve bien intelligent pour un Indien !
— Nous sommes aussi intelligents que vous ! Vous ne connaissez rien aux Indiens !
Il jeta un bref coup d'œil à Émilie.
— Ni aux femmes, d'ailleurs !

Il dégaina son sabre, mais au moment où il le leva, Émilie s'interposa.
— Non !
— Vous défendez ce sauvage !
— Ce sauvage, comme vous dites, m'a sauvé la vie et j'accorde beaucoup d'importance à ce geste.

Mathieu dévisagea longuement Kitchi et s'apprêtait à rengainer son sabre quand, au dernier moment, il frappa violemment l'Abénaquis au visage avec la garde du sabre. Ce dernier vacilla puis se redressa avant de passer la main sur son visage ensanglanté pour en essuyer un peu de sang qu'il regarda, courroucé.
— C'est un acte de grande bravoure que de frapper un adversaire qui ne peut se défendre, je suis persuadé qu'Émilie appréciera.

Kitchi s'éloigna, non sans avoir jeté un dernier regard à Mathieu.
— Ne faites plus jamais ça ! cria Émilie.
— C'est moi qui donne les ordres sur ce bateau, personne d'autre !

La jeune femme s'abstint de toute réponse et regarda la mer. En fait, elle savait que les autres prisonniers feraient peu à peu leur apparition sur le pont et il lui tardait de voir enfin Nicolas. Elle dut attendre plusieurs heures, car c'est lui qui sortit en dernier et le voir ainsi enchaîné, traînant sur le pont comme un pauvre diable, la mit mal à l'aise. Elle remarqua le regard amusé de Mathieu.

— Ainsi, voilà la raison pour laquelle vous avez fait sortir les prisonniers sur le pont, non pas pour prouver votre bonté et votre humanité puisque vous en êtes parfaitement dépourvu, mais davantage pour humilier Nicolas en le faisant apparaître sur le pont en prisonnier, et en vous affichant à mes côtés, tout en sachant que cela le ferait souffrir.

Elle adressa un dernier regard à celui qui commandait le navire, puis repartit dans l'entrepont. Derrière Mathieu, Paul avait observé avec amusement la situation.

— Ta petite opération de séduction est en train de tomber à l'eau.

Mathieu se retourna brusquement, très irrité, mais ne répliqua pas.

Le soir arriva. La cabine dans laquelle se trouvaient les quatre compagnons retenus prisonniers n'était pas bien grande, mais leurs conditions de détention étaient bien meilleures que celles qu'ils avaient connues dans le village iroquois.

— Pour quelle raison ne nous ont-ils pas mis dans la cale ? demanda Vincent Larbaud.

— Sur ce genre de bateaux, la cale n'est pas bien grande, on réserve ce sort aux prisonniers sur des navires plus importants.

— Vu la nature de nos geôliers, il n'est pas impossible que leur cale soit pleine de marchandises de contrebande.

— Il semble évident que nous descendons plein sud en suivant le cours du Mississippi pour rejoindre le golfe du Mexique, annonça Nicolas

— Je sais que les Français sont présents à l'embouchure du Mississippi, poursuivit Larbaud, c'est là-bas qu'il nous faudra intervenir.

— Si nous tentons quelque chose avant, cela risque de très mal se terminer pour nous.

Kitchi regarda Nicolas qui était pensif.

— Il ne faut pas s'en faire pour Émilie, elle est forte, comme ma sœur Sokanon.

— Je sais, mais elle reste toujours avec cette crapule de Mathieu, alors que moi, je suis captif ici…

Chogan, l'autre Abénaquis, intervint, Kitchi traduisit ses paroles.

— Le voyage est long, il suffit d'attendre le moment idéal qui ne manquera pas d'arriver.

Tous approuvèrent d'un signe de la tête.

Mississippi – 2 avril 1713

Depuis le départ, ils s'étaient habitués à croiser un bon nombre d'îles et îlots parsemant le cours du grand fleuve Mississippi, mais à chaque fois qu'ils passaient devant ces parcelles de terre émergées au milieu de l'eau, c'était toujours l'occasion de les observer. Les paysages traversés par le fleuve étaient d'une grande variété et offraient sans cesse à ceux qui le parcouraient de nouveaux spectacles. À l'endroit où ils se trouvaient, la profondeur importante du cours d'eau permettait au bateau de passer au plus près des îles sur lesquelles les branches des arbres présents pouvaient parfois effleurer les haubans du bateau.

Alors que leur navire n'était distant que d'une vingtaine de pieds d'une de ces îles, des coups de feu éclatèrent et deux des marins s'effondrèrent sur le pont. Ceux du bateau répliquèrent en tirant au hasard, mais les tirs se perdirent dans la végétation recouvrant l'île. Le sloop était muni de six petits canons. Mathieu s'approcha de l'un d'eux, le dirigea dans la direction d'où venaient les coups de feu, puis alluma la mèche de mise à feu. Juste après la détonation, des cris se firent entendre, indiquant qu'ils avaient fait mouche, et ils aperçurent de vagues silhouettes au milieu de la végétation, c'étaient des Indiens. Aussitôt, le reste de l'équipage l'imita, actionnant les deux autres canons de bâbord. Les détonations ainsi que l'efficacité dévastatrice des canons semblèrent effrayer leurs agresseurs, mais quelques coups de feu supplémentaires résonnèrent avant que le silence ne se fît. Mathieu regarda le pont et vit qu'un autre de ses compagnons avait péri sous le feu adverse.

Le bateau continua à longer l'île en glissant sur l'eau silencieusement pendant que Mathieu disposait ses hommes armés de fusils sur toute la longueur pendant que quelques marins rechargeaient en hâte les trois canons.

Au niveau des cabines, une jeune femme blonde, un trousseau à la main, se dirigeait vers l'endroit où celui qu'elle aimait était retenu prisonnier. Elle s'arrêta devant la porte et chercha la clé qui lui permettrait d'ouvrir. Accaparée par l'activité qui obsédait son esprit, elle ne vit pas venir une silhouette qui avançait dans le couloir sans faire de bruit. Au moment où elle trouva enfin ce qu'elle cherchait, elle entrevit une ombre, mais réalisa que c'était trop tard. Elle sentit quelque chose de dur, de forme cylindrique se poser contre sa tempe ; le canon du pistolet de Paul.

— Vous pensiez que je ne me serais pas aperçu que vous m'aviez dérobé les clés ? Je n'ai eu ensuite qu'à attendre de savoir ce que vous alliez en faire, bien que la réponse à cette question me paraisse d'une évidence limpide.

— Qu'est-ce que vous allez faire de moi ?

— Je devrais peut-être te tuer, étant donné que notre chef semble affaibli par l'affection qu'il te porte, et n'est donc pas à même de rendre un jugement objectif te concernant.

— Vous semblez être jaloux de lui !

— Moi ?

Il éclata de rire.

— Si tu savais !

Il rit de plus belle et s'approcha d'elle. Il glissa une main sous sa robe, touchant le haut de sa cuisse, puis remonta lentement.

— Tu es une très belle femme !

Il arrêta soudainement son geste.

— Mais tu te trompes ! Je ne te convoite pas ! Ce que je cherche, tu ne peux le comprendre, bien que nous nous ressemblions bien plus que tu ne puisses l'envisager.
— Que voulez-vous dire ?

Il l'embrassa soudainement à pleine bouche laissant Émilie surprise et confuse.
— Vous… disiez… que vous ne me convoitiez pas… ?
— Visiblement, tu n'as toujours pas compris… Cela viendra, mais pas immédiatement, d'abord ta punition.

Paul approcha le pistolet de son visage.
— Allez ! Nous retournons vers le pont !
— Mais c'est dangereux ! On nous tire dessus !

Il la tira par la main pour l'entraîner vers le pont où les tirs semblaient avoir cessé et ils firent irruption à l'extérieur. Mathieu attendit de s'éloigner de l'île pour rejoindre Paul et Émilie.
— Que se passe-t-il ?
— Je l'ai surprise en train d'essayer de libérer les prisonniers.

Mathieu regarda la jeune femme, la déception se lisait sur son visage.
— Il faut que tu prennes des sanctions contre elle, car sinon tu passeras pour un faible aux yeux de l'équipage et tu sais qu'ils peuvent remettre en cause ton commandement.

Il sembla hésiter un moment.
— Le fouet ? demanda Paul, un grand sourire aux lèvres.
— C'est peut-être excessif…
— Mais non ! C'est au contraire parfaitement approprié.

Les hommes du bateau affluaient progressivement vers eux.
— Tu as raison… Il faut la punir.
— Nous pourrions l'offrir à l'équipage, proposa Paul, toujours très souriant.

Cette dernière remarque effraya Émilie qui était au bord des larmes.

— Attache-là au mât en attendant, je déciderai plus tard de son sort et va me chercher l'Indien.

— Le taciturne ?

— Bien sûr ! Tu sais de qui je parle.

Paul tira d'un seul coup sur le bras de la jeune femme, manquant la faire tomber. Il lui lia les mains puis l'attacha au mât sous le regard amusé des matelots. Paul partit ensuite en direction des cabines, escorté par deux solides gaillards pour aller chercher Kitchi. Dix minutes plus tard, l'Abénaquis fit son apparition sur le pont du bateau. Au vu de la dernière conversation qu'ils avaient eue, Mathieu avait hésité à le faire demander, mais la sécurité de son équipage passait avant toute considération. Paul l'amena en face de son chef.

— J'ai besoin de tes connaissances.

Kitchi resta stoïque, un léger sourire aux lèvres.

— Nous venons d'être attaqués par une tribu indienne, les connais-tu ?

L'Abénaquis se contenta de continuer de sourire en fixant Mathieu.

— Tu ne veux pas répondre ?

— Parce que je ne connais pas la réponse. Je ne sais rien des tribus vivant dans ces contrées.

— Sans doute devrais-je faire fouetter cette jeune femme pour t'aider à retrouver la mémoire.

— Allez-y, fouettez-la, que voulez-vous que cela me fasse ?

Mathieu fit un signe de la tête et un des marins se dirigea vers Émilie et lui déchira la robe dans le dos. Puis il attrapa un fouet et attendit l'ordre de son capitaine. Émilie observait Kitchi sans rien dire et lui aussi restait muet. Ils se dévisagèrent un long moment.

— Vous croyez que j'ai peur du fouet ? Allez-y, fouettez-moi ! Mais après, vous ne pourrez plus jamais vous regarder dans une glace.

Un grand silence suivit les paroles de la jeune femme, aucun dans l'assistance ne s'attendait visiblement à ça.

Paul murmura des mots que seul Mathieu entendit :

— Elle a beaucoup plus de courage que je ne l'aurais soupçonné.

— Allez chercher la sœur de l'indien, nous allons voir si l'Indienne est aussi courageuse.

— C'est bon, arrêtez ! Je vais vous dire ce que je sais.

Mathieu respira, il était temps, la situation commençait à se compliquer.

— D'après les informations que je tiens des Français, il se peut que les Indiens soient des Chicachas, qui les ont déjà combattus à plusieurs reprises. Ils sont assez belliqueux et les Anglais les alimentent en fusils régulièrement, à moins que ce ne soient des armes que vous avez vendues à une tribu rivale et dont ils se sont emparés.

Cette dernière remarque ne fut pas vraiment du goût de Mathieu, mais il était dans une position difficile, il avait besoin de Kitchi et ce dernier paraissait de plus en plus réticent à l'aider. Mieux valait reporter sa vengeance sur Émilie, car il était désormais clair qu'il ne pouvait pas compter sur elle ; elle n'était pas fiable, pas attirée par ses charmes. Il s'était bercé d'illusions la concernant. Restait à savoir de quelle façon il allait la punir. Il savait que la décision qu'il prendrait lui permettrait de renforcer son autorité sur l'équipage, ou pas… S'il se montrait trop cruel envers une femme, ses hommes se défieraient de lui. S'il paraissait trop gentil, ce qui signifiait trop faible, son rôle de chef serait rapidement remis en question.

— Comment devons-nous punir cette traîtresse ? demanda Paul, arborant un large sourire.

— Le bâton, attachez-lui les poignets en hauteur.

Sa phrase provoqua des cris de satisfaction dans les rangs des marins, prouvant qu'il avait fait le bon choix.

— Un volontaire ? demanda Mathieu.

Paul s'avança, tendant la main pour qu'on lui donnât le bâton, entraînant de nouveaux cris de joie parmi l'équipage. Paul fixa son capitaine. Le bâton était constitué d'un bois souple, de façon à ce qu'un effet de fouetté permette de faire encore plus mal.

— Quinze coups, capitaine ?

Mathieu aurait préféré dix coups, mais Paul, astucieusement, avait devancé son annonce, lui ôtant le choix de faire une annonce plus clémente. Il n'aimait pas Émilie. Mathieu savait pourquoi et il n'allait pas se priver de l'humilier.

Paul donna le premier coup sans retenue, mais la jeune femme ne broncha pas et serra les dents. Puis vint le second et le troisième sans qu'aucun son ne sortît de sa bouche, suscitant un murmure d'admiration parmi l'auditoire. Paul s'approcha de son capitaine.

— Elle a du cran, mais cela ne fait que débuter.

Il fallut attendre le huitième coup pour que la suppliciée laissât échapper un petit cri. Un lourd silence régnait sur le pont du bateau devant l'aplomb de la jeune femme. Kitchi, qui assistait au spectacle, restait lui aussi stupéfait, devant cette femme qui ne cessait de le surprendre. Il n'avait jamais connu de femme blanche comme elle, et avant cette scène, restait persuadé que la bravoure restait l'apanage des seules femmes indiennes. Il s'était lourdement trompé, comme tous ceux qui assistaient au spectacle.

Au treizième coup, des larmes coulèrent sur les joues d'Émilie, son dos lui brûlait et chaque frappe était plus douloureuse que la précédente, mais elle ne leur ferait pas le plaisir de craquer. Restaient deux coups, mais c'étaient les deux plus terribles. Le premier l'ébranla et elle ne fut pas très loin de crier. Les larmes redoublèrent alors qu'elle serrait les dents. Elle mordit sa lèvre, par réflexe, faisant couler un filet de sang sur le bas de son visage. Le dernier coup ne venait pas. Elle se retourna et vit le doute dans les yeux de Paul qui n'affichait plus le même sourire. Elle le défia du regard, l'incitant à frapper, ce qu'il finit par faire. Le coup s'abattit, mais elle sentit qu'il était moins fort que les autres. Dans l'assistance, c'était la stupeur, les rudes gaillards, les durs à cuire qui avaient pourtant l'habitude du sang et de la violence étaient tout pétrifiés. Elle jubila intérieurement, elle avait gagné. Tous avaient le visage figé, à l'exception de Kitchi qui souriait malicieusement, la victoire d'Émilie était aussi un peu la sienne.

L'un des brigands détacha la jeune femme et Mathieu s'approcha d'elle. Il voulait à nouveau plonger son regard dans le sien, pour savoir… mais la réaction de celle que l'on venait de rudoyer ne fut pas celle qu'il avait espérée. Elle lui cracha au visage, éclaboussant le visage de Mathieu d'un mélange de salive et de sang. En retour, il la gifla violemment, la projetant au sol. La magie de l'espoir que Mathieu avait placé en Émilie s'évapora aussitôt, comme s'il n'avait jamais existé. Désormais, la jeune femme serait attachée comme les hommes, mais Mathieu se méfiait aussi des autres femmes ; si Émilie les avait bernés, les autres en étaient aussi capables. Il fallait rester vigilant, mais il savait qu'il avait besoin de Kitchi. Ses conseils étaient précieux, car il ne connaissait absolument pas la région. À l'aller, ils avaient rencontré beaucoup moins de problèmes, mais ils s'étaient probablement fait repérer. Il lui tardait de rejoindre le golfe du Mexique.

Mississippi – 11 avril

À la demande de plusieurs membres de l'équipage qui avaient pris Émilie en pitié au vu du courage qu'elle avait montré quand on lui avait donné le bâton, Mathieu leva la punition et elle put à nouveau se promener librement, mais demeura sous l'étroite et pointilleuse surveillance de Max, qui était grand et maigre, avait l'apparence d'un croque-mort et montrait une grande méfiance et beaucoup de suspicion, ce qui entravait les mouvements de la jeune femme.

Dans la cabine où se tenaient les prisonniers, l'ambiance était morose et la courte promenade accordée quotidiennement restait l'unique distraction de journées qui n'en finissaient plus. Nicolas avait été attristé par le récit de Kitchi concernant celle qu'il aimait. L'Abénaquis lui avait narré combien elle s'était montrée courageuse, ce qui amoindrit quelque peu sa tristesse. Le seul point positif de l'affaire était le conflit né entre elle et Mathieu. Il avait craint un moment que cette relation mette en péril l'amour qui l'unissait à Émilie, mais à présent il ne risquait plus rien de ce côté-là, c'était au moins ça de gagné. Il en voulait à Mathieu et à Paul et ne cessait de caresser l'espoir de se libérer et de se retrouver face aux deux brigands. Mathieu semblait particulièrement à l'aise dans le maniement des armes, ce qui le motiva d'autant plus à vouloir l'affronter. Il n'y avait aucun honneur de se confronter à un couard. Paul restait plus mystérieux, plus difficile à évaluer et il se posait certaines questions à son sujet, auxquelles, il en était persuadé, il aurait bientôt les réponses,.

Mississippi, lieu-dit « Bâton-Rouge » – 19 avril 1713

Lorsque l'explorateur français Pierre Le Moyne d'Iberville arriva à cet endroit pour la première fois, il fut stupéfait de découvrir de grands poteaux de bois, plantés sur les rives du Mississippi, sur lesquels trônaient des têtes de poissons ou d'animaux et dont le sang avait coloré de rouge les supports sur lesquels ils étaient fixés. Le nom de « Bâton-Rouge » lui parut évident et cette appellation était désormais admise, aussi bien des Français que de leurs ennemis, les anglais. Pour les visiteurs qui découvraient ces symboles pour la première fois, cela provoquait irrémédiablement un choc et tous se demandaient quelle pouvait bien être la signification de cet étrange rituel. Ils mouillèrent l'ancre un instant devant ces poteaux rouges et personne à bord ne sut dire ce que ces offrandes signifiaient, ni Kitchi, ni Chogan, ni personne d'autre. Les températures avaient à présent considérablement augmenté et l'humidité de l'air rendait les promenades extérieures de plus en plus difficilement supportables.

Pour le moment, ni Mathieu, ni Paul n'avaient évoqué leur destination finale et Nicolas désespérait d'avoir l'opportunité de s'enfuir de ce bateau prison. Le fait que tous les prisonniers fussent maintenus en vie prouvait qu'ils n'avaient, au départ, pas la volonté de les tuer. S'ils devaient demander une rançon à la famille de Nicolas et de Larbaud, combien de temps resteraient-ils prisonniers ? Et quel serait le sort des autres ? Il semblait évident que les familles des trois autres jeunes femmes européennes étaient moins riches et ne paieraient pas forcément de rançon. Quant à la position du père d'Émilie concernant la libération de sa fille, il était impossible de la prévoir. Tout dépendrait du montant demandé pour la rançon, car si le gouverneur de Québec estimait que cela ne valait pas les concessions accordées par le roi de France, alors Dieu savait comment pouvait finir celle qu'il aimait. Il restait persuadé que leur meilleure chance restait de s'échapper et comme les événements survenus jusqu'à présent le prouvaient, tout pouvait arriver. Le tout était d'arriver à en profiter, ce qui n'était pas gagné d'avance. Émilie avait chèrement payé le vol des clés et il ne voulait plus l'exposer, ni aucune des autres femmes. Ses trois compagnons s'étaient, comme lui, préparés à cette situation, mais il trouvait l'attente insupportable.

Mississippi – À la hauteur du fort Saint-Jean – 26 avril 1713

Les prisonniers avaient remarqué, lors de leur promenade quotidienne, des indices présents dans la végétation et l'environnement des berges du Mississippi qui montraient qu'ils se rapprochaient de l'embouchure du grand fleuve. Larbaud savait qu'un fort se situait non loin de là, le fort Saint-Jean, qui était à l'origine, comme souvent, un poste de traite. Localisé à la confluence du lac de Pontchartrain et du bayou de Saint-Jean. Le bayou Saint-Jean permettait de faire le trajet entre le lac Pontchartrain et le Mississippi. Les coureurs des bois l'empruntaient régulièrement avec leurs canoës. Nicolas avait entendu parler de ces innombrables cours d'eau qui serpentaient tout le long du parcours à la hauteur du delta du fleuve et que l'on nommait « bayous ».

Alors que le bateau glissait sur l'eau, propulsé par une légère brise, l'un des marins remarqua une petite embarcation devant eux. Tous s'approchèrent et constatèrent que c'étaient des coureurs des bois.

— Que fait-on ? demanda Paul à Mathieu.

— Ne cherchons pas à l'éviter, il est possible qu'il y en ait d'autres dans les parages.

Le voilier s'approcha lentement de l'embarcation qui était une grosse barque pourvue d'une voile comme ils le constatèrent en arrivant. Les occupants les hélèrent.

— Oh ! Du bateau !

Mathieu se pencha.

— Vous êtes des explorateurs ? Des trappeurs ?

— Juste des marchands.
— Vous achetez des peaux aux Indiens ?
— Oui !
— Et pas aux gens comme nous ?
— Bien sûr que si ! Aux Indiens et aux trappeurs français, cela va de soi.
— Cela tombe bien, nous avons des peaux à vendre, beaucoup de peaux !

Mathieu était embarrassé, il ne s'attendait pas à ça.
— Nous pouvons monter à bord ?
— Naturellement ! On vous met l'échelle de corde.

Il donna un ordre et un des marins s'exécuta.
— Ce n'est pas une bonne idée, ajouta Paul.

Mathieu ignora la remarque et ils se regroupèrent près du bastingage, à l'endroit où était installée l'échelle de corde. Ils étaient quatre, entre trente et quarante ans, tous barbus, de solides gaillards. Le plus petit des quatre fut le premier à poser un pied sur le pont. Il arborait une barbe noire et l'œil vif.
— Cela ne ressemble pas à un bateau de marchands, ça !
— Et pourtant, c'en est un ! rétorqua Mathieu.

Émilie, Hélène et Sokanon étaient à l'arrière et observaient avec curiosité la scène qui se déroulait à l'autre bout du bateau.
— Nous avons déjà nos fournisseurs de peau, d'autres trappeurs français comme vous, affirma Paul, pour quelle raison devrions-nous traiter avec vous ? Vous n'avez pas vos acheteurs ?
— Si, mais le représentant des acheteurs a été tué par des Indiens et nous n'avons pas vu de bateau depuis deux mois.
— C'est normal en cette saison, mais ils ne devraient pas tarder à revenir. Les Indiens sont dangereux par ici ?

— Comme partout, rétorqua l'homme à la barbe noire en jetant un coup d'œil suspicieux aux femmes abénaquises et algonquines présentes sur le pont.
— Ce sont des femmes abénaquises et algonquines qui sont alliées avec nous. Elles n'ont rien à voir avec les Indiens d'ici.
— Avec ces maudits sauvages, on ne sait jamais ce qui peut arriver. Pour l'instant, cela se passe bien avec les Natchez, mais les récits abondent sur des incidents survenus plus au nord avec d'autres tribus. Mais revenons à ce qui nous intéresse : les peaux. Quel serait votre prix d'achat ?
— Il faut que nous puissions examiner la qualité de vos prises.
— C'est de la première qualité, soyez-en sûrs. Quels prix pourriez-vous nous en offrir ?
— On vous dit que l'on préfère d'abord voir vos peaux ! insista Paul.

L'homme à la barbe noire, qui se nommait Dulac, regarda à nouveau les Indiennes sur le pont tout en se frottant le menton d'un air sceptique.
— J'ai plutôt l'impression que vous préférez acheter des peaux aux Indiens qui sont moins chères. Ce qui explique probablement la présence de ces femmes indiennes à votre bord.
— La discussion est terminée, intervint Mathieu, je vais vous demander de retourner sur votre embarcation.
— On va le faire, mais je ferai une lettre au gouverneur pour rapporter ce que nous venons de voir.
— Vous savez écrire ? demanda Paul d'un air amusé.
— Sale ordure ! aboya Dulac, j'ai le nom de votre bateau et ferai une description précise de tout l'équipage !

La discussion s'arrêta là, interrompue par la détonation d'un pistolet, celui de Paul. Tout alla ensuite très vite. Loïck, un grand roux qui était le quartier-maître, poignarda un deuxième coureur des bois pendant que le reste de l'équipage se jetait sur les deux autres. À la fin,

Mathieu, qui n'avait pas participé au combat, regarda Paul qui avait le visage taché d'éclaboussures de sang et tenait son poignard à la main.
— J'ai eu tort ? demanda Paul répondant au regard perplexe que lui lançait son capitaine.
— Non ! Mais la prochaine fois, attends mon signal, c'est quand même moi le maître à bord !
— Que fait-on des corps, capitaine ? demanda Loïck.
— On va continuer vers le sud, et dès que nous nous serons suffisamment éloignés de cet endroit, nous les balancerons par-dessus bord.
— Et leur bateau ?
— Coulez-le.
— À vos ordres, mon capitaine.

Pendant que les hommes de bord s'exécutaient, Paul et Mathieu scrutèrent l'horizon en direction de fort Saint-Jean pour voir s'il n'y avait pas d'autres coureurs des bois dans les environs, mais ils ne remarquèrent pas le moindre mouvement.
— Il faut partir d'ici au plus vite ! ajouta Paul.
— Je sais, heureusement qu'il n'y a personne dans les parages.

Un peu plus loin, le trio féminin avait observé ce qui s'était déroulé un peu plus tôt sur le pont. Pour l'instant, même si Émilie avait subi une cruelle punition due à sa conduite, elles n'avaient pas eu à se plaindre de brutalités de leurs geôliers. À présent qu'elles avaient constaté qu'ils étaient capables d'une grande violence, elles étaient conscientes qu'il fallait en tenir compte avant toute initiative.

Golfe de Mexique – Embouchure du Mississippi – 2 mai 1713

Le sloop naviguait désormais toutes voiles dehors dans les eaux dont la robe brunâtre rappelait celles du Mississippi. Mais déjà, au large scintillait le bleu éclatant de celles du golfe du Mexique qui formait une étrange frontière liquide de deux teintes très différentes, révélatrices de leur nature profonde.

Cela faisait deux mois que Nicolas et ses camarades étaient confinés dans leur cabine et ils nourrissaient une grande envie de liberté. L'intimité avait rapproché ces compagnons d'infortune, venant pourtant de milieux totalement différents. Si au départ, l'espoir de s'échapper avait maintenu une dynamique permanente leur permettant de garder un moral élevé quelles que fussent les circonstances, la vue de la mer lors de leur dernière promenade avait brisé toutes les espérances, surtout celles des deux Indiens qui paraissaient un peu perdus loin du territoire sur lequel ils avaient grandi. Un seul d'entre eux conservait dans son cœur la conviction que tout pouvait encore tourner en leur faveur : Nicolas, qui, il est vrai, avait passé tant d'années à naviguer qu'il se sentait parfaitement à l'aise dans cet environnement.

Sur le pont, le duo qui avait mené le grand sloop vers le golfe du Mexique scrutait en vain l'horizon.

— Ça y est ! Je le vois enfin ! s'exclama Paul.

— Donne-moi la longue-vue !

Après avoir regardé longuement dans l'appareil, Mathieu exprima sa satisfaction.

— Enfin, il me tardait ce moment-là ! J'espère qu'ils nous ont vus.
— En tout cas, s'ils ne l'ont pas fait, cela ne va pas tarder.

Mathieu se retourna.

— Loïck ! Va me chercher les prisonniers.

Le quartier-maître obéit et disparut dans l'écoutille. Vingt minutes plus tard, les quatre hommes, le visage fatigué par deux mois de captivité, la barbe fournie pour les deux Européens, apparaissaient sur le pont. Les femmes, déjà présentes sur le pont, surveillaient avec anxiété le suivi des événements. Elles avaient compris que quelque chose d'inhabituel se passait, mais ne savaient pas vraiment quoi. Nicolas, lui, comprit immédiatement en voyant un point blanc à l'horizon. Devant le regard perdu de ses amis, il murmura.

— Ils vont nous transférer sur un bateau plus gros.

Comme il l'avait prédit, tous virent au loin s'approcher un navire plus imposant que celui sur lequel ils se tenaient. Larbaud interrogea son compagnon du regard.

— Je pense que c'est une frégate, ce qui semble plutôt inquiétant concernant ceux qui nous tiennent pour prisonniers.
— Que voulez-vous dire ?
— Posséder une frégate n'est pas à la portée de tout le monde, ce sont des bateaux très rapides et suffisamment armés pour s'attaquer à bon nombre de navires à l'exception des gros vaisseaux de guerre. Et vu qu'ils font tout pour éviter les postes de garde de l'armée française, je pense qu'ils vivent de prises de mer.
— Des pirates ?
— J'en ai bien peur…
— Ils n'ont pas l'air bien méchants…
—Parce qu'ils n'avaient pas besoin de l'être, mais si cela est nécessaire, je pense qu'ils n'hésiteront pas à s'en prendre à nous.

Ils distinguaient à présent nettement le bateau qui s'approchait d'eux, toutes voiles dehors. Nicolas eut un petit pincement au cœur, il connaissait ce bateau pour l'avoir déjà vu lors de sa traversée de l'Atlantique lorsqu'ils avaient fait la course sur la corvette de Grabac ; c'était la frégate de Pardaillac. Cette dernière observation ne fit que renforcer ses craintes à propos de ceux qui l'avaient capturé.

Émilie avait remarqué le visage inquiet de Nicolas et tenta de s'approcher de lui, mais Paul, qui avait repéré la manœuvre, s'interposa entre eux, leur lançant des regards sévères, dissuadant les tourtereaux de toute initiative malheureuse. Mais plus les bateaux se rapprochaient l'un de l'autre, plus l'attention de Mathieu restait focalisée sur les manœuvres pour mettre les deux bateaux bord à bord. Larbaud en profita pour se tenir proche de Nicolas.

— Si ce sont bien des pirates, de Guillemin, que diable faisaient-ils donc si loin dans les terres ?

— C'est exactement la question que je me posais.

À l'approche de la frégate, le sloop vira de bord pour se mettre dans la trajectoire de l'autre bateau. Ils virent les marins replier les voiles et peu à peu la frégate revint à la hauteur du sloop. Comme pour le plus petit des navires, l'équipage de la frégate avait commencé à replier ses voiles. Bientôt, ils furent quasiment à la même hauteur et ils remontèrent au vent pour immobiliser les deux navires. Sur la frégate, un homme de taille moyenne, solidement bâti, le crâne rasé, le torse nu, regardait en souriant les marins s'affairer sur les ponts des voiliers. Mathieu leva la main pour saluer son vis-à-vis

— Salut Bart ! Tout va bien ?

— Oui, mais tu as été bien long, on se demandait si tu n'étais pas resté quelque part à prendre du bon temps !

— Je m'en doutais, mais je reviens avec de l'or, beaucoup d'or.

Ces paroles furent accueillies par des clameurs dans les rangs de l'équipage de la frégate.

— Et ça ! C'est quoi ? dit le chauve en désignant les prisonniers. Des prisonniers ? Tu essaies toujours de tirer de l'argent de tout, c'est une obsession. Il y a aussi des Indiens, ça ne vaut rien les Indiens.
— En tout cas, ça vaut plus que toi ! s'exclama Kitchi.

Ses paroles provoquèrent un éclat de rire parmi les marins.
— En plus, celui-là a mauvais caractère, mais il semble bien maîtriser notre langue.

Les voiles des bateaux étaient à présent toutes repliées et les hommes de bord, au moyen de grappins, étaient en train de rapprocher les deux voiliers l'un contre l'autre ; le pont du sloop était une toise plus bas que celui de la frégate. Pendant que Mathieu montait à bord de la frégate, plusieurs marins descendirent à bord. Mathieu et Bart se donnèrent une franche accolade avant que l'on commençât à transférer les prisonniers à bord de la frégate. Peu à peu, tous montèrent à son bord. Ils allaient emmener les prisonniers dans une des cabines quand la vigie cria ;
— Voiles à l'horizon !

Mathieu, Paul, Bart et Loïck se précipitèrent vers le bastingage dans la direction que venait d'indiquer l'homme en tête de mât. Mathieu et Bart tirèrent chacun leur longue-vue.
— Il n'y a qu'un seul navire, mais il vient dans notre direction.
— Apparemment, c'est une frégate, comme nous, un peu plus grande, mais je ne distingue aucun pavillon, il est encore trop loin.
— La zone est contrôlée par la France, il est possible que ce soit un vaisseau de guerre ou un navire corsaire.
— Nous sommes en guerre, c'est peut-être un navire anglais ou hollandais.

Le quatuor se retourna vers celui qui venait de s'exprimer : Nicolas.
— Vous êtes officier de marine, non ?
— Oui !

— Jetez un œil et dites-nous ce que vous pensez de ce bateau.
— Qu'est-ce que j'y gagne ? Nous sommes vos prisonniers.
— Vous êtes plutôt bien traité, non ?
— Vous plaisantez ! Vous avez fait donner le bâton à Émilie.
— C'est normal, elle nous avait subtilisé les clés. On punit également les fautes sur le bateau de la Marine royale.
— Nous ne frappons pas les femmes !
— Enfermez-les quelque part.
— Et que faisons-nous pour le bateau qui vient ?
— Hissez les voiles, préparez-vous à lever l'ancre.
— À vos ordres, capitaine ! Concernant le sloop, il ne pourra supporter l'allure de cette frégate si elle nous prend en chasse.
— On l'abandonne !
— C'est une grosse perte, capitaine !
— C'est vrai, mais nous n'avons pas le choix, nous ne pouvons nous permettre de diviser nos forces, il me faut un maximum d'hommes pour manœuvrer *l'Intrigante* et si nous engageons le combat, il vaut mieux que nous soyons tous réunis.
— Les canons ! On ne peut laisser les canons à bord !
— Ils sont plus petits que ceux de l'*Intrigante*, ce sont des canons de 12, mais si nous devons faire face à un abordage, on peut les utiliser sur le pont, fais vite et chargez-les à bord, ainsi que tout ce qui pourra servir.

Les marins se précipitèrent sur le sloop pour récupérer les canons et tout ce qu'ils jugeaient utile. Par chance, les canons étaient sur le pont et ils étaient moins gros que ceux de l'*Intrigante.*

Bart regardait toujours dans sa longue-vue pendant que les marins s'agitaient sur le pont de la frégate. Loïck s'était placé à la barre et regardait le travail de l'équipage qui déployait les voiles du navire. À ses côtés, Paul adressait des regards inquiets en direction de Loïck et de Mathieu qui scrutaient l'horizon. C'est finalement ce dernier qui donna l'information que tous attendaient.

— Il bat pavillon anglais, c'est une frégate de guerre anglaise !

Mathieu se précipita à l'arrière du navire.

— On déploie toutes les voiles et on se prépare à lever l'ancre. Bart, prépare les armes, il y a de fortes chances que cela se termine au combat.

— Tu penses qu'ils peuvent nous rattraper ? demanda Paul à Mathieu.

— C'est fort possible.

Mathieu regarda le premier canon attaché par des cordes qu'un groupe de matelots hissait sur le pont. De ce côté-là, ils n'étaient pas en retard. Accaparé par l'urgence de la situation, on avait laissé les prisonniers, dont les mains étaient liées, sur le pont.

— Rendez nous nos armes et laissez-nous nous battre avec vous en échange de notre liberté, s'écria Nicolas, le navire anglais est plus gros, ils ont plus d'hommes et de canons que vous.

Mathieu hésita un moment mais donna l'ordre de les enfermer sous le regard perplexe de ses subordonnés. Émilie et les autres femmes qui restaient sur le pont regardèrent les hommes partir dans l'entrepont. Son dos blessé par la punition qu'elle avait dû subir devant les yeux de tous la faisait encore souffrir, mais c'était la situation de celui qu'elle aimait, transporté et exhibé comme un animal depuis deux mois, qui la peinait le plus. Si les Anglais gagnaient le combat, leur situation serait-elle meilleure ? Elle n'en était pas certaine, leurs deux pays étaient en guerre. Elle hésitait sur la conduite à tenir, son cœur lui disait de résister, mais son dos lui rappelait combien il était dangereux de s'opposer à Mathieu. Hélène, comme si elle avait lu dans ses pensées, intervint.

— Plutôt la mort que de vivre dans l'esclavage toute une vie. La seule chose qui rend notre situation acceptable, c'est l'espoir de retrouver notre liberté.

Elle détourna son visage vers elle.

— Merci, Hélène ! Que croyez-vous qu'il va arriver ?

— Je pense que Nicolas a raison, leur bateau est plus gros, plus rapide, contient plus d'hommes, la victoire n'est pas impossible, mais elle sera très difficile.
— Nicolas, quand il était second sur *l'Audacieux*, le vaisseau de la royale a déjà remporté un combat contre un ennemi qui lui était supérieur.
— Mais ce n'est pas lui qui dirige le combat, il est prisonnier, et je ne sais pas ce que vaut ce Mathieu.

Enfermés dans la cabine, les deux Français et les deux Abénaquis tentaient de regarder par le hublot le déroulement du combat. Nicolas se demandait si Mathieu était capable de gagner ce combat. Dans tous les cas, les pertes seraient importantes.

L'*Intrigante* venait de lever l'ancre et s'élançait toutes voiles dehors, laissant dans son sillage le sloop sur lequel ils avaient passé plusieurs mois et descendu le Mississippi. Pour apercevoir leur adversaire, il n'y avait désormais plus besoin de longue-vue, il était nettement visible à l'œil nu, distant de deux ou trois miles.

Au bout d'une heure, l'équipage de l'*Intrigante* comprit que son adversaire était plus rapide. C'était une grosse frégate. Sur le pont, tous observaient l'autre voilier revenir inexorablement sur eux. Bart étudia leur poursuivant à la longue-vue, grimaçant devant ce qu'il était en train de découvrir.
— Alors ? demanda Loïck.
— Ils possèdent soixante canons, alors que nous n'en avons que 26, 32 en comptant les 6 canons de 12 récupérés sur le sloop, et je dirais qu'il file environ 1 nœud à 1 nœud et demi plus vite que nous.
— Il nous aura rejoints dans moins de deux heures, poursuivit Bart, et quand nous prendrons ses boulets de canons de 32 livres sur notre coque, cela fera un sacré dégât.

Mathieu prit la parole.
— Vous savez tous que si nous sommes pris, nous serons pendus en place publique. Nous n'avons d'autre choix que de nous battre, jusqu'à

la mort s'il le faut. Nous pouvons remporter ce combat, mais je ne vous cache pas qu'il y aura beaucoup de morts.

— Et l'officier, Nicolas de Guillemin, il pourrait nous aider, se risqua Loïck.

— Comme nous trahir… Je ne prendrai pas ce risque, affirma Mathieu.

L'écart entre les deux voiliers s'était encore réduit, malgré la brise qui avait forci, entraînant plus de houle avec des vagues plus grosses dont la crête blanchissait de plus en plus. Ce type de temps favorisait encore plus leur poursuivant et rendait un abordage difficile, mais pas impossible… Logiquement, il aurait fallu réduire un peu la surface de voile et replier les perroquets, mais c'était naturellement impossible, car cela signifiait se faire rattraper plus rapidement. Mathieu et Paul regardaient avec angoisse leur adversaire, distant à présent de moins d'un mile.

— Ils ne vont pas tarder à ouvrir le feu, marmonna Paul.

— Je sais…

Le capitaine de l'*Intrigante* se tourna vers Loïck et Bart, ses deux quartiers-maîtres, qui attendaient ses ordres depuis quelques minutes.

— Branle-bas de combat, tout le monde à son poste, paré à faire feu avec les canons de bâbord.

Partout sur le pont, les hommes de l'*Intrigante* s'agitaient pour répondre aux ordres de leur capitaine. Il y avait beaucoup de confusion et Paul, qui était très observateur, remarqua pourtant au milieu de ce chahut l'absence d'Émilie. Il se tourna vers Hélène.

— Où est-elle ?

— Je n'en sais rien ! Je vous le promets !

— Cette fois, ce sera le fouet, ou la corde, mais en aucun cas des punitions faites pour les enfants !

Il dévisagea Hélène qui paraissait inquiète.

— De toute façon, je sais où elle se trouve et pour quelle raison, la même qui lui a valu d'être sanctionnée une première fois.

Paul disparut dans l'ouverture de l'écoutille sous le regard apeuré d'Hélène, inquiète du sort qu'on allait réserver à Émilie si elle se faisait reprendre à tenter de libérer Nicolas. Elle était cependant consciente que sa punition n'aurait lieu qu'en fonction du résultat de la bataille qui était imminente. Sokanon, Annabelle et Françoise se tenaient juste derrière elle.

— Dès que le combat commencera, dit Sokanon, Paul sera obligé de remonter sur le pont. Ils sont en infériorité numérique, ils auront besoin de tout le monde pour se battre.

— Y compris Nicolas et les autres. Ce sont des Anglais, Nicolas se bat depuis longtemps contre eux, sa place est sur le pont !

— Je sais !

Émilie était arrivée devant la porte de la cabine. Elle regarda autour d'elle pour essayer de trouver un outil qui lui permît de forcer la serrure. Alors qu'elle se trouvait dans le couloir, une détonation retentit, les Anglais venaient d'ouvrir le feu. L'*Intrigante* fit une embardée et la jeune femme tomba en avant, roulant sur plusieurs pieds. Elle se releva et vit qu'une porte menant à une salle s'était ouverte. Elle s'avança lentement et passa la tête par l'ouverture en poussant un petit cri. La pièce renfermait toutes les armes, fusils, sabres, hachettes et autres outils de mort destinés à occire son prochain. Elle regarda ce qu'elle pourrait bien utiliser pour libérer ses compagnons. Son choix se porta sur un grappin avec lequel elle espérait bien réussir dans son entreprise. Elle ressortit, souriante, satisfaite de sa trouvaille, pleine d'espoir pour parvenir à libérer celui qu'elle aimait. Une nouvelle salve retentit et elle entendit l'impact des boulets dans l'eau ; les tirs se rapprochaient de plus en plus.

Elle regarda la serrure et se mit à l'ouvrage. À l'intérieur, les prisonniers avaient compris que quelqu'un essayait de pénétrer dans la cabine en trafiquant la serrure.

— Émilie ?

— Oui, c'est moi, je vais essayer d'ouvrir la porte, je ne comprends pas pourquoi nous subissons les tirs anglais sans riposter !
— Pour la porte, écarte-toi ! Nous allons tenter de l'ouvrir de l'intérieur, mais il faut attendre que les hommes de Mathieu ouvrent le feu. Les canons anglais sont plus gros et ont plus de portée que les nôtres, c'est pour cela que nous n'avons pas encore tiré.
— C'est exactement ce que j'allais te dire ! dit une voix dans le dos de la jeune femme.

Émilie n'avait pas entendu Paul arriver, il tenait à présent un pistolet dont le canon était pointé sur la tête de la jolie blonde.
— Émilie ? Qui est là ?
— C'est celui qui tiendra le fouet quand ta compagne sera attachée au mât et que je la cinglerai comme une esclave ! À moins que je ne la tue maintenant, juste avant l'abordage, une victime de plus ou de moins, personne ne fera la différence !
— Paul ! Ne lui fais pas de mal !
— Sinon quoi ? Tu es attaché et prisonnier, mais si elle survit, elle te racontera ce que je lui ai fait ! Sinon, il faudra demander aux autres femmes.
— Maudit chien !

Un brutal silence régna soudain, que les canons de l'*Intrigante* interrompirent aussitôt. Leur navire venait enfin d'ouvrir le feu, le combat s'engageait, pour de bon cette fois. Paul saisit la jeune femme par le poignet. Les canons des deux navires tiraient maintenant de concert et l'un des projectiles du vaisseau anglais percuta avec violence la coque du navire. Paul et Émilie tombèrent dans le couloir. Aucun des deux ne s'était aperçu que des bruits de choc contre la porte de la cabine s'étaient accumulés à cause des bruits des canons. Émilie se releva plus vite que Paul et s'apprêtait à filer en direction du pont quand le haut de la porte explosa sous la répétition des coups. Paul, médusé, vit des coups de pied et de poing achever de défoncer la porte de la cabine, mais il n'était pas au bout de ses surprises. Nicolas apparut dans l'ouverture, libre de ses fers.

— Comment ?

— Cela fait déjà deux semaines que avons subtilisé un couteau et des outils qui nous ont permis d'ôter nos fers, nous attendions juste le moment adéquat, dit-il en souriant.

Paul tira avec son pistolet, mais Nicolas rentra brusquement dans la cabine, évitant la balle qui lui était destinée. Il ressortit et Paul tira son sabre.

— Nicolas ! Dans la pièce du fond, il y a des armes, des sabres aussi !

Paul se précipita vers lui, mais il arriva dans la pièce le premier et saisit un des sabres.

— Enfin, nous sommes à égalité.

Paul recula dans une partie du bateau beaucoup plus large, et fit face à Nicolas. Pendant ce temps, ses compagnons se précipitèrent dans la salle où se trouvaient les armes pour s'en emparer. C'était la première fois depuis deux mois qu'ils avaient enfin l'opportunité de se tirer du mauvais pas dans lequel ils se trouvaient. Les lames des sabres s'entrechoquèrent dans un enchaînement de cliquetis métalliques caractéristiques de ce genre de joutes. Paul était un adversaire de talent et Nicolas remarqua immédiatement sa souplesse de pas et son agilité. D'un gabarit bien inférieur à celui de son capitaine, il n'avait pas sa puissance, mais compensait cette faiblesse par d'autres qualités.

Paul avait tenté plusieurs attaques très rapides qui avaient manqué toucher Nicolas. Ces semaines passées dans un espace clos l'avaient amoindri. En temps normal, il aurait rapidement eu le dessus, malgré les qualités de son adversaire, mais, étant affaibli, il savait qu'il devait être prudent. Au bout d'un moment, il lut le doute dans le regard de Paul, qui ne parvenait pas à trouver l'ouverture. Dans le dos de l'officier français, ses amis avaient choisi de ne pas intervenir, mais il ne fallait pas que ce duel se prolonge indéfiniment, car la confusion générée par le combat qui se passait en surface n'était qu'éphémère et c'était maintenant qu'il fallait en profiter.

Plus le combat se prolongeait et plus Nicolas retrouvait ses marques. Il réussit une première attaque victorieuse et toucha Paul au bras gauche. Nicolas sourit, il allait pouvoir vérifier une intuition qu'il avait en tête depuis un petit moment. Il réalisa deux petites attaques, qui n'étaient que des manœuvres, pour se placer en position de tenter celle, décisive, qui devait lui donner la victoire, mais pas de la manière dont beaucoup s'attendaient. Il feinta une attaque au visage de Paul, qui se pencha en arrière pour parer le coup, puis d'un coup sec vers le bas, fendit en deux la chemise bleu marine que son adversaire portait, dévoilant son torse nu. Tous s'immobilisèrent, figés sur place, car si les deux excroissances de chair n'étaient pas bien grosses, il semblait désormais évident que celui qui se faisait appeler Paul était une femme, dont tous ceux présents pouvaient à présent voir les deux seins. Le seul qui ne semblait pas surpris était Nicolas.

— Ainsi, tu avais compris ? Depuis quand ?

— La première fois que j'ai eu des doutes, c'était au village iroquois, quand tu as planté ton couteau entre mes cuisses, c'était le geste caractéristique d'un esprit féminin. Ensuite, j'ai eu le temps de t'observer. Certes, il y a des hommes fluets, mais ta démarche, tes mains, ta voix, tout évoque une femme et non un homme.

— Mathieu le sait forcément, intervint Émilie.

— Naturellement !

— Votre prénom, c'est…

— Pauline.

— Bien sûr, vous l'avez masculinisé, tout simplement.

Tout à coup, un choc violent ébranla l'*Intrigante*.

— Il faut remonter sur le pont, le combat fait rage, insista Larbaud. Ce n'est pas le moment de nous battre entre nous.

Pauline acquiesça d'un geste de tête, la révélation de sa féminité aux yeux de tous semblait l'avoir déstabilisée. Elle n'était plus le petit coq arrogant qu'ils avaient connu tout au long du voyage, ce n'était plus du tout le même personnage. Émilie la regarda, quelque peu troublée au souvenir du baiser qu'elle lui avait accordé alors qu'elle se présentait sous l'apparence d'un homme. Émilie avait bien senti que quelque chose n'allait pas. Elle se souvenait aussi de ses mots « Je ne te convoite aucunement ». Elle n'avait pas compris pourquoi sur le moment, mais tout s'éclaircissait à présent. Restait à savoir pour quelle raison Pauline avait fait cela, provocation, envie d'une expérience interdite, ou véritable désir charnel envers une autre femme. Émilie n'aurait su le dire, mais la jeune femme pirate avait une personnalité troublante, perturbante, par son aspect imprévisible et non conventionnel.

— Je vais changer de chemise et j'arrive, ajouta Pauline.

Kitchi la regarda, amusé. Comme Émilie à la rivière, Pauline était pudique pour dissimuler ses seins alors que les femmes abénaquises exhibaient fièrement les leurs. Les femmes furent les premières à arriver sur le pont et constatèrent avec effroi que leur adversaire anglais avait déjà fait du dégât. Plusieurs cadavres jonchaient le sol, victimes des canons anglais. Nicolas surgit en premier avec ses compagnons sur ses talons. Habitué aux combats navals, il chercha immédiatement du regard l'autre bateau qui se trouvait désormais à un tiers de mile, c'est-à-dire à portée de tir. Comme il l'avait craint, la frégate anglaise était bien plus grosse et les officiers de marine anglais étaient, il le savait par expérience, parmi les meilleurs du monde. Une fois le navire repéré, il chercha Mathieu qu'il trouva à la barre, accompagné de Bart. Ce dernier, quand il vit les prisonniers en liberté, interrogea son supérieur du regard. Mathieu s'avança vers eux sous l'œil méfiant de Bart.

— Où se trouve Paul ?

Comme pour répondre à cette question, une silhouette émergea de l'écoutille. Elle avait changé de chemise, qui était à présent d'un blanc immaculé, mais ses cheveux étaient déliés, Paul avait décidé d'être Pauline. Il constata que Bart ne bougea pas d'un cil, démontrant qu'il savait pertinemment que Paul était une femme… En revanche, les regards des marins, tantôt surpris, tantôt amusés, prouvèrent qu'eux, au contraire, l'ignoraient.

— Qu'est-ce qui s'est passé en bas ? interrogea Mathieu.

Mais sa question resta sans réponse.

— Que faisons-nous, capitaine ? demanda Bart.

— Nous réglerons ça après le combat, d'abord les Anglais.

— Rendez nous nos armes !

Il réfléchit un court instant.

— D'accord !

Il appela Loïck qui se dirigea vers la cabine. Pendant ce temps, Nicolas observa la tactique mise en place par Mathieu.

— Vous maîtrisez parfaitement les tactiques navales, et vu votre niveau d'éducation, je pense que vous avez déjà servi sur un navire de guerre, lâcha Nicolas.

Mathieu s'abstint de répondre, mais ce silence équivalait à une réponse positive, tous deux le savaient. Nicolas évalua la situation, le bateau anglais était un peu remonté au vent, mais c'était pour mieux abattre, fondre sur eux et leur couper la route.

— Alors, demanda Mathieu, votre avis sur la situation ?

— Nous sommes coincés, l'abordage est inévitable. Vous avez toujours les canons de 12 du sloop ?

— Oui !

— Disposez-les tous à l'arrière, à bâbord. Quand leur bateau ne sera plus qu'à trente ou quarante coudées, ouvrez le feu et visez le mât de misaine, c'est notre seule chance.

— Vous êtes apparemment un excellent stratège…

— Tout ce que je veux, c'est retrouver ma liberté, pour moi et mes compagnons.
— C'est entendu, si vous survivez au combat, naturellement…

Un des hommes de Mathieu arriva et rendit ses armes à Nicolas ainsi que celles de ses amis. Il récupéra son sabre et ses pistolets tandis que Kitchi et Chogan récupéraient leurs tomahawks et qu'on donnait un sabre et un pistolet à Larbaud. Émilie s'approcha de lui.
— Il te faut un foulard dans les cheveux, tous en portent.
— Je n'en ai pas avec moi.
— Tu as l'étoffe qui enveloppait le sabre.
— Couleur fleur de lys, je ne sais pas si les pirates apprécieront quelqu'un qui porte les couleurs du roi…
— En plein combat, tout le monde s'en fiche, c'est provisoire. J'espère qu'ils nous libéreront…
— Moi aussi, mais je ne sais pas ce que vaut leur parole…

Juste derrière eux, un boulet vint frapper l'arrière du bateau, heureusement juste à côté de l'endroit où ils venaient de disposer les canons de 12. L'explosion tua plusieurs membres de l'équipage et Nicolas jeta un œil d'abord à l'*Intrigante*, l'ancien bateau de Pardaillac. Le pont était abîmé, impacté par les frappes de l'ennemi, de même que le gréement, touché par des boulets chaînés qui avaient mis les voiles en lambeaux. Une quinzaine de cadavres jonchaient le pont de leur navire. La frégate anglaise, au contraire, avait subi moins de dégâts et paraissait plus opérationnelle. Tout dépendait donc de la manœuvre proposée par Nicolas. Près de Mathieu, Pauline avait le visage fermé en dépit des regards qu'il lui lançait. Nicolas se demanda comment une femme avait pu se retrouver dans un équipage de pirates, cela le surprenait et il se demandait d'où elle pouvait bien venir.

Mathieu s'approcha de Nicolas.
— Vous allez diriger l'opération que vous m'avez proposée.
— Vos hommes ne m'obéiront pas !

— Non, mais ce sera Bart qui donnera les ordres que vous lui transmettrez. Joli, le foulard que vous avez dans les cheveux, aux couleurs de la royauté. Comme ça, si nous sommes capturés, les Anglais le verront comme un affront, vous exécuteront en premier et nous gracieront peut-être.
— C'est pour cela que nous devons absolument gagner !
— Ça dépend en partie de vous !

L'écart entre les deux bateaux s'était stabilisé, mais la frégate anglaise pouvait encore leur infliger de gros dégâts. Nicolas se souvenait avec émotion de la course entre le bateau sur lequel il se trouvait quelques mois plus tôt, un peu avant l'hiver, alors qu'il s'appelait encore l'*Espoir* et qu'il se trouvait sur l'*Eugénie* de Grabac. Il avait été impressionné par son potentiel de vitesse et les deux navires avaient livré un duel épique… mais qui n'avait d'autre enjeu que l'honneur, contrairement à celui qui avait lieu actuellement, qui était un duel à mort, car les Anglais ne feraient aucun quartier à des pirates, et il avait bien peur que les prisonniers français et Indiens subissent le même sort.

Mathieu, qui était sur le gaillard arrière, après avoir utilisé sa longue-vue la passa à Nicolas qui peu de temps auparavant était encore son prisonnier. Il remarqua avec amusement que les Anglais les observaient aussi. La frégate anglaise était poussée au maximum de ses possibilités pour revenir sur le bateau pirate et Nicolas savait qu'ils le feraient, tôt ou tard. Il jeta un œil au gréement de l'*Intrigante*. Le voilier avait apparemment subi de grosses réparations. Que lui était-il arrivé ? Ce n'était pas le moment d'en discuter.

Peu à peu, l'Anglais revint sur le navire français qui n'était désormais plus distant que d'une encablure et demie et, comme Nicolas le craignait, les canons anglais résonnèrent à nouveau et les leurs répondirent de concert. Mathieu s'approcha de Nicolas.
— À quelle distance allez-vous mettre en place votre tactique ?

— Il faut encore attendre, sinon nous risquons de manque la manœuvre.
— Si nous attendons trop, il nous mettra en pièces.

La frégate anglaise paraissait avoir adopté la même approche, car eux aussi attendaient le dernier moment pour faire feu. Nicolas savait ce que cela signifiait, ils voulaient faire un maximum de dégâts avant l'assaut, ce qui n'augurait rien de bon. Les officiers anglais étaient à présent clairement visibles et Nicolas comprit qu'ils allaient faire feu.
— Maintenant ! dit Nicolas à Bart.

Le quartier-maître répéta l'ordre et quasi simultanément les deux vaisseaux firent tonner leurs canons. Une grande confusion s'ensuivit et la première chose que Nicolas et Bart virent fut le mât d'artimon de l'*Intrigante* qui tombait vers l'arrière du navire dans un fracas épouvantable. Tous s'écartèrent dans la stupeur générale. Par réflexe, il jeta un coup d'œil à la frégate anglaise et constata que sa stratégie avait fonctionné, son mât de misaine était en train de chanceler et s'abattit d'un coup vers l'avant du bateau. Tout était sens dessus dessous, difficile d'y voir clair dans l'enchevêtrement de cordes, de bois et de corps humains. Alors qu'il cherchait Émilie, il vit Mathieu commander la manœuvre. Il avait visiblement l'habitude de ce genre de situations.
— Lancez les grappins, à l'abordage !

Les crochets métalliques jaillirent des deux voiliers accompagnés de cris et d'exclamations lancés en anglais et en français. Nicolas cherchait toujours la jeune femme tandis que le combat s'engageait. Il l'aperçut enfin, le visage noirci, la robe déchirée, mais souriante et apparemment, saine et sauve. À ses côtés, Hélène et Sokanon souriaient également. Il sentit une petite tape sur son épaule et se retourna. C'était Kitchi, Larbaud et Chogan.
— On y va ?

Nicolas tourna la tête et vit que l'essentiel du combat allait se dérouler sur l'avant, étant donné les avaries provoquées sur l'arrière de

l'*Intrigante*. Il aperçut les officiers anglais qui regardaient l'avancée des combats. Nicolas avait à présent l'apparence d'un pirate, bottes en cuir marron, pantalon beige, chemise blanche et son étoffe couleur fleur de lys qu'il avait attachée autour de la tête. À cause de leur infériorité numérique, ils avaient peu de chances de l'emporter dans un combat classique, c'est pourquoi il fallait changer la donne. Nicolas était persuadé qu'il fallait s'en prendre aux officiers, mais seul c'était impossible. Il regarda les hommes des deux camps manœuvrer, les bateaux étaient à présent l'un contre l'autre, car les deux équipages avaient tiré sur les cordes reliées aux grappins et ainsi rapproché les navires. Le combat s'engageait avec son lot d'incertitudes. Il remarqua dans la mêlée Mathieu, les deux quartiers-maîtres, Loïck et Bart, mais aussi Pauline qui affrontait un adversaire, sabre à la main.
— Il faut s'en prendre aux officiers, vous me suivez ? demanda-t-il à ses trois compagnons.

Tous acquiescèrent, mais restaient un brin sceptiques quant à la réussite de l'opération.
— Comment se frayer un chemin dans une telle cohue, ce sera presque impossible de parvenir jusqu'à eux.
— Il ne faut pas passer par le pont. J'ai remarqué que la cabine arrière, celle du capitaine, dispose d'une fenêtre latérale, en plus de celles disposées sur la proue, au-dessus du gouvernail. Il y a tellement de confusion que personne ne nous verra.
— Et si nous trouvons quelqu'un à l'intérieur ?
— En plein combat, à l'exception des canonniers qui peuvent être restés à leurs postes, tous doivent se trouver à l'extérieur.
— Nous te suivons.

Discrètement, Nicolas se glissa à l'arrière, suivi de ses trois camarades. La fenêtre se trouvait à la hauteur du gaillard arrière, facilement accessible, encore fallait-il éviter de se faire repérer. L'essentiel des combats se passait sur l'*Intrigante*, mais ceux qui avaient gagné leur duel avaient réussi à monter à bord de la frégate anglaise. L'attention des officiers anglais se concentrait sur ceux des pirates qui étaient sur le pont de leur vaisseau, surveillant anxieusement l'évolution des combats.

À l'aide d'un des grands couteaux des Indiens, Nicolas força l'ouverture de la fenêtre puis l'entrouvrit doucement pour vérifier que la cabine du capitaine était bien déserte, ce qui était le cas, avant de se hisser à bord du bateau. Une fois à l'intérieur, il regarda autour de lui une nouvelle fois avant d'aider Kitchi qui le suivait. Puis ce fut le tour de Larbaud et enfin de Chogan. Les Anglais n'avaient apparemment rien remarqué. Ils inspectèrent la cabine et trouvèrent de la poudre et des balles, ce qui permit à Nicolas de recharger ses deux pistolets. Il allait en remettre un à Larbaud quand il repéra un autre pistolet dans un coin de la cabine. Ils chargèrent leurs armes en se dépêchant. Le bruit assourdissant de la bataille où se mêlaient hurlements, détonations et fracas des lames les unes contre les autres résonnait bruyamment dans la grande pièce arrière. Leur tactique était de surprendre les officiers anglais, mais ils sortirent très prudemment, car ils pouvaient eux-mêmes se faire surprendre par un soldat qui traînait et ainsi êtres pris à leur propre piège.

— Combien d'officiers pour un tel navire, Nicolas ?

— Je dirais, sept ou huit, peut-être plus, mais généralement, certains des officiers sont très jeunes, des novices, et ne sont pas de très bons combattants.

— Et les autres ?

— Ceux qui sont expérimentés sont de redoutables adversaires, la Marine anglaise est reconnue pour la qualité de ses effectifs.

Ils avaient rechargé leurs armes et se dirigèrent vers la porte d'entrée de la cabine. Nicolas la poussa délicatement, il n'y avait personne à l'intérieur, mais les cris des combats devinrent d'un seul coup plus forts. Ses compagnons lui emboîtèrent le pas. Dans le couloir apparaissait la base du mât d'artimon. Nicolas le dépassa et arriva dans un couloir dans lequel apparaissaient les portes des cabines qui logiquement devaient être celles des officiers. Mais ce qui l'intéressait se trouvait juste sous son nez, l'échelle menant au pont. Le plus sérieux commençait, Nicolas vérifia ses deux pistolets. Il était convenu que Larbaud, également muni du pistolet trouvé un peu plus tôt, lui emboîterait le pas, puis viendraient Kitchi et Chogan.

Il grimpa l'échelle sans se presser, guettant toute menace potentielle. Cela arriva plus vite qu'il ne pensât, car il était quasiment parvenu au sommet de l'échelle quand un des soldats l'aperçut et tenta de lui administrer un coup de baïonnette. Il tira et son infortuné adversaire s'effondra non loin de l'écoutille donnant sur le pont. Il venait d'être repéré. Il sortit et vit un des officiers qui s'était avancé pour regarder ce qui se passait. Il tira, l'abattant également, et en profita pour faire irruption sur le champ de bataille. À peine était-il sorti qu'un soldat le mettait en joue. Larbaud remplit son office en lui logeant une balle dans le cœur. Nicolas se rua sur la dunette où se trouvaient les officiers pendant que Kitchi et Chogan devaient repousser les soldats qui tenteraient de secourir leurs supérieurs. Sur la frégate anglaise, les combats faisaient rage et les Anglais, bien que supérieurs numériquement, n'avaient pas forcément le dessus. Mathieu se trouvait un peu plus loin, démontrant qu'il maniait le sabre avec une grande dextérité. Autour du capitaine, quatre officiers, le visage surpris et agacé, considérèrent l'intrus avec un grand mépris. S'il identifia rapidement le capitaine et son second, une autre silhouette qu'il connaissait lui glaça le sang : le balafré, celui qui portait une cicatrice sur le visage et qu'il ne connaissait que trop bien, Alexandre Tolbiac. Accompagnés de Larbaud, ils engagèrent le combat.

Les quatre Françaises s'étaient repliées à la poupe de la frégate avec Sokanon et les femmes indiennes et regardaient avec appréhension le déroulement des combats. Mathieu, avec Loïck, était passé sur le navire adverse tandis que Bart défendait avec une grande férocité l'*Intrigante*. C'étaient des combattants redoutables, très expérimentés. Non loin d'elles, Pauline, de façon surprenante, luttait avec une terrible efficacité puisqu'elle avait déjà abattu deux Anglais. Se déplaçant avec une grâce féline, elle savait parfaitement manier le sabre, bien que Nicolas l'eût vaincue, mais il était un escrimeur hors pair. N'ayant pas la puissance physique de ses compagnons, elle compensait ce handicap par sa science du combat et son agilité. Sokanon ramassa un fusil laissé au sol et visa un des soldats britanniques. Elle le toucha à l'épaule, permettant au pirate avec lequel il luttait de l'achever. Pauline, qui venait d'abattre un troisième soldat, lui adressa un sourire plein d'admiration.

Nicolas était déchaîné, ses deux mois de captivité l'avaient rempli de rage et il n'avait nulle envie de se retrouver à nouveau prisonnier. Il blessa mortellement son adversaire assez rapidement. Devant lui se trouvait le capitaine du navire et il vit que le second s'apprêtait également à se jeter dans la bataille. En revanche, il remarqua l'absence d'Alexandre Tolbiac. Pour quelle raison un combattant tel que lui avait-il déserté le champ de bataille ? Mais le moment ne se prêtait guère aux réflexions, il lui fallait gagner son duel.

Dans l'immense cohue générée par le combat qui s'étendait sur le pont des deux navires, il était difficile de dire qui prendrait l'avantage. Si au départ les Anglais, plus nombreux, avaient eu le dessus, les pirates regagnaient peu à peu du terrain. Mathieu se battait à présent non loin de Bart et, avec quelques hommes de confiance, il réussit à repousser leurs adversaires. Il avait remarqué que Nicolas et ses amis s'en étaient pris aux officiers britanniques. S'il réussissait, il serait difficile de ne pas lui rendre sa liberté. Son équipage appréciait ce genre d'exploits, plein d'audace et d'héroïsme et surtout de nature à faire pencher la balance en leur faveur. Émilie avait vu Sokanon prendre un fusil dans l'indifférence générale et l'utiliser à bon escient. Plus personne ne faisait attention à elles. Le corps d'un des pirates était étendu près de l'endroit où elles s'étaient retranchées. Elle remarqua un pistolet à sa ceinture. Elle regarda autour d'elle et, ayant constaté que personne ne lui prêtait attention, l'extirpa et le glissa sous sa robe.

Vincent Larbaud réussit lui aussi à tuer l'officier qu'il affrontait et se retrouva face au second qui, contrairement à Nicolas, n'était pas très jeune, mais probablement assez expérimenté. Face à Nicolas, celui qui commandait le navire anglais était d'un petit gabarit, d'une morphologie comparable à celle de Paul, qui s'était avéré être une femme. Ce n'était pas le cas du capitaine. Il devait avoir la quarantaine et bouillonnait d'une nervosité excessive.

— Tu te bats avec les pirates, mais je ne suis pas dupe. Aucun d'eux n'oserait utiliser une étoffe aux couleurs de la royauté. De plus, tu es particulièrement à l'aise sur un navire, je t'ai vu commander la manœuvre pour abattre notre mât de misaine. Tu as été officier, probablement dans la Marine royale française, trop jeune pour être capitaine, mais assurément un bon lieutenant.

— Vous êtes perspicace… ce qui ne changera rien à votre destin.

— Je suis persuadé que tu es un bon escrimeur, et fier de l'être. Tu es certain de remporter notre duel, dit-il avec un petit sourire narquois.

Le combat s'engagea avec un enchaînement de petites attaques rapides de part et d'autre. Les adversaires se jaugeaient, cherchant à trouver le point faible de celui qu'ils affrontaient. Tout à coup, le capitaine anglais se figea.

— Dieux du Ciel ! C'est incroyable ! Où as-tu trouvé ce sabre ?

— C'est un cadeau.

— Sais-tu à qui il a appartenu ?

— Non !

— À quelqu'un qui, bien que d'un courage sans limites, fut l'un des plus grands bandits que ces terres aient jamais vus, un pillard et un escroc, un jour pirate, le suivant devenu un fidèle serviteur de Sa Majesté. Il semble que celui qui te l'a offert a su voir en toi les deux personnalités, le loyal sujet et la canaille.

Nicolas repensa aux initiales inscrites sur la garde du sabre, H. M.

— Henry Morgan !

— Exactement !

Il grimaça en pensant que le roi de France aurait pu voir en lui autre chose qu'un officier loyal et consciencieux. Louis XIV connaissait-il l'identité de son premier propriétaire ? Ce n'était pas certain. Il s'agissait sans doute d'une prise de guerre. Morgan était mort depuis une vingtaine d'années, mais sa légende restait intacte grâce à son charisme, celui d'un indomptable capable de tous les coups d'éclat. Connaîtrait-il un jour la réponse ? Ça, c'était moins sûr.

Nicolas repensa à la réaction des Espagnols. Il la comprenait mieux à présent, Morgan avait pillé bon nombre de territoires espagnols : Porto Bello, Panama, Maracaibo, Cuba. Il était tristement connu des Espagnols pour sa violence et sa cruauté. Pourquoi le roi de France lui avait-il donc remis ce sabre ? D'autant plus que par une ironie du destin, il s'était retrouvé, comme Morgan, des deux côtés de la société, hier officier, aujourd'hui associé à des pirates. Étrange coïncidence…

Perdu dans ses pensées, il ne vit pas venir l'attaque du capitaine anglais qui le toucha à l'épaule, arrachant un petit rictus de satisfaction à son adversaire. La disparition surprenante de Tolbiac, le mystère lié au sabre, il fallait absolument chasser tout cela de son esprit sous peine de terminer son existence sur le pont de la frégate anglaise. À ses côtés, Larbaud avait beaucoup de mal à tenir son opposant en respect, il lui fallait remporter son duel, et vite ! Les attaques et les parades s'enchaînaient avec de plus en plus de vitesse et de brio, l'Anglais était redoutable. Il était néanmoins légèrement plus petit que lui et possédait donc moins d'allonge. Il était également plus âgé. Il fallait profiter de ces deux avantages. Nicolas recula d'un pas.

— Vous fuyez ?

Nicolas s'abstint de toute réponse et son rival s'avança vers lui. Le duel reprit et Nicolas se sentit immédiatement plus à l'aise. Il avait trouvé la bonne distance. En peu de temps, Nicolas le toucha deux fois, au bras gauche puis au genou. Le capitaine anglais ne souriait plus du tout. Nicolas commença à tourner autour de lui, l'obligeant à se déplacer. L'Anglais, fatigué par ce duel qui n'en finissait pas, eut du mal à se positionner en face de son adversaire, restant un peu décalé. Nicolas vit l'ouverture et enchaîna une série d'attaques rapides. L'Anglais trébucha, ce qui lui fut fatal. Le sabre du Français lui transperça le cœur d'un mouvement vif. Il se retourna. Larbaud était en difficulté, il fallait l'aider à tout prix. Par réflexe, il regarda sur le pont de l'*Intrigante* et ce qu'il vit lui glaça le sang. Alexandre Tolbiac était à présent sur le pont de la frégate pirate et se dirigeait vers Émilie qui n'avait rien remarqué. Il fallait intervenir, et vite, mais s'il le faisait, Vincent Larbaud allait mourir. Un peu plus loin, Kitchi et Chogan repoussaient les assauts des Anglais avec succès à grands coups de tomahawks.

— Kitchi !

L'Abénaquis se retourna et suivit le regard de Nicolas. Il avait compris et se précipitait sur l'*Intrigante*. Nicolas se dirigea vers le second qu'affrontait Larbaud sans quitter du regard Tolbiac et Kitchi. Émilie s'écarta du groupe sans prêter attention à celui qui se dirigeait vers elles, mais à la grande surprise de Nicolas, Tolbiac l'ignora pour continuer d'avancer vers les autres femmes. Larbaud venait de tomber au sol, il arriva juste au moment où son adversaire allait l'achever et bloqua le coup de sabre de l'officier anglais avec le sien. La lutte s'engagea tandis qu'à terre Vincent Larbaud s'éloignait du champ de bataille en se traînant difficilement sur le pont.

Kitchi courait en évitant les combats, ce qui n'était pas chose aisée. Son regard restait concentré sur Tolbiac, d'autant plus que sa sœur faisait partie du groupe vers lequel il se dirigeait. Les deux navires étaient bord à bord et il bondit sur l'*Intrigante*, se trouvant à présent à cinquante pieds de l'Anglais. Ce dernier, qui était désormais tout proche des femmes, dégaina son pistolet et le braqua, à la grande surprise de Kitchi, sur Hélène. Nicolas venait de blesser l'officier anglais, sachant celle qu'il aimait en danger, il jeta un œil à Tolbiac et constata avec surprise, comme son ami indien, qu'il s'en prenait à Hélène. Pour quelle raison avait-il ciblé la jeune femme ? Il n'aurait su le dire. Tandis que Nicolas reprenait la joute l'opposant à l'Anglais avec une farouche énergie, le tomahawk de Kitchi jaillit et vint percuter le pistolet tenu par Tolbiac, le désarmant. Mais celui-ci, après avoir jeté un bref regard à l'Indien, tira son sabre pour menacer à nouveau la jeune femme qui s'enfuit en courant. Nicolas blessa l'officier à la cuisse, puis à la main droite, ce qui le contraignit à laisser tomber son arme. Il ne comprenait pas ce qui se passait, mais pensa que quelque chose s'était probablement passé entre eux quand Hélène était prisonnière des Iroquois. Il se demanda où pouvait bien se trouver Émilie.

Autour de Mathieu et Bart, un nombre incroyable de corps jonchait le sol, prouvant leurs mérites. Loïck venait de les rejoindre et tous les trois avaient compris que ce qu'avait accompli Nicolas en tuant les principaux officiers du vaisseau anglais avait été décisif et allait probablement leur offrir une victoire qu'ils n'avaient osé espérer au début du combat. Mathieu chercha Pauline, mais ne la vit pas.

Émilie avait repéré Pauline depuis un petit moment. Secrètement, elle admirait cette femme qui se battait comme un homme, quel panache ! Mais cela n'effaçait pas ce qui s'était passé. Elle ne se trouvait qu'à quelques pieds d'elle quand cette dernière se retourna et vit la jeune femme blonde. Elle remarqua également qu'elle tenait un pistolet à la main qu'elle releva en le pointant vers sa tête.

— Tu sais t'en servir ?
— Tu veux vraiment connaître la réponse ?

Un bref silence s'ensuivit et les deux femmes se jaugèrent du regard.

— Ça t'a plu quand tu m'as frappée avec le bâton ?

Pauline ne répondit pas.

— Réponds ! Tu as aimé ça ?
— Oui…
— Tu as du cran… Moi aussi, cela va me faire plaisir de te faire exploser la cervelle ! Finalement, tu n'auras pas été Pauline bien longtemps. Vu la tuerie qui a lieu en ce moment, un mort de plus ou de moins, qui le verra ?
— Moi !

Elle détourna le regard et aperçut Mathieu.

— Si vous faites ça, je vous garantis que je vous tuerai !

Émilie les regarda tous l'un après l'autre.

— Vous l'aimez ?

Pauline tourna son regard pour dévisager Mathieu sans rien dire. Un peu plus loin, Nicolas tenait sous la lame de son sabre le second de la frégate anglaise. Il rapprocha encore plus la pointe vers la gorge.

— Dites-leur de cesser le combat !

L'Anglais hésita.

— Nous sommes en train de gagner, la seule différence c'est qu'il y aura un peu plus de cadavres sur le pont.
— Cessez le combat ! cria l'officier anglais.

Nicolas saisit un pistolet et fit feu. L'Anglais cria à nouveau et peu à peu tous baissèrent leurs armes, sauf Émilie.

— Baissez votre arme, insista Mathieu.

Elle dévisagea longuement Pauline puis appuya sur la détente du pistolet dont la balle frôla Pauline, lui égratignant la joue qui se mit à saigner abondamment.

— C'était la réponse à votre question, dit Émilie à voix haute. Oui ! Je sais m'en servir !

Mathieu regarda autour de lui, c'était un capharnaüm épouvantable. Ils avaient certes remporté, contre toute attente, la victoire, mais à quel prix ! Un grand nombre de ses hommes étaient morts ou blessés, les deux bateaux étaient dans un triste état et, en plus, celui qu'il détenait comme prisonnier s'en était pris aux officiers anglais, leur permettant de remporter la victoire alors que leurs chances étaient minimes au départ. Difficile de le considérer à nouveau comme un prisonnier. Jamais les membres de son équipage ne l'accepteraient. S'il s'opposait à eux, il risquait de se faire destituer par eux lors d'un vote. Même si Bart et Loïck lui étaient fidèles, ils ne refuseraient pas l'occasion de prendre sa place, d'autant plus qu'il fallait à présent protéger Pauline, dont tous connaissaient maintenant la nature féminine. S'il perdait sa place de capitaine, Dieu seul savait ce que les hommes d'équipage étaient capables de lui faire subir.

Sur le navire anglais, ceux de l'*Intrigante* s'occupaient de ligoter les marins anglais qui se rendaient. Depuis la mort du capitaine, c'était le second du vaisseau qui était l'officier le plus gradé et ce serait donc avec lui qu'il faudrait désormais négocier le destin de ses hommes. Deux pirates vinrent se saisir de lui et Nicolas se dirigea vers Émilie qui était sur l'autre bateau. Il n'avait pas perdu une miette de la scène qui s'était déroulée sur le pont de la frégate pirate. Celle qu'il aimait avait un sacré cran et il eut une pensée fugace pour Pauline qui s'était fait humilier à deux reprises. Il pensa tout à coup à l'autre incident qui était survenu un peu plus tôt entre Hélène et Alexandre Tolbiac. Il n'avait plus pensé à lui depuis un moment. Où se trouvait-il donc ? Au moment où il s'apprêtait à le chercher, des clameurs retentirent.

— Fleur-de-Lys ! Fleur-de-Lys !

Nicolas était surpris de cette réaction et pensa que l'action qu'il avait réalisée en s'attaquant aux officiers anglais avait dû produire une forte impression dans les rangs des pirates. Il s'approcha de Mathieu.

— Je ne veux pas qu'on m'appelle Fleur-de-Lys !

— Pour l'équipage, Nicolas de Guillemin était le prisonnier retenu dans une des cabines, Fleur-de-Lys est le héros qui nous a permis de triompher des Anglais. Mais c'est comme vous voulez. À vous de choisir celui que vous voulez être et accepter la situation qui en découle.

Il vit Émilie qui lui faisait signe d'accepter, Larbaud, qui venait de les rejoindre et dont les habits étaient couverts de sang, lui indiqua d'un signe de tête son approbation. Kitchi ne disait rien, attendant sa décision. Hélène semblait absente, perturbée par l'incident qui venait d'avoir lieu. Annabelle et Françoise semblaient dépassées par l'importance du choix. En guise de réponse, Nicolas leva les deux bras en l'air sous les cris des pirates.

— Fleur-de-Lys ! Fleur-de-Lys !

Nicolas souriait. Avec un tel statut, il n'était évidemment plus question de les garder prisonniers, autant en profiter.

— Bonne nouvelle, lui dit Mathieu en lui donnant une tape dans le dos, on va faire l'inventaire de ce qui se trouvait sur la frégate anglaise et faire l'état des lieux des deux bateaux qui sont endommagés. C'était un sacré combat et vous êtes un combattant hors pair.

Le petit bonhomme quasiment chauve qu'ils avaient aperçu sur le sloop arriva.

— Baptiste ! Fais-moi l'inventaire de tout ce bordel.

Baptiste acquiesça et partit sur le navire anglais avec un petit carnet.

— Loïck, rassemble tous les prisonniers et mets les officiers à part.

Un peu plus loin, Pauline, la joue ensanglantée, regardait ses acolytes s'organiser. Elle ne cessait de toucher sa blessure qui lui laisserait une cicatrice sur la joue, sans perdre de vue Émilie. Nicolas l'observa un bref instant, avant de venir retrouver sa dulcinée. Il s'approcha d'elle, la prit dans ses bras et l'embrassa tendrement.

— Le problème de ta captivité semble réglé, mais nous ne pouvons pas vivre de cette manière, ce sont des bandits !

— Je sais, mais nous n'avons pour l'instant pas d'autre choix. Vu l'état des deux bateaux, il leur faudra plusieurs semaines, voire plusieurs mois pour qu'ils soient capables de naviguer.

Nicolas retourna voir ses amis avec Émilie. Vincent Larbaud était blessé, mais personne ne s'occupait de lui. Le médecin de bord privilégiait les membres de l'équipage. Il était touché à la jambe et au-dessus de la hanche.

— Ça va ?

— Ne vous inquiétez pas, c'est impressionnant, mais ce sont des blessures superficielles.

Naturellement, Sokanon vint s'occuper de lui et commença à nettoyer ses blessures. Kitchi se tenait tout près d'eux.

— Bravo pour ton intervention, Kitchi. Tu es sacrément habile.

— J'aurais dû viser la tête de ce démon.

— Au fait, où se trouve-t-il ? Où est Alexandre Tolbiac ?

Il se retourna en regardant les prisonniers qui défilaient sous les regards amusés des pirates, mais ne le vit point. Son regard se reporta sur Hélène.

— Pour quelle raison s'en est-il pris à vous ?

Elle le regardait, mais ne bronchait pas.

— Que s'est-il passé au village iroquois pour qu'il vous en veuille autant ?

— Cela remonte à bien plus longtemps, monsieur de Guillemin, il me déteste bien plus qu'il ne le fera pour quelqu'un, même vous.

Tous l'écoutaient à présent, un grand silence s'imposa presque naturellement.

— Il y a une chose que j'ai omis de vous dire quand je vous ai parlé de lui. Mon nom complet est Hélène Tolbiac, Alexandre est mon mari et il ne m'a jamais pardonné ce qui s'est passé il y a huit ans. C'est à cause de cela qu'il est maintenant le mercenaire pour l'Angleterre, à cause de moi !

— Comment était-il à l'époque ? demanda soudain Annabelle.

— Vous voulez savoir s'il était mauvais ?

— Oui !

— Il l'a toujours été, mais à l'époque, il n'y a que moi qui le voyais. La raison pour laquelle il me voue une haine démesurée est que j'ai révélé aux yeux du monde son vrai visage.

Nicolas la regardait, il n'aurait jamais soupçonné une telle histoire. Hélène se tourna vers lui.

—Je vous ai vu vous battre, si vous le revoyez, tuez-le, car c'est le mal incarné.

— Vous craignez pour votre vie ?

— Ma vie ne compte pas ! Je m'inquiète pour le mal qu'il pourrait faire aux autres.

— Il faut immédiatement le chercher, déclara Émilie, il doit se trouver parmi les prisonniers, à moins qu'il soit mort.

Tous cherchèrent Alexandre Tolbiac, en vain. Il ne faisait partie ni des prisonniers ni des corps éparpillés sur le pont des deux frégates, mais l'inventaire n'était pas terminé. Il restait une autre solution, c'était qu'il fût tombé par-dessus bord, car on trouvait çà et là des corps qui flottaient autour des deux navires. À moins qu'il ne se cachât dans une des parties des navires. Au bout d'un moment, ils se réunirent à nouveau pour faire le point.

— Nous n'avons absolument rien trouvé, pas la moindre trace de lui, à croire qu'il s'est envolé.

Hélène paraissait très inquiète.

— Vous savez, mon mari est très malin, il s'est souvent tiré de situations extrêmement difficiles et beaucoup ont déjà cru à sa mort.

Nicolas repensa à l'incident survenu à l'auberge de la Saintonge, quelques mois plus tôt. Il l'avait cru mort à un moment et il s'était échappé. Hélène avait raison, voyant la victoire compromise, il avait sans doute décidé de s'enfuir. Comme pour répondre à leurs interrogations, Loïck vint voir Mathieu. Nicolas s'approcha.

— Que se passe-t-il ?

— Certains Anglais ont réussi à mettre une chaloupe à la mer et à prendre le large.

— Combien d'hommes ?

— Pas plus de quatre ou cinq.

— Nous ne sommes pas très loin des côtes. S'ils ont de l'eau potable et un peu de nourriture, ils peuvent facilement atteindre la Louisiane et rejoindre la Nouvelle-Angleterre, exposa Nicolas.

— Nous leur donnons la chasse, capitaine ? demanda Loïck.

— À quoi bon ? La priorité est de remettre les bateaux en état de marche. Si nous partons à leur poursuite, nous ne sommes même pas certains de les trouver. L'océan est vaste, autant chercher une aiguille dans une botte de foin.

Nicolas se retourna, faisant face à Hélène.

— Je suis persuadée qu'il est sur cette chaloupe, Nicolas.

— Il me file encore entre les doigts. Vous pensez qu'il reviendra ?

— Oui ! Il ne désire rien de plus que de me voir morte !

Mathieu ne discuta même pas de la liberté de Nicolas et de ses compagnons, c'était désormais une chose acquise. Ils entendirent les pirates parler de la direction à prendre. Nicolas s'approcha. Le quatuor de commandement le regarda avec amusement.

— Vous aimez les Anglais, monsieur de Guillemin ?

— Quand il s'agit de les embrocher, oui !

— Il faudra se tenir tranquille, car ceux que nous allons voir ne se laissent pas occire facilement.
— Où allons-nous ?
— Les bateaux sont trop endommagés pour naviguer par gros temps, nous devons faire au plus simple.

Nicolas les regarda, perplexe. Pauline reprit la parole pour la première fois depuis un long moment.
— Nous allons à New Providence !
— C'est un territoire anglais ?

Tous rirent de concert.
— New Providence est une république, mais d'un genre un peu spécial. C'est une république pirate. Mais il faudra faire très attention, New Providence est surtout fréquentée par des pirates anglais, mais ils tolèrent les Français, pourvu qu'ils soient pirates.
— Charmant !
— Vous êtes désormais un homme libre, mais les règles qui régissent notre société sont celles du code des pirates. Peut-être ne seront-elles pas à votre goût.
— Et si nous voulons retrouver notre existence d'avant ?
— Dans ce cas-là, il vous faudra votre propre bateau et votre propre équipage. Je vous souhaite bonne chance ! lâcha Mathieu en souriant.

Nicolas était pris au piège. Il n'avait pas d'autre choix que de suivre les pirates avec tous les risques que cela comportait.

Au large de New Providence – 11 mai 1713

Ils avaient mis neuf jours pour rallier New Providence avec deux bateaux qui avaient tous deux un mât en moins, celui de misaine pour la frégate anglaise et l'artimon pour l'*Intrigante*. Ils étaient passés au large des deux Florides possédées l'une par les Espagnols, l'autre par les Français. Après avoir délibéré, ils décidèrent de laisser partir les prisonniers anglais sur des chaloupes, sans eau ni provisions, car ils estimaient que c'était du gaspillage. Bart s'était montré favorable à l'idée d'exécuter tous les prisonniers mais Mathieu avait décidé de mettre la décision aux votes. À une courte majorité, il fut décidé de les laisser partir en leur ayant laissé des rames pour qu'ils pussent se déplacer. Ni Nicolas ni aucun de ses amis n'avait participé au vote, estimant que c'était l'affaire des pirates. Ils avaient surtout compris qu'il était dangereux de s'opposer à ces gens-là, même si Nicolas bénéficiait d'un statut particulièrement favorable depuis l'affrontement survenu la semaine précédente. Mais dans cette société de piraterie qui comportait un certain nombre de règles, tout restait aléatoire, tout n'était que fragile et éphémère, ils l'avaient rapidement compris.

Leur arrivée à New Providence ne passa pas inaperçue. Nicolas remarqua que l'île était fort bien défendue avec des fortifications sur lesquelles les habitants avaient placé des canons. Ils avancèrent lentement entre Paradise Island et New Providence pour mouiller l'ancre en face de Nassau. Une dizaine de navires, de taille modérée, étaient déjà au mouillage au large de la capitale pirate. Il fallait se rendre à terre, mais Mathieu tenait aussi à laisser ses deux bateaux sous surveillance. Il choisit de se rendre à terre avec Baptiste et Loïck, ainsi que cinq de ses hommes. Pauline insista pour être du voyage. Mathieu jeta un œil vers Nicolas.

— Tu viens aussi avec nous, Fleur-de-Lys !

— Je m'appelle…

— On s'en fiche ! Les pirates aiment le spectacle et les surnoms. Fleur-de-Lys, c'est parfait.

Nicolas acquiesça. Il regarda son sabre, pensif. Si les pirates anglais s'apercevaient que c'était le sabre d'Henry Morgan, comment réagiraient-ils ? Vincent Larbaud, blessé, était trop faible pour se déplacer. Est-ce que Mathieu avait une idée en tête en l'emmenant avec lui ? Il n'aurait su le dire.

La chaloupe fut mise à la mer et tous montèrent à bord puis amorcèrent leur déplacement vers la plage de Nassau. À terre, quelques individus, équipés de longues-vues, surveillaient l'arrivée des visiteurs.

— Qui sont-ils ?

— Je ne les connais pas !

— Ce sont forcément des pirates, qui d'autre oserait venir à terre avec seulement une poignée d'hommes.

— Attendons un peu, nous verrons.

La chaloupe s'avançait vers la plage sur laquelle un comité d'accueil les attendait. Ils étaient une cinquantaine, tous solidement armés, comptant tous ceux qui avaient écumé les mers durant ces dernières années. Un homme se tenait devant les autres à la tête d'un petit groupe d'individus. Mathieu s'était positionné debout, à l'avant de son embarcation. Il n'était jamais venu ici, mais en avait entendu parler. Il ne pensait pas connaître aucun des individus se trouvant sur la plage, mais avait parfaitement saisi qu'ils n'hésiteraient pas à leur tirer dessus au moindre signe suspect. À environ quarante pieds de la plage, il leva la main en signe de salut, mais aucun de ceux présents sur le rivage ne lui rendit ses salutations. Il remarqua celui qui se trouvait le plus proche de la mer, un personnage plutôt bien vêtu aux cheveux gris, qui avait fière allure, contrairement à la majorité de ceux situés derrière lui.

La grande barque arriva enfin à destination et Mathieu sauta à terre, immédiatement imité par Loïck et Nicolas, les autres demeurant à attendre sur le frêle esquif. Mathieu s'avança vers l'homme aux cheveux gris.

— Je m'appelle Mathieu Delaville, capitaine de l'*Intrigante*, je veux faire escale pour pouvoir réparer mes navires.

— Je suis Benjamin Hornigold. Nous regardions justement ces deux magnifiques navires, tu sembles fort bien pourvu, lequel des deux as-tu pris en mer récemment ?

— Le plus gros des deux, c'était un navire de guerre anglais.

Cette remarque suscita une vague de murmures dans les rangs des pirates.

— Nous manquons de vaisseaux, peut-être pourrions-nous trouver un arrangement afin que vous nous cédiez la frégate anglaise. Nous avons beaucoup de volontaires qui arrivent tous les jours, mais les bateaux, c'est plus difficile à trouver.

— Pour quelle raison avez-vous de plus en plus de marins qui affluent ici ?

— Sans doute n'êtes-vous pas au courant, mais la guerre pour la succession au trône espagnol vient de prendre fin. Beaucoup de ceux qui naviguaient sur des navires corsaires se retrouvent sans travail.

— Qui a gagné la guerre ? demanda Nicolas.

Hornigold se tourna vers un de ses acolytes qui dépassait presque les autres d'une tête.

— Qui a gagné, Edward ?

— Les Anglais disent que ce sont eux et les Français font de même. Nous, on s'en fiche !

Cette dernière remarque déclencha l'hilarité des pirates présents sur la plage, y compris le petit comité qui entourait leur chef.

— Comme il vient de vous le dire, on s'en fout ! Pour nous, quel que soit le vainqueur, cela ne changera rien pour nous, mais inutile de discuter en plein soleil, allons parler de cela en buvant un verre.

Ils se dirigèrent vers la ville. Nicolas s'aperçut que Pauline s'était jointe à eux. Il en comprit rapidement la raison ; aux côtés d'Hornigold et du géant se trouvait également une jeune femme habillée en homme. Ainsi, Pauline n'était pas une exception, il y avait aussi d'autres femmes dans les rangs des pirates, habillées comme leurs homologues masculins et visiblement n'hésitant pas à se battre comme eux. C'était quelque chose auquel il n'était guère habitué dans la société qu'il fréquentait. Il remarqua également des Noirs, probablement d'anciens esclaves qui avaient trouvé leur place parmi les pirates, prouvant qu'ils acceptaient des gens d'origine très diverse pourvu qu'ils sachent se servir d'un sabre.

Ils pénétrèrent dans Nassau où la pire engeance que l'on pût trouver en Amérique grouillait dans les rues bruyantes et insalubres. On voyait, çà et là, des marins, certains complètement ivres, d'autres en train de se chamailler pour des motifs qui paraissaient bien futiles. Si les femmes étaient peu visibles, l'apparence de certains établissements plus que douteux laissait supposer que de nombreux bordels étaient disséminés un peu partout dans la ville. C'était un endroit bruyant, les cris des ivrognes, se disputant tout ce qui pouvait à leurs yeux avoir de la valeur, résonnaient à chaque coin de rue. Nicolas était content qu'Émilie fût restée à bord. Ce lieu de perdition n'était pas prévu pour des femmes comme elle.

Ils parvinrent à un bar qui paraissait être le centre névralgique de la cité pirate. Trois des membres du comité d'accueil s'assirent à une table ronde. Mathieu, Loïck et Nicolas les imitèrent. Pauline resta en retrait et s'installa au bar, non loin de la table. Au centre du trio,

Benjamin Hornigold, le plus âgé des trois, semblait être le chef du groupe. À sa droite se tenait le plus grand, au regard fou, qui s'appelait Edward Teach[19], et à gauche, le dernier se présenta comme étant John Cockram. Nicolas se sentait particulièrement mal à l'aise dans ce milieu où rien n'était clair et qu'il pressentait comme extrêmement malsain, le danger pouvant surgir de n'importe où. Son regard croisa celui de Pauline qui paraissait amusée par la situation. Au vu des sinistres individus qui fréquentaient cet établissement pour le moins douteux, elle aurait pourtant dû se sentir nerveuse. Était-ce une simple bravade de sa part ou était-elle plutôt à l'aise dans ce genre de milieu ? Il n'aurait su le dire.

On servit du whisky et Hornigold prit la parole.

— Donc, tu viens faire réparer tes bateaux. Nous pouvons te fournir les hommes et le matériel, mais as-tu l'argent pour tout payer ?

— Je peux payer !

— Dans ce cas, nous te laisserons t'installer ici durant les réparations. Nous avons de nombreux charpentiers, ça ira vite ! Qui prendra le commandement du deuxième vaisseau, celui-là ? dit-il en désignant Nicolas.

— Non, ce sera un de mes quartiers-maîtres resté à bord.

— Benjamin, celui-ci me paraît un peu faiblard pour commander un vaisseau ! s'exclama Teach, en désignant Nicolas.

— Je l'ai pourtant déjà fait, ce qui montre que vous n'y connaissez rien !

— Moi ! Je n'y connais rien ! Pour qui te prends-tu ? Espèce de prétentieux !

— Pour quelqu'un qui s'y connaît mieux que toi, ce n'est pas ceux qui crient le plus fort qui sont les meilleurs capitaines.

— Ma valeur, je l'ai acquise en gagnant des combats avec mon sabre, je n'ai rien à prouver !

---

[19] Edward Teach qui deviendra un peu plus tard célèbre sous le nom de Barbe Noire.

— Moi non plus !

Le géant s'apprêtait à se lever pour sortir son sabre, mais Hornigold intervint.

— Doucement, Edward, nous avons à peine commencé la discussion.

— Tu devrais les laisser se battre, lâcha Cockram, ça manque un peu d'animation ici ces derniers temps.

— D'abord la discussion, ensuite… pourquoi pas ? Nous allons quitter New Providence d'ici deux semaines, le commerce est en train de reprendre entre l'Europe et les colonies et nous pouvons faire de belles prises.

— Vous partez tous les trois ?

— John est mon quartier-maître, Edward le sera bientôt et ces deux-là s'entendent comme larrons en foire.

— Combien de temps faudra-t-il pour réparer mes navires ?

Hornigold se tourna vers un de ceux qui buvaient derrière lui.

— Tom, tu as entendu ? Combien de temps pour réparer les deux navires ?

— Environ quatre à cinq semaines.

Pendant ce temps, un des marins s'était approché de Pauline et lui posa sa main sur la cuisse. Elle se saisit de la bière qu'elle buvait et en jeta le contenu au visage de l'importun. Ce dernier hurla de rage et dégaina son sabre, immédiatement imité par Pauline. Si l'incident suscita un grand sourire sur le visage du trio de pirates assis en face d'eux, ceux de l'*Intrigante* parurent plutôt crispés et mal à l'aise devant l'évolution que prenait la situation. Nicolas hésita à se lever, mais il savait, pour l'avoir affrontée, que Pauline savait se défendre. Il observa Mathieu qui ne bronchait pas et décida de rester en retrait.

L'affrontement commença et Pauline prit l'offensive grâce à un enchaînement de petites attaques pour tester son adversaire. Celui qu'elle affrontait, visiblement furieux d'être malmené par une femme, devint à son tour beaucoup plus agressif et Pauline fit mine de le laisser

progresser. Alors qu'il avait l'impression de prendre le dessus, il baissa un court moment sa garde et Pauline le toucha au bras, juste en dessous de l'épaule.
— Ça suffit ! déclara Hornigold.

Le duel cessa et Pauline se rapprocha de la table où se tenaient les chefs de chaque camp. Son adversaire malheureux, qui avait le dos tourné, se rua vers elle pour la frapper. Nicolas le vit et, à une vitesse foudroyante, sortit son sabre de son fourreau et lui perfora le cœur. Pauline le remercia d'un petit signe de la tête, mais dans le bar, les compagnons de l'infortuné pirate regardaient Nicolas d'un œil mauvais. Ce fut Teach qui mena l'offensive.
— C'est à nous de régler ce genre d'affaires !
— Je n'aime pas ceux qui frappent dans le dos… ni ceux qui essaient de me faire la morale.

Teach tira son sabre.
— Depuis tout à l'heure, cela me démangeait de savoir ce que tu valais.
— C'est mauvais de laisser des questions en suspens, on ne pense plus qu'à ça et plus au reste.

Teach sourit. Tous s'écartèrent. Apparemment, cette fois Hornigold avait décidé de ne pas intervenir. Le combat s'engagea entre les deux adversaires. Nicolas examina son rival, très grand, arborant une grande barbe noire et surtout des yeux qui exprimaient de la folie. Son allure en imposait, mais Nicolas ne voulait pas s'arrêter à cela. Dès les premières escarmouches, il comprit qu'en raison de son allonge, il fallait prendre une distance de sécurité supplémentaire par rapport aux duels qu'il avait déjà eus auparavant. Teach se ruait sur lui en poussant des cris et Nicolas saisit assez rapidement que celui qu'il affrontait jouait de son apparence et de ses postures pour inspirer la peur à ses rivaux.

Nicolas enchaîna plusieurs parades et imita son adversaire en poussant des petits cris, ce qui déclencha une vague de ricanements dans l'assistance. Mais ce n'était pas un jeu, il ne fallait surtout pas se relâcher. Alors que Teach avait reculé dans un coin de la salle, Nicolas bondit sur une des tables et toisa son rival en montrant qu'à présent il le dominait par la taille. Mais la riposte du géant fut foudroyante. Son sabre jaillit comme l'éclair et il fracassa la table en deux, déclenchant des hourras dans la salle tandis que Nicolas bondissait in extremis sur le côté pour éviter le terrible coup. Le combat continua, toujours aussi spectaculaire, toujours aussi indécis. Pauline était aux côtés de Mathieu.

— Je sais que tu ne l'aimes guère, mais avoue qu'il a du panache, dit Mathieu.

— C'est vrai ! Mais cela ne le sauvera pas forcément, il sera sans doute bientôt mort.

— Pas encore ! Je pense qu'il a sa chance, même si ce géant est impressionnant.

Mathieu remarqua rapidement qu'un grand silence régnait à présent dans la taverne, que seul l'entrechoquement des lames d'acier troublait. Il observa le visage de ceux qui suivaient l'incroyable duel se déroulant sous leurs yeux. On lisait la surprise dans les regards. Les pirates de New Providence n'avaient pas l'habitude qu'on tînt ainsi tête au géant à la barbe noire. Ce dernier sourit. Lui aussi paraissait plutôt étonné de la résistance que Nicolas lui opposait. Teach tourna autour de Nicolas et se lança dans une série d'attaques foudroyantes que Nicolas para toutes sans faiblir. Le géant s'immobilisa puis éclata d'un immense rire, aussitôt imité par tous ceux présents sans la salle. Nicolas regarda Mathieu, incrédule, ne comprenant pas ce qui arrivait. Hornigold s'avança.

— C'est bon, tu as fait tes preuves. Edward aime bien tester les nouveaux venus.

— Un test ? J'ai bien cru que c'était un duel à mort.

— Il arrive parfois que certains meurent lors de ce genre de distraction, mais ce n'est pas bien grave.

— Si vous le dites !

Nicolas était en train de prendre conscience que le modèle de société mis en place par les pirates, s'il semblait en apparence beaucoup plus égalitaire et social que la société dans laquelle il avait l'habitude d'évoluer, était également beaucoup plus violent et radical.

À bord de l'*Intrigante*, Émilie tournait en rond sur le pont du navire. Depuis qu'elle avait rencontré Nicolas, ils ne cessaient d'être séparés. Elle souhaitait ardemment qu'ils pussent enfin trouver la paix. Pour le moment, il n'était pas raisonnable de songer à partir, vu la conjoncture. Elle remarqua que Kitchi était en pleine conversation avec Chogan et sa sœur.

— Qu'y a-t-il, Kitchi ?

— Nous nous trouvons bien loin de chez nous, ces terres nous sont complètement inconnues. Quand pourrons-nous enfin rentrer chez nous ?

— Pas avant un long moment !

Ils se tournèrent et aperçurent Hélène qui arrivait.

— En plus, poursuivit Sokanon, rassurée de constater que c'était Hélène qui s'était approchée d'eux, je n'apprécie pas du tout ces gens-là, des bandits, sans foi ni loi, prêts à tuer n'importe qui pour un peu d'or.

— Nous sommes à présent libres, admit Émilie.

— Libre comme le chien qui peut aller dans le jardin de son maître, mais pas au-delà, lâcha Kitchi.

— Il a raison, dit Hélène, mais comment s'enfuir ? Nous ne contrôlons pas le navire et sommes trop peu nombreux pour tenter de le faire.

— Le plus important, c'est que nous soyons tous libres maintenant. Nous finirons bien par avoir une opportunité, comme vous l'avez eue pour quitter votre prison, quand le bateau anglais nous a attaqués.

— Que croyez-vous qu'ils fassent à terre ?

— Je pense qu'ils doivent bien s'amuser.

Bart observait le conciliabule de ceux qui étaient, peu de temps auparavant, encore leurs captifs. Dans leur monde, tout changeait très rapidement et rien n'était jamais acquis. Il savait que, bien que Mathieu et ceux qui habitaient New Providence fussent des pirates, les relations s'établissaient en fonction du respect et du rapport de force qui s'établissaient. Si cela tournait mal à terre, il avait pour consigne de lever l'ancre. Il se demanda pour quelle raison son capitaine était parti sur l'île avec l'officier français. Il fallait admettre qu'il avait rarement vu un tel combattant en action, même s'il savait que parmi les pirates, il y avait également quelques fines lames.

Alors qu'il s'apprêtait à rentrer dans l'entrepont, il remarqua que plusieurs de ses hommes d'équipage se tournaient vers la plage. Il se retourna et vit que la petite troupe se dirigeait vers la chaloupe à côté de laquelle quelques marins montaient la garde sur le rivage. Il prit la longue-vue et constata qu'aucun de ceux qui étaient rentrés dans Nassau ne manquait et poussa un soupir de soulagement. Il espérait que tout s'était bien passé. Une demi-heure plus tard, la chaloupe arriva à destination et ses occupants, Mathieu en tête, grimpèrent sur la frégate par l'échelle hors le bord.

— Alors, capitaine ? demanda Bart, à la fois curieux et impatient de savoir comment s'était passé le séjour à terre.

— Nous allons pouvoir réparer les bateaux, mais il faut rester méfiants, ce sont des durs à cuire.

— Tout s'est bien passé ?

— Oui, Pauline et monsieur Fleur-de-lys ont mis un peu d'animation en nous offrant deux beaux duels qu'ils ont tous deux remportés, à part cela, rien de spécial.

Bart, après avoir jeté un bref coup d'œil à Pauline qui était tout sourire, orienta son regard vers Nicolas, qui lui, ne semblait pas vraiment satisfait du déroulement des événements. Bart interpella Pauline.

— Il se battait bien, l'adversaire de Fleur-de-lys ?
— Un grand dadais, un peu fou, mais sacrément dangereux.
— Nous allons nous installer à terre ?
— Non, je ne tiens pas à ce que les hommes restent trop longtemps à terre, mais il faudra envisager qu'ils puissent y aller, car après plusieurs mois de navigation, il nous sera impossible de les cantonner sur les navires.
— C'est comme l'île de la Tortue ?
— C'est différent, tu le verras bientôt.

Émilie rejoignit celui qu'elle aimait.

— Alors, tu es devenu un vrai pirate ?
— Je ne le serai jamais, tu le sais, mais nous n'avons pas d'autre choix pour l'instant que de nous mêler à cette bande de brigands.
— Cette fille, qui s'habille comme un homme, elle s'est encore battue ?
— Oui, méfie-toi d'elle, elle ne cesse de toucher la balafre que tu lui as faite.
— Quelle sorte de femme est-elle pour vivre de cette façon ?
— Nous ne tarderons pas à le savoir.

New Providence – 12 mai 1713

Dans la matinée, un groupe d'hommes vint se présenter sur une chaloupe pour monter sur l'*Intrigante,* navire qui se trouvait le plus proche de la côte. Celui que Benjamin Hornigold avait nommé Tom, la quarantaine, les cheveux mi-long grisonnants, portant des lunettes, un des maîtres-charpentiers de ce repaire de pirates qu'était New Providence, avait comme les autres remarqué que Mathieu, ainsi que ceux qui étaient venus la veille sur l'île, avait tous débarqué du premier des deux navires. Loïck le vit arriver et ordonna qu'on le laissât monter à bord. Son capitaine, comme Pauline, n'étaient pas sur le pont. Il les fit chercher.

En montant à bord, Tom constata que plusieurs femmes européennes s'y trouvaient ainsi que des Indiennes. Il y avait également deux Indiens qui le dévisagèrent d'un air peu amical. Il se sentit mal à l'aise. Il avait eu l'occasion de voir des Indiens caraïbes à New Providence ainsi que sur d'autres îles avoisinantes, mais aucun n'avait cette apparence. Mathieu finit par arriver avec Pauline sur ses talons.

— Vous êtes le maître-charpentier d'Hornigold ?

— Oui, capitaine !

Il observa le gréement de l'*Intrigante.*

— Vous n'y êtes pas allés de main morte, il y a un sacré travail !

Mis à part le mât qui avait été jeté par-dessus bord, les hommes de Mathieu avaient pu récupérer les vergues ainsi que les voiles du mât d'artimon.
— C'est toujours ça ! fit remarquer Tom.
— Vous pensez pouvoir le réparer en combien de temps ?
— Il faut que j'examine les dégâts du deuxième bateau pour fixer un délai. Mais d'abord Hornigold voudrait savoir si vous avez l'or promis.
— Naturellement. Pauline, conduis monsieur à l'intérieur.

Pauline guida Tom à l'intérieur. Ils avaient pris soin de séparer la réserve d'or qu'ils avaient de celle promise pour les réparations afin d'éviter d'éveiller la convoitise de ceux de New Providence dont l'activité consistait justement à dérober aux autres tout ce qui était précieux. Pauline remarqua le regard inquisiteur de Tom qui regardait partout autour de lui. Elle n'en fut que plus méfiante. Ils arrivèrent enfin dans la cabine de Mathieu où se trouvait une caissette contenant des pièces d'or qu'ils avaient récupérées sur la frégate anglaise. Tom mit la main dessus et saisit une pleine poignée de pièces qu'il brassa avec un plaisir non dissimulé.
— L'équipage a été payé ?
— Oui, nous en avons donné une partie et ce qu'il restera après les réparations sera réparti, conformément à nos règles ; une part pour chaque matelot, deux pour le capitaine, les quartiers-maîtres, le médecin, le charpentier et le coq[20].
— Quand pourrons-nous commencer les travaux ?
— Le plus rapidement possible ! Autre chose, nous acceptons votre aide, mais nous superviserons les travaux.
— C'est votre charpentier qui dirigera les travaux.
— Celui que nous avions est mort durant les derniers combats. Il y a bien deux apprentis, mais ils sont trop jeunes et inexpérimentés pour s'atteler à un tel chantier. Mais avec quelqu'un comme vous, je suis

[20] Le cuisinier.

persuadé qu'ils apprendront vite. Je suppose qu'Hornigold repassera nous voir assez rapidement.

— J'en doute. Il n'est pas du genre à attendre la fin des travaux. Il est désireux de reprendre la mer le plus tôt possible.

— Qui dirige New Providence en son absence ?

— Hornigold a laissé un de ses hommes de confiance, William Hurley.

— Nous l'avons vu hier ?

— Non, il est sur le sloop d'Hornigold. Une fois qu'il partira en expédition, Hurley ira à terre prendre son poste.

— Il est comment, ce Hurley ?

— Très violent, rien à voir avec Hornigold qui est un pirate peu commun.

— C'est-à-dire ?

— J'ai toujours travaillé avec les pirates, je n'ai jamais vu un pirate comme lui, aussi peu sévère, aussi magnanime.

Pauline parut surprise de cette déclaration.

— Comment réussit-il à se faire respecter ?

— Parce qu'Hornigold impose une autorité naturelle, il fut un très bon capitaine corsaire et c'est un stratège exceptionnel. C'est pour cela qu'on le respecte.

Pauline se dirigea vers la sortie.

— Maintenant que vous avez vu ce que vous deviez voir, retournons sur le pont.

— À New Providence, ils disent que vous vous battez aussi bien qu'un homme.

— Vous voulez une démonstration ?

— Je travaille comme charpentier, je ne participe jamais aux combats !

— Ce n'était pas le cas du nôtre, c'est comme ça qu'il est mort.

New Providence – 14 mai 1713

Les deux navires commandés par Mathieu s'étaient approchés au plus près de la côte de façon qu'on pût y accéder le plus facilement possible depuis Nassau. Sur le pont de l'*Intrigante*, Nicolas dont la main était jointe à celle d'Émilie, Vincent Larbaud, Hélène, Françoise, Annabelle et Sokanon regardaient l'avancement des travaux. Tom passa devant le petit groupe en affichant un grand sourire.

— Vous avez l'air heureux, maître charpentier !

— Oui, cela avance bien pour le moment. Dites, vos Indiens sont sacrément agiles. Ça ferait de bons gabiers !

En haut du grand mât, Kitchi et Chogan en profitaient pour regarder au loin ce qui se passait. Nicolas avait relevé que Tom employait le langage utilisé dans la Marine royale. Le terme de « gabier » était surtout l'apanage de ceux qui avaient servi dans la marine du roi de France. Mais il se garda bien de le faire remarquer, voulant lui aussi préserver son identité aux yeux de lascars à qui il n'était pas vraiment possible de se fier.

— Kitchi et Chogan sont en effet très habiles, ce sont de précieux compagnons. Il n'y a pas d'Indiens caraïbes dans vos équipages ?

— Non, ils n'apprécient pas notre fonctionnement. Ils vivent à l'écart des Blancs.

— Par contre, j'ai remarqué plusieurs Noirs.

— Oui, d'anciens esclaves qui avaient envie de liberté.

— J'ai aperçu hier une jeune femme.
— Certaines se joignent parfois à nous, comme la vôtre, dit-il en désignant Pauline du regard.

Beaucoup d'agitation régnait sur un grand sloop amarré dans la baie. Voyant que Mathieu observait le voilier, Tom poursuivit.
— C'est Hornigold qui s'apprête à appareiller.
— Le commerce a déjà repris ?
— Non, je pense qu'il faudra encore deux ou trois mois, mais sait-on jamais, sur un coup de chance.

Tom reprit son ouvrage. Il fallait d'abord enlever les morceaux de mât cassé qui encombraient encore la partie située sous le pont. Ensuite, ils installeraient le nouveau mât qu'ils étaient en train de tailler à terre.

Mathieu remarqua que Bart venait d'arriver de la frégate anglaise sur une petite barque.
— Vous pourriez venir avec moi sur le bateau anglais, capitaine ?
— Oui, il y a un problème ?
— Juste un détail technique, mais je préfère vous en faire part sur place.

Il suivit son quartier-maître et s'aperçut qu'il était venu seul, ce qui était plutôt inhabituel. Il attendit d'être entre les deux navires pour s'exprimer.
— Il n'y a pas de problème technique ?
— Non, ce dont je voulais vous parler nécessite que nous soyons suffisamment isolés pour l'aborder. Sur l'*Intrigante*, il y a beaucoup trop d'oreilles indiscrètes.
— Tu as trouvé quelque chose ? De l'or ?
— Mieux que ça !
— Tu m'intrigues. Qui est au courant ?
— Pour le moment, vous et moi.

Mathieu sourit. Quelques minutes plus tard, ils arrivèrent à la frégate anglaise et grimpèrent à bord. Il se dirigea vers la cabine arrière.

— Tu n'as pas posté de gardes ?
— Non, cela aurait éveillé des soupçons.
— Tu as raison.

Une fois dans la cabine, Bart se dirigea vers un placard de rangement. Puis il saisit son couteau et parvint à retirer la cloison qui se trouvait sur la gauche du placard.

— C'est une cache où le capitaine dissimulait ce qu'il avait de plus précieux.

Bart en extirpa plusieurs lettres et tendit l'une d'elles à son capitaine. Ce dernier la parcourut et afficha un immense sourire.

— Bon sang, tu as raison, cela vaut très cher. Il ne faut pas qu'on puisse la trouver, pas avant d'avoir réparé les bateaux et quitté New Providence.
— Vous savez, capitaine, la grosse majorité de nos hommes ne savent pas lire.
— Je sais, mais quelques-uns le peuvent, il suffit d'un, et après la nouvelle se propagera tellement vite que ceux de Nassau le sauront rapidement, et ils sont beaucoup plus nombreux que nous.
— De combien de marins disposons-nous ?
— Nous avons subi de grosses pertes durant le combat, presque un tiers de nos effectifs, et certains ne sont plus en état ni de se battre ni de naviguer.
— On pourrait recruter à New Providence ?
— Je pense que c'est dangereux, cela pourrait se retourner contre nous.
— Dans la mesure où nous manquons d'éléments, avons-nous le choix ?
— On a toujours le choix, capitaine.
— Ce soir, nous irons à terre pour essayer d'évaluer d'éventuels candidats.

Bart grimaça, mais savait que Mathieu avait raison. Ils n'étaient plus assez nombreux pour manœuvrer les deux bateaux. Ils avaient déjà eu beaucoup de mal à les acheminer jusqu'à Nassau et avaient dû naviguer avec une voilure réduite.

Nicolas observait Vincent Larbaud dont la démarche boiteuse témoignait du mal qu'il avait à se remettre des blessures subies lors du combat contre les Anglais. Pauline croisa le regard de Nicolas et parut amusée. Il n'apprécia pas vraiment son attitude et se dirigea vers elle.

— D'avoir frappé Émilie ne vous suffit visiblement pas. Ne vous moquez pas de mon ami, sinon je jure que je vous trouerai la peau.

— De vous en prendre à une femme ne semble pas vous gêner.

— Vous vous habillez comme un homme, vous comportez comme un homme, je vous traiterai donc de la même façon. Il y a quelque chose qui ne fonctionne plus normalement chez vous, une sorte de déséquilibre qui vous rend instable et imprévisible, je l'avais déjà remarqué quand nous étions prisonniers.

— Je suis parfaitement adaptée au milieu dans lequel je vis, contrairement à vous. Si vous êtes un combattant exceptionnel, personne ne peut douter que vous ayez vécu dans un milieu aisé, fréquenté par la noblesse. Ce n'est pas le cas de la majorité de ceux qui vivent ici et ils ne peuvent pas vous considérer comme un des leurs, bien qu'ils vous respectent pour vos qualités de combattant.

— C'est étrange ce que vous venez de dire. Bart et Loïck proviennent incontestablement d'un milieu où l'on a reçu un minimum d'éducation, ils savent parfaitement lire et compter, probablement des fils de commerçants ou de marchands. Quant à vous et Mathieu, il me semble évident que vous êtes issus d'un milieu proche du mien. Vous parlez plusieurs langues et êtes dotés d'une grande instruction, ce ne sont pas des choses que l'on apprend à l'école paroissiale.

— Faites attention à vous, monsieur de Guillemin ou Fleur-de-lys, peu importe, il y a des choses qu'il vaut mieux ne pas évoquer, car si j'ai reçu une bonne éducation dans mon ancienne vie, ma nouvelle m'a également appris à tuer… sans le moindre remords.

Elle s'éloigna sans un mot de plus. Émilie avait entendu, elle s'approcha.

— J'aurais dû la tuer quand j'en avais l'occasion.

—Moi aussi, j'ai eu cette occasion, Émilie, et je ne l'ai pas fait, car c'était une femme, mais dans ce monde, ce genre de considérations n'a pas d'importance, seule la victoire est importante.

Le couple regarda soudain Hélène qui se tenait sur la rambarde en scrutant l'horizon.

— Elle n'est guère loquace sur ce qui s'est passé avec son mari.

— Difficile de la blâmer, il n'est guère agréable d'avoir partagé son intimité avec quelqu'un d'aussi sinistre.

La jeune femme se tourna vers eux et les dévisagea comme si elle avait deviné le fond de leurs pensées, comme si elle avait su que l'on parlait d'elle et de son mari.

— Lui aussi, j'ai eu l'occasion de le tuer, mais c'est un adversaire coriace.

— Tu iras à New Providence ce soir avec Mathieu ?

— Oui, je pense que c'est préférable.

— J'aimerais bien venir.

— C'est un repaire de crapules. Ce n'est pas un endroit pour les dames.

— La balafrée y était bien la dernière fois.

— C'est vrai, mais sa présence a déclenché une bagarre et tu n'es pas comme elle. Crois-moi, ce sont des endroits où la violence est latente. Le moindre incident peut dégénérer.

— En plus, sans Hornigold, rien ne dit que la situation ne s'embrasera pas. Tous les pirates semblent le respecter. Il a laissé quelqu'un pour le représenter, mais nous ne savons pas s'il a l'étoffe d'être son relais.

— Il semble être le seul capable de mettre en œuvre des stratégies d'attaque efficaces. C'est pour ça qu'ils le respectent.

Ils constatèrent soudain que l'équipage s'était regroupé sur un des côtés du navire. Ils en comprirent rapidement la raison en voyant

Kitchi, debout sur la rambarde. Il était torse nu, laissant apparaître une musculature puissante. Ceux qui l'entouraient paraissaient amusés et le couple s'approcha d'Hélène.
— Que se passe-t-il ?
— Kitchi va plonger !
— La hauteur me semble importante, fit remarquer Émilie, et il faut être sacrément bon nageur.
— Mon frère l'est !

Ils se tournèrent vers Sokanon qui avait enlevé ses chaussures et ses bracelets indiquant qu'elle comptait bien imiter son frère. Elle portait une robe courte qui lui arrivait aux genoux et n'avait pas de manches.
— Tu vas plonger, toi aussi ?
— Non, je vais utiliser l'échelle hors le bord. Tu viens avec nous ?

Émilie parut embarrassée.
— J'aimerais bien, mais je ne sais pas nager.
— On peut t'apprendre avec mon frère.
— Pourquoi pas !

Elle regarda soudain sa robe d'un air désabusé.
— Cela ne sera pas pratique avec cette grande robe et je ne souhaite pas m'afficher devant tous ces ruffians.
— Je peux te prêter une de mes robes. Nous avons à peu près la même taille.
— D'accord !

Elle se tourna vers Nicolas.
— Je viens aussi.
— Je me doutais que tu savais nager.
— Beaucoup de marins ne savent pas.
— Il a raison, intervint soudain Bart qui s'était approché. Peu d'entre nous savent nager.
— Et lorsque l'un d'entre vous tombe à la mer ?

— Il faut bien que les poissons mangent un peu aussi.

Bien qu'Émilie n'appréciât pas la remarque, cela ne la dissuada pas de vouloir se baigner. Elle regagna la cabine en compagnie d'une des femmes algonquines pour enfiler la robe prêtée par Sokanon.

À l'extérieur, le temps était idéal pour la baignade, il faisait chaud et la couleur turquoise des eaux de New Providence incitait à s'y tremper, même si la peur de l'eau, que partageaient bon nombre de ceux qui évoluaient sur le pont de la frégate, rendait ce divertissement dans leur esprit plutôt risqué et aventureux.

Alors qu'Émilie enlevait une à une les pièces d'étoffe qui lui recouvraient le corps avant d'enfiler la fine robe de peau que portaient les Amérindiennes, Kitchi gratifia l'assistance d'un spectaculaire plongeon du haut de la rambarde pour s'enfoncer dans les eaux d'une manière majestueuse qui époustoufla ceux qui l'observaient. Il remonta à la surface et entama quelques brasses, confirmant les dires de sa sœur qui descendait lentement le long de l'échelle hors le bord. Nicolas avait ôté ses bottes et attendait sa bien-aimée. Lorsqu'elle apparut enfin, parée de la robe de peau prêtée par Sokanon, il retint son souffle, elle était magnifique, comme un ange surgi du ciel pour l'enchanter. Il sourit, elle lui rendit son sourire et s'approcha de lui. Autour d'eux, c'était le silence absolu, comme si la magie s'était emparée des lieux sous le regard de Mathieu qui observait de loin la scène.

Si ces dernières semaines avaient été éprouvantes, l'opportunité de prendre un bain de mer dans ce décor paradisiaque enchantait les deux amoureux. Nicolas laissa sa dulcinée emprunter l'échelle hors le bord avant de monter sur la rambarde, comme l'avait fait un peu plus tôt son ami Kitchi, et de gratifier l'assistance, sous le regard émerveillé d'Émilie qui restait encore agrippée à l'échelle, d'un spectaculaire plongeon. Elle constata que Nicolas, comme l'Algonquin, paraissait particulièrement à l'aise dans l'élément liquide. Pétrifiée par l'angoisse engendrée par son inaptitude à nager, elle attendait qu'on vînt s'occuper d'elle. Mais contrairement à ce qu'elle pensait, ce ne fut pas Nicolas, mais Kitchi qui arriva le premier sur les lieux. À une vingtaine de pieds, Sokanon, comme son frère, savait parfaitement nager et évoluait avec aisance dans les eaux turquoise.

— Vous nagez bien, cela n'a pas l'air difficile.

— Il faut quand même une certaine habitude. J'ai appris à nager dans une rivière. Ici c'est beaucoup plus profond, moins facile pour apprendre.

La jeune femme afficha une moue de déception.

— J'ai pensé à un système pour vous aider.

Il leva la tête en direction du pont du bateau où ils virent Chogan qui tenait un morceau de bois composé de plusieurs planches.

— Le bois flotte, vous allez vous mettre dessus et faire les mêmes mouvements que moi. Si vous tombez, je serai là, dit-il.

— Et moi aussi, affirma Nicolas, qui venait de les rejoindre.

Elle sourit, enchantée par cette nouvelle expérience. Chogan lança la planche que Kitchi récupéra. Au moment où elle s'installait sur les planches de bois, ils aperçurent une silhouette qui avait pris la même posture que les deux premiers plongeurs. En regardant attentivement, ils constatèrent avec surprise que c'était Pauline qui ne manquait pas d'audace pour exécuter un tel saut. Tous les regards étaient concentrés sur la plongeuse, ce qui agaça Émilie qui était deux minutes auparavant le centre d'intérêt de l'équipage de l'*Intrigante*. Pauline effectua un saut parfait avant de s'enfoncer dans l'eau, provoquant comme les deux fois précédentes des gerbes d'eau. Nicolas, dont l'attention était concentrée sur la jeune femme pirate se fit rappeler à l'ordre par Émilie.

— Nicolas ! Qu'est-ce qui est le plus important, que j'apprenne à nager ou que cette garce fasse une fois de plus l'intéressante ?

— Tu sais que c'est à toi que vont mes pensées, mais avoue que c'était un sacré saut pour une femme.

— Une femme ! Elle est à moitié démon, j'en suis certaine !

Nicolas reporta son attention sur sa dulcinée, non sans avoir remarqué que pour la première fois, Pauline avait délié ses cheveux. Il avait également remarqué qu'elle avait depuis peu troqué ses tenus amples pour en adopter de plus moulantes qui auraient pu quelques semaines plus tôt pu trahir sa nature féminine. Il jeta un bref regard en direction du pont, vers Mathieu, voyant que ce dernier observait le petit groupe avec amusement. Il avait été plutôt discret depuis quelques jours, mais il restait persuadé qu'il mijotait un gros coup. Il savait qu'il voulait recruter à New Providence et l'immédiateté de cette démarche laissait supposer qu'il avait déjà un objectif en tête. Il était fort probable que lui et Pauline fussent amants. Restait à savoir comment ils s'étaient connus. Ils provenaient à coup sûr du même milieu que lui. Comment s'étaient-ils retrouvés dans le milieu de la piraterie ? Cela restait une énigme qu'il n'avait guère envie d'élucider, cela pourrait être dangereux. Toutes les vérités ne sont pas toujours bonnes à dire…

À plat ventre sur la planche, Émilie progressait sous le regard amusé de Kitchi en imitant les mouvements de l'Algonquin.

— Alors, professeur ?

— C'est pas mal pour une Blanche !

— Je nage aussi bien que n'importe quelle femme algonquine, cela me semble évident.

Kitchi souriait.

— En tout cas, je n'en connais pas beaucoup qui auraient enfilé la robe d'une femme indienne pour apprendre la nage avec un Indien.

— Tu es à moitié Blanc, Kitchi.

— En théorie oui, mais ce n'est pas l'impression que j'ai quand les autres Blancs me regardent, ils ne voient qu'un Indien, rien d'autre !

Émilie le dévisagea d'un air réprobateur.

— Pas toi, et Nicolas non plus ! s'exclama Kitchi.

Ils se mirent tous les deux à rire et la jeune femme glissa d'un seul coup de son support en bois. Au début, elle s'affola et sembla perdre pied, mais elle finit par retrouver son calme et avança en nageant maladroitement vers la planche qu'elle saisit. Autour d'elle, un grand silence s'était établi. Émilie exultait.

— J'y suis arrivée ! J'ai nagé sans aucune aide.

Elle chercha du regard l'approbation de Kitchi et de Nicolas qui finit par dire :

— En tout cas, c'est un bon départ.

Tous éclatèrent de rire.

— Tu saurais regagner le bateau sans aide ?

— Je peux toujours essayer.

Emballée par son petit succès, la jeune Française se sentait capable de passer une nouvelle étape. Autour d'elle, Nicolas, Kitchi et Sokanon paraissaient beaucoup plus circonspects. Un peu plus loin, Pauline semblait particulièrement à l'aise au milieu de l'océan. Elle progressait rapidement vers le large. Émilie se lança, mais si au début elle sembla maîtriser les mouvements que lui avait appris Kitchi, elle s'enfonça peu à peu, ce qui poussa Nicolas à intervenir et à lui permettre de s'agripper aux planches. Ils se dirigèrent vers la frégate où, un peu plus haut, l'équipage s'était regroupé pour assister au spectacle. Émilie arriva la première et après avoir agrippé l'échelle, entama la montée. Sokanon l'imita peu de temps après, suivie par Kitchi. Au moment où Nicolas allait les suivre, il vit arriver Pauline qui nageait vers lui.

— Vous nagez remarquablement !

— Pour une femme ?

— Pour une femme qui s'habille comme un homme, se bat comme un homme.

— Rassurez-vous, dans d'autres situations beaucoup plus orientées vers le plaisir, je sais redevenir la femme que je suis depuis la naissance.

— Cela restera pour un moi un domaine totalement inconnu.

Elle sourit et il lui tendit la main pour l'aider à grimper. Il la tira et elle émergea de l'eau jusqu'à la taille, dévoilant à travers l'étoffe, que son séjour dans l'eau avait rendue quasiment transparente, deux jolis seins dont, à la fois surpris et troublé, il ne parvint à détourner les yeux, tant l'aspect était plaisant.

— Vraiment ? ajouta-t-elle avec un petit sourire malicieux pour mettre en doute l'affirmation qu'il venait de faire avec autant de certitude.

Si Émilie qui était en train d'enjamber la rambarde ne prêta pas d'attention à ce qui se déroulait plus bas, Sokanon et surtout Kitchi ne perdirent pas une miette du spectacle. Plus Nicolas poursuivait l'ascension, plus il songeait à ce que sa bien-aimée dirait en voyant Pauline arriver dans cet état. Apparemment, le fait d'exposer sa poitrine devant tout l'équipage ne semblait guère l'émouvoir. Nicolas, qui se sentait comme un poisson dans l'eau sur un champ de bataille, paraissait bien plus emprunté pour régler ce genre de situations.

Sokanon passa à son tour par-dessus la balustrade et Nicolas aperçut le visage d'Émilie souriant qui l'observait. Ce ne fut que lorsque Kitchi arriva sur le pont qu'elle se rendit compte de la tenue de la jeune pirate. Émilie ne parvenait pas à détourner ses yeux de la poitrine de la jeune femme. Pauline, parfaitement consciente du spectacle qu'elle offrait, afficha un grand sourire que partagea presque tout l'auditoire à l'exception d'Émilie, de Nicolas et surtout de Mathieu qui ne semblait pas vraiment apprécier l'exhibition que faisait la jeune femme. Elle sortit le bas de sa chemise qui était à l'intérieur de son pantalon et on crut un bref instant qu'elle s'apprêtait à l'ôter, mais elle ne le fit point, car cela aurait été prendre un risque inconsidéré au milieu de tous ces hommes dont le respect qu'ils avaient des femmes était loin d'être la qualité première. Elle était parfaitement consciente que seule l'autorité de Mathieu la protégeait et dans une vie de pirate, tout change rapidement, beaucoup de choses ne sont qu'éphémères, à peine plus longues que le temps d'une pensée. Elle s'approcha d'Émilie.

— On m'a dit que vous hésitiez à sortir ce soir. Un conseil, si vous le faites, prenez une de mes tenues, cela vous protégera.
— Merci de votre geste, je pense qu'exceptionnellement, vous avez raison. En échange, si vous le souhaitez, je pourrais vous prêter une de mes robes.
— Je ne porte plus de robe depuis longtemps, c'est un monde que j'ai abandonné en quittant l'Europe, sans le moindre regret.
— Ainsi, vous vous plaisez à vous comporter comme un homme.
— Oui, car le monde qui est consacré aux dames, dans notre société, est bien trop petit et bien trop astreignant, mais ne vous inquiétez pas, quand je fais l'amour à mon partenaire, je suis aussi femme que vous, peut-être plus…
— Ne vous vantez pas de choses que vous ne connaissez pas, je ne sais probablement pas me battre avec un sabre, mais comme la cicatrice que vous avez sur la joue le prouve, je suis tout à fait à même de me défendre.
— Alors quand je vous passerai une de mes tenues, j'y rajouterai une arme pour que vous puissiez nous faire une démonstration ce soir.
— Il n'y aura pas de bagarre ce soir, intervint Mathieu, quelque peu agacé par cette joute verbale. Notre but est de recruter des membres d'équipage fiables, pas de nous battre !
— Vu le nombre de vauriens qui traînent à terre, cela ne sera pas facile, lâcha Loïck.

Nicolas était pensif, il ne savait pas comment se sortir de cette situation. Une chose était sûre pour lui, il fallait quitter New Providence par tout moyen. Il savait qu'il fallait être patient, car comme lorsqu'il avait été prisonnier un peu plus tôt sur le grand sloop, il lui suffisait d'attendre le moment opportun. Il demeurait conscient du caractère à haut risque qu'impliquait la fréquentation de la société de l'île. Il regarda Vincent Larbaud qui, depuis le combat contre la frégate anglaise, restait dans un coin du bateau. Il avait du mal à s'en remettre. Il pria pour que cela allât mieux. Pour son entreprise, il aurait besoin de toute l'aide disponible.

New Providence, dans la soirée – 14 mai 1713

Des marins arrivaient presque tous les jours dans l'île de New Providence qui ne se trouvait qu'à 160 miles des côtes de Floride espagnole, possession espagnole, comme de l'autre Floride, française, l'occidentale, et pas très loin des côtes de Nouvelle-Angleterre. La plupart avaient servi sur des navires corsaires, mais leurs origines était très diverses, provenant dans leur grande majorité de tous types de navires faisant la traversée. La fin de la guerre était en train de changer la donne. La rumeur que des hommes libres pratiquaient la piraterie et gagnaient facilement leur vie s'était répandue un peu partout dans les colonies et chacun pouvait y prendre part à condition de pouvoir trouver sa place dans la société de New Providence.

Émilie avait suivi les conseils de Pauline et enfilé une tenue masculine pour la soirée, que Nicolas regarda longuement avant de s'y habituer. Vu la faune qui pullulait dans les baraquements de l'île, mieux valait arborer des vêtements d'homme, car les seules femmes qu'il avait aperçues portant une robe semblaient être des prostituées débarquées d'un des ghettos omniprésents dans les colonies du continent. La jeune femme fut surprise en voyant l'enchevêtrement de maisonnées de bois où vivait la population de l'île. Cela rappelait les quartiers pauvres des grandes villes européennes, en plus exotique, car le temps, comme la végétation, restaient paradisiaques. Ce qui n'empêchait pas la pauvreté et la violence de régner en maîtresses des lieux. Elle avait eu raison de changer sa tenue. Ici, afficher des vêtements qui trahissaient une certaine forme de richesse, pouvait se traduire par un appel au meurtre.

Mathieu débarqua sur l'île entouré de Pauline, Bart et quelques hommes de confiance, suivi de Nicolas accompagné d'Émilie. Ils traversèrent l'agglomération anarchique de cabanes de bois construites sans régularité, selon l'inspiration du moment, par des gens qui n'étaient pas tous habitués à le faire. Émilie ne put s'empêcher de jeter des coups d'œil inquiets à l'étrange populace qui grouillait dans la cité pirate. Comme Nicolas le lui avait confié, elle constata qu'il y avait peu de femmes et celles qu'ils virent avaient une apparence tellement misérable et délabrée qu'il ne paraissait pas raisonnable de les fréquenter. Elle frémit en pensant à ce qui pourrait lui arriver si, par malheur, Nicolas venait à disparaître. Ils arrivèrent dans la taverne où son bien-aimé s'était battu quelques jours plus tôt. Elle remarqua l'inscription qu'elle prononça à voix basse *taverne des Chiens de Mer*. Bart avait entendu, il se retourna.

— Par défi, nous avons baptisé ce lieu du sobriquet dont nous affuble la noblesse anglaise. Pour eux, nous ne sommes que des chiens, des chiens de mer, comme ceux qui errent dans les quartiers pauvres des grandes villes anglaises. Notre vie ne vaut rien, rien de plus que celles des vrais chiens.

C'était la première fois qu'elle entendait Bart s'exprimer et elle fut surprise de voir qu'il le faisait fort bien, bien mieux que la majorité des membres de l'équipage. En dépit de son apparence un peu rustre, il dissimulait une personnalité instruite et à l'esprit vif.

— Comment êtes-vous devenu pirate, monsieur Bart ?

— D'une bien étrange façon, madame. J'étais cabaretier du côté de Lyon quand une bagarre a éclaté dans mon établissement. La Maréchaussée est venue et cela a mal tourné. Un sergent fut tué et les bandits s'enfuirent. Je fus rapidement accusé de complicité dans cette affaire. J'ai décidé de fuir et de rejoindre Mathieu qui avait connu une situation similaire.

— Je l'ignorais ! Il a été poursuivi lui aussi ?

— Oui ! Mais pour d'autres motifs. Nous avons fui la France pour éviter la prison et décidé de traverser l'océan.

— Tu importunes la dame avec toutes tes histoires.

Elle se retourna et aperçut Mathieu.

— Vous n'aimez pas parler de votre passé ?

— Pas vraiment...

— Nicolas a raison, vous ne venez pas du même milieu que Bart ?

— Je ne le connaissais que pour avoir fréquenté son cabaret, mais il est vrai que je ne viens pas du même milieu.

Il s'arrêta un bref instant.

— Pourtant un jour, j'ai tout perdu... Et ce jour-là, je suis devenu un autre homme, plus lucide, moins romanesque que je ne l'avais été durant mes jeunes années.

— Et Pauline dans tout ça ?

— Pauline... c'est une autre histoire, qui n'est pas bien jolie à raconter. Tous ceux qui sont sur ce bateau ont perdu quelque chose en France, mais ce n'est pas forcément la même chose.

Émilie se rappela que Mathieu l'avait courtisée au départ d'une façon assez galante, assez différente de ce que l'on aurait pu attendre d'un capitaine pirate, probablement une résurgence de souvenirs de son ancienne vie, pensa-t-elle, songeuse. En tant que fille illégitime, elle n'était pas en droit d'attendre de miracle de la vie, mais contre toute attente, c'était arrivé sous les traits de Nicolas, dont le charisme lui permettait d'accomplir ce dont bien d'autres étaient incapables. Elle avait connu plusieurs types de prisons : celle de son enfance qui la prédestinait à être exclue de la société à laquelle appartenait son père et ses demi-frères et sœurs, celle du campement iroquois qui l'aurait reléguée à un sort bien plus cruel encore et pour finir, celle de cette société pirate, instable et imprévisible, qu'il était bien difficile de quitter. Elle admirait Nicolas qui doutait rarement, mais pourrait-il encore une fois se jouer de son destin ? Elle, contrairement à lui, connaissait les affres de l'incertitude. Elle regarda Mathieu, puis Pauline. Quel étrange lien les unissait ? Elle avait cru, lorsque Nicolas avait tailladé sa chemise, révélant ainsi sa féminité, que c'était de l'amour. À présent, elle en doutait, car rien dans leur attitude ne semblait conforter cette hypothèse. Avait-elle envie de le savoir ? Elle n'en était pas certaine, car il émanait du couple quelque chose qui la rendait profondément mal à l'aise, mais qu'elle était incapable de définir.

— Tu rêves ?

Nicolas avait pressenti le trouble de sa dulcinée. Il s'approcha d'elle.

— Je me demandais quelle sorte de couple pouvaient bien former Pauline et Mathieu.

— Quelle que soit la vie qu'ils ont eue avant, ils ont tourné la page.

Ils pénétrèrent dans la taverne et virent immédiatement les regards converger vers eux. Au fond de la salle, un homme entouré de deux femmes et de quelques individus à la mine pas vraiment rassurante les observait sans rien dire. Mathieu se dirigea vers lui.

— Je suppose que vous êtes William Hurley ?

— Vous supposez bien, vous êtes Mathieu Delaville ?

— Oui !

— J'ai entendu parler de vous ainsi que des drôles de lascars qui vous accompagnent, l'amazone, dit-il en désignant Pauline, et celui que l'on appelle Fleur-de-lys, dont j'ignore le véritable nom.

— Je m'appelle Nicolas de Guillemin !

— Il vaut peut-être mieux que vous utilisiez votre surnom, ici, on n'aime pas beaucoup les nobles !

Cette remarque déclencha dans l'auditoire un ricanement pas vraiment amical.

— En tout cas, tu n'es peut-être pas des nôtres, mais tu te bats sacrément bien, d'après ce que l'on m'a confié. Affronter Teach et s'en tirer vivant est un exploit que peu ici réussiraient.

Son regard s'attarda sur Émilie.

— Toi aussi tu sais te battre comme l'autre femme ?

— Je n'en ai pas besoin, puisque Nicolas veille sur moi.

Hurley sourit.

— Ton amie a l'air d'apprécier ça.

Il fixait à présent Pauline.

— Comme porter des vêtements d'homme, poursuivit-il.

— Tu veux une petite démonstration, répliqua Pauline.

Tous rirent, sauf Émilie qui se sentait peu à son aise dans cette ambiance où provocation et goût du risque semblaient constituer un curieux mélange, capable d'exploser à tout moment.

— Non, ça ira… pour le moment.

Ils le laissèrent et s'installèrent à une autre table, puis commandèrent à boire. Jamais Émilie n'avait fréquenté un tel endroit et elle regretta presque d'avoir voulu venir. Ils remarquèrent qu'une certaine agitation régnait autour de la table où était Hurley. Il semblait que tous les malheureux et les geignards s'étaient donné rendez-vous pour lui faire part de leurs revendications. On leur servit de la bière et Émilie constata avec amusement que jamais elle ne pourrait vider l'énorme chope déposée devant elle. Nicolas, compréhensif, en but une partie sous le regard de Pauline qui semblait, elle, déterminée à finir son verre sans l'aide de personne. Nicolas sentait sa compagne nerveuse. C'est pourquoi au bout de quelques minutes il la prit par la main et la tira à l'extérieur. Ils se retrouvèrent dans une petite ruelle sombre située derrière la *taverne des Chiens de Mer*.

— Merci ! J'étouffe à l'intérieur, quel endroit sordide !

— Il semble que pour ces gens ce soit une sorte de paradis.

Elle rit. Il approcha lentement sa bouche de la sienne et l'embrassa tendrement. Le baiser sembla durer une éternité, mais ils s'arrêtèrent et se dévorèrent du regard.
— Au moins, ici, nous sommes libres de nos mouvements.
— Libre de faire ce que nous voulons sur place, mais pas de quitter cette île.
— Patience, Émilie, cela viendra, j'ai bien attendu deux mois dans cette cabine qui ressemblait à une prison.

Tout à coup, un énorme boucan éclata, dont la nature ne pouvait prêter à confusion : on se battait dans la taverne.
— Qu'est-ce qui se passe à l'intérieur ?

Ils se ruèrent à l'intérieur de l'établissement, mais en arrivant, ils durent constater qu'il y régnait un incroyable capharnaüm, impossible d'y voir clair. Nicolas ne tarda pas à repérer ceux de l'*Intrigante* qui s'étaient regroupés derrière Mathieu et Bart et bataillaient ferme pour se défendre contre quelques furieux. Nicolas se joignit à la mêlée et se retrouva aux côtés de Mathieu. La situation demeurait incertaine jusqu'à ce qu'un homme finisse par monter sur la table et crier. Le silence se fit peu à peu et tous constatèrent qu'au sol, derrière la table sur laquelle était perché celui qui semblait être à l'origine de l'attaque, le corps de William Hurley gisait sans vie comme en témoignait son regard vide, figé pour l'éternité. Il paraissait évident qu'il avait été la cible de l'attaque qui venait d'avoir lieu, ce qui ne présageait rien de bon pour nos amis. L'homme était de taille moyenne, solidement bâti, blond, avec une barbe de quelques jours.
— Je suis Jacob, beaucoup d'entre vous me connaissent. J'ai décidé d'intervenir pour mettre un terme à la dictature imposée par Hurley qui n'est qu'un forban.
— C'est le représentant d'Hornigold, dont nous n'avons jamais eu à nous plaindre, déclara un grand gaillard dont la tête dépassait des rangs.

— Justement, il n'est pas Benjamin Hornigold, et s'il avait vraiment été quelqu'un de premier ordre, il serait parti avec lui en expédition. S'il est resté à terre, c'est que ce n'était qu'un faire-valoir.

Beaucoup approuvèrent, mais Nicolas sentait que dans la salle, d'autres n'étaient pas de cet avis. Jacob dut également le sentir, car il parcourait des yeux le visage de tous ceux présents en recherchant des signes de désapprobation.

— Est-ce que certains d'entre vous ne sont pas d'accord avec moi ?

En guise de réponse, un coup de feu retentit et Jacob tomba de son estrade improvisée pour s'affaler sur le plancher, raide mort, d'une balle dans la tête.

— Oui ! Moi !

Tous les regards convergèrent vers celui qui venait de tirer : Mathieu. Si durant un bref instant tous furent figés de stupeur par ce qui venait de se dérouler sous leurs yeux, quelques-uns parmi ceux qui entouraient Jacob commencèrent à réagir et Émilie paniqua, cherchant désespérément un endroit pour s'abriter, mais Mathieu intervint immédiatement pour tenter d'éviter que la situation ne dégénère.

— Pensez-vous qu'Hornigold sera content à son retour de voir que vous avez tué son représentant ?

— Au diable Hornigold, il est loin d'ici.

— Le meurtre de Hurley pourrait avoir des conséquences, mais dans la mesure où je viens d'abattre son meurtrier, on peut encore sauver les apparences.

— On se moque des apparences, tout ce qu'on veut c'est de l'or !

— Vous pensez que Jacob allait vous en proposer ?

Un nouveau silence s'imposa durant lequel tous se regardèrent l'air dubitatif.

— Contrairement à Jacob, moi, je peux vous en proposer.

Tous avaient désormais les yeux rivés sur Mathieu et Émilie parut soulagée, dans l'attente, comme toute la salle, de ce qu'il allait dire. Il attendit un peu, puis reprit le fil de son discours.

— Je prépare une expédition pour mettre la main sur une grosse quantité d'or dès que mes navires seront réparés. Comme vous le savez, après avoir affronté une frégate de guerre anglaise que nous avons vaincue, nous avons subi de lourdes pertes et avons impérativement besoin de renforts, de gens sachant naviguer et combattre s'il le faut. Avouez que c'est mieux que de se battre entre nous.

Une certaine incertitude régna brièvement, beaucoup échangèrent de brèves remarques avant qu'un petit bonhomme roux ne prît la parole.

— C'est surtout Jacob qui en voulait à William, nous tout ce qu'on demande, c'est de pouvoir participer à des expéditions et avoir une part du butin !

Un grand nombre de ceux présents dans la salle approuva cette dernière remarque. Mathieu, méfiant, balaya du regard l'ensemble de la salle, à la recherche d'une éventuelle opposition, mais il n'en vit point. Apparemment, tous semblaient d'accord. Émilie se tenait contre Nicolas et se sentait désormais beaucoup mieux.

— Si on peut faire certains reproches à Mathieu, le moins que l'on puisse dire, c'est qu'il vient de régler une situation particulièrement difficile avec beaucoup d'efficacité et de doigté.

— Sais-tu de quelle expédition il parle, Nicolas ?

— Pas le moins du monde, mais il n'a aucune raison de me mettre dans la confidence. N'oublions pas qu'il y a peu de temps encore, nous étions ses prisonniers.

— Il a pris un sacré risque en abattant le chef de cette mutinerie.

— Il n'avait pas de meilleure option, s'il ne l'avait pas fait, qui sait comment la situation aurait tourné. En plus, il a agi au moment opportun, car quand Jacob a parlé, il y a eu un moment de scepticisme dans la salle, il ne pouvait y avoir de meilleur instant.

Beaucoup auraient préféré se retirer, vu la tension encore palpable qui agitait ceux qui étaient présents dans la taverne, mais Mathieu décida de rester boire avec eux. C'était habile de sa part, car s'il était parti immédiatement, beaucoup se seraient posé des questions et les commérages se seraient répandus sans retenue. Peu de ceux qui étaient sur place connaissaient Mathieu. Il avait intérêt à discuter et à boire des verres en leur compagnie pour éviter que des doutes naissent à son égard. Depuis qu'il était libre, Nicolas s'était demandé quelle était la personnalité de celui qui commandait l'*Intrigante*. Il venait de dévoiler l'une de ses facettes. Il était adroit et fin stratège, mais n'hésitait pas à prendre des risques calculés quand il le fallait. Nicolas avait été surpris qu'il évoque aussi vite une expédition alors que les réparations n'étaient pas terminées sur les deux frégates, mais il paraissait évident qu'il avait une idée derrière la tête, qui n'était pas le fruit d'une impulsion ou d'un coup de tête, mais plutôt le résultat d'une longue réflexion, et quelque chose lui disait qu'il ferait lui aussi partie de ce projet.

New Providence – 28 mai 1713

Deux semaines avaient passé depuis les événements survenus dans la *taverne des Chiens de Mer*. Émilie nageait de mieux en mieux et n'avait désormais plus besoin d'aide. Kitchi avait été un excellent professeur et prenait plaisir à s'occuper de la jeune femme. Avec Nicolas, régulièrement elle s'isolait afin de pouvoir profiter de l'environnement paradisiaque dont bénéficiait New Providence. S'ils ne s'étaient pas trouvés en plein milieu d'un repaire de pirates, ils auraient pu se croire au paradis. Vincent Larbaud allait mieux, il avait retrouvé son enthousiasme, même s'il ne semblait guère apprécier d'être obligé de se mêler aux pirates. Alors qu'ils se trouvaient sur le pont et que la grande majorité de l'équipage était descendue à terre, ils eurent la surprise d'apercevoir Hélène qui paraissait nager relativement bien. Ils en furent surpris, même si elle n'était guère loquace sur son passé. Elle regagna le pont du bateau en utilisant l'échelle hors le bord.

— Vous nagez très bien ! s'exclama Nicolas.

— Oui, et cela depuis mon enfance.

— Où avez-vous appris ?

— Avec mon père, dans la Méditerranée, il possédait un petit bateau et tenait à ce que tous ses enfants sachent nager.

— Je ne veux pas être indiscret, mais dans quelles conditions avez-vous connu votre mari, Alexandre Tolbiac ?

— Quand je l'ai vu la première fois, il portait son uniforme de mousquetaire et accomplissait une mission au service du roi. Il m'a fait une très grosse impression. Pour moi, c'était le prince charmant habillé en mousquetaire. Je n'avais que seize ans et restais très naïve au sujet du mariage. Je pensais que c'était automatiquement une garantie de bonheur. J'ignorais alors qu'il y avait des mariages heureux, et d'autres moins… comme je l'ai amèrement constaté par la suite.

Nicolas ne disait rien. Il baissa un instant le regard qu'il adressait à Hélène, comprenant que pour elle, les mots pesaient des tonnes.

— Nous nous sommes revus, il était tendre et souriant. Il avait dix ans de plus que moi, il était beau, j'ai eu l'impression que c'était un conte de fées, sans me douter que c'était l'enfer qui m'attendait.

— Pour quelle raison a-t-il voulu vous tuer ?

— Parçe que je lui ai fait mal, plus qu'aucune personne ne l'avait fait avant moi.

— Vous le regrettez ?

— La seule chose que je regrette, monsieur de Guillemin, c'est de ne pas avoir eu suffisamment de force pour l'empêcher de nuire définitivement… Je l'ai connu intimement et je peux vous affirmer qu'il n'y a aucune part de bien en lui, il est le mal incarné.

— Il travaille maintenant avec les Anglais.

— Quand il fut chassé de chez les mousquetaires, il proposa ses services aux ennemis du roi de France qui naturellement furent enchantés par cette offre.

— Pourquoi l'a-t-on chassé ?

Hélène baissa les yeux, ses pensées la ramenaient vers des souvenirs qui paraissaient douloureux.

— C'est à cause d'une lettre que j'ai envoyée au capitaine des mousquetaires afin de l'informer de la véritable nature de mon mari. Les mousquetaires sont un corps d'élite et sont au service du roi, leur morale doit être irréprochable. C'était loin d'être le cas.

— Ce qui explique qu'il ait voulu vous tuer. Il doit vous haïr à un point incroyable… mais vous demeurez liée à lui par les liens du mariage…
— Jusqu'à ce que la mort nous sépare… et le plus tôt sera le mieux.
— Comment avez-vous réussi à convaincre le capitaine des mousquetaires ?
— Ce qu'il y avait dans cette lettre était parfaitement explicite.
— Vous avez dû fuir après les révélations contenues dans votre lettre ?
— Non, c'est lui qui a fui en premier… mais par la suite, il a juré de me tuer. J'ai préféré quitter l'Europe, pensant que cela me mettrait à l'abri. Il a fini par me retrouver.
— L'Amérique est suffisamment grande pour que vous puissiez vous cacher.
— C'est vrai, mais à moins de partir vivre avec les Indiens en plein milieu de la nature, les éventuels lieux de refuge que peuvent fréquenter les femmes comme moi ne sont pas si nombreux que ça… Vous pensez que nous pourrions retourner sur le continent ?
— Je l'espère, mais même libres, notre situation reste précaire.
— Vous pourriez faire un accord avec ce Mathieu, il a l'air raisonnable.

Nicolas sourit, Hélène n'avait pas été témoin de la scène de la veille.

— Oui, probablement… mais ce n'est pas le bon moment.

Il retourna voir Émilie qu'il trouva en pleine conversation avec Kitchi. Il trouvait qu'elle passait beaucoup de temps avec lui, ce qui était étrange compte tenu de leurs milieux d'origine. Il savait que les libertés qu'il prenait avec elle, notamment durant les leçons de natation, auraient choqué la bonne société, même si Émilie y vivait en marge. Il savait que les Abénaquis souffraient d'être autant éloignés de leur tribu et de leur territoire, mais aucun n'en fit la remarque. Il ne vit pas la silhouette claudicante s'approcher dans son dos.

— Ainsi, vous voici devenu un vrai pirate !

Il se retourna et découvrit Vincent Larbaud.

— Vous paraissez aller mieux, je m'inquiétais pour vous.
— Mon corps s'est lentement remis des blessures infligées lors du combat avec les Anglais, mon esprit pas encore. Je suis assez déprimé par cette situation qui nous oblige à vivre avec ces pirates comme si nous étions des leurs. Vous, au contraire, semblez vous être totalement adapté à ce milieu que je trouve particulièrement malsain.
— Je suis comme vous, Vincent, je ne pense qu'à m'en aller. Mais la seule façon de s'enfuir consiste à embarquer sur un de ces bateaux et s'ils pensent que vous n'êtes pas avec eux, vous resterez ici, sans doute pour le restant de votre vie.

Vincent Larbaud esquissa un petit sourire.
— Vous avez raison, mais si nous nous mêlons à eux, on risque de nous prendre pour des pirates. La plupart de ces hommes ont autrefois fait partie des équipages de navires de guerre, vous le savez. Pour eux, maintenant, c'est quasiment impossible de faire le chemin retour.
— Je n'ai aucune envie de rester vivre ici, mais il faut saisir toutes les opportunités qui se présentent et la seule façon de le faire, c'est de faire partie de l'équipage.
— En espérant que le roi ignore ce qui se passe ici.
— Nous sommes tous deux officiers du roi, si nous rentrons, il vaut mieux que personne ne puisse raconter que nous avons vécu libres au milieu des pirates, cela pourrait générer un malentendu.
— Que pensez-vous de ce Mathieu ?
— Je pense qu'à un moment, il a fait partie du même monde que nous. Quant à sa personnalité, il est bien difficile de le cerner, il ne se dévoile pas beaucoup. Ce qui est certain, c'est que lui, à mon avis, ne fera plus jamais le chemin retour, il mourra pirate.
— Et la fille ?
— Pauline ! Elle est tout aussi difficile à cerner que lui. Je pense que nous ne devons faire confiance qu'à nous-mêmes, miser sur Mathieu ou Pauline reste beaucoup trop aléatoire.

Ils observèrent Mathieu qui surveillait les travaux. Depuis l'incident de l'auberge, la motivation de ceux qui réparaient les deux frégates avait augmenté. Ils seraient bientôt prêts à appareiller. Ils n'avaient toujours aucune nouvelle d'Hornigold, mais ce n'était pas anormal. Il arrivait que les expéditions durent plusieurs mois. Mathieu n'avait toujours rien dit de son plan, ce qui attisait toutes sortes de spéculations, mais Nicolas pensait qu'il devait avoir ses raisons.

New Providence – 14 juin 1713

Ce jour-là, il faisait encore plus chaud que d'habitude dans les rues de Nassau. Nicolas le savait, car Mathieu l'avait averti une heure plus tôt, c'était enfin le grand jour que tous attendaient depuis presque un mois. Mathieu allait enfin révéler son projet à tous. Il avait donné rendez-vous sur la plage et tous s'étaient rassemblés autour de lui, impatients de savoir ce qu'il avait à dire. À ses côtés, Bart, Loïck et Pauline l'entouraient. Nicolas et Vincent Larbaud se tenaient un peu plus en retrait.

— Quelqu'un connaît la ville la plus riche de toutes les colonies américaines ?

Un grand silence s'ensuivit avant que des murmures se propageassent dans les rangs des habitants de la cité pirate. Puis un homme, assez jeune, blond, portant des lunettes, s'avança.

— C'est Port-Royal ! L'or et le rhum y coulent à flots. Il n'y a pas de ville plus riche dans toute l'Amérique.

La réponse déclencha un certain enthousiasme parmi la foule.

— Port-Royal n'existe quasiment plus, détruite par un tremblement de terre, dit Mathieu.

La déception se lut sur tous les visages. Mathieu attendit un certain temps avant de poursuivre.

— Port-Royal est en partie détruite, engloutie par un tremblement de terre, mais les Anglais ont construit une nouvelle ville, Kingston… et il reste encore beaucoup d'or dans l'actuelle Port-Royal, même si ce n'est plus la ville d'autrefois…

Les visages commencèrent à s'illuminer.

— … et nous allons la piller !

Une nuée de hourras agita l'auditoire qui criait de joie. Il n'avait rien de plus agréable pour des pirates que l'évocation d'un butin, surtout si c'était de l'or. Beaucoup savaient que la cité anglaise avait la réputation de contenir de grandes quantités du métal précieux provenant du pillage par les navires britanniques des vaisseaux espagnols, gorgés d'or, censés rapporter la cargaison dans la mère patrie, mais qui subissaient régulièrement les attaques des pillards. Mathieu avait habilement préservé cette information avant de la divulguer au moment opportun ; c'était bien joué ! Mais à l'euphorie de cette révélation succédèrent bien vite les premiers doutes et avec eux les questions qui s'y rapportaient.

— Dites-moi, capitaine, comment ferez-vous pour prendre d'assaut une des villes les mieux gardées d'Amérique. Je connais Port-Royal, un grand nombre de vaisseaux de guerre britanniques y mouillent, et en plus, les canons des forts, même si certains ont été détruits par le séisme, empêchent les bateaux ennemis de s'en approcher et vous savez qu'un canon à terre équivaut à trois canons embarqués à bord des navires. Pour prendre la ville, il nous faudrait la flotte de la Marine française ou celle de l'Espagne !

— Mais nous n'aurons pas à combattre, car je détiens un secret qui nous permettra de faire main basse sur l'or en entrant dans le port comme si nous étions Anglais.

C'était à présent la surprise qui se lisait sur les visages. Mathieu exhiba la lettre, dénichée dans une des parois de la frégate anglaise, qui avait été parfaitement dissimulée par un habile stratagème. Tous s'aperçurent bientôt qu'il y avait non pas une, mais deux lettres. Nicolas examina les visages autour de lui et comprit que Mathieu était en train de gagner son pari, réunir tous les habitants de New Providence sous son commandement.

— J'ai dans ma main une missive qui indique que la frégate anglaise baptisée *Éclipse* était un des moyens qu'utilisaient les Anglais pour expédier l'or espagnol en Angleterre. S'ils utilisent leur flotte de guerre pour protéger les vaisseaux qui acheminent leur butin, ils emploient également une autre stratégie basée sur la rapidité de certains vaisseaux. L'*Éclipse* est une frégate très rapide, peu de navires seraient capables de rivaliser en vitesse avec elle. Cela leur permet d'expédier des grosses quantités d'or en Angleterre. Si nous parvenons sur place en uniforme anglais, et nous en possédons suffisamment pour tromper les autorités de Port-Royal, ils n'y verront que du feu. Je parle parfaitement anglais comme certains d'entre nous, dit-il en jetant un regard à Nicolas, sous-entendant qu'il comptait sur lui pour l'aider à donner le change. Nous pouvons les duper et nous emparer de l'or sans tirer un seul coup de feu.

C'était la stupeur dans les rangs des habitants de New Providence. Personne ne s'attendait à cela.

— Ils connaissent peut-être l'équipage de l'*Éclipse* et ne comprendront pas de voir des officiers qui leur sont inconnus.

— Les changements d'équipage sont assez fréquents dans la Marine britannique. De plus, je suis également en possession d'un autre courrier qui indique qu'une grande cérémonie sera donnée le 7 juillet de cette année. Il y aura beaucoup d'officiers dont certains seront accompagnés de leur femme. C'est clairement noté dans le document. Nous pouvons venir avec des femmes, qui parlent aussi anglais. Cela dissipera tout soupçon à notre égard.

— Vous pensez à qui, capitaine ? demanda un vieux briscard à qui il manquait un œil et une oreille.

De la main, il désigna Émilie, Hélène et Pauline. Françoise et Annabelle ne parlant pas assez bien l'anglais, elles ne pouvaient naturellement pas faire partie du voyage. Quant à la possibilité de voir Pauline vêtue d'une robe, elle en laissa beaucoup songeurs, tant la tenue qu'elle portait depuis des lustres semblait faire partie d'elle-même.

— Qui seront les officiers, demanda Nicolas ?

— Mais, vous, moi, et votre ami Larbaud. Loïck ne parle pas assez bien l'anglais et se ferait repérer. Quant à Bart, il me paraît évident que son apparence ne correspond pas à celle d'un officier de la couronne britannique.

— Je ne me souviens pas de m'être porté volontaire.

Il s'approcha de lui.

— Je ne suis pas dupe, de Guillemin, vous n'avez aucun désir de rester ici. Étant donné que, logiquement, l'or ne vous intéresse pas, je pense que nous pouvons, vous, Larbaud, et tous ceux de votre groupe vous déposer ensuite sur une île sous commandement français.

— Je vois que la liberté que vous nous aviez promise n'était qu'une étape vers la vraie liberté en échange, une fois de plus, d'un service en votre faveur.

— Je ne suis qu'un pirate et la parole d'un pirate n'est pas toujours très fiable, mais je n'ai aucun intérêt à vous garder auprès de moi après cette expédition.

— Ai-je le choix ?

— On l'a toujours, mais il semble évident qu'un refus de participer ne vous mènera pas bien loin.

— C'est d'accord pour moi, je vais aller voir Vincent Larbaud pour lui annoncer la bonne nouvelle.

Il commença à s'éloigner, quand Mathieu l'interpella.

— Une dernière chose, de Guillemin, si vous venez à Port-Royal, vous devrez laisser votre sabre. Là où nous allons, celui qui fut son premier propriétaire y est beaucoup trop connu. Vous savez, je le pense, qu'il a été gouverneur de Port-Royal ?

— Oui, beaucoup trop de gens connaissent ce sabre, c'est évident. Je le laisserai à bord.

Mathieu se tourna en direction de Pauline.

— Et si ça tourne mal ?

— Alors vous redeviendrez Fleur-de-lys et vous mourrez le sabre à la main, glorifiant vos ancêtres.

Nicolas sourit.

— Il n'y a aucune raison que cela se passe mal. Nous repartirons de Port-Royal les soutes pleines d'or anglais.

Nicolas partit voir Larbaud pendant que Pauline s'approchait de Mathieu.

— Nous devons à nouveau former un couple ?

— C'est toi qui as mis fin à notre relation !

— Car elle n'était pas basée sur l'amour, mais sur la sympathie que tu as éprouvée pour moi quand je me suis occupée de toi.

— Je n'ai pas oublié ce que je te dois !

— Mais tu as déjà payé ta dette, Mathieu, l'aurais-tu oublié ?

— Ma dette envers toi ne sera jamais totalement payée, tu le sais.

— Tu regrettes quelque chose de ta vie d'avant ?

— Parfois, mais il m'est impossible de revenir en arrière, comme toi. Notre amour était uniquement basé sur le besoin de compagnie unissant deux fuyards…

— J'avais cru déceler autre chose dans tes yeux.

— Tu t'es trompé, il n'y avait rien d'autre, Mathieu.

Pauline partit en direction de la plage. Le scénario qu'avait concocté Mathieu pour faire main basse sur l'or avait un double objectif, mais elle seule pouvait s'en rendre compte…

New Providence – 15 juin

Ils avaient pu mettre la main sur environ cent cinquante uniformes anglais, ce qui était insuffisant s'ils devaient tous mettre le pied à terre, mais comme en théorie cela n'arriverait pas, cela suffirait à donner le change en espérant que personne ne montât à bord et ne descendît dans l'entrepont. Mathieu s'était naturellement attribué le grade de capitaine et avait alloué le titre de lieutenant de la Marine royale anglaise à Nicolas, Vincent Larbaud et Loïck, qui lui resterait à bord à cause de son faible niveau d'anglais. Les trois officiers principaux iraient, comme convenu dans le courrier d'invitation, à la réception en compagnie de leur prétendue épouse. Pauline avec Mathieu, Émilie avec Nicolas et Hélène avec Vincent Larbaud. Hélène avait quelques années de plus que Larbaud, mais faisant plus jeune que son âge, cela ne se voyait guère.

Ils n'avaient pas exclu la possibilité qu'à Port-Royal l'ancien équipage de l'*Éclipse* fût connu et avaient prévu une explication justifiant le changement d'officiers. Le plus important était qu'ils possédaient la lettre leur servant de mandat pour acheminer l'or.

Ils partiraient à deux bateaux, mais l'*Intrigante* resterait en retrait, hors de vue, et battrait pavillon anglais. À son bord, Bart, mais aussi Kitchi et Chogan attendraient que la frégate anglaise reparte avec son précieux chargement.

Avant le départ, ils essayèrent les uniformes et costumes qu'ils devaient porter une fois à Port-Royal. Si Mathieu et Nicolas paraissaient parfaitement à l'aise en uniforme britannique, ni Larbaud, peu enclin à endosser les habits de leur ennemi juré, ni Loïck, peu habitué à porter avec style ce genre de vêtements, n'avaient l'air naturels. Mathieu et Nicolas leur donnèrent quelques conseils. Sur place, le moindre détail pouvait les trahir. Les Anglais étaient méfiants, surtout envers des gens qu'ils ne connaissaient pas, même s'ils arboraient le même uniforme qu'eux.

Ils firent des essais pour discuter uniquement en anglais et constatèrent que tous le maîtrisaient bien. La majorité de ceux présents à New Providence provenaient des îles britanniques, il ne serait donc pas difficile de constituer un équipage parlant anglais. Ce n'était pas le cas de la plupart des hommes de Mathieu, mais il paraissait peu probable qu'on le remarquât à Port-Royal, l'essentiel étant de rester discrets pour parler français et d'éviter que ceux qui ne parlaient pas anglais descendissent à terre. Tous étaient enthousiastes. La promesse d'un butin important, obtenu de plus sans tirer le moindre coup de feu, faisait rêver tous ceux qui depuis des mois attendaient de participer à une expédition. Hornigold n'avait pu prendre tout le monde à son bord, la proposition faite par Mathieu avait permis d'unifier les rangs. Son plan était habile et ne manquait pas d'audace. Si cela marchait, cela lui permettrait d'asseoir sa réputation, mais tout danger n'était pas écarté, les pirates en étaient conscients. S'ils arrivaient à repartir de Port-Royal les cales pleines d'or, les Anglais finiraient par s'apercevoir de la supercherie, et cela les mettrait dans une rage folle. Le départ était fixé au lendemain.

Non loin de Port-Royal – 5 juillet 1713

Depuis l'aube, ils étaient en vue de l'île de la Jamaïque. Tous connaissaient parfaitement leur rôle ; les membres de l'équipage de l'*Éclipse* devaient enfiler leurs uniformes de l'armée britannique. Ils vérifièrent que le pavillon arborant la croix de Saint-Georges était bien hissé, ainsi que l'état du vaisseau, car il était primordial que le pont de la frégate fît davantage penser à un navire de la couronne britannique, qui étaient toujours dans un état impeccable, plutôt qu'à un bateau pirate dont l'équipage se souciait peu de l'apparence. Mathieu vit défiler tous ses hommes habillés en soldats de Sa Gracieuse Majesté pour vérifier qu'aucun détail ne pourrait les trahir. Cet examen ne fut pas superflu, car il paraissait évident que la majorité des membres de l'équipage étaient de pauvres diables qui n'avaient jamais eu de toute leur vie à se soucier de leur apparence vestimentaire. Certains durent repasser à plusieurs reprises devant leur capitaine qui commençait à s'agacer devant le laxisme affiché par quelques cas récalcitrants.

À bord de l'*Intrigante* que commandait Bart, c'était l'amusement provoqué par l'inlassable défilé de leurs compagnons transformés tant bien que mal en faux soldats britanniques. Il avait été convenu que l'*Intrigante* attendrait un peu au large en prenant garde de s'éloigner de la route qui repartait vers l'Europe, très fréquentée par les vaisseaux de guerre britanniques à qui ils ne tenaient pas vraiment à être confrontés. La veille, ils étaient passés près d'une île qu'ils avaient pensé un moment utiliser comme refuge, l'île de la Navasse, mais étant essentiellement rocailleuse et entourée de falaises difficilement accessibles, elle ne présentait pas beaucoup d'intérêt. Ils décidèrent de ne pas y accoster.

Mathieu repéra la position de la frégate avant de reprendre sa route. La séparation avec ses compagnons provoqua chez lui un petit pincement au cœur. À présent, il se retrouvait seul dans le rôle qu'il s'était assigné, celui d'un capitaine de vaisseau de guerre anglais. Il espérait que la supercherie fonctionnerait ne serait-ce que quelques jours, juste le temps de s'emparer du précieux chargement et de repartir. Il savait que le rôle des femmes était primordial, car leur présence accréditerait la thèse qu'il s'agissait bien d'un équipage officiel tant l'utilisation de femmes du monde par des pirates paraissait improbable, ce qui était pourtant le cas. Ils devraient arriver à Port-Royal dans l'après-midi, voire dans la soirée si le vent était capricieux.

Ils longeaient désormais la côte en direction de leur destination finale. Un peu avant d'arriver, ils croisèrent un endroit qu'ils identifièrent comme étant la baie de Morant, dont le port abritait plusieurs navires qui paraissaient être des unités de taille moyenne. Mathieu interrogea Nicolas du regard.

— Je n'en sais rien, mais ce ne sont ni des vaisseaux de guerre ni des navires de commerce, trop petits. Je me demande bien pour quelle raison ils sont amarrés ici. Ce sont apparemment des frégates, de la taille de l'*Intrigante*, voire des bricks pour les plus petits, probablement des navires corsaires qui se tenaient à l'écart.

L'*Éclipse* poursuivit sa route et Nicolas pressentit une certaine tension au sein de l'équipage. Ce plan était risqué, se jeter dans la gueule du loup en espérant que les Anglais les prissent pour un des leurs semblait osé, tellement, comme l'avait avancé Mathieu, que les Anglais estimeraient que personne ne pût être assez fou pour le tenter.

Au bout de quelques heures de navigation, ils parvinrent enfin en vue de la célèbre cité. Si le tremblement de terre avait dramatiquement impacté la ville en engloutissant une grosse partie de l'île, elle n'en restait pas moins assez impressionnante. Autour de la ville, un grand nombre de navires étaient amarrés. Si on trouvait des vaisseaux de guerre britanniques, plusieurs navires corsaires étaient également présents, dont certains n'étaient que de vulgaires pirates à qui l'on avait octroyé des lettres de marque à condition qu'ils s'en prissent aux galions espagnols, chargés d'or, voire aux unités françaises. Ils savaient également que les autorités britanniques toléraient les navires pirates qui s'en prenaient aux navires espagnols en échange d'une partie du butin. Dans la disparité de cette flotte bigarrée et hétérogène résidait toute l'ambiguïté de l'identité de cette cité aux multiples facettes, mélangeant les genres et les cultures par une étrange alchimie, mais dont l'unique objectif restait d'enrichir la couronne britannique.

À la proue de l'*Éclipse*, Mathieu, Loïck, Nicolas et Vincent admiraient le spectacle grandiose qu'offrait la cité insulaire.

— À l'époque de sa grandeur, il y avait plus de tavernes, de bordels, de filles de joie que dans aucune autre ville de la planète, c'est la capitale du vice et de l'argent. Ici, il n'y avait aucune loi morale ni limite à ce que l'on pouvait faire, lâcha Loïck.

— Si une grande partie de la ville a été engloutie, il reste encore beaucoup d'or, nous ne sommes pas venus pour rien, répondit Mathieu.

— Beaucoup d'or, mais aussi beaucoup d'Anglais, plus que je n'en ai jamais vu dans toute ma putain de vie !

— Et on va tout leur prendre sous leur nez !

— Ou nous finirons tous pendus, marmonna Vincent que seul Nicolas entendit.

Loïck s'éloigna laissant ses trois compagnons.

— Vous vous demandez sûrement comment ça va se passer pour vous après que nous aurons pris possession du chargement d'or ! s'exclama Mathieu.
— Naturellement, répondit Nicolas.
— Si tout se passe bien, vous ne rentrerez pas à New Providence. J'ai prévu de vous déposer, vous, Larbaud, les femmes françaises ainsi que les Indiens qui vous accompagnent à Saint-Domingue, qui est une colonie française. Sur place, vous trouverez aisément un navire pour rallier la France.
— Je vous remercie, vous êtes un pirate, certes, mais un homme de parole.
— L'un n'empêche pas l'autre, même si on trouve beaucoup de capitaines pirates très violents et qui ne possèdent aucune morale.
— Vous allez nous déposer à terre, mais pourquoi ne pas retourner en France comme nous et reprendre une vie normale ? À moins que l'activité de piraterie ne soit pour vous une vocation ?
— Non… Mais je suis mieux ici qu'en France et la piraterie me convient assez bien.
— Tôt ou tard, vous finirez pendu !
— Si je rentrais en France, je finirai de la même façon !
— Ah… mais Pauline, peut-être qu'elle pourrait venir avec nous et rentrer en France ?
— Sûrement pas ! Rien de bon ne l'attend en France. Elle parle bien, a reçu une très bonne éducation, probablement meilleure que celle d'Émilie, mais pour elle, c'est impossible de rentrer en France.
— Elle appartenait à la noblesse française, n'est-ce pas ?

Il dévisagea Nicolas en souriant.

— Rien ne la différenciait des jeunes femmes de bonne famille que vous deviez fréquenter à Bordeaux.

— Alors comment expliquer son comportement, sa façon de s'habiller en garçon et de se battre, c'est vous qui l'avez pervertie ? Vous l'avez enlevée à sa famille ?

— Ce qu'elle est ici, elle l'était déjà en France, je ne l'ai influencée en rien. Vous n'avez visiblement pas vraiment compris ce qu'elle était réellement. Quand je l'ai rencontrée, il n'était plus possible pour elle de revenir en arrière.

— Le moins que l'on puisse dire, c'est que vous n'êtes pas vraiment pas très clair à son sujet, que voulez-vous insinuer ?

— Je vous poserai à Saint-Domingue au retour et vous resterez dans l'ignorance de l'histoire de Pauline, je pense que c'est beaucoup mieux ainsi.

Mathieu repartit vers le poste de pilotage, laissant les deux hommes pensifs. En se tournant, Nicolas s'aperçut que Pauline les observait. Elle se rapprocha de lui.

— Mathieu m'a appris qu'il vous laisserait à Saint-Domingue, j'en suis heureuse pour vous.

— Heureuse ? J'ai toujours eu l'impression que vous ne m'aimiez guère.

— C'est vrai, mais vous vous êtes bien battu et je pense que vous méritez de rentrer chez vous.

Nicolas voulut lui répondre, mais il hésitait, troublé par la conversation qu'il avait eue un peu plus tôt.

— Depuis que nous nous croisons, je vois dans votre regard, monsieur, beaucoup d'interrogations. Sachez que quelle que fût ma vie d'avant, ici, je suis libre de mes actes comme jamais je ne l'ai été.

— Alors pour quelle raison, madame, vois-je toujours dans vos yeux autant de tristesse ?

Nicolas et Pauline restèrent un long moment à se dévisager, moment qui parut à tous les deux durer une éternité et que le jeune homme finit par rompre.

— Excusez-moi, madame, d'avoir posé une question dont je connaissais déjà la réponse : la liberté ne rend pas forcément heureux, mais ça, vous le saviez déjà.

Il se retourna en s'éloignant, sans s'apercevoir que pour la première fois depuis des années, et la toute première fois depuis qu'elle avait quitté la France, des larmes coulaient sur les joues de Pauline.

Port-Royal – 5 juillet 1713

Ils mouillèrent l'ancre au milieu des navires britanniques comme s'ils étaient l'un d'entre eux. Ils devaient à tout prix se comporter le plus naturellement possible, car tout signe de nervosité pouvait susciter la méfiance au sein des habitants de la cité anglaise. Ils replièrent les voiles et rangèrent tout à bord comme ils l'avaient déjà vu faire sur les vaisseaux anglais. Au bout d'une heure, une chaloupe fut mise à l'eau sur laquelle montèrent Mathieu, Nicolas, ainsi que Vincent. Ceux qui faisaient partie de l'escorte furent triés sur le volet, soit des Anglais, soit des gens maîtrisant parfaitement la langue. Ceux qui furent choisis avaient également un minimum de jugeote et d'instruction de façon à éviter toute gaffe s'ils devaient discuter avec de véritables matelots anglais. Une certaine tension était palpable, car tous étaient conscients du risque insensé qu'ils prenaient.

À une centaine de pas de la berge, ils virent arriver une patrouille d'une vingtaine d'hommes se dirigeant vers eux. C'était le moment où tout allait se décider, où on allait savoir s'ils avaient l'air de véritables citoyens de la couronne britannique. À terre, l'officier qui commandait le peloton avait fait disposer ses soldats en ligne face à la mer d'où arrivait la chaloupe. Mathieu, qui se tenait à l'avant, sauta sur la rive et salua son homologue.

— Capitaine Matthew Drummond, commandant de l'*Éclipse*.

L'officier, un jeune lieutenant, eut un bref moment d'incertitude quant à l'attitude à tenir, mais bien vite se reprit.
— Drummond ? Je pensais que le capitaine de l'*Éclipse* était Ken Atwood.
— Était ! Il est mort, tué par les Français lors d'un affrontement qui a eu lieu non loin des côtes britanniques.
— Maudits bouffeurs de grenouilles !
— Je ne vous le fais pas dire ! J'ai moi-même eu à châtier cette vermine et je le ferai volontiers à nouveau.
— Bien parlé, capitaine ! Avez-vous votre ordre de mission ?

Mathieu tira de sa veste une lettre qu'il remit à l'officier qui la lut sans tarder. Derrière lui, Nicolas constata qu'il était un excellent comédien, passant du rôle de capitaine pirate à celui d'un capitaine de la Royal Navy.
— Tout semble parfaitement en ordre, capitaine ! Je vais vous conduire auprès du gouverneur.
— Je vous remercie.

L'officier repartit vers ses troupes pendant que le reste des occupants de la chaloupe débarquait et tiraient l'embarcation sur la plage, hors de portée des vagues. Mathieu avait fait faire par Baptiste, ancien escroc condamné à la potence, une lettre basée sur les documents trouvés à bord de la frégate anglaise. Il avait visiblement bien travaillé, car le jeune lieutenant n'avait absolument rien vu. Nicolas remarqua que Mathieu ne les avait pas, lui et Vincent, présentés, ce qui aurait constitué une erreur. Il semblait parfaitement maîtriser le protocole anglais ainsi que les coutumes qui allaient avec. Pendant que ses hommes en uniforme de soldats anglais restaient sur la plage autour de la chaloupe, Mathieu, suivi par ses deux officiers, fut conduit au gouverneur.
— Vous avez fait bon voyage, mon capitaine ? s'enquit le jeune lieutenant.

— Pas vraiment, nous avons eu du gros temps, mais cela fait partie du métier.
— Il y a de plus en plus de pirates dans les Caraïbes, cela devient dangereux de convoyer des marchandises vers l'Europe.

Mathieu nota l'ironie de la situation, car Port-Royal abritait également de nombreux pirates, protégés par la couronne britannique, qui s'attaquaient aux navires de commerce espagnols ou français avec la bénédiction des autorités.
— Notre vaisseau est rapide et bien armé, ils n'oseraient pas s'attaquer à un bâtiment de guerre, ce sont surtout les vaisseaux de commerce qui les intéressent, lents, peu manœuvrables en cas de combat, et faiblement armés.

Le jeune lieutenant les guida vers la demeure du gouverneur. L'île portait encore les stigmates du tremblement de terre qui avait pourtant eu lieu vingt ans plus tôt.
— Nous nous rendons à la demeure du gouverneur ?
— Le gouverneur se trouve à fort Charles, le seul fort qui ait survécu au séisme qui a frappé l'île.
— Vous craignez une attaque des Français ?
— Pour quelle raison ne le feraient-ils pas ? À cause des dégâts subis il y a vingt ans, il semble évident que nous sommes vulnérables.
— Vous avez raison, avec ces diables de Français, on ne sait jamais.
— Visiblement, c'est la première fois que vous venez ici.
— En effet !

Nicolas constata que Mathieu maîtrisait parfaitement l'anglais avec toutefois un très léger accent.
— Votre accent, mon capitaine. D'où êtes-vous originaire ?
— Jersey !
— Ah, soupira-t-il, je comprends mieux.

Nicolas sourit intérieurement, car c'était la meilleure des réponses qu'il pût lui donner. Ils longèrent la plage un long moment, escortés par les quelques soldats qui avaient une tenue impeccable en dépit de la chaleur étouffante qui régnait. Ni Nicolas ni Mathieu ne voulaient évoquer l'histoire récente de la ville, de crainte de commettre une bourde, mais le jeune lieutenant, se sentant probablement investi d'un rôle de guide improvisé, décida lui-même d'informer ses visiteurs.

— Auparavant, la ville comptait cinq forts, nous avons eu de la chance que fort Charles soit préservé, car sinon la ville se serait retrouvée sans défense.

— Il faut avouer, lieutenant, que l'actuelle Port-Royal dispose de bien moins d'attraits que l'ancienne, avant qu'elle soit en partie engloutie.

— Détrompez-vous, mon capitaine, de nombreux pirates aimeraient bien mettre la main sur nos trésors.

— Il m'a semblé, lieutenant, qu'un certain nombre de pirates mouillaient déjà dans les eaux de notre ville.

— Il y a un accord tacite entre notre gouverneur et ces pirates qui ne s'attaquent qu'aux navires espagnols et français.

— Vous voulez dire qu'ils se comportent comme des corsaires… mais qu'ils n'ont pas de lettres de marque ?

— Les lettres de marque sont données par le roi… et certaines crapules qui commandent ces bateaux auraient bien du mal à les obtenir.

Nicolas sourit. Il avait entendu dire que Benjamin Hornigold était un ancien capitaine corsaire. Les frontières entre ceux qui pratiquaient la course et la piraterie étaient bien minces et certains les franchissaient aisément, comme Henry Morgan qui vécu ici même des décennies plus tôt.

Ils arrivèrent enfin devant fort Charles. C'était un fort moderne dont les murs rouges construits en briquettes paraissaient assez frêles, car la priorité avait été donnée à la disposition d'innombrables canons pour se défendre d'une attaque par la mer. À l'entrée, les sentinelles laissèrent passer le peloton accompagné des trois Français en uniforme britannique. Ils longèrent les murailles avant d'arriver devant un

personnage de taille moyenne, la quarantaine, qui les regardait arriver : le gouverneur de Jamaïque, lord Archibald Hamilton.
— C'est étrange, d'ici il m'a semblé reconnaître la frégate de mon très bon ami, le capitaine Atwood.
— C'est bien l'*Éclipse*, renchérit Mathieu, mais j'ai le regret de vous informer que le capitaine Atwood a trouvé la mort lors d'un combat avec les Français. L'amirauté m'a confié le commandement de son navire.
— L'amirauté doit vous tenir en grande estime, car Atwood était un de nos meilleurs capitaines et les missions qu'on lui confiait étaient d'une grande importance.
— La mission n'a pas changé, je porte sur moi une lettre qui le confirme.
— Donnez-la-moi, capitaine !

Il s'exécuta et remit le courrier au gouverneur qui le parcourut attentivement avant de le rendre à Mathieu.
— Vous êtes donc celui qui aura la lourde charge de le remplacer.
— Effectivement, capitaine Matthew Drummond pour vous servir, et voici mon second, le lieutenant Nicolas Dawson et le lieutenant Warren Reed.

Nicolas et Vincent s'inclinèrent devant le gouverneur. Jusqu'ici, tout se passait bien, ils avaient réussi à bluffer les Anglais. Restait le plus difficile : embarquer l'or sous leur nez, sans faire le moindre accroc, ce qui n'était pas encore acquis d'autant plus qu'ils avaient pu mesurer la haine que nourrissaient les Anglais à leur égard et qui pouvait bien se muer en colère s'ils s'apercevaient qu'ils étaient Français, et pirates de surcroît. Une fois les présentations faites, le gouverneur changea de sujet.
— Êtes-vous au courant de la réception que je donne dans deux jours ici même ?

— Oui ! J'ai pris la liberté de convier mon épouse et mes officiers ici présents ont fait de même.
— Quelle bonne idée ! Je m'en réjouis, je ferai donc leur connaissance lors de cette soirée. Toute la bonne société de la Jamaïque sera présente.

Le gouverneur raccompagna le trio d'officiers jusqu'à l'entrée du fort.

— Au fait, Drummond, savez-vous ce qui s'est passé avec Atwood, qui est responsable de sa mort ?
— Hélas, je n'en sais pas beaucoup plus.
— Dommage, j'aurais bien aimé mettre la main sur celui qui a tué mon ami, lâcha le gouverneur, pensif.
— Vous en aurez peut-être l'occasion, je vous le souhaite !
— C'est fort aimable de votre part.

L'officier les raccompagna jusqu'à la plage où ils embarquèrent pour rallier la frégate anglaise. Une fois à bord, Nicolas retrouva Émilie qui paraissait inquiète de savoir comment leur rencontre avec les Anglais s'était déroulée.

— Alors ?
— Apparemment, ils ne se doutent de rien. Si nous continuons de la sorte, tout devrait bien se dérouler. Mathieu est un très bon acteur et paraît très à l'aise avec le protocole anglais. Si tout marche comme il le faut, il nous déposera à Saint-Domingue et nous pourrons enfin être libres de nous marier.

Il se rapprocha d'elle et l'embrassa dans le cou. La jeune femme repensa à l'incroyable périple qui les avait conduits jusqu'ici.

— J'espère que tout se passera bien, après tout ce que nous avons vécu, il me tarde que cela finisse, dans combien de temps quitterons-nous la Jamaïque ?
— Deux jours si tout fonctionne comme prévu, après le plus dur sera fait.
— Tu penses que Mathieu tiendra sa promesse ?

— Je l'espère.
— Et s'il était tué ?
— Prions que cela n'arriva pas, du moins pas avant qu'il nous ait rendu notre liberté.

Spanish Town – Jamaïque – 7 juillet 1713

Ils étaient descendus à terre la veille pour mettre au point le chargement de la précieuse cargaison d'or censée partir pour Londres, mais qui n'y parviendrait jamais. Depuis le séisme qui avait frappé Port-Royal, la résidence du gouverneur s'était désormais établie à Spanish Town, la ville historique la plus ancienne de la Jamaïque, mieux protégée de la fureur des flots, car retranchée à quelques kilomètres de la côte, à l'ouest de Kingston. Sa création datait de 1534 et elle fut l'une des toutes premières villes de la colonisation européenne. Tout sur place rappelait l'époque où les Espagnols étaient les maîtres des lieux, avant que les Anglais ne prissent possession de l'île, un peu plus d'un demi-siècle auparavant.

Mathieu avait appris une bonne nouvelle, le chargement d'or commencerait dès ce matin et ils pourraient dès le lendemain quitter la place sans avoir tiré un seul coup de feu. C'était l'or le plus facilement gagné de toute sa vie. Il était toutefois conscient qu'il fallait faire bonne impression au bal, donné le soir même, car tant qu'ils n'avaient pas levé l'ancre, tout pouvait tourner en leur défaveur. Lord Archibald Hamilton leur avait demandé à maintenir le secret absolu concernant la nature de ce qu'ils transportaient afin d'éviter toute fuite. Un tel trésor pouvait susciter beaucoup de convoitise. Seuls les officiers étaient dans la confidence du contenu des coffres. Le gouverneur était loin de se douter que ce qu'il craignait le plus était en train d'arriver sous son nez, sans qu'il pût s'en douter le moins du monde.

Comme prévu, dans le courant de la matinée les premières caisses d'or et d'argent arrivèrent, dérobées un peu plus tôt aux Espagnols qui les avaient eux-mêmes volées aux Indiens. Le gouverneur avait mis à leur disposition un certain nombre de soldats pour faciliter l'acheminement du chargement et bien que des consignes fussent données aux faux soldats anglais, tout risque n'était pas écarté. Un des soldats du gouverneur demanda à un des soldats s'ils voulaient eux aussi participer à une petite fête.

— C'est hors de question, intervint Nicolas.

Une fois que ce dernier eut le dos tourné, le soldat réitéra sa demande, mais le matelot de l'*Éclipse* parlait mal l'anglais et se retrouva bien démuni, car il ne comprenait rien de ce que son vrai collègue lui avait demandé. Que devait-il faire ? Il n'en savait rien. Comme on proposait de l'eau à ceux qui aidaient pour les désaltérer, il pensa qu'il voulait boire et se tourna vers le seau contenant de l'eau douce. Il allait le saisir quand Mathieu le vit juste à temps. Il avait assisté à l'intervention de Nicolas et avait compris la menace.

— Soldat ! Qu'est-ce que le lieutenant Dawson vient de vous dire !

— Excusez-moi, mon capitaine !

Les soldats repartirent à terre et l'homme regarda Mathieu. Il n'avait pas compris qu'ils venaient d'éviter la catastrophe de très peu. Les femmes apparurent sur le pont et comme pour leur répondre, Mathieu affirma.

— C'est presque terminé. Ensuite, nous mangerons et nous préparerons notre soirée à terre.

Les femmes passèrent des robes de soirée. Cela modifia considérablement l'apparence d'Émilie et d'Hélène, mais le plus surprenant fut encore Pauline qui semblait parfaitement à son aise dans ces tenues compliquées, prouvant que l'intuition de Nicolas concernant son milieu d'origine ne l'avait pas trompé. Elle était méconnaissable et, à l'exception de la légère cicatrice qu'elle avait sur la joue gauche, mais qui avait de façon étonnante parfaitement cicatrisé, rien n'aurait pu la différencier des dames habituées à fréquenter les cours d'Europe.

Son attitude énervait Émilie, car la jeune femme pirate avait une certaine habileté pour attirer en permanence l'attention sur elle, d'abord avec ses tenues masculines qui moulaient ses formes de façon indécente et même à présent, en portant des tenues féminines avec une grande élégance, aussi à l'aise dans les vêtements d'un sexe que de l'autre, jetant en permanence le trouble au sein de la gent masculine d'une façon éhontée, y compris dans l'esprit de celui qu'Émilie aimait. Celle-ci avait supposé que Pauline serait particulièrement mal à l'aise vêtue d'une robe, mais c'était exactement le contraire qui s'était passé. Le seul qui paraissait indifférent était Mathieu, mais sans doute était-ce parce qu'il connaissait le vrai visage de la déconcertante jeune femme. Au départ, il avait tenté de la séduire. Elle se demandait bien pour quelle raison ? Pour provoquer Pauline ? Ou alors parce qu'ils n'étaient pas un vrai couple ? Elle n'aurait su le dire…

En fin d'après-midi, les trois couples embarquèrent sur une des chaloupes pour rejoindre la terre ferme. Il faisait chaud en Jamaïque de sorte qu'ils avaient allégé leur tenue au maximum pour éviter de transpirer. Sur l'embarcation, une petite brise leur permit de se rafraîchir avant de constater qu'une fois la rive atteinte, il faisait très chaud ; l'air était humide et l'ambiance suffocante. En l'absence de Mathieu, ce serait Loïck qui prendrait le commandement de la frégate. Nicolas espérait qu'il méritait la confiance de son capitaine pour ainsi se voir confier le butin, car dans le cas contraire, non seulement ils seraient privés de la cargaison que le gouverneur leur avait allouée et se retrouveraient dans une situation bien fâcheuse, mais en plus, Nicolas perdrait également son moyen de transport pour rallier Saint-Domingue. Il savait que Kitchi et Chogan pourraient leur venir en aide, mais ils étaient si peu nombreux au sein des pirates que toute initiative malheureuse pouvait se terminer de façon tragique.

En arrivant sur la plage, on les guida vers une calèche dans laquelle ils prirent place et qui entama son parcours vers la maison du gouverneur. Ils apprécièrent cette promenade nocturne malgré la chaleur étouffante. Ils pénétrèrent dans Spanish Town au bout d'une vingtaine de minutes.

Ils finirent par arriver devant la maison du gouverneur où ils constatèrent qu'il y avait foule. Visiblement, le gouverneur n'avait pas lésiné sur le nombre d'invités. Ils comprirent rapidement qu'avec la chaleur qui régnait, la soirée se déroulerait à l'extérieur. On les conduisit dans les jardins où d'immenses buffets étaient disposés. Toute la haute société de la Jamaïque et probablement un nombre non négligeable d'aristocrates provenant des différentes colonies d'Amérique de la couronne britannique étaient présents. Nicolas et Vincent se dévisagèrent en grimaçant légèrement. Avec autant d'invités, le risque d'être reconnus augmentait considérablement.

— Je n'ai jamais vu autant de monde, soupira Émilie.

— Parle anglais, s'il te plaît, on pourrait nous entendre.

Elle se rendit compte de sa bévue et observa son entourage, personne ne paraissait l'avoir entendue. Le gouverneur les salua puis ils se mêlèrent aux autres invités. La fête était magnifique, des centaines d'invités se massaient autour des buffets garnis aussi bien de volailles, dont certaines étaient énormes, que de pièces de gibier ou encore d'un assortiment de poissons assez incroyable. Nicolas reconnut, en buvant, un vin de Bordeaux et se demanda où les Anglais se l'étaient procuré. Lord Archibald Hamilton paraissait pour le moins accaparé par tout ce que la Jamaïque comptait de personnages de haut rang. Émilie rejoignit Nicolas.

— Malgré tous les malheurs qui nous sont arrivés depuis que j'ai quitté fort Frontenac, nous avons eu parfois de vrais moments de bonheur.

Cette réception est somptueuse, cela fait longtemps que je n'ai pas aussi bien mangé.

— Demain, nous repartirons enfin d'ici et tout n'aura été qu'un mauvais souvenir. Nous pourrons enfin songer à l'avenir.

— Je n'arrête pas d'y penser. Toi, moi et tous les bébés que nous allons avoir, je rêve d'une grande famille.

Il se rapprocha d'elle.

— Après toutes ces péripéties, je vais m'occuper de toi et te faire des tas de bébés.

Il l'embrassa avec beaucoup de tendresse.

— Oui… je vais prendre beaucoup de plaisir… à te faire ces bébés.

Il l'embrassa à nouveau.

— J'espère que vous attendrez d'être à bord.

Ils se tournèrent en direction de celle qui venait de parler… Pauline…

— N'oubliez pas, les amoureux, que nous autres latins sommes bien plus expansifs que les Anglais qui nous entourent… Tout le monde vous regarde.

Ils observèrent les regards des convives et constatèrent que Pauline disait vrai.

— Cela ne m'aurait pas gênée de faire l'amour dans le jardin, lâcha Émilie en défiant Pauline du regard.

— C'est étonnant Émilie, je vous aurais vue plus réservée, moins exubérante.

— Je trouve que les pantalons moulants vous allaient mieux, Pauline, ainsi vêtue, vous n'êtes pas dans votre élément.

— C'est justement parce que je peux facilement m'adapter à mon environnement que j'ai survécu. Hier, femme pirate, aujourd'hui dame du monde.

— Et avant-hier, vous étiez qui, Pauline ?

Elles se dévisagèrent. Mathieu intervint et embrassa Pauline dans le cou en même temps qu'il murmurait.

— N'attirez pas les regards, notre objectif est de passer inaperçus.

Elle lui rendit son baiser, mais sur la bouche cette fois. Puis elle et Mathieu s'éloignèrent.

— Maudite vipère ! Elle connaît vraiment tous les rôles de la fourberie.

— Bientôt, elle ne sera plus qu'un mauvais souvenir.

L'orchestre se mit soudain à jouer. Nicolas vit le gouverneur s'approcher.

— Lieutenant Dawson ! Vous ne m'aviez pas dit que votre femme était d'une beauté aussi éclatante.

Nicolas s'aperçut que la beauté d'Émilie, avec ses traits d'une finesse approchant la perfection et ses yeux clairs d'un bleu azur, irradiait l'assemblée, se détachant de celle des autres femmes présentes à la soirée.

— Vous permettez que je vous l'emprunte pour la première danse.

— Naturellement, gouverneur.

Il prit la main de sa bien-aimée et la mit dans celle de lord Hamilton qui lui glissa dans l'oreille.

— J'avoue que la femme de votre capitaine est également d'une beauté peu commune, où trouvez-vous de telles merveilles.

— C'est notre secret, lord Hamilton.

— Vous avez bien raison de ne rien dire.

Le gouverneur sourit et s'éloigna pendant qu'Hélène s'approchait.

— Je viens vous servir de cavalière, je ne voudrais pas que vous soyez obligé de vous retrouver avec Pauline.

— C'est vrai que son attitude provocante et altière agace, mais elle n'en demeure pas moins femme, elle aussi.

— Ça, monsieur Dawson, rien n'est moins certain ! Les démons prennent souvent l'apparence d'humains ordinaires, je suis bien placée pour le savoir !

Hélène entraîna Nicolas qui remarqua que Mathieu et Pauline les rejoignaient. Nicolas surprit le regard noir qu'adressait Mathieu au couple formé par le gouverneur et Émilie. Lui qui avait recommandé un maximum de discrétion, cette mise en lumière l'inquiétait, car tous avaient le regard braqué sur le couple. Il balaya l'assistance des yeux, mais ne sentit pas d'attitudes hostiles parmi les convives. Les chances qu'ils fussent démasqués étaient minces, mais pas inexistantes. La musique s'arrêta brièvement pour reprendre aussitôt par un air moins dansant et les couples se dirigèrent vers le buffet. Le gouverneur offrit une coupe de champagne à Émilie et se tourna à nouveau vers Nicolas.

— Votre femme est une cavalière de grand talent, pourvue de surcroît d'un esprit vif et cultivé.

— Je réalise tous les jours que j'ai beaucoup de chance de l'avoir.

Cette dernière réplique suscita l'amusement du gouverneur qui fit venir les principales personnalités de Jamaïque pour les présenter aux trois couples. Un homme à la mine austère, mais au regard vif et acéré comme une lame s'approcha.

— Je vous présente Richard Bennett, qui commande la garde dans l'île.

Tous s'inclinèrent pour le saluer.

— Lord Archibald Hamilton m'a informé que vous repartiez au petit matin, c'est bien dommage, car dans deux jours aura lieu un admirable spectacle que vous allez malheureusement rater.

— Quel est ce splendide événement que nous ne pourrons voir ? demanda Nicolas.

— Une pendaison, nous allons pendre quelques pirates français qui ont eu le malheur de croiser notre route.

Tous frémirent en écoutant l'orateur à la voix d'outre-tombe faire la publicité de l'exécution.

— C'est en effet bien dommage, répliqua Mathieu, mais nous devons reprendre la mer. J'ai souvent eu le plaisir de voir ces coquins pendus. Port-Royal a pourtant toujours été très tolérant avec les pirates, n'est-ce pas ?
— Uniquement ceux qui rançonnaient les bateaux français et espagnols et nous reversaient une part du butin. Pour ceux qui s'attaquent à nos navires de commerce, il n'y a qu'une seule fin possible, la corde !
— Ne devez-vous pas renvoyer les pirates en Angleterre afin qu'ils soient jugés ?
— Les principaux, il est vrai, quant aux autres, nous pouvons très bien les pendre sur place !

Cette dernière réplique suscita l'hilarité de l'entourage du gouverneur, auquel se joignirent les trois Français, qui eux, rirent jaune.
— Je trouve toutes ces pendaisons plutôt sinistres, déclara Pauline.
— C'est toujours comme ça avec les femmes, vous êtes trop sensibles !

Tous rirent à nouveau sans se douter le moins du monde que celle qui venait de prononcer cette phrase aurait très bien pu elle aussi se balancer au bout d'une corde s'ils avaient su qu'avant de porter une robe, elle faisait partie de ceux qu'ils pourchassaient.
— Sans doute aurons-nous la chance d'assister à l'une de ces pendaisons si nous revenons par ici, dit Nicolas.
— Il faut dire que nous ne manquons pas de gibier de potence. Nos prisons regorgent de cette vermine et nous pendons tous les mois.

Ils restèrent un instant puis parvinrent enfin à se séparer du groupe.
— Quelle horreur ! s'exclama Vincent, il me tarde de quitter cet endroit au plus vite.

La soirée fut plaisante et enjouée et peu à peu les trois couples prirent leurs distances avec le buffet qui paraissait être le centre névralgique de la soirée, l'endroit où il était possible de côtoyer les

personnages les plus marquants de la bonne société locale. Ils jugèrent donc prudent de s'en éloigner.
— Nous avons accompli les mondanités indispensables à notre visite, la cargaison est chargée, je ne vois donc aucune raison de rester plus longtemps. Nous devons regagner le navire et à l'aube nous ferons route vers notre destination finale, déclara Mathieu.
— N'oubliez pas d'aller remercier le gouverneur, ajouta Vincent, sinon il pourrait se poser des questions.
— Vous avez raison, j'y vais de ce pas.

C'était la dernière formalité avant le départ, Mathieu avait ressenti toute la soirée une certaine nervosité. Dérober une cargaison entière d'or et d'argent sous le nez des Anglais et qui plus est en se faisant passer pour des officiers britanniques était un exploit assez osé, mais il avait réussi. Il savait que beaucoup doutaient de son plan au départ, il sourit intérieurement. Il découvrit lord Archibald Hamilton en compagnie d'un groupe d'officiers de la Royal Navy. Celui-ci finit par l'apercevoir et se dirigea vers lui.
— Je m'apprête à prendre congé et venais vous remercier pour cette soirée remarquable.
— Ce n'est rien, capitaine Drummond, après tout, vous êtes un invité de marque, c'est vous qui rapportez l'or que nous avons soustraits aux Espagnols. Je vois également que vous êtes un officier responsable, certains auraient pu s'attarder sur place pour profiter des charmes bien connus de notre île.
— Les intérêts de la couronne passent avant toute chose.
— Voilà qui est bien parlé, en véritable officier de Sa Majesté !
— Je vous remercie, gouverneur !
— Bonne route, capitaine !

Ils se saluèrent puis Mathieu se retourna en poussant un soupir de soulagement et commença à s'éloigner.
— Une dernière chose, capitaine Drummond.

Mathieu se figea et les battements de son cœur s'accélérèrent.

— Qui y a-t-il, gouverneur ?

— Lorsque je rentrerai à Londres, j'aurai plaisir à vous revoir, ainsi que le lieutenant Dawson et sa charmante épouse.

— Vous n'aurez guère de mal à nous trouver, Dawson et moi habitons dans le centre de Portsmouth.

— Quelle heureuse coïncidence, je suis moi-même originaire de Portsmouth, mais c'est étonnant, il ne me semble pas connaître votre famille.

— En fait, cela fait peu de temps que nous habitons la ville, je suis originaire de Jersey et Dawson de Liverpool.

— Je comprends mieux vote léger accent et Liverpool n'a jamais été un modèle concernant la langue anglaise. Vous avez bien fait de vous installer à Portsmouth, je viendrai vous rendre visite avec grand plaisir. Encore une fois bonne route, capitaine !

Mathieu le salua et retourna avec les siens. Il essayait de marcher le plus calmement possible, mais sa nervosité n'avait cessé de croître au fur et à mesure de la discussion. Il espérait que l'expression de son visage ne l'avait pas trahi. Quand il rejoignit le petit groupe, il constata qu'eux aussi paraissaient inquiets.

— On a cru que tu ne viendrais jamais, souffla Pauline.

— Je l'ai cru aussi. Cette fois, nous partons pour de bon.

Nicolas et Émilie marchaient côte à côte, et, inconsciemment, leurs mains s'étaient rapprochées pour se joindre, sans doute à cause de l'énorme tension qui régnait. Il leur tardait de fuir cet endroit où ils devaient jouer en permanence la comédie. Plus ils s'éloignaient de la maison du gouverneur pour rejoindre la calèche qui devait les ramener à leur bateau, plus la nervosité s'évacuait faisant place à une sorte d'ivresse, celle d'avoir réussi à duper tout le beau monde de Jamaïque en lui dérobant un immense butin qu'en mer il aurait fallu beaucoup d'efforts et de sang versé pour obtenir. La chaleur était toujours intenable, rendant la transpiration naturelle, ce qui n'était pas forcément le cas pour le petit groupe. Le plus tendu restait Mathieu, car il craignait que la tentation d'un aussi gros trésor pût faire tourner la tête aux plus fidèles de ses compagnons.

Pourtant, quand ils parvinrent enfin devant la plage, l'*Éclipse* était toujours là. Ils descendirent et Vincent, qui depuis le début avait été le plus mal à l'aise, ouvrit la marche pour rejoindre la plage. Nicolas et Mathieu fermaient la marche. Il faisait particulièrement sombre et on ne distinguait pas grand-chose, ce qui arrangeait bien nos amis.

— Vous pensiez vraiment réussir, Mathieu ?

— Oui, mais maintenant que c'est fait, j'avoue avoir douté, mais c'est fait !

Au loin, Loïck, qui surveillait les allées et venues avait déjà fait mettre la chaloupe à la mer et celle-ci se dirigeait vers les trois couples. Vincent remarqua qu'une autre chaloupe venait d'accoster avec à son bord deux officiers et quelques soldats. Il faillit l'éviter, mais estima au dernier moment que cela aurait été un risque, celui d'adopter un comportement suspect. Il salua l'officier le plus près tandis que l'autre aidait les hommes à tirer la chaloupe sur la berge. L'officier lui rendit son salut puis Vincent se tourna vers la mer tandis qu'Hélène arrivait à sa hauteur. L'officier s'approcha de lui avec un petit sourire malicieux.

— J'espère que cette beauté est votre sœur, monsieur !

— Hélas non, c'est ma femme !

Le deuxième officier se retourna, il était encore à quelques pieds, mais avait entendu la conversation. Vincent n'eut pas le temps de voir le visage d'Hélène, sinon il aurait compris, mais c'était trop tard…

— Vous faites erreur, monsieur, ce n'est pas votre femme, mais la mienne, celle qui m'a juré fidélité il y a bien des années mais qui s'est depuis parjurée à de nombreuses reprises.

— Je ne comprends pas ce qui se passe, s'exclama le deuxième officier.

— Ce ne sont pas des officiers anglais, ce sont des usurpateurs !

Vincent n'eut même pas le temps de comprendre ce qui se passait, ni de dégainer son sabre. La lame de celui de l'autre officier, de celui que Nicolas ne connaissait que trop bien, Alexandre Tolbiac, venait de lui perforer le cœur d'un geste vif, sous le regard terrorisé d'Hélène. Nicolas craignait qu'à nouveau, Tolbiac ne s'en prît à Hélène, mais cette fois, c'est vers lui qu'il se dirigea. Derrière lui, Mathieu regardait autour de lui pour voir si les soldats présents un peu partout sur la plage avaient remarqué ce qui se passait, car la densité de l'obscurité rendait tout signalement d'une scène de combat assez difficile et les disputes générées par des marins ivres n'étaient pas rares. Il se dirigea vers le deuxième officier, pensant qu'il était possible d'embarquer sans que les troupes régulières ne les eussent remarqués. Au moment où la chaloupe touchait terre et que les compagnons de Mathieu venaient lui prêter main-forte, un coup de feu retentit, rendant désormais toute fuite impossible à dissimuler au plus grand nombre. Ils savaient à présent que le temps jouait en leur défaveur ; il fallait vaincre et déguerpir au plus vite, les environs, sans parler des navires amarrés dans la baie, grouillaient de soldats britanniques.

Nicolas faisait face à Tolbiac qui jetait parfois, à la dérobée, des regards noirs à celle qui demeurait son épouse, bien que le destin les eût forcés depuis plusieurs années à suivre des chemins différents. Mathieu affrontait le deuxième officier qui était lui aussi un redoutable adversaire. À l'écart, Émilie et Hélène assistaient à la scène, horrifiées. Elles ne prêtèrent pas attention à celle qui, quelques heures plus tôt seulement, dansait dans une robe de soirée comme n'importe quelle femme du monde, affichant un mélange de séduction et de charme. Pauline venait de saisir un poignard dissimulé dans sa robe et était en train de trancher toute la partie basse de celle-ci pour la découper un peu au-dessus du niveau des genoux. Une fois qu'elle eut terminé, elle ramassa un des sabres tombés à terre et se jeta dans la bataille, à la grande stupéfaction du camp de Tolbiac qui la virent surgir comme un démon. L'effet de surprise joua en sa faveur et elle transperça son adversaire. L'irruption de Pauline était en train de faire pencher la balance en leur faveur. Plus loin, sur l'*Éclipse*, Loïck, inquiet par la détonation et le bruit de la bataille, mais ne pouvant rien distinguer, avait fait mettre une deuxième chaloupe à la mer et embarqua à son bord.

Tout ne fut désormais qu'une immense cohue, la plage de Kingston était le témoin d'une confrontation des plus étranges qui voyait deux groupes de soldats anglais s'affronter, dont l'un comprenait une femme, à la robe amputée de sa partie basse et se battant comme un homme. Si le duel entre Nicolas et Alexandre Tolbiac paraissait équilibré, ce n'était pas le cas du groupe de Tolbiac qui cédait sous la furie de leurs assaillants. Mathieu tua son adversaire, ils étaient en train de prendre le dessus quand les cris désespérés d'Émilie et d'Hélène les alertèrent d'un nouveau péril. Partout autour d'eux des fantassins se regroupaient en les mettant en joue avec leurs fusils. Ils pensaient avoir réussi et n'en étaient pas loin, mais Nicolas jeta un bref regard en direction de la frégate, dont il ne pouvait distinguer qu'une vague forme au loin, vers la liberté qu'il avait crue acquise, mais qui lui glissait à présent entre les doigts, une fois de plus. Tolbiac s'était à présent reculé, comme ceux qui étaient avec lui et qui avaient survécu au combat. Nicolas regarda Mathieu, qui lui fit non d'un signe de la tête et il comprit qu'il n'avait plus d'autre choix que la reddition ou la mort. Au large, Loïck, comprenant ce qui se passait, avait fait faire demi-tour à la chaloupe. Pour ceux de la plage, ils ne pouvaient plus rien. En revanche, ils pouvaient encore parvenir à s'enfuir, avec un peu de chance…

Un des officiers demanda à Mathieu et à ceux qui l'accompagnaient de se rendre. Mathieu jeta son sabre à terre, imité aussitôt par Nicolas et les matelots habillés comme des soldats britanniques, sous le regard amusé de Tolbiac.

— Je vais vous escorter chez le gouverneur, annonça ce dernier, il sera content de constater que des traîtres ont été démasqués. Ils ont eu un sacré culot de se déguiser en soldats de Sa Majesté, j'ignore pour quelle raison !

— Je le sais, s'exclama le jeune lieutenant qui les avait déjà accompagnés chez le gouverneur dans l'après-midi ; ils sont venus pour s'emparer de l'or que nous avons pris aux Espagnols !

— L'or est déjà chargé ?

— Oui ! Ils s'apprêtaient à quitter la Jamaïque.

— Où se trouve leur vaisseau ?

— Quelque part au large, mais on n'y voit pas grand-chose, cette nuit.

— Il faut à tout prix l'empêcher de partir d'ici, je retourne à mon navire, faites passer le mot aux autres navires, vous avez le signalement de leur bateau ?

— Oui, une frégate nommée l'*Éclipse*.

— Lieutenant, prenez bien soin des prisonniers, et gardez-moi celle-ci de côté, dit-il en désignant Hélène, c'est ma femme et nous avons des années de relations conjugales de retard. Je tiens donc à mettre beaucoup d'ardeur pour me rattraper.

Ses paroles furent suivies de rires venant des soldats sous le regard attristé d'Émilie et de Nicolas tandis qu'Hélène, le regard fuyant, était au bord des larmes. Émilie s'était rapprochée naturellement de Nicolas.

— Cette fois, il n'y aura pas d'échappatoire.

— J'ai cru que c'était la fin quand nous étions prisonniers des Iroquois et pourtant je suis vivant.

— Grâce à ceux qui nous ont entraînés dans ce guêpier.

Alors qu'elle jetait un regard sombre à Mathieu, ce dernier prit la parole.

— Je tiens à vous signaler que l'homme qui m'accompagne n'a agi que pour recouvrer sa liberté, il n'a à aucun moment décidé de se joindre à nous, dit-il en désignant Nicolas, pas plus que les deux dames qui étaient avec lui.

Nicolas regardait le corps gisant de celui qui, à cause des épreuves qu'ils avaient surmontées ensemble, était devenu son ami. Lui non plus n'avait rien à faire là. Mathieu avait-il entendu les mots d'Émilie ou bien était-ce une décision mûrement réfléchie ?

— Ça, c'est à nous de le décider, déclara Tolbiac, ou plutôt au gouverneur qui prendra une décision concernant ton « ami ».

Tolbiac se dirigea ensuite en toute hâte vers la chaloupe, il voulait absolument empêcher la frégate de lever l'ancre et de s'enfuir. Il y avait maintenant une cinquantaine de fusils braqués sur eux. Beaucoup dévisageaient Pauline qui paraissait les intriguer dans sa tenue raccourcie et dont une partie du corps était couverte de sang, indiquant qu'elle avait pris part au combat. Une fois que la chaloupe commença à s'éloigner, l'un des officiers indiqua au petit groupe de le suivre pour se rendre chez le gouverneur.

La chaloupe de Loïck n'était plus qu'à une centaine de pas de l'*Éclipse* quand le canon tonna et qu'un boulet tomba non loin de la frégate. Dans la frêle embarcation, tous interrogèrent Loïck du regard, mais avant qu'il eût pu répondre, ils virent un gros vaisseau qui faisait route vers eux. Avant qu'ils aient pu prendre la moindre décision, ils constatèrent que l'*Éclipse* était en train de déployer ses voiles et aperçurent des marins se précipiter à l'avant pour relever l'ancre. La frégate allait tenter de s'échapper.

— Que fait-on, Loïck ? demanda l'un de ses compagnons.

— C'est désormais trop tard pour rejoindre le bateau, si nous y parvenons à nous approcher, la seule chose que nous réussirons à faire, c'est de montrer à tous ceux qui nous observent que l'on fait partie de l'équipage, et il n'est pas dit que nous puissions le rejoindre.

Il disait vrai, la frégate avait déjà hissé la brigantine et deux des focs avant ; dans quelques minutes, le bateau prendrait le large et ils avaient peu de chances de le rejoindre avant qu'il partît.

— Qu'allons-nous faire ?

— Nous sommes en uniforme anglais et rien ne dit que nous faisons partie de l'équipage de l'*Éclipse*. Il fait noir et leur principale préoccupation reste de s'emparer de l'*Éclipse*, ils n'ont aucune raison de s'intéresser à nous.

Loïck disait vrai. Ils s'éloignèrent peu à peu de la zone de combat. Loïckk grimaça, si la frégate était prise, au vu de ce qui s'était déjà déroulé sur la plage, ils étaient dans de sales draps.

Sur la plage, on avait regroupé les prisonniers, Nicolas, Mathieu, quatre de ses acolytes qui avaient survécu à la bataille et les trois femmes. Une cinquantaine de soldats les entouraient.

— Vous aviez vraiment l'intention de nous laisser à Saint-Domingue, Mathieu ?

— Vous me voyez uniquement comme un pirate, mais je suis un homme d'honneur, vous ne savez rien de celui que je fus avant de quitter la France.

— C'est dommage pour nous.

— Quoi qu'il arrive, ce sera le gouverneur qui décidera de notre sort. Quand nous serons amenés devant lui, je continuerai à assumer l'intégralité de la responsabilité de ce qui s'est passé, et si cela fonctionne, vous serez considérés comme prisonnier de guerre et ainsi éviterez la corde. Les femmes devraient être épargnées.

— Et Pauline ?

— Je ne savais pas que son sort vous intéressait.

Mathieu sourit avant de poursuivre.

— Pour elle, je n'en sais rien, logiquement c'est la pendaison en tant que pirate, mais le fait qu'elle soit une femme pourrait lui épargner la sentence.

Au large, si l'obscurité permettait difficilement de discerner les navires, les flammes qui sortaient des bouches à canon, illuminant de temps à autre chaque vaisseau, permettaient de suivre par intermittence le déroulement des combats. Si la frégate, plus rapide que les lourds vaisseaux de guerre, parvenait à se faufiler au milieu de la flotte de guerre britannique, elle pourrait gagner le large, mais l'exercice était difficile. Tolbiac avait regagné son navire, mais déjà l'*Éclipse*, toutes voiles dehors, le distançait. Mathieu ne put s'empêcher de laisser échapper un petit sourire ; ils allaient réussir et tout restait possible s'ils rejoignaient la deuxième frégate, restée hors des eaux de Jamaïque. Il faisait cependant trop noir pour qu'ils pussent avoir une vision claire de tous les bateaux présents entre Kingston et Port-Royal. Une autre frégate surgit à l'horizon qu'ils ne virent qu'au dernier moment quand elle ouvrit le feu. Mathieu grimaça, elle allait couper la route de l'*Éclipse*. Cette dernière vira pour éviter la collision, mais, se trouvant à une allure moins favorable, elle perdit de la vitesse et les lourds vaisseaux de guerre en profitèrent pour se rapprocher.

Ceux qui observaient la scène s'aperçurent qu'il faisait de plus en plus clair, signe que l'aube n'allait pas tarder à poindre. Sur mer, l'*Éclipse*, ne pouvant manœuvrer comme elle le souhaitait, voyait ses rêves de fuite s'amenuiser au fur et à mesure que la clarté augmentait. Sur la plage, au bout d'un moment, Mathieu comprit que, désormais, ses compagnons n'avaient aucune chance de s'en tirer, ce que confirma la suite des événements. La frégate, encerclée, fut prise d'assaut par l'autre frégate et un gros vaisseau de guerre. Tout était terminé. L'abordage final fut salué par des clameurs dans les rangs des soldats britanniques qui avaient observé la scène.

Un chariot arriva non loin de la plage et l'officier qui commandait les troupes incita les prisonniers à se diriger vers lui. Une fois sur place, on lia les mains des prisonniers, y compris celles des femmes et les fit monter sur l'attelage. Certains regardaient encore le triste spectacle qui était en train de s'achever sur les flots ; les coups de feu avaient cessé, les navires étaient immobilisés, bord à bord. Ils espéraient que leurs compagnons éviteraient la furie des autorités britanniques et ne se feraient pas massacrer, mais rien n'était acquis. Un sergent s'approcha du jeune lieutenant.

— Lieutenant, doit-on attendre le capitaine Tolbiac ?

— Non ! Il nous rejoindra chez le gouverneur, partons sans tarder.

Ainsi, ce traître de Tolbiac avait obtenu dans l'armée anglaise le grade de capitaine, se dit Nicolas. Dieu seul savait combien de ses compatriotes il avait dû tuer pour obtenir ce titre. Nicolas regrettait que son duel fût interrompu, car il mourait d'envie d'enfoncer la lame de son sabre dans le corps de ce renégat.

Le chariot partit entouré d'une escorte d'une quinzaine de cavaliers répartis équitablement à l'avant et à l'arrière de l'attelage. Les prisonniers faisaient tous grise mine, ils étaient passés à deux doigts de réussir à s'enfuir. Le petit convoi s'élança en direction de la maison du gouverneur à Spanish Town. Ils s'enfoncèrent dans l'épaisse forêt tropicale au milieu de laquelle il faisait encore très sombre, malgré les premières lueurs d'aurore distinguées sur la plage. La piste, très étroite, ne facilitait pas la progression de la petite troupe dont la formation s'étira pour pouvoir s'adapter à son environnement. Émilie était lovée contre Nicolas, profitant des dernières minutes où ils se trouvaient réunis.

— J'ai bien peur que le gouverneur n'écoute pas Mathieu et n'ait aucune clémence pour nous.

Elle tourna la tête vers celui qu'elle aimait.

— Tu m'écoutes, Nicolas ?

— Oui, je t'écoute, mais je regardais Pauline, son comportement m'intrigue, elle ne cesse de bouger dès que les cavaliers qui nous suivent ne la regardent plus.

— Qu'est-ce que cela signifie ?
— Je n'en sais rien !

Pauline se trouvait à l'arrière du chariot, à côté de Mathieu, tandis que Nicolas, Émilie et Hélène étaient assis à l'avant. Malgré l'obscurité, Nicolas ne tarda pas à s'apercevoir que Pauline remuait les mains librement, elle était parvenue, Dieu sait comment, à se détacher, et le signe qu'elle fit en direction de Mathieu avec beaucoup de discrétion permit à Nicolas de comprendre ce qui se tramait.

— Pauline avait dissimulé un couteau dans ses vêtements et ils n'ont pas osé la fouiller, murmura Nicolas, ce qui veut dire qu'ils vont tenter de s'enfuir.
— C'est dangereux !
— Oui, cela risque de tourner à l'affrontement. Si cela arrive, restez couchées avec Hélène et attendez que vous ne couriez plus aucun danger.

Comme il l'avait prévu, le couteau circula discrètement de main en main parmi les prisonniers et bientôt tous furent libres de toute entrave. Ils attendirent que le chariot arrive dans un passage étroit qui se ponctuait par un virage pour se lever d'un seul coup et bondir de l'attelage en direction des bois. Un des pirates s'attarda pour s'en prendre au conducteur qui s'était retourné. Mal lui en prit puisque les soldats l'abattirent d'un coup de fusil. Les cavaliers, comprenant qu'il n'était pas possible pour eux de suivre les fuyards à cheval à travers l'épaisse végétation tropicale mirent pied à terre et engagèrent la poursuite.

Si la densité de la forêt qu'ils traversaient avait l'avantage de les dissimuler du regard de leurs poursuivants, l'inconvénient était qu'il était difficile d'y progresser, d'autant plus qu'ils ne savaient pas où ils allaient, contrairement aux soldats qui connaissaient parfaitement le territoire sur lequel ils évoluaient quotidiennement. Pauline et Mathieu étaient devant, suivis de Nicolas et des deux femmes, puis venait le reste du groupe qui ne tarda pas à rattraper et à dépasser le trio. Hélène avait du mal, et ses amis ne voulaient pas l'abandonner. Derrière eux, les soldats, taillant la végétation à grands coups de sabre, suivaient d'un pas rapide. Nicolas les entendait revenir derrière eux, il fallait qu'ils trouvassent une solution.

Cela faisait un petit moment qu'ils s'étaient enfuis et l'écart semblait s'être stabilisé, mais ils n'arrivaient pas à distancer leurs poursuivants. Ils arrivèrent devant un petit cours d'eau. Nicolas interpella Mathieu.

— Ils vont nous rattraper, cela me semble évident.

— Il a raison, admit Pauline, ils vont plus vite que nous et, contrairement à nous, sont armés.

— Vous avez une idée, de Guillemin ?

— Oui, mais il faut faire vite !

— On vous écoute.

— Nous allons suivre le cours d'eau sur quelques pieds, mais en sens inverse, pour qu'ils perdent nos traces. Ensuite, au lieu de nous diriger vers le sud, nous allons partir sur notre droite et prendre vers l'ouest et ensuite revenir sur nos pas.

— Nous risquons de retomber sur le reste des soldats.

— À votre avis, combien ont-ils posté de gardes ?

— Pas plus de deux ou trois, la majorité des cavaliers doit être à notre poursuite. Une fois sur place, nous devrions pouvoir en venir à bout sans trop de difficulté.

— Et ainsi, pouvoir nous emparer des chevaux !

— Exactement !

Tous approuvèrent le plan de Nicolas espérant que leurs poursuivants se laissent berner. Ils mirent à exécution leur stratégie. À un moment donné, ils entendirent la troupe de soldats passer sur leur droite. Tous s'immobilisèrent, il ne fallait surtout pas bouger. Ils entendirent un bruit et se regardèrent, aucun d'eux n'avait bougé. Deux des cavaliers anglais se dirigèrent vers eux et ils retinrent leur souffle. Il allait falloir se battre. Le premier des soldats anglais n'était plus qu'à quelques pieds quand ils entendirent un éclat de rire, suivi de ceux de ses compagnons. Les fugitifs se regardèrent, incrédules, ne sachant pas ce qui se déroulait non loin d'eux. Ils entendaient des bribes de conversation, mais ne comprenaient pas tout. Soudain, les Anglais jetèrent quelque chose dans leur direction qui atterrit à quelques centimètres d'Émilie qui manqua pousser un hurlement avant que Mathieu lui mît in extremis la main devant la bouche. Il finit par l'ôter et tous regardèrent ce qui avait failli causer leur perte ; c'était le cadavre d'un iguane qui avait dû bouger au passage des soldats et que ces derniers avaient pris pour les fuyards, avant de s'en amuser.

— Merci, lâcha Émilie en regardant Mathieu.

— Je pense que c'était l'intérêt de tout le monde, dit-il.

Ils patientèrent quelques minutes, puis le groupe de soldats étant suffisamment loin, ils se dirigèrent vers la piste où se trouvaient les chevaux.

— Je pensais que nous étions plus loin d'eux.

— Ils se sont écartés les uns des autres pour ratisser toute la zone, cet iguane nous a bien sauvé la mise !

— Même s'il l'a payé de sa vie.

Cela faisait dix minutes qu'ils marchaient et se demandaient s'ils ne s'étaient pas perdus quand ils entendirent un hennissement, prouvant qu'ils n'étaient plus très loin désormais. Ils craignaient que les fantassins présents sur la plage aient pu rejoindre le chariot, mais constatèrent que ce n'était pas le cas. Il faisait à présent complètement jour et ils aperçurent deux sentinelles comme ils l'avaient escompté. Mathieu demanda le poignard à Pauline et s'approcha de Nicolas.

— Nous allons nous occuper des gardes, je vais attaquer le premier et vous vous occuperez du second. Après, il faudra agir rapidement, tout le monde sait faire du cheval ?

— Bien sûr ! ajouta Émilie, qu'est-ce que vous croyez ?
— Ce que veut dire Mathieu, intervint Pauline, c'est que ce sont des selles de cavaliers, pas des selles d'amazone et qu'il faudra monter comme les hommes.
— Si vous arrivez à le faire, il n'y a aucune raison que nous n'y arrivions pas avec Hélène, nos fesses sont les mêmes que les vôtres !
— Ça, je n'en suis pas sûre !

Mathieu et Nicolas se rapprochèrent de la piste sans répondre, agacés par la énième dispute entre les deux femmes. Mathieu, poignard en main se mit au bord du chemin attendant l'opportunité de passer à l'attaque. Cela ne tarda pas, un des deux gardes s'éloigna de son compagnon en allant faire quelques pas. Mathieu bondit et poignarda l'infortuné soldat avant qu'il eût pu se rendre compte de ce qui se passait. Il avait agi avec une telle rapidité et une telle efficacité que son compère ne s'était aperçu de rien. Mathieu, comme un chat, se dirigea vers lui. Le militaire se retourna, trop tard pour éviter la lame qui s'enfonça dans son cœur. Nicolas avait déjà vu de loin Mathieu se battre, et maintenant qu'il se trouvait à proximité, il réalisait combien le capitaine pirate était rapide et précis, il pensa qu'il n'aurait pas aimé l'affronter en duel.

Mathieu et Nicolas tirèrent les corps des deux Anglais dans la forêt pendant que le reste du groupe se hâtait de se diriger vers les chevaux. Tous se mirent en selle.
— Où partons-nous ? demanda l'un des hommes de Mathieu.
— Vers l'ouest, toute la zone est habitée.
— Vous pensez qu'à l'ouest nous trouverons moins de soldats ?
— Oui ! Nous allons contourner Spanish Town. Nous ne pouvons pas rebrousser chemin, nous tomberions automatiquement sur les contingents de soldats anglais.

Ils détalèrent aussi vite qu'ils le purent et Pauline fut forcée de constater que contrairement aux doutes qu'elle avait émis, aussi bien

Émilie qu'Hélène avaient enfourché leurs montures sans trop de difficulté et les maîtrisaient parfaitement. Il fallait maintenant éviter de croiser des Anglais, car même s'ils portaient encore leurs uniformes britanniques, ces derniers étaient trop abîmés pour leur donner suffisamment de crédibilité. Ils prirent le risque de pousser leurs chevaux à une allure soutenue tout en étant conscients que cette attitude pouvait les faire paraître suspects aux yeux des soldats qu'ils pourraient croiser, mais il fallait à tout prix quitter les lieux le plus rapidement possible.

Il fallut un certain temps avant que les cavaliers qui s'étaient lancés sur leurs traces dans les bois s'aperçoivent de la supercherie. Ils revinrent aux chevaux et trouvèrent non seulement leurs deux compagnons morts, mais s'aperçurent également que les sangles des selles des chevaux qui restaient avaient été tranchées. Alors qu'ils tentaient de rassembler leurs montures, ils aperçurent un autre groupe de soldats qui s'avançait vers eux avec à leur tête Alexandre Tolbiac, qui toisa le jeune lieutenant.

— Où sont les prisonniers, lieutenant ?

— Ils se sont enfuis !

— Comment des captifs attachés, dont la moitié étaient des femmes ont pu se soustraire à votre surveillance ?

— Justement… une des femmes, celle qui s'était battue avec les hommes, avait dissimulé un couteau dans ses vêtements.

— Vous ne l'aviez pas fouillée ?

— Fouiller une dame… ce n'est pas convenable.

— Il vous reste beaucoup à apprendre sur les femmes et sur leur capacité à vous duper.

— Je pars immédiatement à leur poursuite !

— Avec des chevaux sans selle ! s'exclama Tolbiac en jetant un coup d'œil amusé aux équidés.

— De toute façon, c'est une île, ils ne peuvent pas aller bien loin.

— Cette fois, je suis d'accord avec vous, ne perdons pas de temps ! Je vais m'occuper personnellement de la poursuite.

La chaloupe sur laquelle se trouvait Loïck avait longé la côte et se trouvait désormais plus à l'ouest. Ils avaient l'intention de contourner l'île, ce qui les obligeait à parcourir une plus grande distance, mais la présence de troupes sur la partie est de la Jamaïque ne leur avait guère laissé le choix, ils avaient privilégié la sécurité.

Jamaïque, quelque part à l'ouest de l'île – 8 juillet 1713

Ils avaient contourné Spanish Town et suivi la piste qui menait vers l'ouest de l'île. Même s'ils étaient parfaitement conscients qu'ils seraient rapidement pourchassés, ils ignoraient que moins d'une heure après qu'ils eurent quitté le lieu où ils avaient laissé le chariot et les cadavres des deux gardes, un groupe de cavaliers s'était élancé à leur poursuite, mené par Alexandre Tolbiac. Le soleil était maintenant à son zénith, la chaleur devenait de plus en plus difficile à supporter. Ils s'arrêtèrent près d'une source pour remplir les gourdes qu'ils avaient trouvées accrochées aux selles des chevaux.

— Il ne faut pas s'attarder, insista Nicolas, ils doivent être à notre poursuite.

— Que ferons-nous lorsque nous aurons atteint l'autre extrémité de l'île ? demanda Hélène.

— Nous nous cacherons et nous renverrons les chevaux, ils sont trop voyants et trop bruyants, ils trahiraient notre présence, répondit Mathieu.

— Et après ? Nous ne pouvons rester vivre éternellement cachés en pleine nature.

— J'ai laissé des consignes auprès de Bart. Si nous n'étions pas revenus le 19 juillet, soit deux semaines après la cérémonie, il a ordre de se diriger avec l'*Intrigante* vers l'est de l'île. Je savais déjà par les marins qu'elle était quasiment déserte.

— D'après ce qu'on nous a dit à Spanish Town, ce n'est pas vraiment le cas.
— Il n'y a pas grand monde et il est tout à fait possible de se dissimuler dans cette forêt tropicale pendant longtemps.
— Le temps que l'*Intrigante* soit ici, il s'écoulera peut-être un mois, cela fait beaucoup.
— Les nègres marrons qui avaient fui les plantations pour échapper à l'esclavage sont restés cachés pendant des mois.
— J'ai aussi entendu cette histoire, mais les Anglais n'ont rien fait pour les pourchasser !

Ils se remirent en selle et poursuivirent leur chemin vers l'ouest. Si Émilie était parfaitement à son aise pour diriger sa monture, en revanche, sa tenue, davantage adaptée aux soirées mondaines, rendait la chevauchée particulièrement inconfortable. Elle aurait à cette occasion bien aimé pouvoir revêtir un pantalon.

Ils parvinrent en fin de journée à l'autre extrémité de l'île. Ils chassèrent les chevaux puis tentèrent de trouver un endroit pour s'installer. L'obscurité allait dans les prochaines heures jouer en leur faveur, mais cela ne durerait pas.

Il faisait nuit et Tolbiac et ses hommes n'étaient pas encore parvenus à l'autre bout de l'île. Il fit halte.
— Nous ne continuons pas ? s'étonna le jeune lieutenant.
— C'est inutile, il fait trop sombre. Les forêts sont immenses, il nous faut plus de troupes. Vous allez retourner à Spanish Town et demander des effectifs supplémentaires au gouverneur. Quand il saura, il comprendra l'importance de la situation. Il me faut au moins cent hommes !
— Je pense que vous les aurez !

Le jeune officier prit deux cavaliers avec lui et repartit au galop en sens inverse, laissant Tolbiac pensif. Il ne savait pas ce qui lui ferait le plus plaisir : embrocher cet arrogant officier français ou mettre la main sur sa femme… Il avait si souvent pensé à ce moment qu'il avait du mal à y croire. Il se demanda quel sort il pouvait réserver à Hélène. Il lui tardait de se retrouver face à face avec elle, de savourer le plaisir de lire la terreur dans son regard. Ce soir-là, il dormirait bien et espérait de beaux rêves dans lesquels il était le bourreau…

Jamaïque, partie ouest de l'île – 9 juillet 1713

Les hommes s'étaient relayés toute la nuit pour monter la garde. Ils avaient réussi à dénicher un refuge bien enclavé, au milieu des forêts bordant la côte ouest de l'île. L'avantage de la chaleur était qu'il était inutile de faire un feu pour se réchauffer. Ils découvrirent un peu mieux les lieux au lever du soleil. À première vue, il n'y avait pas la moindre trace de leurs poursuivants. Il faut dire qu'ils s'étaient si bien dissimulés qu'ils n'étaient pas certains de pouvoir retrouver la route par laquelle ils étaient venus, mais vu la situation, ils n'étaient pas pressés de le faire. En se dirigeant le dos au Soleil, ils aperçurent la mer un peu plus loin, mais ne voulurent pas s'y rendre, car ils se retrouveraient alors trop à découvert. Ils se mirent en quête de nourriture.

Loïck se trouvait à présent sur l'extrémité ouest de l'île. Il connaissait le rendez-vous donné par Mathieu à la frégate de Bart, mais hésitait à rester sur place, car cela pouvait se révéler être dangereux. Une autre solution se présentait à lui : la chaloupe possédait une petite voile, et en chargeant suffisamment de vivres et d'eau douce, ils pouvaient tenter de réaliser la traversée jusqu'à la zone où devait se trouver l'*Intrigante*. Si attendre que Bart se manifeste présentait un certain nombre de risques, la traversée était encore plus périlleuse et à son terme ils n'avaient aucune garantie de localiser la frégate, se retrouvant ainsi en fâcheuse posture. Ils avaient ôté leurs uniformes britanniques, car mieux valait à présent se faire passer pour des civils.

Ils étaient à la recherche d'un endroit discret pour y séjourner le temps que tout se calme. A priori, leur présence était passée inaperçue, mais quelqu'un avait pu voir la chaloupe quitter l'*Éclipse* malgré l'obscurité, il fallait rester prudent.

Alexandre Tolbiac était aux anges, estimant que la capture des fuyards n'était qu'une question de temps. Jamais de toute sa vie il n'avait connu un tel amour pour une femme, ce qui rendait sa trahison d'autant plus douloureuse. Il ne parvenait pas à séparer le tumulte des sentiments qu'il ressentait pour elle, mélange de haine et de désir de posséder son corps à défaut d'avoir son âme. Peut-être qu'il lui ferait l'amour une dernière fois, avant de la tuer à petit feu. Mais en aurait-il la force ? Lui qui était capable de toutes les audaces se mettait à douter comme un enfant quand il se retrouvait face à elle. Quand elle l'avait vu, son visage avait d'abord reflété un sentiment de terreur avant de révéler quelque chose de beaucoup plus troublant qui le mettait mal à l'aise. Se pourrait-il qu'en dépit de son infâme trahison, elle puisse encore l'aimer ? Il fallait qu'il ait une conversation avec elle… pour savoir… Ensuite, il agirait.

Les renforts ne devraient pas tarder à arriver, il savait que le jeune lieutenant avait commis une faute et qu'il lui fallait se racheter à tout prix, car sinon il lui faudrait affronter la colère de ses supérieurs et de lord Hamilton. La forêt tropicale de la Jamaïque regorgeait d'innombrables cachettes, mais la pointe de l'île était également une souricière. Une fois qu'il aurait suffisamment d'effectifs, il balaierait toute la partie ouest de l'île et dénicherait les fuyards, il en était absolument certain.

Jamaïque, partie ouest de l'île – 9 juillet 1713 – Fin de matinée

Une centaine d'hommes venaient de débarquer, le gouverneur n'avait pas lésiné sur les moyens. Il constata que Bennet, le capitaine de la garde de la Jamaïque, s'était lui-même déplacé. Il apprit également que lord Hamilton avait décidé d'envoyer une frégate au large de la côte ouest pour pouvoir parer à toute fuite par la mer, ce qui était une excellente idée. Les officiers se réunirent pour étudier la carte et commencer à quadriller la zone. Ils partagèrent le secteur délimité en quatre parties et décidèrent de débuter par celle la plus au sud. Ils pensaient pouvoir ratisser deux, voire trois des parties du territoire sélectionné avant la tombée de la nuit.

Loïck avait longé la côte et avait découvert un endroit où se trouvaient des falaises et en s'approchant davantage, ils firent une découverte surprenante.

— Il y a des grottes sous-marines, Loïck, et elles sont immenses, suffisamment grandes pour que la chaloupe puisse y rentrer.

— Allons-y !

La chaloupe pénétra à l'intérieur de la grotte dont le plafond voûté, associé aux eaux turquoise, émerveilla les visiteurs.

— Vous pensez que les Anglais connaissent cet endroit ? Cela pourrait constituer une excellente cachette.

— Je ne suis pas sûr qu'ils aient connaissance de ce lieu, car il n'est pas visible depuis la terre ferme, et en mer il faut vraiment posséder une petite embarcation pour s'en approcher assez près et le remarquer.

À l'intérieur de la grotte, ils accostèrent contre un monticule rocheux et débarquèrent pour s'installer.

— Cet endroit présente deux avantages : d'une part, nous sommes totalement invisibles de ceux qui se trouvent au-dessus de nous et d'autre part nous pouvons facilement pêcher de quoi nous nourrir durant plusieurs jours, voire plusieurs semaines ! s'exclama Loïck.

— Donc, nous restons ?

— Qu'en pensez-vous ?

— Que c'est l'emplacement idéal, répondit un des pirates.

Tous acquiescèrent de la tête, la cause était entendue, ils s'établiraient ici provisoirement.

Nicolas et Mathieu étaient allés explorer les environs et avaient ramené des ananas et des bananes que les Espagnols avaient introduits sur l'île un peu plus tôt. Ils dénichèrent également des coquillages sur la plage après avoir réussi à trouver un chemin qui y menait. Le repas fut agréable et Nicolas constata que deux groupes séparés s'étaient naturellement formés, Émilie, Hélène et lui d'un côté, et de l'autre le reste du groupe qui mangeait dans son coin. Mathieu avait remarqué la complicité qui unissait Nicolas et sa compagne comme s'ils vivaient ensemble depuis longtemps. Il avait appris qu'ils n'étaient pas mariés, contrairement à ce qu'il avait cru quand ils les avaient rencontrés, mais s'était bien gardé de poser des questions embarrassantes, n'ayant lui-même pas vraiment envie d'évoquer son passé. Il savait que les prochaines journées seraient compliquées, car le gouverneur serait probablement fou furieux en sachant qu'il s'était fait abuser par des pirates.

En milieu d'après-midi, les soldats anglais avaient ratissé la première zone sans avoir pu trouver les fugitifs. En dépit de la chaleur torride qui régnait, Tolbiac insista pour continuer et boucler la deuxième zone après la tombée de la nuit. Les soldats protestèrent, mais cela ne changea pas grand-chose, Tolbiac n'accorda qu'une courte pause pour se ravitailler et se désaltérer, la jugeant nécessaire pour éviter un épuisement en fin de journée qui aurait pu devenir préjudiciable. Il était conscient que ses hommes devaient être au meilleur de leur forme pour pouvoir détecter tout signe suspect.

Quelques heures plus tard, l'exploration de la deuxième zone n'ayant rien donné, Tolbiac, après avoir hésité à continuer de nuit au moyen de torches, décida finalement de bivouaquer sur place. Il lui tardait la journée du lendemain au cours de laquelle il espérait pouvoir enfin mettre la main sur les fuyards.

Jamaïque, partie ouest de l'île – 10 juillet 1713

Alexandre Tolbiac avait mal dormi, perturbé par d'incessants cauchemars durant lesquels il s'était vu faisant l'amour avec Hélène sans relâche. Chaque fois, il se réveillait en sursaut, et chaque fois qu'il se rendormait, le rêve recommençait. Le dernier fut le plus violent ; pendant qu'il se trouvait allongé sur Hélène en train de lui faire l'amour, Nicolas de Guillemin lui enfonçait son sabre dans le dos pendant qu'Hélène continuait l'acte sexuel en riant. Il constata qu'il suait abondamment, qu'il était trempé. À ses côtés, le jeune officier le dévisageait sans rien dire, sentant l'anxiété chez cet homme qui l'intriguait autant qu'il l'angoissait. Il faisait encore nuit, mais certains soldats étaient déjà réveillés. Tolbiac consulta sa montre et se tourna, vers son subalterne.

— Réveillez-les et faites préparer le petit déjeuner ! Nous partons dans une heure !

— Bien, capitaine !

Il ne faisait pas encore tout à fait jour quand les soldats se mirent en marche. Une fois arrivés dans le territoire à quadriller, ils se positionnèrent à une vingtaine de pieds les uns des autres, formant une ligne qui s'étendait sur un quart de lieue. Tolbiac disposait d'environ 130 hommes. Ils étaient trois officiers et pouvaient compter sur une dizaine de sous-officiers. Le bataillon se mit en marche, obéissant aux ordres d'Alexandre Tolbiac dont l'uniforme n'était pas tout à fait conforme à ce que l'on pouvait attendre d'un officier britannique, mais tous en Jamaïque le connaissaient et savaient à quoi s'attendre s'ils s'opposaient à lui. Il avait la réputation d'être brutal, excessif et déterminé. Tous savaient qu'il n'était pas bon de se frotter à lui, sous peine d'avoir de gros ennuis. Le gouverneur et les autorités militaires l'avaient à la bonne, en dépit de ses défauts il demeurait un officier hors pair, capable de coups d'audace.

Un peu plus loin, Mathieu et Nicolas, qui venaient de se réveiller, prenaient le petit déjeuner ensemble. S'ils paraissaient relativement sereins en apparence, un grand nombre d'inquiétudes les tenaillaient.

— La nature environnante peut nous permettre de tenir quelques jours, mais tiendrons-nous assez longtemps pour permettre à ceux de l'*Intrigante* de nous rejoindre ? dit Mathieu.

— Ce qui m'inquiète le plus, ce n'est pas la question du ravitaillement, mais plutôt ce que sont en train de faire les Anglais. Je doute, vu l'humiliation que nous leur avons fait subir en les dupant, qu'ils se contentent de nous laisser vivre à l'écart. Selon moi, ils vont nous pourchasser sans relâche.

— Vous avez raison, de Guillemin, ce Tolbiac m'a tout l'air d'un enragé, je doute qu'il abandonne aussi facilement.

— D'autant plus que le gouverneur dispose de troupes assez nombreuses et d'une connaissance de cette île bien meilleure que la nôtre.

Ils finirent leur repas alors que le reste du groupe était en train de s'éveiller. Nicolas donna quelques bananes à Hélène et Émilie qui commencèrent à manger. Les conversations allaient désormais bon train quand Hélène se leva et s'éloigna un peu du groupe. Elle se figea soudain, ayant entendu du bruit venant du sud. Elle revint en hâte vers les autres.

— Quelqu'un vient !

Mathieu se précipita à l'endroit où elle se tenait encore peu de temps auparavant, accompagné de Nicolas. Il imposa le silence à tous en pointant l'index devant sa bouche. Ils s'accroupirent dans la végétation, aux aguets de l'origine des bruits qu'ils ne tardèrent pas à localiser.

— Ce n'est pas un animal, ce sont des humains, et il ne s'agit pas d'une ou deux personnes, ils sont nombreux et progressent en formation, sans doute les soldats de Tolbiac.

— Il faut déguerpir d'ici le plus rapidement possible.

Ils plièrent leurs maigres affaires aussi vite qu'ils purent et se dirigèrent vers le nord, à l'opposé de la direction d'où venaient les bruits. S'ils avaient récupéré les armes des cavaliers abattus, ils étaient loin de disposer de l'arsenal des cohortes de l'armée britannique. Ils ignoraient l'importance des forces qui étaient à leurs trousses, mais savaient, pour les avoir vus lors de la soirée donnée par le gouverneur, qu'ils avaient à leur disposition un grand nombre de soldats. C'est pourquoi tous étaient persuadés que la meilleure des solutions était d'éviter l'affrontement.

Les fantassins anglais progressaient difficilement à travers l'épaisse végétation. Alors qu'il marchait juste derrière ses hommes, à quelques pas, Tolbiac remarqua qu'on s'agitait sur sa gauche, il s'y précipita. Il arriva à l'emplacement et vit un de ses sergents qui examinait le sol avec deux de ses soldats.

— Qu'y a-t-il, sergent ?

— Regardez, mon capitaine, il y a des épluchures de bananes sur le sol. En plus, on a tenté de les dissimuler, vous pensez que ce sont eux ?

— C'est possible, il n'y a pas grand monde vivant par ici.

— Non, et ceux qui y sont ne s'aventurent que rarement en pleine forêt.

— On va continuer dans cette direction, que vos hommes soient vigilants.

— Bien mon capitaine !

La petite troupe de Mathieu était partie et avançait en colonne, Mathieu en tête, Nicolas et Pauline à l'arrière. Mathieu passait en revue dans sa tête toutes les possibilités d'échappatoire dont ils disposaient, et elles n'étaient pas bien nombreuses. L'idéal aurait été de trouver un abri dans lequel se dissimuler en attendant que les soldats repartent, mais il devait admettre que ce serait un sacré coup de chance. Il n'y avait que deux solutions pour leur échapper et aucune n'était idéale : soit partir vers l'est en direction de Kingston et Spanish Town, ce qui les obligerait à prendre le risque de se retrouver pris en tenaille entre les troupes de Tolbiac et celles qui se trouvaient à l'est, soit se diriger vers la mer, mais dans la mesure où ils n'avaient pas de bateau, cela constituerait un cul-de-sac.

Au bout d'un moment, Nicolas constata que Mathieu avait opté pour la deuxième solution. Il estima qu'il craignait que d'autres troupes soient stationnées à l'est pour leur barrer le passage. Leur avance sur les soldats britanniques devait être d'environ cent cinquante pieds et il pensa que s'ils avaient été à terrain découvert, les militaires auraient ouvert le feu. C'est ce qui s'était passé quand il avait traversé la forêt en plein hiver au nord de la Nouvelle-France en compagnie de Lafleur. Là-bas, le froid rendait les conditions pour se déplacer épouvantables. Ici, c'était la chaleur qui faisait transpirer et nécessitait de boire abondamment. À un moment donné, ils traversèrent une petite clairière et se regroupèrent.

— Qu'avez-vous en tête, Mathieu ? Nous nous dirigeons vers la plage, c'est une impasse.

— Avez-vous remarqué, monsieur de Guillemin, que tous ceux de notre groupe savent nager ? ajouta Pauline.

Nicolas grimaça, Pauline avait compris la manœuvre tentée par son compagnon sans qu'il eût besoin de lui souffler le moindre mot. Néanmoins, c'était risqué, Émilie nageait mal et il se demandait si tous seraient capables de le faire sur une grande distance. Nicolas prenait conscience que pour réussir ce plan, il fallait maintenir l'écart avec ceux qui étaient sur leurs talons, voire l'augmenter s'ils en avaient la possibilité. Alors qu'ils se rapprochaient de la mer, Mathieu força l'allure. Malheureusement, derrière, Tolbiac, impatient de mettre la main sur les fugitifs, avait également demandé à ses hommes d'augmenter le rythme, il ne voulait en aucun cas les voir s'échapper.

Pour les fuyards, s'approcher de la mer signifiait aussi se déplacer en oblique et risquer perdre du terrain, mais ils n'avaient guère le choix. En gravissant une petite colline, ils aperçurent au loin la mer, ils n'étaient plus qu'à trois cents pieds. Cette nouvelle motiva la petite bande qui s'efforça d'accélérer encore, même si la chaleur qui ne cessait d'augmenter rendait le moindre effort pénible.

— Une fois sur la plage, il faudra faire un petit baluchon avec nos vestes et mettre dedans ce que nous avons de précieux. Nous l'attacherons à l'aide des manches autour de notre cou. Le but est de longer la côte en passant inaperçus.

— Il faudra aussi effacer nos traces sur le sable, ajouta Nicolas.

Plus ils se dirigeaient vers la mer, plus ils avaient la désagréable impression de sentir une présence autour d'eux. Nicolas observa le visage de Mathieu miné par le doute et l'appréhension ; il avait également senti que quelque chose d'anormal se déroulait. Nicolas s'approcha de Mathieu.

— Qu'est-ce qui se passe ?

— Logiquement, nous ne devrions entendre des bruits que derrière nous, or j'ai également l'impression qu'ils sont également sur nos flancs.

— J'espère que vous vous trompez, car si vous aviez raison, cela signifierait qu'il n'y a pas d'issue.

Alexandre Tolbiac suivait le plan qu'il avait mis au point un peu plus tôt. Il avait décidé de placer sur ses flancs gauche et droit les plus rapides de ses hommes. Dès qu'ils avaient découvert les peaux de banane, ces unités plus mobiles avaient accéléré le rythme formant ainsi un effet de tenaille puisque les soldats des flancs gauche et droit étaient plus en avance que ceux du centre. Inconsciemment, les fuyards étaient en train de se faire encercler.

— Il faut accélérer la cadence, demanda Mathieu, en adressant un regard pressant en direction des femmes.

— Nous pouvons le faire, s'exclama Hélène, mais pas très longtemps.

— Nous ne sommes plus très loin de la mer.

Mathieu avait dit vrai puisqu'ils arrivèrent juste après en direction de la côte, mais le spectacle qui s'offrait à eux n'était pas celui qu'ils avaient escompté. Ce n'était pas une plage de sable qui se présentait sous leurs yeux, mais des falaises qui donnaient sur la mer. En s'approchant, ils constatèrent que c'était haut, environ quarante pieds, ce qui constituait un sacré saut, pas impossible, mais qui demeurait très dangereux.

— Que fait-on ?

— Il faut longer la côte, il y a sûrement un passage qui conduit vers la mer.

Ils hésitèrent sur la direction à prendre, perdant du temps, quand soudain, des deux côtés, surgirent les soldats anglais ne leur laissant pas d'autre issue que la mer. Ils se trouvaient entre les deux groupes d'Anglais, ce qui empêchait ces derniers d'utiliser leurs fusils, mais ils n'en avaient guère besoin, tant leur supériorité numérique était forte et, de plus, seuls Mathieu et Nicolas disposaient de sabres. Tolbiac était bien là, souriant et triomphant, le sabre à la main. Il dévisagea longuement Hélène qui ne baissa pas son regard. Il s'apprêtait à donner l'ordre de l'assaut quand son regard fut attiré par celle qui se tenait aux côtés de sa femme.

— Nous nous connaissons, madame, dit-il en s'adressant à Pauline.

— J'étais sur le pont de la frégate au moment du combat. C'est sûrement là que vous m'avez aperçue.

— Non ! Je ne parle pas de ça. J'ai l'impression de vous avoir déjà vue, cela remonte déjà à plusieurs années, mais je n'arrive pas à me souvenir où.

— À cette époque, je fréquentais de nombreux gentlemen.

— Je n'ai jamais été un gentleman !

— Alors, vous vous trompez de personne !

— Certainement pas ! Je n'oublie jamais un visage.

Il se tourna vers ses hommes.

— Attrapez-les ! Si possible vivants.

Les fugitifs se regroupèrent derrière Mathieu et Nicolas qui tenaient leurs sabres, mais plus le temps passait et plus les renforts arrivaient rendant l'issue du combat assez prévisible. Alexandre Tolbiac décida de rester en retrait, mais il ne cessait de dévisager Hélène. Les Anglais se jetèrent sur eux comme une nuée, mais l'assurance que leur donnait leur supériorité numérique leur avait fait oublier toute prudence. Nicolas en tua un qui s'était avancé un peu plus que ses camarades et Pauline, dans la confusion qui s'ensuivit, se hâta de ramasser le sabre. Cela ne changerait pas grand-chose à la fin, mais permettait au moins de prolonger le combat. Mais nos trois escrimeurs avaient beaucoup de mal à tenir en face d'une quinzaine de combattants aguerris, d'autant plus que d'autres derrière eux se préparaient eux aussi à s'engager dans la bataille. Les autres pirates se battaient comme ils pouvaient avec des couteaux et les fusils munis de baïonnettes, mais il était évident qu'ils ne pourraient tenir longtemps. Trois soldats anglais étaient déjà morts quand un cri retentit à côté de Nicolas. En tournant la tête, il constata avec dépit que Mathieu, qui avait déjà abattu deux des trois soldats, était blessé à la cuisse. Ce dernier s'exprima en français, sachant que leurs adversaires ne pourraient le comprendre.

— Nous n'avons plus beaucoup de temps, en perdant mon sang, je vais rapidement m'affaiblir. Vous avez vu la falaise, êtes-vous capable de plonger d'une telle hauteur ?

— Oui, je le pense ! Mais je ne puis vous abandonner… et Émilie…
— Il a raison, intervint celle-ci, si tu es libre, tu seras capable de nous délivrer, Mathieu est blessé… J'ai confiance en toi, toi qui as traversé l'Atlantique pour venir me chercher, toi qui as affronté mille dangers. Tu reviendras et nous libéreras, j'en suis certaine.
— Je ne peux pas te laisser !
— Si tu restes, nous mourrons tous, c'est certain !

Les paroles de celle qu'il aimait plus que tout avaient fait mouche. Le combat était impossible à gagner, il le savait. De rage, il tua à nouveau un de ses rivaux et s'apprêtait à s'esquiver quand Mathieu l'interpella.
— Partez avec Pauline !
— Quoi ? Mais pourquoi ?

Comme Mathieu ne répondait pas, Nicolas poursuivit.
— C'est à cause de Tolbiac ? Qu'est-ce qui s'est passé entre eux ?
— L'heure n'est plus à raconter des histoires, partez, de Guillemin !

Nicolas fixa Émilie longuement avant que celle-ci, d'un petit signe de tête lui intimât de partir. Le regard de la jeune femme croisa brièvement celui de Pauline qui, pour la première fois depuis qu'elle la connaissait, semblait avoir perdu de l'assurance. Elle n'aurait pu en dire la raison. Nicolas et Pauline lâchèrent leurs armes et se précipitèrent vers la falaise, ce qui eut le don de provoquer un avantage numérique décisif entraînant la fin de la bataille. Avant de plonger, Nicolas accorda un dernier regard à sa bien-aimée qui lui envoya un baiser d'un geste de la main. Le couple plongea en même temps, tandis que les Anglais rejoignaient en toute hâte le bord de la falaise.
— Les fusils ! Prenez les fusils, vite ! hurla Tolbiac.

Ils entendirent le « plouf » consécutif à l'impact des deux plongeurs au moment de toucher l'eau, mais quand les militaires arrivèrent en haut de la falaise, ils ne distinguèrent rien.
— Ils ont disparu, capitaine !

— Il doit y avoir un accès à la mer, trouvez-le, lieutenant, et fouillez tout, ils n'ont pas pu se volatiliser, ils sont forcément dissimulés quelque part.

Le jeune officier obéit et emmena avec lui une douzaine d'hommes. Tolbiac scruta le bas des falaises dans l'espoir d'apercevoir un des deux fuyards. Il rêvait d'attraper ce maudit Français qui n'avait eu de cesse de le défier. L'évocation de ce dernier lui rappelait beaucoup trop l'armée du roi de France, dont il avait fait partie, mais qui était aussi le symbole de sa disgrâce. Il ne s'était pas attendu à sa réaction et cette femme dont il semblait connaître le visage l'avait accompagné. Il se retourna et dévisagea Hélène. Il s'approcha d'elle accompagné d'un des sergents du régiment.

— Regardez, sergent ! Cette jeune femme, dit-il en la désignant, a l'apparence d'un petit ange, pourtant je vous garantis, pour la connaître parfaitement, que derrière son joli minois se dissimule un véritable petit démon. Tu m'as fait mal, Hélène, plus qu'aucun des adversaires que j'ai eu à affronter, d'abord la lettre pour me dénoncer et par la suite le cheval que tu m'avais préparé pour ma fuite… mais dont tu avais en partie coupé la sangle ventrale de la selle, provoquant ma chute alors que les autres mousquetaires, ceux qui étaient mes égaux auparavant, me pourchassaient. Tu as cherché à m'humilier devant eux.

Hélène ne disait rien, se contentant de le dévisager sans rien dire. Elle savait, pour bien le connaître, qu'il ne fallait en aucun cas baisser son regard, car il l'aurait vu comme un affront.

— Tu es encore belle, Hélène… et nous sommes encore mariés devant Dieu, alors peut-être auras-tu l'occasion de racheter une partie de ta dette, mais pas tout, tu n'en auras pas le temps… Mais je peux sans doute profiter de ton amie, qui semble être la dulcinée de ce maudit de Guillemin. Elle pourrait t'aider à payer ta dette… Elle aussi est belle… et un peu plus jeune que toi, probablement plus vierge, mais cela doit être bien agréable de l'avoir dans son lit.

Émilie s'abstint de tout commentaire, sachant que cela pourrait ou non décider de son sort. Alexandre Tolbiac s'approcha de Mathieu.
— C'est toi le capitaine des pirates ?
— Oui, je fais le même métier que vous, car vous aussi, vous pillez les navires espagnols !

Tolbiac se mit à rire.
— En tout cas, tu as un sacré cran, tu feras un joli gibier de potence !

Mathieu se mit à sourire lui aussi, pourtant jamais il n'avait été aussi près de la mort. Ils les emmenèrent en retrait, laissant Tolbiac fixer la mer.

Nicolas et Pauline avaient réussi à nager sous l'eau et à se dissimuler dans un recoin de la falaise. Aucun des deux n'avait dit un mot, comprenant que cela aurait pu trahir leur présence. Nicolas vit l'entrée d'une grotte qu'il indiqua à Pauline. Ils se dirigèrent dans cette direction et pénétrèrent à l'intérieur de la cavité qui semblait particulièrement grande. Il y avait une partie plate à l'intérieur où ils se hissèrent.
— Tout va bien, tu n'as rien ?
— Non, comme toi !
— Il ne faut pas rester ici, ils vont finir par y accéder.
— Je sais, mais c'est très bien pour nous y cacher pour le moment. Il faut trouver une issue qui nous évite de nous faire voir par les Anglais. En attendant, nous voici seuls tous les deux, cela ne te réjouit pas, Nicolas ?

Nicolas avait toujours ressenti une certaine gêne en présence de la jeune femme pirate, curieux mélange de féminité et d'audace, jamais très loin de l'explosivité. Il n'arrivait pas vraiment à définir quel genre de sentiment il avait à son égard, il était clair que des femmes comme elles n'étaient pas courantes, tout comme Émilie, mais dans un style différent.

— J'aurais préféré me trouver en compagnie d'Émilie, naturellement, mais votre compagnie peut se révéler avantageuse si nous rencontrons du danger.

— Vous ne voyez en moi qu'une épée de plus ? J'ai du mal à le croire, mais quand nous aurons passé un peu plus de temps ensemble, sans doute me verrez-vous sous un angle bien différent.

Ils s'étaient tutoyés un bref instant sous le coup de l'émotion, mais cela n'avait pas duré. Nicolas s'assit contre une des parois et Pauline s'empressa de venir le rejoindre.

— Écoutez Pauline, vous commencez à….

Soudain, un bruit se fit entendre un peu plus loin. Ils se regardèrent avec un sentiment de surprise.

— Visiblement, nous ne sommes pas seuls ici, s'exclama Nicolas.

Négril, Jamaïque – 10 juillet 1713

Nicolas et Pauline se regardaient, surpris de découvrir que quelqu'un d'autre puisse se trouver dans la grotte. Ils n'avaient pas d'arme sur eux et étaient donc vulnérables. Ils se demandèrent qui donc pouvait se trouver là : de simples habitants de l'île qui étaient descendus pour explorer la grotte ? Des nègres marrons ? Ces anciens esclaves que l'on retrouvait parfois et qui avaient l'habitude de se dissimuler et dont on ne pouvait prévoir quel type de réactions ils auraient ou, pire encore, des soldats britanniques. Ce dont ils étaient certains, c'est qu'à l'extérieur, ils avaient de grandes chances d'être capturés.

— Je vais m'avancer en premier, suggéra Pauline, s'ils sont armés, ils n'oseront pas tirer sur une femme.

— Sauf si c'est quelqu'un comme Tolbiac, qui n'a aucune morale. Mais ce ne sont pas forcément des humains, peut-être des animaux, je vais y aller en premier.

Nicolas s'avança et repéra immédiatement des silhouettes dans une partie de la grotte beaucoup plus sombre, c'étaient bien des humains et ils étaient en train de l'observer.

— Je ne sais pas qui vous êtes, mais nous ne vous voulons aucun mal, nous sommes deux, ma compagne et moi, vous pouvez sortir.

À un court silence succédèrent des éclats de rire dont il ne comprit la signification qu'en voyant ceux dont il n'avait pu discerner le visage sortir de l'ombre.

— Loïck ! Qu'est-ce que tu fais là ?

— Je pourrais vous retourner la question. On ne s'attendait pas à vous rencontrer ici, où sont les autres ?

— Nous avons été faits prisonniers sur la plage, mais sommes parvenus à nous échapper. Nous avons ensuite décidé de partir vers l'ouest, car les Anglais sont surtout présents dans l'est de la Jamaïque. Mais Tolbiac nous a pris en chasse et a fini par nous encercler. Nous étions acculés sur une des falaises quand les autres nous ont demandé de nous enfuir en plongeant et ils ont protégé notre retraite.

— Mathieu est-il vivant ?

— Oui, du moins quand nous l'avons laissé. Je ne pense pas qu'ils tuent des prisonniers, car le gouverneur sera désireux de les interroger. Vincent Larbaud est mort sur la plage, au moment d'embarquer.

— Je sais, nous l'avons vu. Nous n'étions plus très loin du rivage et quand nous avons vu les soldats se masser autour de vous, nous avons fait demi-tour. Malheureusement, au moment d'arriver à l'*Éclipse*, elle s'est fait attaquer, et l'équipage a levé l'ancre nous laissant dans une situation difficile. Nous avons vu les navires anglais engager le combat et s'en prendre à elle. Nous étions au milieu de l'eau, sur une chaloupe, nous avons décidé de fuir, c'était la seule option que nous avions. Ensuite, nous avons longé la côte et comme vous, nous sommes parvenus à la conclusion que la meilleure des solutions était de partir vers l'ouest, faiblement peuplée.

— Maintenant qu'ils sont à notre recherche, il va falloir partir d'ici le plus rapidement possible, car ils finiront par nous trouver.

— Ont-ils un bateau ?

— Non, c'est pour cela qu'ils ne peuvent nous atteindre pour le moment, mais cela ne durera pas, Tolbiac est quelqu'un de particulièrement tenace.
— Nous avons de l'eau douce pour quelques jours et avons ramassé des ananas et des bananes. Le mieux est de quitter l'île.
— Je suis d'accord, dit Nicolas, mais il faut attendre la tombée de la nuit. L'avantage est qu'ils ignorent que nous possédons un bateau.
— Pour Mathieu et les autres…
— Tant que nous n'aurons pas rejoint les autres, nous ne pourrons rien tenter pour eux, cela me chagrine, mais il n'y a pas d'autre solution. Mathieu et Émilie le savent, ils attendent que nous allions les délivre.

Alexandre Tolbiac s'était assis en face de celle qui était légalement sa femme et la dévisageait depuis plusieurs minutes sans qu'aucun mot ne fût échangé. Il y avait dans les regards du mari et de la femme quelque chose de pesant et d'impossible à exprimer, comme si chacun recherchait dans les yeux de l'autre une lueur qui aurait pu contredire la haine qui s'était enracinée dans leur cœur, mais ils eurent beau chercher, ils ne trouvèrent rien, rien d'autre que de la déception.
— Je t'ai aimée, Hélène, même si je sais que tu peux en douter.
— Tu m'as aimée comme on s'attache à un animal de compagnie, mais pas comme on aime une femme.

Un lourd silence s'ensuivit et le regard d'Alexandre Tolbiac se durcit.
— Que ce soit vrai ou faux, tu n'avais pas besoin de me trahir comme tu l'as fait, tu m'as envoyé à la mort, sans une once de remords.
— Je l'ai fait par instinct de survie, j'avais envie de vivre libre, avec toi ce n'était pas possible…
— J'ai longtemps souhaité ce moment, pouvoir me retrouver en face de toi, mais maintenant que c'est le cas, je n'y trouve rien de ce que j'espérais.

— Tu pensais que j'allais m'excuser pour mon comportement, me mettre à pleurer en t'implorant ?

— Oui… mais à présent que je te vois telle que tu es, sache que je n'aurai aucun remords à prendre les mesures nécessaires pour me débarrasser de toi.

Un sentiment de crainte apparut brièvement dans le regard azur de la jeune femme.

— Je vais d'abord m'occuper personnellement de retrouver les deux autres, ensuite ce sera votre tour. Pour celui qui a osé se moquer de nous, cet odieux pirate, ce sera la potence. Pour toi et ton amie, dit-il en désignant Émilie, ce sera la mort lente, et chaque jour qui passera vous regretterez de ne pas être mortes aujourd'hui.

Il interpella un sergent.

— Maintenez-les sous bonne garde, s'ils s'échappent à nouveau, vous m'en répondrez personnellement ! Je vais m'occuper de ce Français arrogant et de cette diablesse !

Négril – Nuit du 10 au 11 juillet 1713

Ils avaient attendu avec anxiété, craignant que les soldats britanniques puissent se procurer une embarcation et les découvrent. Mais cela n'était pas arrivé et la tombée de l'obscurité les avait rassurés, car ils savaient qu'ils seraient désormais difficilement repérables. Nicolas n'avait cessé de penser à Émilie et se demandait si c'était la même chose pour Pauline, mais elle ne laissait paraître aucune émotion. Difficile de dire si ce n'était que l'apparence qu'elle voulait donner ou si, par nature, elle n'était guère sentimentale et émotive.

Plusieurs heures après la tombée de la nuit, ils quittèrent la grotte et se dirigèrent vers le large en pagayant doucement pour éviter de faire du bruit. La grande barque possédait une unique voile qu'ils hissèrent une fois qu'ils estimèrent s'être suffisamment éloignés. Ils étaient conscients de n'avoir pas d'autre choix, mais en connaissaient parfaitement le risque. S'ils ne retrouvaient pas l'*Intrigante*, ils mourraient de faim ou de déshydratation, ce qui n'était, dans chacun des deux cas, pas une hypothèse qu'ils appréhendaient avec bonheur. Il n'émanait pas le moindre bruit venant de la terre ferme et tous se demandèrent où se trouvaient donc ceux qui les pourchassaient et qui retenaient captifs leurs compagnons.

Négril – 11 juillet 1713

C'était maintenant l'aube. Les premières lueurs du soleil apparaissaient dans le ciel de Jamaïque. La traque s'était poursuivie avec des torches le long des falaises durant une partie de la nuit, sans résultat. Tolbiac avait envoyé des coursiers pour tenter de rapporter des bateaux afin de pouvoir longer la côte, mais aucune nouvelle ne lui était parvenue. Il avait du mal à dissimuler son agacement et tournait comme un lion en cage. Il avait regardé Hélène dormir et sa colère s'était apaisée avec la nuit, mais dès que les premiers rayons de soleil étaient apparus, la magie s'était brisée, laissant place à cette rancœur qui l'habitait depuis tant d'années. Il avait repensé à l'autre jeune femme, tentant de se souvenir où il l'avait vue, sans succès.

Émilie avait rêvé qu'elle dormait à côté de Nicolas, mais en se réveillant, un bref examen visuel de sa situation l'avait brutalement ramenée à la réalité, elle était allongée entre Hélène et Mathieu, les pieds et les mains liés, prisonnière de cette brute qui avait trahi son pays pour se rallier à l'ennemi.

— Avez-vous bien dormi ?

C'était Mathieu.

— Oui, visiblement, ils n'ont toujours rien trouvé.

— Je dois avouer que votre ami est assez malin pour passer à travers les mailles du filet et Pauline lui sera d'une aide précieuse.

— Je pense qu'ils vont s'en tirer, la seule chose qui m'inquiète, c'est que nous serons probablement morts avant qu'ils reviennent.

Si dans la nuit la brise avait poussé la chaloupe au large de la Jamaïque, elle s'estompa au fur et à mesure que la matinée avançait. Ils avaient encore assez d'eau et de provisions pour tenir quelques jours, mais il ne faudrait pas que cela dure.

Spanish Town 13 juillet – maison du gouverneur, Lord Archibald Hamilton –13 juillet 1713

Alexandre Tolbiac attendait dans l'entrée de la maison de Lord Hamilton. Bien que Nicolas et Pauline eussent réussi à s'échapper, son intervention restait extrêmement positive puisqu'il était parvenu à démasquer et à intercepter les pirates, juste avant qu'ils ne quittassent l'île. Pendant longtemps, son origine française avait suscité une certaine méfiance de la part des Anglais. Les espions n'étaient pas rares et il fallait faire ses preuves. Il vit apparaître le gouverneur qui se déplaçait en personne pour l'accueillir, ce qui était bon signe.

— Félicitations, capitaine, sans vous, ce pirate quittait l'île en nous ayant dérobé sous notre nez une quantité non négligeable de notre richesse.

— Merci, gouverneur, j'espère que vous ne doutez plus à présent de ma loyauté !

— Non, cette action va définitivement vous ouvrir la voie d'une grande carrière dans la marine de Sa Majesté. Les prisonniers sont là ?

— Juste dehors !

— Faites-les venir !

— Amenez les prisonniers, ordonna Tolbiac à ses hommes.

L'on fit venir les quatre pirates ainsi qu'Émilie. Tolbiac avait fait enfermer Hélène dans son logement. Il ne désirait absolument pas que le gouverneur sache que sa propre femme faisait partie de ceux qui avaient tenté de le duper. Lorsque le jeune lieutenant avait voulu lui en faire la remarque, il l'avait regardé fixement en souriant, sans rien dire. Ce dernier savait pertinemment qu'il avait laissé échapper les prisonniers et que s'il dénonçait Tolbiac, celui-ci n'hésiterait pas à le signaler au gouverneur. Il n'avait pas intérêt à parler, c'était silence contre silence. Lord Hamilton ne put s'empêcher de regarder fixement Mathieu quand il arriva. Il se rappelait, pour l'avoir côtoyé dans la soirée, qu'il avait parfaitement tenu son rôle, incarnant avec brio un officier de la Couronne sans commettre la moindre faute.

— Vous avez bien failli nous berner. J'avoue que vous ne manquez pas d'audace. J'ai dansé avec cette jeune femme sans m'apercevoir de quoi que ce soit, et j'ai même proposé mon amitié à votre ami, que nous sommes en train de rechercher. Vous êtes talentueux. Dommage que vous deviez finir aussi tristement.

— La pendaison ?

— Oui, mais pas ici, vous serez exécuté à Londres en place publique. Je tiens particulièrement à ce que l'on sache ce qu'il en coûte de vouloir défier l'Empire britannique. Il faut que vous soyez un exemple.

— Et la femme ? demanda Tolbiac.

— Elle est d'une beauté saisissante, mais il faut aussi qu'elle serve d'exemple.

— Elle n'a rien à faire dans cette affaire, intervint Mathieu, elle n'a agi que sous la contrainte, c'était l'une de nos prisonnières à qui j'ai promis la liberté en échange de sa présence ici. Comprenez que les jeunes femmes que j'ai l'habitude de fréquenter n'auraient pas eu l'éducation suffisante pour se faire passer pour une femme d'officier.

— Vraiment ? interrogea lord Hamilton. À propos, où sont les deux autres femmes qui étaient venues à ma soirée ainsi que les deux gredins qui les accompagnaient ?

— L'un des couples est mort, l'autre est en fuite, nous nous en occupons.

— Ce qui veut dire que votre triomphe n'est pas tout à fait complet, capitaine.
— Il le sera quand j'aurai appréhendé les deux derniers.
— Non ! Je vous confie le commandement d'un de mes meilleurs vaisseaux pour conduire ce lot de crapules jusqu'à Londres. Je m'occuperai personnellement de la traque des deux derniers.
— Merci, gouverneur !
— Pour la femme, je pense que nous l'enverrons dans un de ces bordels militaires où les soldats qui n'ont pas vu de femmes depuis des mois, voire des années, se précipitent. Elle regrettera chaque minute de sa vie de ne pas avoir été pendue. Il y a parfois des sorts pires que la mort…

Tolbiac rit aux éclats en dévisageant Émilie pendant que celle-ci était sur le point de défaillir. Si Nicolas ne la délivrait pas, sa vie allait se terminer bien cruellement. Tolbiac quitta la salle suivi des prisonniers. L'intervention de Mathieu n'avait servi à rien.

Kitchi arpentait le pont de l'*Intrigante* inlassablement. Le vent s'était orienté sud-sud-est et, dans ces conditions particulièrement favorables pour quitter l'île de la Jamaïque, l'*Éclipse* aurait dû les rejoindre la veille ou dans la matinée, mais ils ne voyaient rien venir. À ses côtés, Bart partageait la même inquiétude.
— Ils devraient être là, dit l'Abénaquis.
— Pour l'instant, le retard n'a rien d'alarmant, mais j'avoue que je suis moi-même un peu surpris. Les cales de leur bateau sont sans doute tellement chargées qu'ils vont moins vite que prévu.
— C'est possible, comme il est possible aient rencontré des difficultés.
— Quand sera-t-il temps de prendre une décision ?
— Si demain dans l'après-midi ils ne sont pas là, nous ferons voile vers notre point de ralliement.

Kitchi ne broncha pas et partit rejoindre Sokanon sans rien dire.

Ils étaient neuf à bord de la chaloupe. Le vent n'était pas très soutenu et la frêle embarcation progressait péniblement sur la mer des Caraïbes, ce qui impliquait un temps de trajet plus long que prévu. Pensant rejoindre l'*Intrigante* plus rapidement, l'équipage avait largement entamé le stock de vivres, ce qui obligea Loïck à les rationner en nourriture et en eau douce, entraînant un début de grogne parmi les matelots. Autre chose préoccupait Nicolas. La robe de Pauline était en lambeaux, abîmée par les nombreuses épreuves qu'ils avaient subies, dévoilant l'anatomie particulièrement avantageuse de la jeune femme que tous, y compris lui, avaient bien du mal à quitter du regard. Et si pour Nicolas, habitué à se comporter en gentleman, il n'était pas question de laisser ses instincts prendre le dessus, d'autant plus que l'idée de trahir Émilie lui était désormais insupportable, il n'en était pas de même des ruffians composant le reste de l'équipage. Pour eux, le fait de courtiser une femme constituait un préambule inutile car ils n'étaient intéressés que par le résultat final. Le rationnement n'avait fait que fragiliser la position de Loïck, qui, comme Nicolas, avait bien compris que la présence très dévêtue de Pauline risquait de rendre les jours suivants assez compliqués. Dans l'espace confiné que constituait le petit bateau, tout pouvait rapidement prendre des proportions dramatiques, aucun geste n'était anodin, aucun regard ne passait inaperçu.

Spanish Town – 14 juillet 1713

Alexandre Tolbiac regardait les soldats pullulant sur la rive pour acheminer la cargaison vers le navire que le gouverneur lui avait confié. C'était un énorme trois-ponts portant une centaine de canons et dont l'équipage se composait de 700 hommes. Le grand voilier possédait de larges hunes[21] sur lesquelles plusieurs gabiers pouvaient prendre place. Jamais, même dans ses rêves les plus fous, il n'avait ne serait-ce qu'envisagé de commander un tel navire. Enfin, on reconnaissait ses mérites. Il avait fait mettre les pirates aux fers en fond de cale et enfermé Émilie et sa femme dans des cabines différentes. Il n'avait toujours pas pris de décision concernant Hélène, comme si quelque chose de profondément enfoui dans le tréfonds de son âme l'empêchait de lui faire du mal. C'était insensé, durant toutes ces longues années, il n'avait songé qu'à se venger et à présent qu'elle se trouvait devant lui, il doutait. La traversée serait longue jusqu'à Londres et il aurait le temps d'aviser.

Plus les réserves de provisions diminuaient, plus la tension augmentait à bord de la chaloupe et les regards qu'adressaient les marins à Pauline avaient depuis longtemps perdu toute humanité pour devenir de plus en plus bestiaux. Nicolas sentait que la situation n'était

[21] Plateformes intermédiaires disposées sur les mâts sur lesquelles les marins pouvaient évoluer en toute sécurité. On pouvait également y poster une vigie.

plus très loin d'exploser. Les passagers de la petite embarcation s'étaient d'ailleurs scindés en deux groupes : d'un côté Loïck, Pauline et Nicolas, et de l'autre les six matelots. L'idéal aurait été qu'ils aient pu être en vue de l'*Intrigante*, ce qui aurait naturellement supprimé tout sentiment d'animosité, mais hélas, selon les calculs de Loïck et de Nicolas, ils en étaient encore bien loin. Dans tout groupe, il y a un leader, et celui qui s'était proclamé chef des rebelles se nommait Laurent, c'était le plus costaud, le plus déterminé.

— Dis-moi, petite, ne pourrais-tu pas venir un peu de notre côté au lieu de rester toute la journée avec les officiers !

— Je ne suis pas officier ! répliqua Loïck.

— Tu es quartier-maître, c'est presque pareil !

À ces paroles succéda un bref silence jalonné de regards explicites dans lesquels chaque camp jaugeait la détermination de celui adverse.

— Alors, petite, tu as perdu ta langue ? Viens donc nous voir.

Nicolas était conscient qu'en cas de bagarre, il y avait de fortes chances que la grande barque chavirât et, dans ce cas, ils perdraient le peu de vivres et d'eau douce qui leur restait, les condamnant définitivement. Il espérait que Pauline calmât le jeu, mais savait que ce n'était pas vraiment dans sa nature.

— Et pourquoi ne serait-ce pas toi qui viendrais nous voir ? À moins que tu aies peur ?

Il se mit à rire et se leva en dirigeant vers le trio. Toutefois, sa démarche n'était guère assurée et trahissait une certaine appréhension, car il savait ce que valaient ceux vers qui il se dirigeait, mais il ne voulait pas perdre la face devant ses camarades. Pauline s'avança légèrement, un léger sourire aux lèvres. Il s'arrêta juste devant elle et commença à lever la main pour la toucher. Pauline remua soudain latéralement le haut du corps faisant bouger la barque. Laurent dû prendre appui avec sa seconde main sur le bord de la coque, car le roulis rendait sa position instable. Il sourit à son tour, la jeune femme le lui rendit, et avant qu'il n'ait pu se rendre compte de quoi que ce soit, elle lui avait planté un couteau dans sa main d'appui avant de lui enfoncer un deuxième couteau dans le cœur. Un second pirate voulut s'avancer, mais d'un geste vif Loïck lança en direction de l'intrus son poignard qui se figea entre ses deux yeux. Les quatre matelots restants se regardèrent, incrédules et inquiets.

— Quelqu'un d'autre veut me toucher ? demanda Pauline.

— Non… c'est Laurent qui voulait le faire… nous, on n'y est pour rien dans tout ça.

— Contente de vous l'entendre dire, donc, tout va bien.

Ils acquiescèrent en souriant jaune. Ils savaient désormais ce qu'ils risquaient s'ils s'en prenaient au trio. Loïck s'avança, retira son poignard du crâne du malheureux, puis balança les deux corps par-dessus bord. Nicolas n'avait quasiment pas bronché, sûr de la supériorité de Loïck et de Pauline, mais serait intervenu si les choses avaient mal tourné.

— Ça fait deux rations de plus pour nous tous et à manger pour les poissons ! s'exclama Loïck.

— Vous ne devriez pas faire ça, cela va attirer les requins, se hasarda l'un d'eux.

— Comme ça, nous pourrons pêcher, lâcha Loïck en riant.

Kitchi observait Bart qui scrutait l'horizon à l'aide d'une longue-vue. Quand il abaissa l'instrument, l'Indien nota qu'il grimaçait légèrement, indiquant qu'il n'avait rien trouvé. Il se retourna, remarqua Kitchi qui l'observait, attendant une réaction de sa part. Elle ne fut pas bien longue.

— Tous à vos postes ! Hissez les voiles, direction la Jamaïque.

Ces quelques mots furent salués par les clameurs et les cris de joie de l'équipage et dans la seconde qui suivit le pont de l'*Intrigante* grouillait d'activité. Les voiles furent déployées dans un temps record et la frégate s'élança sur la mer en direction de l'ouest. Kitchi souriait et espérait qu'il ne fût rien arrivé à ses amis.

Mer des Caraïbes – 16 juillet 1713

Baptisé le *Black Diamond*, le grand trois-mâts avait quitté Kingston un peu plus tôt. Bien sûr, il aurait aimé s'occuper lui-même de ce Français, mais il lui était difficile de refuser une telle promotion. Enfin, il était admis au sein des rangs de la Royal Navy. Son intervention pour démasquer les traîtres qui s'étaient fait passer pour des officiers anglais avait pesé lourd dans sa nomination et enfin il avait retrouvé Hélène. Il avait demandé qu'on lui amenât sa femme. Cette dernière tournait en rond dans la grande cabine arrière. Elle le connaissait bien et craignait de se retrouver en tête-à-tête avec lui. Il entra enfin et elle se figea. Il s'approcha d'elle en souriant.

— Toute femme bien élevée rêve de partager ce genre de moments avec son mari. Je vous offre, madame, une seconde nuit de noces et une magnifique croisière nuptiale.

La jeune femme ne bougeait toujours pas d'un cil.

— Vous dissimulez bien votre satisfaction, ma chérie…

Hélène, silencieuse, ne cessait de soutenir son regard. Il esquissa un petit sourire en coin. Avant qu'elle ait compris ce qui se passait, il lui administra une terrible gifle qui la propulsa sur le parquet de la cabine.

— Tu oses me regarder comme si de rien n'était, espèce de catin !

Il la releva en la tirant par les cheveux. Elle était au bord des larmes et il lui flanqua une seconde gifle qui l'envoya à nouveau au sol.

Il la releva, elle avait la lèvre inférieure en sang et il lui déchira la robe, la dénudant entièrement.

— Ma foi, tu es encore très belle ! Ainsi, tu vas pouvoir t'acquitter du prix de ta trahison !

Il la frappa de nouveau au visage et la jeta sur le lit.

— Écarte les jambes, espèce de truie, car sinon, je vais être obligé d'aller chercher la cravache que j'utilise pour ma pouliche.

Hélène éclata en sanglots, ne pouvant retenir plus longtemps les larmes qu'elle avait contenues par fierté. Ses cris résonnèrent dans l'entrepont du gros vaisseau militaire, suscitant des rires parmi les officiers. Il était absolument certain que personne ne lui viendrait en aide, d'autant plus qu'elle était légalement la femme d'Alexandre Tolbiac. Émilie entendit elle aussi les hurlements retentir et ses yeux s'embuèrent. Même si elle avait été libre de ses mouvements, elle n'aurait rien pu faire contre Tolbiac. Si elle avait pu intervenir, il l'aurait probablement tuée. Il n'était pas le genre d'hommes à avoir de la compassion. Elle se demanda si Nicolas pourrait les retrouver. Elle en doutait parfois. Le fait qu'il fût en compagnie de ce démon en jupon qu'était Pauline ne la rassurait pas vraiment. Il y avait aussi Kitchi, elle savait qu'il viendrait à son secours s'il savait où elle était, mais pour le moment, elle ne pouvait rien faire sinon attendre et espérer. Quand elle avait embarqué, elle avait été impressionnée par le navire sur lequel elle montait. Nicolas et les autres avaient-ils les moyens de s'attaquer à un tel navire ? Elle n'en savait rien, mais était très sceptique.

Nicolas s'était réveillé au petit matin en sursaut. Il avait entendu les craquements provoqués par des pas sur le bois de la coque et surpris l'un des quatre lascars qui s'avançait vers eux, couteau en main, sans doute dans l'intention de les poignarder pendant leur sommeil. Il pointa immédiatement son sabre vers la gorge de l'intrus.

— Je venais juste pour le petit déjeuner, je voulais prendre ma part de vivres.

— Tu me prends pour un imbécile ?

Les autres sortirent à leur tour des bras de Morphée.

— Je vous jure que je ne vous veux aucun mal !

Nicolas hésita un instant et chercha du regard l'approbation de Loïck.

— Range ta lame alors !

Le pirate s'exécuta sous le regard inquiet de tous les passagers de la chaloupe. Le conflit avait été évité cette fois, mais ce n'était que partie remise et Nicolas savait pertinemment que c'était lorsqu'ils dormaient qu'ils étaient les plus vulnérables.

Un peu plus tard, ils virent à la surface de gros poissons qui tournaient autour de l'embarcation.

— Ce sont des thons, affirma Loïck.

Nicolas tira son sabre et s'approcha du bord du bateau. Quelques minutes auparavant, ils étaient prêts à s'entredéchirer, et à présent tous semblaient solidaires de celui qui allait peut-être leur procurer suffisamment de nourriture pour alimenter tout l'équipage. Encore fallait-il qu'il réussît son coup. Nicolas se savait habile, mais il était fatigué et les thons étaient rapides. Il brandit son arme au-dessus de l'eau devant le regard enthousiaste des occupants de la chaloupe. Le coup fut rapide et terriblement efficace, mais il avait transpercé l'arrière de l'animal qui se débattait et risquait à tout moment de s'échapper. Celui qui, quelques minutes plus tôt, s'apprêtait à les trucider, se jeta à l'eau pour se saisir du thon.

— Je l'ai ! Je l'ai ! cria-t-il en soulevant le poisson qui virevoltait dans tous les sens, tentant de regagner sa liberté.

Loïck et Pauline l'aidèrent, attrapant le thon qui était de belle taille. Au moment où ils le jetèrent dans la barque, des cris vinrent de

l'eau. En se tournant vers celui qui pataugeait dans la mer, ils s'aperçurent qu'il était en train de se noyer.
— Il ne sait pas nager ! s'écria un de ses compères.
— Quel imbécile !

Loïck tendit la main pour lui saisir le bras. Les deux hommes se dévisagèrent un bref instant qui sembla durer une éternité, car il se sentait quelque peu mal à l'aise d'être sauvé par celui qu'il voulait occire un peu plus tôt. Une telle prise fournirait de quoi manger pour les sept passagers pendant au moins deux jours et apaiserait ainsi provisoirement tout risque d'affrontement, mais ils n'étaient pas certains de pouvoir rééditer leur exploit et s'ils ne parvenaient pas rapidement à localiser la frégate, la situation ne ferait qu'empirer.

L'*Intrigante* se dirigeait vers la Jamaïque, mais les vents, qui étaient favorables pour ceux qui s'en éloignaient, pénalisaient le voilier. Ils mettraient un certain temps pour parvenir à leur but, car il leur faudrait louvoyer. Chaque heure passée mettait les passagers de la frégate au supplice, car elle ne faisait que renforcer les doutes qu'ils nourrissaient quant au retour de leurs amis.

Mer des Caraïbes – 18 juillet 1713

Le *Black Diamond* progressait lentement, contournant la Jamaïque par l'est. Après tout, Alexandre Tolbiac n'avait aucune raison de se presser. Il pouvait ainsi profiter pleinement de ses nouvelles fonctions et surtout de sa femme, qu'il prenait beaucoup de plaisir à violenter. Il regretta d'avoir voulu la tuer au départ. Chaque moment qu'ils passaient ensemble le régalait du pouvoir jouissif de sa domination sur cette traîtresse d'Hélène. Il se dit aussi qu'il ne fallait pas trop l'abîmer dès les premiers jours, car le voyage serait long et il fallait faire durer le plaisir, le sien, car ce qu'Hélène endurait paraissait intenable à la jeune femme. Celui qu'elle avait épousé était une véritable bête féroce. L'innocence et la naïveté de ses jeunes années l'avaient aveuglée, lui dissimulant la vraie nature de ce monstre. Une seule chose la faisait tenir : elle était persuadée que Nicolas parviendrait à les sauver, même si lorsque son supplice atteignait son paroxysme, elle en doutait quelque peu.

Si la séparation avec Nicolas était pour Émilie un tourment difficilement supportable, le pire demeurait les hurlements de son amie lorsque Tolbiac venait la rejoindre. Ce dernier, d'un sadisme sophistiqué, l'avait fait installer tout près de sa cabine, de sorte qu'elle pût se trouver aux premières loges. Même si elle ne pouvait pas voir ce qui se déroulait, les cris qui lui parvenaient étaient suffisamment explicites. Contrairement à Hélène, elle nourrissait de plus en plus de doutes sur la possibilité d'une intervention de Nicolas. Aurait-elle dû partir avec lui quand il avait plongé du haut de la falaise ? C'était possible, mais ils auraient également pu être tous les deux capturés et elle aurait pu se blesser en sautant. Elle craignait aussi que Tolbiac l'amenât à son tour dans sa cabine, car elle était consciente que seule la haine qu'il vouait à sa femme l'empêchait de penser à elle, mais si elle mourait sous les coups de cette brute, il n'y avait pas l'ombre d'un doute qu'elle succéderait à son amie dans la chambre des tourments.

Une fois le thon découpé en parts égales, ils avaient pu profiter de sa chair durant deux jours. À présent, non seulement, ils n'avaient plus rien à manger, mais en plus leur réserve d'eau douce était quasiment épuisée. Le Soleil tapait fort et tous cherchaient à bénéficier de l'ombre de la petite voile. Et comme si cela ne suffisait pas, Nicolas devait affronter un nouveau problème en la personne de Pauline qui était venu au petit matin se lover contre lui dans une position indécente. Nicolas l'avait repoussé, mais cela ne l'empêcha pas de revenir prendre la même pose.

— Arrête Pauline ! Je suis avec Émilie, tu le sais bien, et pour rien au monde je ne la trahirai.

— Si elle était vivante, et tu aurais raison, mais rien ne dit qu'elle le soit encore à l'heure actuelle. Il faut penser à l'avenir.

Nicolas se méfiait d'elle. Il la savait intelligente et calculatrice.

— Qu'as-tu derrière la tête ?

— Maintenant que nous n'avons plus rien à manger et presque plus rien à boire, il va falloir prendre les bonnes décisions.

Nous y voilà, pensa-t-il…

— Si nous ne le faisons pas, les autres viendront nous tuer la nuit prochaine pendant que nous dormirons.

— Mais qu'est-ce qui me dit qu'une fois qu'ils seront morts, ce n'est pas toi qui viendras à ton tour me tuer pendant mon sommeil ? Je n'ai aucune confiance en toi. Il faudrait être fou pour avoir ce genre de

sentiment à ton égard. Tant qu'ils sont vivants, tu as besoin de moi et de Loïck pour les affronter, tu ne peux pas les battre à toi toute seule. Je n'ai aucun intérêt à engager le combat contre eux.
— Tu en es sûr ?
— Bien sûr que je le suis. Je ne sais pas ce qui s'est passé en France, ce qui t'a rendue comme ça, mais on ne base pas une vie sur la méfiance et le calcul.
— J'ai confiance en Mathieu comme il a confiance en moi.

Loïck les observait sans rien dire. Dans quelle mesure faisait-il confiance à Pauline, lui qui la connaissait mieux ? Il n'en savait rien, mais était-il lui-même digne de confiance, comme Pauline ? C'était l'inconnu. Mieux valait maintenir un certain équilibre. Ceux d'en face s'avancèrent et regardèrent la réserve d'eau qui suffirait à peine jusqu'au soir.
— Il faudrait que nous parvenions à pêcher encore un poisson, dit l'un d'eux.
— S'ils se montrent en surface, nous avons eu de la chance la première fois.
— Sinon, il faudra trouver une solution.
— Vous pensez à quoi ?

L'homme se tut, mais Nicolas pensa que ce qu'il avait en tête n'était pas bien agréable. Il connaissait les traditions de la mer et savait que parfois on avait recours à des solutions extrêmes, comme manger de la chair humaine. Il frissonnait rien qu'en y pensant. L'ambiance était lourde et Nicolas pensa à Émilie. Il voulait croire qu'elle était toujours vivante, contrairement à ce qu'avait avancé Pauline. Il se souciait davantage à présent de sa propre existence, car l'atmosphère était explosive et il savait que tôt ou tard, cela tournerait à l'affrontement. Les regards que se lançaient les deux camps étaient de plus en plus haineux et l'absence de nourriture et bientôt d'eau allait précipiter les événements. Il était perdu dans ses pensées quand la voix de Loïck retentit.

— Voile à l'horizon !

Tous se précipitèrent dans la direction indiquée et constatèrent qu'il disait vrai.

— C'est peut-être un navire anglais ?

— Comme cela peut très bien être l'*Intrigante* !

Tous dévisagèrent Loïck, attendant l'ordre du quartier-maître.

— D'accord, on vire de bord, cap plein ouest, nous allons couper sa route.

Ils virèrent de bord, faisant pivoter la petite voile de la chaloupe, mais se rendirent compte bien vite que l'allure de la grande barque était beaucoup trop lente comparée à celle du navire qui arrivait. Il allait leur passer nettement devant.

— C'est une frégate, c'est certain ! Ils vont sûrement nous voir !

Ils virent le grand deux-mâts passer au loin, il s'agissait en effet fort probablement de l'*Intrigante*, mais ce qui les inquiéta le plus était qu'il ne modifiait pas sa trajectoire.

— Qu'est-ce qu'ils font à bord ? Ils ne nous voient pas, c'est incroyable !

Pour le plus grand malheur des passagers de la chaloupe, la grande frégate semblait continuer sa progression comme si de rien n'était, les condamnant à un sort peu enviable.

Cela faisait un petit moment qu'Émilie n'entendait plus rien. Ses récentes expériences en matière de serrure lui avaient appris beaucoup de choses, notamment que la clé d'une serrure pouvait très bien en ouvrir une autre. Elle avait subtilisé une clé lors d'une de ses rares sorties et attendait le moment opportun. Elle avait entendu Tolbiac annoncer qu'il rejoignait ses officiers. Le battement de son cœur s'accéléra et elle glissa la clé dans la serrure. Tout d'abord, elle crut que la clé ne pourrait pas ouvrir la porte, puis, après avoir forcé un peu, elle parvint à ses fins. Elle ouvrit aussi lentement qu'elle le put et vit que le couloir était désert. Tolbiac n'avait même pas jugé nécessaire de poster une sentinelle. Elle remarqua que la porte de sa cabine était entrouverte. Elle jeta un œil et ce qu'elle vit la terrifia. Allongée sur la couchette de la cabine, Hélène gisait, inerte, le visage tuméfié, le corps dénudé. Elle pensa au départ qu'elle était morte, mais elle la vit cligner des paupières.

— Quelle horreur ! Il faut que nous fassions quelque chose !

— Nous ne ferons rien ! Surtout toi ! Car si tu le fais, il n'aura aucune pitié pour toi. Aussi ignoble que soit ce qu'il m'inflige, je suis vivante et je le resterai sans doute. Si j'étais un homme, il m'aurait fait torturer, mais comme je suis une femme et surtout celle qu'il a épousée, il s'amusera à me faire souffrir de cette façon.

Hélène vit le visage horrifié d'Émilie.

— Je peux tenir, Émilie, mon corps est meurtri, mais un petit feu brûle au fond de mon âme qui pourra être ravivé, lentement, mais indubitablement. Retourne dans ta cabine. S'il voit que tu es libre, Dieu sait ce qu'il te fera. Alexandre a un gros défaut, il est trop imbu de lui-même. L'opportunité viendra, mais ce n'est pas le moment…

Émilie s'attarda un bref instant, très choquée par ce qu'elle avait vu. Hélène avait du cran, beaucoup de cran. Elle avait raison, elles ne pouvaient rien faire toutes les deux. Elle ne savait pas comment se rendre là où Mathieu et les autres étaient retenus prisonniers, mais elle était bien déterminée à le savoir. Le vaisseau était immense. À l'exception de l'endroit où elle se trouvait, réservé aux officiers, les entreponts grouillaient de soldats. Il fallait qu'elle soit prudente.

Ils regardaient avec dépit les voiles diminuer sur l'horizon. Cela n'augurait rien de bon, car ils s'étaient éloignés dans l'espoir d'aller à leur rencontre et ils les avaient loupés. De plus, la chaloupe était surtout prévue pour naviguer le long des côtes, pas pour affronter la haute mer. Si une tempête se levait, ils n'étaient pas certains d'y survivre.

Soudain, ils virent le navire virer de bord.

— Ils nous ont vus ?

— Non ! Ils sont obligés de virer de bord à cause du vent, souffla Nicolas.

Un nouveau silence de dépit toucha l'équipage.

— En revanche, poursuivit Nicolas, à présent, nous sommes peut-être plus visibles, car bien qu'étant éloignés, nous sommes à présent dans leur champ de vision. Nous avons des avirons, nous pouvons y accrocher une étoffe. Il nous faudrait quelque chose de voyant.

Tout le monde se tourna vers Pauline, dont la robe, ou plutôt, ce qu'il en restait, était de couleur rouge écarlate.

— C'est bien la première fois qu'on me demande de me déshabiller devant tout le monde en pleine mer sur une chaloupe… mais si c'est dans l'intérêt général, je veux bien !

Elle ôta sa robe, se retrouvant quasiment nue, vêtue seulement d'un corset, car elle n'avait pas voulu, à cause de la chaleur, enfiler les habituels dessous qui accompagnaient ce genre de toilettes. Même si elle effectua la manœuvre de dos, exhibant son superbe postérieur à la vue de tous, les esprits furent troublés, même si Nicolas fut le plus prompt à réagir en ôtant sa chemise qu'il lui tendit.

— Il reste au moins un gentleman sur cette embarcation de misère. J'espère seulement qu'il n'y aura pas trop de vent. Faites quand même attention de ne pas faire tomber ma robe à l'eau.

L'étoffe écarlate fut fixée au bout d'un des avirons qu'ils agitèrent vigoureusement, conscients que s'ils ne parvenaient pas à attirer l'attention du vaisseau au loin, leur situation deviendrait catastrophique. L'espoir de s'en sortir ressouda les clans qui s'étaient violemment opposés et ils se relayèrent avec enthousiasme pour agiter

la rame. Finalement, le navire changea de trajectoire et obliqua dans leur direction.
— En espérant que ce soit bien l'*Intrigante*.
— Et si c'est un vrai navire britannique ?
— Alors, nous serons dans de sales draps !

Plus le voilier approchait et plus l'anxiété augmentait parmi les passagers de la chaloupe, tous debout, scrutant la mer dans sa direction dans l'espoir de découvrir un indice pour confirmer qu'il s'agissait bien de leurs compagnons. Le vent forcit légèrement, soulevant la chemise de Nicolas et dévoilant les fesses de Pauline, mais désormais plus personne ne s'en souciait. Quelqu'un s'était perché sur le beaupré, quelqu'un dont la silhouette était reconnaissable entre mille, celle de l'Abénaquis qui les accompagnait depuis fort Frontenac.
— C'est Kitchi ! C'est bien eux !

Une vague d'acclamations se déclencha dans la chaloupe. Les ennemis d'hier s'étreignirent chaleureusement comme si rien ne s'était passé. Ils allaient survivre, c'était désormais tout ce qui comptait. La frégate était maintenant toute proche et ils distinguèrent au loin le crâne rasé de Bart. Le grand voilier s'immobilisa et les marins avalèrent peu à peu les voiles. Une chaloupe fut mise à la mer sur laquelle prirent place Bart, Kitchi et Sokanon. Loïck et ses compagnons ramèrent à leur tour en direction de leurs amis. Si les visages de ces derniers exprimaient une joie non dissimulée de retrouver leurs camarades, ils affichaient également une certaine surprise. Les deux chaloupes se rejoignirent enfin et se retrouvèrent bord à bord.
— Qu'est-ce qui s'est passé ? L'*Éclipse* a coulé ? Où sont les autres ? s'exclama Bart sans reprendre son souffle.
— Cela fait beaucoup de questions, répondit Loïck. Ça a mal tourné à la fin de la soirée. Alors que le plus difficile était fait et que nous allions embarquer, nous avons croisé Alexandre Tolbiac qui nous a démasqués. Nous nous sommes battus, mais ils étaient trop nombreux.

— Je n'ai pas tout compris, vous êtes sur une des chaloupes de l'*Éclipse*, que faites-vous tous dessus ?
— À terre se trouvaient ceux qui étaient sur le point d'embarquer, continua Nicolas, Loïck se trouvait sur la chaloupe qui devait nous amener à l'*Éclipse*. Nous avons été faits prisonniers à terre, même chose pour ceux de l'*Éclipse*.
— Nous n'avions pas d'autre choix que de fuir avec la chaloupe, dit Loïck.
— Et les autres ?
— Vincent est mort sur la plage, tué par Tolbiac. Nous avons réussi à nous évader, mais hélas, ils ont fini par nous rattraper. Nous étions acculés, dos à une falaise, haute d'une quarantaine de pieds. Mathieu a protégé notre fuite, à Pauline et moi, nous permettant de plonger du haut de la falaise.

Ils virent que Bart et Kitchi fixaient Pauline.

— Qu'est-il arrivé à la robe de Pauline, pourquoi est-elle dans cette tenue ?
— Ça, c'est une longue histoire, répondit l'intéressée, mais on va d'abord monter à bord, si cela ne vous dérange pas, car on n'avait plus rien ni à boire ni à manger. On vous racontera la suite plus tard.

Les deux chaloupes prirent la direction de la frégate.

— Donc si je comprends bien, les autres sont prisonniers à Spanish Town.
— C'est exactement ça !
— Et que comptez-vous faire ?
— Aller les délivrer, naturellement !

Sur le parcours qui les menait vers la frégate, Nicolas et Pauline se dévisagèrent. Difficile de savoir ce que la jeune femme pensait tant son attitude était ambiguë, tantôt amicale, tantôt calculatrice.

Ils se dévisagèrent à nouveau. Son regard avait quelque chose de dérangeant sans qu'il pût dire ce que c'était.

— J'ai déjà vécu en enfer, Nicolas, et je n'y retournerai pour rien au monde.

Dans son regard, il essaya de déchiffrer ce qu'elle venait de lui dire, mais il n'y vit que de la souffrance et également l'esquisse d'une farouche détermination, la même que celle qui animait son cœur.

Jamaïque – 19 juillet 1713

L'*Intrigante* avait navigué au nord de l'île de la Jamaïque de façon à accoster de l'autre côté. Ils avaient dormi et repris des forces, même si la douloureuse expérience qu'ils avaient vécue les marquait encore. Nicolas, Bart et Pauline avaient décidé de rejoindre Spanish Town durant la nuit pour faire évader leurs compagnons. S'il y avait de fortes chances que Mathieu fût en prison, ce n'était pas forcément le cas pour les deux femmes, d'autant plus qu'ils savaient qu'Hélène était la femme de Tolbiac. Pauline avait de nouveau enfilé une tenue d'homme, mais une étrange ambiance s'était créée entre elle et Nicolas.

Un commando d'une vingtaine d'hommes fut désigné à la tête duquel Bart fut nommé par l'équipage. Il était resté sur la frégate à se morfondre en attendant ses compagnons. Pour lui, qui était un homme d'action, rien n'était plus important que de prendre part à ce raid. Les pirates l'avaient naturellement désigné comme chef. Il était le plus charismatique après Mathieu, place que seul Loïck aurait pu lui disputer, mais ce dernier était beaucoup trop fatigué après le périple accompli en chaloupe, et Bart mourait d'envie d'aller en découdre avec les Anglais, surtout après ce qui s'était passé. Nicolas était apprécié pour ses qualités de combattant, mais il n'appartenait pas à leur monde et beaucoup le voyaient plutôt comme un allié que comme un des leurs. Outre Bart et Nicolas, Pauline faisait également partie du groupe, comme Kitchi. Ils seraient guidés par un personnage étrange, Brookman, un ancien esclave qui avait participé à la révolte des nègres marrons en Jamaïque avant de se joindre aux pirates. Les autres Noirs le considéraient comme un prêtre vaudou, mais aucun de ses compagnons d'aventure n'aurait pu dire si c'était vrai ou pas, n'ayant aucune connaissance dans cette discipline et n'ayant aucune envie d'en savoir davantage. Les rites vaudous avaient toujours paru étranges et dérangeants aux Européens et rares étaient ceux qui s'y intéressaient. Le petit groupe bigarré, composé d'un Noir, d'un Indien, d'une femme, d'un officier français, et des pires ruffians vivants dans la région formait une troupe plutôt disparate, mais pas plus que celles que l'on trouvait habituellement dans les rangs des pirates.

Ils mouillèrent l'ancre au nord de l'île, dans une grande baie qui, selon les calculs de Bart, devait se trouver juste au-dessus de Spanish Town. D'après lui, il leur faudrait environ 5 heures pour atteindre leur objectif. Ils attendirent 18 heures que le Soleil commence à décliner puis embarquèrent à bord de trois chaloupes qui attendraient leur retour à terre. Ceux qui composaient le petit groupe avaient été sélectionnés parce qu'ils étaient en pleine forme, car le train imprimé serait rapide, sans compter qu'au retour, si tout se déroulait comme prévu, ils seraient accompagnés des prisonniers délivrés qui risquaient de les ralentir. L'objectif étant de revenir avant la levée du jour et de partir le plus rapidement possible en direction de New Providence. Ils savaient que bon nombre de leurs compagnons de l'*Éclipse* devaient se trouver également dans la prison, en plus de Mathieu. Ils avaient pris un solide repas avant, pour ne pas manquer de force, et avaient emporté avec eux des gourdes remplies d'eau à cause de la chaleur.

Ils débarquèrent sur la plage et se regroupèrent. Tous étaient lourdement armés de sabres, couteaux et pistolets. Certains portaient des cordes et des grappins, par précaution, car ils ne connaissaient pas les difficultés auxquelles ils seraient confrontés. Ils s'enfoncèrent dans la jungle d'un pas rapide dans le sillage de Brookman qui menait le petit groupe. Il ne semblait pas vraiment dérangé par l'obscurité. Nicolas, puis Pauline, les suivaient immédiatement et Bart fermait la marche. Ce dernier leur avait recommandé de faire attention à ne pas se faire distancer par ceux qui les précédaient. Il fallait à tout prix qu'ils restent groupés. Si une partie d'entre eux se perdait en pleine nuit dans un environnement où tout se ressemblait, cela aurait des conséquences dramatiques.

Ils firent une courte pause après presque trois heures de marche, et Bart vérifia que tous étaient là. Il régnait une chaleur étouffante et ils burent abondamment. Pauline vint boire à la gourde de Nicolas, et de nombreux regards convergèrent vers eux, ce qui agaça Nicolas.

— À quoi joues-tu ?

— Je bois tout simplement, rien de plus, dit-elle avec un sourire malicieux.

Bart observait en silence. Si Mathieu avait été là, il aurait rapidement réglé cette situation. Il espérait ne pas être obligé de le faire, il n'aimait pas toujours les manières de la jeune femme et tous les membres du groupe avaient besoin d'être le plus vigilants possible. Brookman ne disait absolument rien, mais ne cessait de regarder autour de lui. Cet endroit lui rappelait visiblement de bien mauvais souvenirs.

Ils reprirent leur marche pour arriver aux abords de Spanish Town et Bart regarda sa montre ; ils n'avaient mis que cinq heures pour atteindre leur but. Le retour serait plus difficile, surtout s'ils parvenaient à libérer tous leurs compagnons. Le bâtiment servant de prison se trouvait en bordure de la partie est de la ville. Ils s'en approchèrent prudemment. L'édifice devait mesurer trente pieds de haut et une lourde porte en bois à double battant surmontée par le poste de garde permettait l'accès à l'édifice. Il semblait assez périlleux de tenter d'y pénétrer par cette voie. À l'arrière du bâtiment, Kitchi remarqua que la cime des palmiers touchait quasiment le haut de la prison. L'Abénaquis pensait qu'il était possible d'arriver sur le toit par là. Bart indiqua du doigt plusieurs gardes armés qui faisaient la ronde sur le toit. Cela rendait la tâche difficile, mais pas impossible. Ils comptèrent ceux qui gardaient le toit, ils étaient trois. Il fallait donc faire vite pour les neutraliser avant qu'ils ne puissent réagir. L'obscurité constituait un avantage primordial qu'il fallait utiliser au maximum. Les gardes étaient répartis à intervalles réguliers, il leur faudrait donc frapper simultanément pour éviter qu'ils utilisent leurs fusils et donnent l'alerte.

Kitchi, Brookman et Bart se portèrent volontaires pour lancer l'attaque. Il fallait d'abord grimper jusqu'en haut du palmier et accéder au toit. Brookman s'y essaya en premier et monta avec une facilité déconcertante, tout comme Kitchi qui le suivait de près. Bart, en dépit de sa carrure massive, monta lui aussi assez facilement, mais un peu moins rapidement. La tête du palmier était légèrement surélevée par rapport au toit, d'environ une aune[22] et demie à deux aunes. Ils devaient donc se laisser chuter sur le toit depuis l'arbre, tout en choisissant le moment opportun pour éviter que l'un des soldats ne les remarquât. Kitchi bondit le premier, suivi de Brookman, puis de Bart. Brookman s'en prit au garde le plus rapproché qu'il poignarda en bondissant sur lui, Bart en suivait un autre qui ne l'avait pas aperçu pendant que l'Indien se réservait le plus éloigné. Quand le militaire britannique vit l'homme au crâne rasé, c'était déjà bien trop tard, le sabre du pirate l'avait transpercé de part en part. La troisième sentinelle s'apprêtait à crier quand le tomahawk de Kitchi fendit l'air pour se figer dans le crâne du malheureux. Bart était admiratif.

— C'est assez impressionnant de voir comment tu manies cette hache de guerre, c'est dommage que tu veuilles rentrer chez toi.

— Mon peuple est là-bas, ma famille aussi. Je n'ai aucune raison de rester.

---

[22] Une aune = environ un mètre.

— Le mien est resté en Afrique, maintenant ma vie est ici, murmura Brookman.
— Bon, nous parlerons famille et patrie quand nous serons en mer, n'oublions pas que notre mission est de libérer nos compagnons.
— Il doit y avoir des gardes au niveau inférieur, s'ils nous voient, ils risquent de faire feu, d'autant plus que nous n'avons pas l'apparence de soldats anglais.
— Non, mais cela peut s'arranger, répondit Bart.

Ils regardèrent les corps des soldats. Bart étant le seul Blanc, il était logique qu'il enfilât l'uniforme d'une de leurs victimes. Malheureusement, en raison de son fort gabarit, les vêtements de deux des soldats tués étaient trop petits et ceux du troisième, celui-là même qu'il avait occis, avaient été beaucoup trop abîmés par son coup de sabre.
— Vous n'y allez pas de main morte quand vous tuez quelqu'un.
— L'objectif était qu'il ne soit plus en état de répliquer.
— Cela ne risquait pas… enfin, la veste doit pouvoir être réutilisée à condition qu'ils ne voient pas le gros trou qu'il y a derrière.

Le pirate enfila le vêtement ainsi que le reste de la panoplie. Ses deux acolytes le regardèrent, sceptiques.
— Heureusement qu'il fait sombre…
— Il ne faut les tromper que l'espace de quelques minutes.

Affublé de son uniforme, Bart saisit le fusil du soldat et se dirigea vers un grand escalier de pierre qui conduisait au niveau inférieur. Ses deux compagnons le suivaient en maintenant une certaine distance pour éviter d'être vus. Il dévala l'escalier et ne tarda pas à distinguer deux soldats qui faisaient la ronde sur les contours des cellules, faiblement éclairés par quelques torches inégalement réparties sur les murs. En le voyant, l'un d'eux se dirigea vers lui.
— Qu'est-ce qui se passe, pourquoi es-tu descendu ?

Avant qu'il ait pu se rendre compte de quelque chose, Bart lui avait enfoncé son sabre dans la poitrine, le tuant net. Son collègue voulut réagir, mais le tomahawk de Kitchi jaillit, le frappant de plein fouet. Restait à présent le plus difficile, le gros des gardes qui demeurait au rez-de-chaussée. Ils devaient être nombreux et l'opération s'annonçait délicate. Alors qu'il allait emprunter à nouveau l'escalier, Bart hésita et rebroussa chemin.

— Qui y a-t-il ?

— Je me demande si l'idéal n'est pas de commencer à libérer des prisonniers, cela nous permettrait d'avoir des renforts.

— Encore faudrait-il qu'ils soient en état de se battre et qu'ils veuillent bien nous aider. Je connais bien ces prisons anglaises, dit Brookman, beaucoup de détenus sont mal traités, mal nourris et constitueront un fardeau plutôt qu'une aide.

— Il y a forcément dans cette prison des gens qui étaient sur l'*Éclipse* ou avec Mathieu et s'ils y sont, cela ne fait pas bien longtemps, ils n'ont pas eu le temps de s'affaiblir.

— On va essayer de les trouver.

Par les étroites fenêtres situées sur les portes des cachots, ils passèrent en revue les prisonniers du niveau un qui étaient entassés par groupes de quinze à vingt dans d'immenses pièces au confort rudimentaire. La prison devait probablement dater de l'époque espagnole. Par la troisième fenêtre, ils virent enfin une quinzaine d'individus dont la plupart semblaient être enfermés depuis peu. Bart, en tenue militaire anglaise, ouvrit la porte une torche à la main.

— Vous êtes Français ?

Les prisonniers se regardèrent incrédules, ne comprenant pas ce que voulait ce soldat.

— Nous sommes Espagnols, répondit l'un d'eux dans un français de bonne qualité, mais avec un accent prononcé.

— Vous voulez sortir d'ici ?

Ils se dévisagèrent, incrédules, ne comprenant pas vraiment qui était celui qui portait l'uniforme anglais, mais qui n'avait pas le comportement d'un sujet de la couronne.

— Qui êtes-vous donc, monsieur ?

— Nous sommes Français et nous venons délivrer nos compagnons. Nous pouvons également le faire pour vous, si vous décidez de nous aider.

L'Espagnol demeura de longues secondes sans dire un mot, regardant les deux étranges compagnons de celui qui avait fait irruption dans leur cellule, un Indien et un Africain.

— Nous n'avons pas toute la nuit, insista Bart, le temps presse.

— Je vais traduire pour mes compagnons.

Il s'exécuta et après une discussion assez animée qui énerva Bart reprit la parole.

— Je suppose qu'il faudra se battre ?

— Naturellement, mais certains de nos compagnons attendent à la sortie.

— Nous n'avons rien à perdre de plus que la vie et elle est déjà fort compromise. C'est d'accord ! Vous avez des armes ?

— Celles que nous avons prises aux soldats, des fusils et des sabres, mais il faut faire attention à ne pas faire de bruit.

— Dites, vos amis, ce ne sont pas des Français.

— Non, mais comme les Français ou les Espagnols, on n'aime pas les Anglais, répliqua Kitchi.

L'Espagnol sourit, ils étaient dix-sept exactement et certains prirent les armes que leur tendait Bart. Tous convergèrent vers l'escalier. C'était là que tout allait se jouer.

— Nous allons rencontrer le gros des gardiens de la prison. Pendant que nous les affrontons, il faut quelqu'un pour ouvrir la porte.

— Je vais y aller, proposa Kitchi.

— Ce sera dangereux !

— Comme tout ce que je fais habituellement…
— Je vais le couvrir, proposa Brookman.

Bart ouvrit la marche. Ils arrivèrent en bas de l'escalier qui débouchait sur une petite cour intérieure dans laquelle se trouvaient cinq portes qui devaient probablement mener vers d'autres cellules ou vers les salles de repos pour la garnison.

— Il n'y a personne ?

L'espagnol mit un doigt devant sa bouche en montrant une des portes entrouvertes.

— Ça doit être l'heure de la relève.

Bart se posta derrière la porte avec deux des Espagnols pendant que les autres s'enfonçaient dans un étroit petit couloir. Deux soldats ne tardèrent pas à faire leur apparition, davantage préoccupés à remplacer leurs collègues qu'à prêter attention à ce qui se passait dans les couloirs. Ainsi, l'absence de gardes s'expliquait par la proximité entre la salle de repos et celle des postes de garde. Les soldats avaient déserté leur poste, car ils savaient que leurs camarades, ceux qui devaient les remplacer, étaient juste à côté. Ils avaient eu de la chance, mais savaient que cela ne durerait pas. Logiquement, tous les postes devaient être remplacés, ce qui indiquait que d'autres soldats n'allaient pas tarder à sortir. L'un d'eux se retourna, apercevant Bart, qui, pour son plus grand malheur, lui enfonça son sabre dans le cœur. En entendant le râle de souffrance poussé par la victime, son acolyte fit volte-face et se fit embrocher par les baïonnettes des prisonniers espagnols.

Parvenu à l'extrémité du corridor, Kitchi arriva à un grand tunnel qui devait permettre aux chariots chargés de prisonniers d'entrer dans l'enceinte. C'était un emplacement stratégique, ce qui impliquait forcément la présence de gardes. Kitchi s'avança, profitant de l'obscurité. Deux sentinelles se trouvaient légèrement sur sa gauche et deux autres se tenaient vers la sortie, gardant l'entrée du bâtiment. La difficulté résidait dans le fait qu'ils étaient dans des directions opposées et l'attaque d'un des deux binômes alerterait automatiquement le second, ce qui risquait d'entraîner des coups de feu et ils voulaient éviter cela à tout prix. Il restait une solution. Kitchi avait remarqué que ceux qui étaient sur sa gauche se tournaient parfois, se trouvant de dos par rapport à l'entrée. Il fallait en profiter. Il projeta donc de se glisser au bon moment avec Brookman jusqu'à la porte d'entrée en se baissant le plus possible pour éviter d'être vu. Dès qu'ils entendraient du bruit, les gardes qui se trouvaient à l'opposé s'approcheraient pour s'enquérir de la situation et passeraient forcément devant les Espagnols qui attendraient en embuscade.

Kitchi se lança, immédiatement suivi de Brookman. Soudain, des bruits retentirent provenant de la pièce où ils se trouvaient un peu plus tôt, signifiant qu'une lutte s'était engagée entre le groupe de Bart et les soldats. Une des sentinelles postées à l'entrée détourna la tête et s'avança dans le tunnel. Kitchi se tenait à mi-distance et se demanda à quel moment ils allaient le remarquer. Il ne bougeait pas, et ne pouvait remarquer que dans son dos, l'autre binôme s'était également déplacé vers l'entrée du couloir, d'autant plus que c'était l'heure de la relève et qu'il devait leur tarder de pouvoir dormir.

Dans la salle, trois autres sentinelles étaient sorties et l'empoignade faisait beaucoup de bruit, risquant d'alerter tous ceux qui séjournaient dans le bâtiment. Bart espérait que Kitchi avait pu atteindre la porte pour faire entrer Nicolas et Pauline.

À l'extérieur, Nicolas, tapi dans la végétation, attendait qu'on ouvrît la porte. Pauline s'était une fois de plus serrée contre lui. À chaque fois, il se décalait, mais elle l'imitait assez rapidement.

— Mais qu'est-ce qu'ils font ? Ils auraient déjà dû ouvrir.

— Ne t'inquiète pas, je connais Bart, il réussira.

— Il me tarde d'entrer en action.

— Pourquoi ? On est bien tous les deux, non ?

En guise de réponse, Nicolas lui adressa un regard noir, ce qui ne la découragea en rien. Elle aimait provoquer, difficile de savoir ce qu'elle pensait en réalité.

Au moment où l'un des gardes allait pénétrer dans le couloir, l'un des Espagnols jaillit et lui enfonça sa baïonnette dans le corps. Les autres prisonniers se jetèrent sur le reste des troupes, mais l'un d'eux, qui était au départ en faction à l'entrée, rebroussa chemin et arma son fusil pour faire feu. Kitchi bondit et lui fracassa le crâne avec son arme. Il s'en était fallut de peu. Ensuite, l'Abénaquis se dirigea vers la porte qu'il ouvrit. Nicolas, qui guettait, se précipita à l'intérieur, suivi des autres. Quand il arriva enfin dans l'embrasure de la porte d'entrée, il constata qu'un combat farouche se déroulait à l'intérieur. Il n'eut rien à dire, tous se ruaient déjà pour aider Bart et les prisonniers espagnols. Le combat fut rude, mais ils parvinrent enfin à triompher de la petite garnison qui officiait dans la prison. Ils firent ensuite le tour des cellules pour enfin parvenir à localiser ceux de l'*Éclipse,* mais aussi ceux qui s'étaient fait prendre à Négril avec Mathieu.

— Vous savez où se trouvent Mathieu et les femmes ?

— Apparemment, Tolbiac souhaitait partir avec eux en Angleterre.

— Où loge Tolbiac ?

— On n'en sait rien !

— Il faut faire parler les prisonniers.

Il restait 8 soldats qui s'étaient rendus après la bataille. Ils étaient solidement ligotés. Bart et Nicolas prirent chacun un des prisonniers qui parlaient français et les emmenèrent dans des pièces différentes. Nicolas était avec deux des pirates.

— Où se trouve le capitaine Tolbiac ?

L'Anglais resta muet comme une carpe, son visage demeurait inexpressif. Les pirates tentèrent de le menacer, en vain. Nicolas s'avança vers l'entrée de la pièce.

— Kitchi !

L'Abénaquis arriva, couvert de sang, son tomahawk ensanglanté à la main.

— Il ne veut rien dire du tout, tu peux t'en occuper.

Le soldat retenu captif sentit sa volonté fléchir, l'Indien paraissait assez effrayant, mais il était encore hésitant.

— Bon, on va le déshabiller, dit Nicolas aux deux pirates, pour que Kitchi puisse s'en occuper. Vas-y doucement, Kitchi, la dernière fois, tu l'as tellement découpé en morceaux qu'il ne pouvait plus rien dire. On a été obligé d'en prendre un autre.

Kitchi joua le jeu en aiguisant sa hache de guerre contre une pierre en regardant l'homme d'un air sadique.

— Arrêtez ! Arrêtez ! Je vais parler.

— Nous t'écoutons !

— Le capitaine Tolbiac a quitté Kingston il y a trois jours de ça.

— Que savez-vous du capitaine pirate, Mathieu, et des deux femmes qui étaient avec lui ?

— Elles sont avec lui sur le bateau.

— C'est une frégate ?

— Non, c'est un gros vaisseau de guerre, un trois-ponts, armé d'une centaine de canons. Ils ont aussi chargé tout l'or que vous aviez pris à bord !

Nicolas grimaça et sortit pour faire le point avec Bart et Pauline.

— Tu as déjà réussi à faire parler le tien ! s'exclama Bart surpris, nous venons tout juste de débuter l'interrogatoire.

— Kitchi est très convaincant. Où est Pauline ?

— Je n'en sais rien, on va aller la chercher.

Cette dernière remarque amusa Nicolas, elle qui jouait la carte d'une certaine dureté en apparence n'avait pas tenu à assister aux interrogatoires des deux captifs. Ils finirent par l'apercevoir, traînant au premier étage.

— Alors ?

— Mathieu se trouve avec Émilie et Hélène sur un vaisseau commandé par Tolbiac qui a quitté Kingston il y a trois jours.
— On peut le rattraper, Nicolas ?
— Oui, mais le rattraper n'est pas le problème principal. C'est un gros vaisseau de guerre, moins rapide que l'*Intrigante* ou l'*Éclipse*, mais lourdement armé. Si nous engageons le combat, il nous mettra en pièces.
— Alors que fait-on ?

Nicolas réfléchit un court instant.

— Lorsque j'étais dans les forêts autour de Québec, j'ai vu des loups capables de s'attaquer à un ours énorme. Si nous avons plusieurs bateaux, nous pouvons réussir.
— Les bateaux, ça ne se trouve pas comme ça, dit Bart.
— Juste avant d'arriver à Port-Royal, nous avons aperçu plusieurs navires légers dans un port, déclara Pauline.
— Tu as raison, mais avons-nous suffisamment d'hommes pour les manœuvrer ?
— Nous allons faire le bilan de nos effectifs, redescendons et voyons qui peut combattre ou pas.

Ils comptèrent environ 150 marins de l'*Éclipse*, les autres ayant été tués, et à peu près le même nombre de prisonniers en état de combattre. Ils apprirent aussi que le lieu où se trouvaient les navires se nommait Port Morant, situé à environ une dizaine de lieues de Spanish Town.

— C'est trop loin pour s'y rendre rapidement à pied, il faut trouver des chevaux.
— Pour trois cents personnes !
— Non, nous n'irons pas tous à Port Morant. Avec une vingtaine de personnes par bateau, nous devrions pouvoir les manœuvrer, au moins pour quitter le port et nous rendre au nord de l'île.

— D'accord, prenons soixante hommes, le reste retourne sur l'*Intrigante*. Tu sais aller jusqu'à Port Morant, Brookman ?

— Oui, je vais vous guider.

— Mais comment allons-nous traverser la forêt en pleine nuit ?

— Je peux retrouver notre chemin, affirma Kitchi.

— Pars avec Pauline et le reste du groupe. Avec Nicolas, nous allons nous emparer des bateaux.

Jamaïque – 20 juillet 1713

Lord Archibald Hamilton se tenait en compagnie de Bennett, le capitaine des gardes de Jamaïque. Le Soleil était levé depuis une heure et ils étaient en train de constater les dégâts de la nuit.

— Vous pensez que c'est cet officier français, celui qui se faisait appeler Dawson lors de la soirée que vous avez donnée, qui a pu faire ça ?

— J'avoue que je n'en sais rien, mais il semble évident qu'il n'a pas agi seul pour parvenir à tuer tous les gardes et à libérer ses compagnons.

— Il y avait aussi cette femme avec lui, mais même en en tenant compte, cela reste difficilement imaginable.

— Il reste une autre solution, c'est qu'il y a sur l'île, quelque part, certains de leurs complices. Dans tous les cas, il faut les retrouver.

— Cela prendra du temps et ils peuvent être n'importe où.

— N'essayez pas de commencer à justifier votre futur échec ! La Jamaïque reste une île ! Prenez tous les soldats disponibles et passez tout au crible en débutant par les endroits où ils pourraient facilement se dissimuler. Je veux leurs têtes ! Heureusement que Tolbiac est parti avec le chef de cette bande d'infâmes crapules !

Bennett partit, guère rassuré. Si la capture de Mathieu Delaville juste avant qu'il parvînt à leur subtiliser l'or sous le nez était plutôt un point positif, la libération des prisonniers était un terrible revers infligé au gouverneur. Il fallait à tout prix les rattraper ou en abattre le plus possible, car il savait, comme lord Hamilton, que les espions du roi n'étaient jamais très loin et que ce genre d'humiliations ne serait pas longtemps ignoré en Angleterre. Le gouverneur serait affaibli, peut-être même perdrait-il son poste. Dans les deux cas, ce serait mauvais pour lui, car il était le bouc émissaire le plus évident dans cette histoire.

Pauline suivait Kitchi au milieu de la végétation tropicale, suant considérablement. Elle se demandait comment il pouvait se déplacer aussi rapidement dans ce genre d'environnement où tout se ressemblait. Le Soleil dardait ses premiers rayons qui étaient encore bien pâles et des doutes commencèrent à l'assaillir.

— Kitchi !

— Qu'y a-t-il ?

— Tu es sûr que nous sommes dans la bonne direction.

— Aussi sûr qu'il t'est impossible de rester cinq minutes sans parler.

— En général, les gens ne s'en plaignent pas !

— C'est qu'ils sont polis. La politesse fait partie de l'éducation des Blancs, c'est pour ça qu'ils ne te disent rien.

— Fais attention à ce que tu dis ! Je ne suis pas comme cette mollassonne d'Émilie.

— La différence saute aux yeux ! Tu ne seras jamais son égale.

— Qu'est-ce que les Indiens connaissent aux femmes blanches ?

— Je suis un sang-mêlé, moitié Blanc, moitié Indien.

— Je ne l'avais pas remarqué !

— C'est pour cela que tu ne seras jamais l'équivalent d'Émilie.

Pauline se demanda ce que les hommes pouvaient trouver à cette blonde insipide, c'est du moins ce qu'elle pensait d'elle. Derrière elle, la longue file de ceux qui avaient fui la prison s'étendait sur une très longue distance. Beaucoup étaient éreintés, mais ils savaient qu'au terme de cette marche se trouvait la liberté.

Bart et Nicolas étaient tapis dans la végétation, examinant minutieusement la baie. Derrière eux, une soixantaine de compagnons, dont la majorité était ceux qui se trouvaient au départ sur l'*Éclipse,* amarrée au large, comme deux autres navires qu'ils identifièrent comme des bricks. Une dizaine d'Espagnols s'était joints à eux. Le plus difficile était de partir sous le nez des soldats anglais qui étaient stationnés dans la ville. Ils eurent la surprise de voir un messager arriver. Après avoir discuté un moment, un grand nombre de soldats quittèrent leur poste. A priori, on avait besoin de renforts à Spanish Town, ce qui les arrangeait bien.

— Il doit y avoir des soldats à bord des bateaux.

— Nous pouvons utiliser la même tactique que celle utilisée avec Mathieu pour investir les bateaux, revêtir des uniformes anglais.

— Vous êtes sûr, Nicolas ? Cela n'a pas très bien fonctionné la première fois.

— Uniquement parce que nous avons croisé Tolbiac au dernier moment, sans cela, nous passions à travers les mailles du filet.

— Donc il va falloir récupérer ceux des soldats présents en ville.

— C'est exactement ça.

— Dommage que nous n'ayons plus Pauline, elle aurait pu approcher les soldats sans éveiller leur méfiance.

— Nous le pouvons également. Nous avons des vêtements civils, les Anglais nous ont de toute façon repris les uniformes que nous avions avant de nous jeter en prison. Nous allons nous rendre dans la ville, mais séparément, pour ne pas éveiller les soupçons et nous nous en prendrons aux soldats.

— Ce serait encore mieux si nous pouvions en prendre plusieurs d'un coup, affirma Bart.

— À quoi pensez-vous ?

— Nous pourrions envoyer quelqu'un pour signaler un fugitif français et les faire tomber dans une embuscade.

— Cela m'a l'air d'une très bonne idée. Il ne reste plus qu'à trouver dans nos rangs un homme qui puisse passer pour un Anglais.

Nicolas s'aperçut que Bart le dévisageait avec insistance.

— Moi ?

— Vous l'avez déjà fait et vous avez vous-même dit que cela a plutôt bien marché pendant un certain laps de temps.

L'officier français réfléchit brièvement. Bart avait raison, Nicolas maîtrisait parfaitement l'anglais et envoyer quelqu'un d'autre à sa place serait probablement courir un risque.

— D'accord, je vais y aller et vous allez leur tendre une embuscade.

— Avec grand plaisir !

— Tâchez de ne pas trop abîmer les uniformes, cette fois.

Bart grimaça en songeant que cette information lui venait probablement de Kitchi. On prêta à Nicolas des vêtements convenables pour lui donner un minimum de crédibilité. L'opération n'était pas sans risque, mais ils n'avaient pas de meilleure solution.

Nicolas entra dans la petite ville et constata que tous le regardaient. La cité était petite comparativement à Port-Royal, Spanish Town ou Kingston, et naturellement tous se connaissaient et savaient que Nicolas était un étranger. Il n'avait pas pensé à ça, il fallait absolument donner aux soldats une version crédible. Il aperçut une patrouille, sept hommes, donc sept uniformes, s'ils arrivaient à les occire. Le sous-officier avait remarqué le regard des gens qui vivaient sur place et regarda Nicolas arriver d'un œil méfiant.

— Vous n'êtes pas de Port Morant ?

— Non, je viens de Spanish Town, mais il m'est arrivé quelque chose d'assez inquiétant.

— Je vous écoute.

— Un petit peu avant d'arriver à l'entrée de la ville, j'ai croisé trois individus suspects.

— Que voulez-vous dire par « suspects » ?

— Ils m'ont regardé bizarrement et parlaient en français.
— Vous en êtes certain ?
— Absolument. J'ai entendu dire que des prisonniers français s'étaient évadés et…
— N'en dites pas plus, conduisez-moi immédiatement là où vous avez vu ces individus, nous vous suivons.

Les soldats britanniques ne se doutaient pas que Nicolas les menait à un traquenard. Armés et pensant être supérieurs en nombre, ils n'avaient aucun doute de pouvoir appréhender les Français et le sergent qui conduisait ses hommes songeait déjà à la récompense qu'il recevrait de ses supérieurs.
— Alors, mon gaillard, ils sont où ces Français ?
— Je vais vous y conduire.

Nicolas partit à l'entrée de la ville. L'embuscade était prévue sur la route qui conduisait à Kingston. Quand ses camarades attaqueraient, Nicolas s'en prendrait aux soldats, mais il fallait attendre le temps nécessaire, car sinon il se mettrait en grand danger. Il arriva sur les lieux et continua d'avancer. L'endroit était suffisamment éloigné de la ville pour ne pas attirer l'attention des habitants de Port Morant. Le sergent et ses soldats ne cessaient de scruter la végétation dans l'espoir d'y apercevoir ceux qu'ils cherchaient.
— C'est encore loin.
— Non, juste après.

Bart et ses comparses virent arriver la petite troupe. Il insista pour se dissimuler le plus discrètement possible, n'ayant pas envie de se faire tirer dessus. Ils arrivèrent enfin à sa hauteur. Bart attendait avec un ananas dans la main. Il projeta le fruit plus loin. Comme il l'avait prévu, les militaires pivotèrent vers l'endroit où venait de tomber le fruit. À ce moment, profitant de cette diversion, tous jaillirent de la forêt en poussant des cris. Le sergent possédait un pistolet qu'il sortit en visant les forbans qui lui fondaient dessus. Nicolas lui saisit le bras et le coup

partit vers le sol. Le sous-officier le regarda d'un air mauvais, comprenant qu'il venait de se faire trahir. La lutte s'engagea, mais déjà les autres fantassins succombaient sous le nombre. Bart tira une balle dans la tête du sergent qui s'écroula raide mort.
— Cette fois, j'ai pensé à l'uniforme.

Nicolas regarda la scène de combat. Tous les Anglais étaient morts, un seul des leurs avait perdu la vie. Ils dissimulèrent les corps dans l'épaisse jungle jamaïcaine et sept d'entre eux revêtirent les uniformes. Nicolas prit la place du sergent. Bart et cinq de ses hommes les suivaient. La patrouille reprit le chemin de la ville comme si de rien n'était. Ils entrèrent dans Port Morant et se dirigèrent vers la plage. Il constata que les habitants évitaient les soldats, ce qui les arrangeait bien. Ils remarquèrent une chaloupe sur la rive qu'ils identifièrent comme étant une de celles de l'*Éclipse*. Ils la tirèrent vers la mer et embarquèrent pour se diriger vers la frégate. Normalement, il ne devait pas y avoir grand monde à bord. Dans le cas contraire, il faudrait improviser, mais ils n'avaient pas le choix ; s'emparer du navire et des deux bricks qui mouillaient dans la baie était leur seule chance de parvenir à délivrer Mathieu, Émilie et Hélène, et aussi de mettre la main sur l'or.

Un petit peu avant d'arriver au navire, ils virent deux soldats qui les observaient. Ces derniers les attendaient pour s'enquérir de la raison de leur venue. Ils se comportèrent comme si leur démarche était tout ce qu'il y a de plus normal, de la même façon que Nicolas et Mathieu l'avaient déjà fait auparavant en se rendant devant le gouverneur. Ils montèrent le long de l'échelle hors le bord sur le flanc du navire. En arrivant sur le pont, Nicolas constata immédiatement que si l'*Éclipse* était en état de naviguer, la frégate avait néanmoins souffert des combats qui s'étaient déroulés juste après qu'ils eurent été démasqués par Tolbiac, prouvant que l'équipage s'était vaillamment défendu. Cette constatation lui donna une idée. Ils n'étaient pas bien nombreux sur le pont, seulement huit soldats, qui paraissaient bien tranquilles. Ils saluèrent le sous-officier.

— Qu'est-ce qui se passe, sergent ?

— Le gouverneur a demandé à ce monsieur, qui est charpentier, de venir examiner le navire.

— Ce n'est pas trop tôt ! Nous on s'en fiche, mais si le gouverneur veut s'en resservir, il vaut mieux que tout soit en état.

— On va faire le tour du navire.

Pendant que Nicolas, accompagné de Bart, qui avait conservé ses vêtements civils, faisait semblant de faire l'inventaire des réparations à entreprendre sur la frégate, les pirates déguisés en soldats se dispersèrent et se postèrent tous près des véritables militaires. Dès que Bart donna le signal, ils se ruèrent sur eux sans qu'ils pussent réagir. Ils venaient de s'emparer de l'*Éclipse* et avaient constaté que leur stratégie fonctionnait bien. Ils laissèrent les cadavres à bord, récupérèrent les uniformes de leurs victimes. Une fois qu'ils seraient loin de la Jamaïque, ils auraient tout loisir de se débarrasser des corps.

Ils laissèrent deux hommes à bord et repartirent à terre. Les habitants de Port Morant vaquaient à leurs occupations et ne prêtèrent aucune attention aux allées et venues des pirates. Deux heures plus tard, ils avaient pris possession des trois bateaux. Il y avait sur chacun des trois bateaux de la nourriture et de l'eau nécessaires à l'alimentation des soldats. Cela suffirait pour deux ou trois jours, le temps de rejoindre l'*Intrigante*. Ils hissèrent les voiles et levèrent l'ancre sous les yeux des habitants de Port Morant qui, pour la première fois, prêtèrent attention à ce qui se passait au large. Ils estimèrent que tout cela était bien normal et regardèrent les trois grands voiliers disparaître à l'horizon.

Pauline et Kitchi se trouvaient à présent à bord de l'*Intrigante*. Loïck avait vu arriver tous ces gens avec étonnement, mais Pauline, une fois à bord de la frégate, avait pu lui expliquer le plan de Bart et de

Nicolas, qu'il avait approuvé sans réserve. Il fallait aussi, s'ils voulaient se lancer à la poursuite du vaisseau de Tolbiac, stocker à bord suffisamment de vivres et d'eau douce. Les trois autres navires allaient vite, ils les auraient rejoints dans la nuit. Ils disposaient donc de la journée pour récupérer de la nourriture. Loïck composa plusieurs groupes chargés de cette mission. Ensuite viendrait le temps de la chasse qu'il attendait avec impatience.

Au large de la Jamaïque – Nuit du 20 au 21 juillet 1713

L'*Intrigante* s'était suffisamment éloignée de la côte jamaïcaine. Restait à présent à localiser les autres navires. La nuit venait de tomber, rendant difficile le repérage de voiliers. Par chance, un des marins aperçut une lumière au large. Il était vingt-deux heures et Loïck ordonna de mettre le cap sur la lueur. Ce n'est qu'au bout d'une heure qu'il aperçut un deuxième, puis un troisième bateau. C'était forcément eux. Loïck dirigea son bateau vers le nord, vers le passage entre Saint-Domingue et Cuba où le vaisseau commandé par Tolbiac serait obligé de passer. Les quatre navires ne se quittèrent pas jusqu'à l'aube. Puis l'*Intrigante* baissa ses voiles, se laissant rattraper par *l'Éclipse* puis par les deux bricks. L'*Intrigante* était surchargée et surpeuplée, donc extrêmement lourde et moins rapide que les trois autres navires.

Les vaisseaux s'arrimèrent bord à bord, l'*Éclipse,* qui était le plus grand des quatre, à tribord, ensuite l'*Intrigante* et les deux bricks qui se nommaient *Lightning*, l'*Éclair*, et *Falcon*, le *Faucon*, ce qui augurait bien de leur potentiel de vitesse. Il fallait à présent le plus rapidement possible répartir les vivres et l'eau sur les quatre navires et constituer quatre équipages, nommer des capitaines et un chef qui commanderait l'ensemble de la flotte, ce qui s'avérait de loin la mission la plus compliquée. À l'aller, Bart avait commandé l'*Éclipse* et Nicolas un des deux bricks. Le troisième avait été dirigé par un des marins de Bart, mais cela n'avait pas été concluant.

Les discussions commencèrent dans une grande confusion, personne n'étant d'accord, à part que Bart et Loïck prendraient chacun le commandement d'un navire. Nicolas n'y participa pas, il estimait que c'étaient des affaires internes à la société de piraterie dont il ne faisait pas partie et que cela ne le concernait pas. Au bout d'une heure, ils firent une pause, Bart et Loïck consultèrent leurs hommes de confiance. Nicolas était avec Pauline, mais cette dernière était étonnamment distante, presque discrète.

— Il va falloir se décider rapidement, chaque minute qui passe donne plus de temps à Tolbiac et amenuise nos chances de le rattraper ! s'exclama Nicolas. Il faut qu'ils choisissent rapidement qui de Loïck ou de Bart prendra le commandement.

Pauline le regardait sans rien dire.

— Et pourquoi pas vous ? lança-t-elle tout d'un coup.

— Moi ? dit-il presque embarrassé, mais ils m'ont suffisamment répété que je n'étais pas un des leurs, jamais ils ne m'éliront. C'est insensé ! Je vais sûrement récupérer le commandement d'un des deux bricks. Il faudra après trouver un capitaine valable pour le quatrième bateau.

Il s'interrompit, car Bart venait d'arriver.

— Alors ?

— Quel bazar !

— On devrait peut-être voter ?

— Vous pensez que ces imbéciles seraient capables de faire le bon choix ? De Guillemin, vous êtes naïf !

Pauline chuchota quelque chose à l'oreille de Bart. Ce dernier écouta sans réagir.

— Je dois maintenant retourner à la réunion.

Il s'éclipsa.

— Que lui avez-vous dit ?

— Que je le soutiendrais pour briguer le poste, je pense qu'il a plus l'étoffe d'un chef que Loïck.

Nicolas soupira et commença à s'inquiéter. Non seulement cela durait trop longtemps, les vivres, l'eau douce ainsi que les armes avaient déjà été réparties sur les quatre voiliers, mais connaissant le fort caractère des gens de mer, le risque que cela dégénérât ne pouvait être totalement exclu et il pourrait ainsi dire adieu à Émilie. Comme il le craignait, le ton ne tarda pas à monter, les esprits à s'échauffer et soudain ce fut le silence. Il décida de s'y rendre, pensant qu'un coup de sabre avait sans doute occis l'un des principaux chefs.

Quand il arriva, tous les regards convergèrent vers lui. Apparemment, il n'y avait pas eu de bagarre.

— Vous avez pris votre décision ? demanda-t-il.

— Oui ! Et cela n'a pas été facile. Voulez-vous prendre le commandement ?

— Moi ! Mais pourquoi ?

— C'est simple, affirma Bart, en l'absence de Mathieu ou d'Hornigold qui sont de très bons stratèges, nous n'avons personne qui soit capable de mener une attaque contre un adversaire aussi redoutable. Attaquer un vaisseau de cette taille est très dangereux si nous n'avons pas de plan qui nous permette de manœuvrer de façon à éviter la puissance de ses canons qui pourraient bien envoyer nos quatre navires par le fond. On sait ce que vous valez, vous êtes capable de mener cette attaque, plus que moi, plus que Loïck.

— Je croyais que je ne faisais pas partie de votre monde ?

— Et vous n'en ferez jamais partie ! Mathieu a été rejeté par votre société, il est désormais l'un des nôtres. Quant à vous, la seule chose qui paraît importante, c'est de retourner d'où vous venez, mais vous avez l'étoffe d'un chef. C'est pour cela que nous vous demandons pour la première et probablement la dernière fois de commander nos troupes.

— J'accepte !

— Il ne nous reste plus qu'à nous répartir les bateaux et désigner un quatrième capitaine.

— Je prendrai l'*Intrigante*, dit Nicolas, c'est le bateau que je connais le mieux.
— Moi, l'*Éclipse* dit Bart.
— Et moi l'*Éclair*, lâcha Loïck.
— Nous avons plusieurs candidats pour le *Faucon.*
— Moi, je n'en ai qu'un, ou plutôt qu'une, s'exclama Nicolas en regardant Pauline.
— Mais je suis une femme !
— C'est bien le moment de t'en souvenir ! Tu ne cesses de te comporter comme un garçon, et au moment où on a besoin de toi, tu te défiles, continua Nicolas.

Il prit le poignet de Pauline et lui leva le bras.

— Voici notre quatrième capitaine ! s'écria-t-il.

Une clameur retentit dans les rangs où se mêlaient pirates et prisonniers espagnols ayant valeur d'approbation. Le regard de Nicolas croisa celui de Pauline qui était devenu fuyant et hésitant, ce qui le troubla. Il venait sans doute de voir l'autre Pauline, celle qu'elle était avant de quitter la France. L'hésitation ne dura pas, elle tira son sabre et le leva pour rameuter ses troupes. Chez les pirates, la seule règle qui compte c'est la valeur de l'individu, ils se moquaient bien des convenances de la bonne société.

— Tous aux bateaux, cria Nicolas, on lève les voiles dans quinze minutes !

Des hurlements jaillirent de la foule en liesse, c'était l'euphorie, celle qui précède les grandes batailles, les moments cruciaux de notre existence. Tout le monde s'affairait. Nicolas se retourna, Pauline était derrière lui.

— Merci, Nicolas ! Je ne sais pas si on se reverra, beaucoup vont mourir, à propos de ce qui s'est passé en France…
— Gardez votre secret, vous me le raconterez quand nous aurons délivré Émilie et Mathieu !

Nicolas était à son tour troublé de la voir ainsi, mais en son for intérieur plutôt satisfait. Il ne saurait probablement jamais ce qu'elle avait soufflé à Bart et le rôle que cela avait joué dans sa nomination. Il briefa rapidement les autres capitaines sur sa stratégie. Bart semblait aux anges. Son plan était de rejoindre le vaisseau de Tolbiac lorsqu'il se trouverait au goulet entre Saint-Domingue et Cuba, passage obligé pour tous les navires, car sinon il serait quasiment impossible de le retrouver sur l'immensité de l'océan. Tous approuvèrent, convaincus d'avoir fait le bon choix pour leur commandant. Ils répartirent les effectifs, deux cents hommes pour chaque frégate et cent pour les bricks.

— Vous avez l'air satisfait de ce qui vient de se passer, Bart.

— Non, je pensais plutôt à ce qui va arriver. On nous appelle « les Chiens de Mer », il est temps de justifier notre nom. Que la chasse commence !

Nicolas allait partir quand Bart l'interpella.

— Une dernière chose, j'ai gardé cela pour vous. Le sabre de Morgan et ce tissu aux couleurs du royaume de France qui vous couvrait la tête. Chez les pirates, la symbolique est importante et Fleur-de-Lys est connu de tous.

Il saisit le sabre et regarda la poignée d'un rouge écarlate qui rendait l'arme unique.

— Ce sabre est magnifique, chuchota Nicolas.

— Alors, faites-en bon usage !

Quinze minutes plus tard, les bateaux entamèrent les manœuvres pour se séparer. Loïck, sur l'*Éclair*, se désamarra en premier et hissa un des focs et la brigantine, s'éloignant lentement des autres, puis ce fut le tour du *Faucon* de Pauline. Les bateaux avançaient lentement en ne déployant pas toutes leurs voiles, attendant les autres. Les deux frégates se séparèrent et l'*Intrigante* prit la tête, suivie de l'*Éclipse* et des deux bricks. La poursuite était lancée. Ils savaient qu'ils étaient beaucoup plus rapides et qu'ils reviendraient inexorablement sur le vaisseau de Tolbiac s'ils atteignaient le goulet séparant Cuba et Saint-Domingue à temps. Restait le plus difficile, l'affrontement, et cela ne serait pas une partie de plaisir.

Mer des Caraïbes – 24 juillet 1713

Le *Black Diamond* progressait paresseusement sur la mer turquoise des Caraïbes. Si le vent avait été favorable au départ de Jamaïque, les alizés arrivaient à présent face au grand vaisseau, l'obligeant à louvoyer à faible vitesse puisqu'en plus leur souffle n'était pas bien fort. Tous à bord avaient l'habitude de ce genre de conditions et ne s'inquiétaient pas beaucoup.

Alexandre avait cessé de frapper Hélène, se contentant d'abuser d'elle sexuellement. Le visage de la jeune femme portait encore les stigmates des coups portés par celui qui était encore son mari. La veille, il était rentré dans la cabine d'Émilie accompagné d'un de ses soudards, un homme violent et obéissant à Tolbiac sans rechigner. Sur ordre de Tolbiac, il avait arraché la robe de la jeune femme, la laissant totalement nue. Elle avait tenté de dissimuler sa poitrine et son pubis, mais Robert, son homme de main, lui avait saisi les poignets et lui avait écarté les bras, dévoilant son sexe et ses seins. Tolbiac était resté un moment à la contempler en souriant. Si elle avait tenu le choc, ne baissant pas le regard, une fois la porte refermée elle avait éclaté en sanglots, bien qu'il ne lui ait rien fait, humiliée par ce qu'il venait de lui faire subir et sachant qu'il pourrait abuser d'elle quand il le voudrait. Elle avait compris que Tolbiac, en grand malade qu'il était, savourait pleinement la terreur qu'il inspirait à ses victimes. Nicolas était-il mort ? Était-il encore en Jamaïque ? Pouvait-il encore la délivrer ? Il fallait tenir, elle avait foi en lui.

Mathieu toucha sa barbe qui avait poussé depuis qu'il était prisonnier dans la cale du vaisseau anglais. Chaque jour qui passait le rapprochait un peu plus de la potence. Il eut une pensée fugace pour Pauline. Il espérait qu'elle était toujours vivante. Nicolas serait-il capable d'attaquer un tel vaisseau ? Il en doutait, mais entretenait l'idée auprès de ses compagnons qui y croyaient dur comme fer. Il avait souvent eu beaucoup de chance de s'en sortir, mais cette fois, il pensait que c'était fini. C'était son dernier voyage, celui qui le conduirait vers la mort.

L'*Intrigante* menait un rythme élevé et si l'*Éclipse*, plus rapide, la suivait de près, les deux bricks parvenaient eux aussi à maintenir la cadence. Bart et Loïck étaient des marins accomplis, mais le bateau de Pauline, de façon plus surprenante, n'avait pas non plus de mal à se maintenir dans le sillage des autres navires. Pauline, en dépit de son attitude, l'intriguait. Peut-être aurait-il dû la laisser lui révéler son passé. Il se demandait quel genre de femme elle avait été avant de tomber dans la piraterie. Il chassa rapidement cette idée de son esprit et s'en voulut de ne pas penser à Émilie, d'autant plus qu'il redoutait ce que Tolbiac pourrait lui faire subir. Il pensa brièvement également à Hélène et Mathieu. Ils devaient absolument réussir !

Mer des Caraïbes – 27 juillet 1713

Le vent s'était enfin levé et les quatre voiliers donnaient toute la mesure de leur potentiel de vitesse. Ils étaient parvenus au passage entre Cuba et Saint-Domingue sans apercevoir le navire de Tolbiac. Ils connaissaient sa silhouette, mais de loin pouvaient le confondre avec d'autres navires du même tonnage. Nicolas avait demandé aux navires de s'espacer de façon à couvrir une zone suffisamment large. Logiquement, les bateaux qui venaient de la Jamaïque passaient entre l'île d'Inagua, qu'ils laissaient à bâbord, et les îles Turques et Caïques à tribord. Selon les calculs de Nicolas, ils devraient, compte tenu de la vitesse des bateaux et des conditions de navigation, le rejoindre le lendemain ou au plus tard le surlendemain. Si ce n'était pas le cas, il y avait de fortes chances soit qu'ils n'aient pas pris la même route ou, soit, pire encore, qu'ils les aient dépassés sans les voir. Dans cette hypothèse, les trouver reviendrait à chercher une aiguille dans une botte de foin. Kitchi, Sokanon et Chogan étaient naturellement avec Nicolas. Ce dernier avait peaufiné son plan d'attaque qu'il avait mis par écrit. Avant l'assaut, il ferait parvenir ses instructions aux trois autres navires.

Heureusement pour Hélène, et probablement aussi pour Émilie, Tolbiac, qui semblait plutôt satisfait du sort qu'il avait réservé à sa femme, prenait plaisir à passer du temps sur le pont à jouer le capitaine. Ses nouveaux « jouets », comme il s'amusait à le dire, le bateau et celle qu'il appelait de façon malsaine sa « poupée », Hélène, semblaient le combler pleinement. Ses deux prisonnières avaient compris que le temps tropical régnant dans cette partie du monde était pour elles un atout. Quand le navire quitterait la mer des Caraïbes pour entamer sa remontée vers l'Angleterre, le temps serait plus propice à rester en cabine, pour leur plus grand malheur…

Mer des Caraïbes – 28 juillet 1713

Kitchi était en début d'après-midi tout en haut du grand mât. Il scrutait l'horizon, tentant d'y apercevoir une voile, en vain. Bien qu'il ne fît jamais étalage de ses sentiments, Nicolas avait remarqué qu'il aimait bien Émilie, comme sa sœur Sokanon, bien que le rapport entre les deux femmes n'eût pas été facile au départ. Les quatre voiliers s'étaient rapprochés et ils avaient pu échanger quelques mots. Tous étaient inquiets, même si l'objet de leur inquiétude n'était pas le même, pour certains c'étaient les femmes, pour d'autres, Mathieu, et pour la grande majorité des équipages, l'évocation du précieux butin que transportait le grand vaisseau.

Pauline arpentait le pont du navire le *Faucon* dont elle avait reçu le commandement à son grand étonnement. Plus surprenante encore était la façon dont l'équipage la respectait. Elle n'aurait jamais cru cela possible. Elle ne s'était pas rendu compte que le courage qu'elle avait démontré durant ces dernières années, et dont une bonne partie de ceux qui étaient avec elle avaient été les témoins, lui avait conféré un statut lui permettant de commander des gaillards qui l'auraient terrorisée dix ans plus tôt, quand elle était cette très jeune femme pensant faire sa vie en France, ne connaissant rien d'autre que les contours du grand domaine sur lequel elle vivait. Elle ignorait que trois ans plus tard le cours de sa vie s'accélérerait de façon incroyable. Elle regardait avec amusement la curiosité qu'elle suscitait autour d'elle, de ceux qui ne voyaient pas uniquement la femme qu'elle était, mais aussi sa valeur de combattante, ce qui primait chez les pirates.

Nicolas l'avait surprise en lui confiant le commandement d'un des navires. Elle avait cru qu'il ne l'appréciait pas. C'était sans doute vrai, mais au moins, lui aussi la respectait. Cela la troublait bien plus qu'elle n'aurait voulu se l'avouer. Encore plus surprenante avait été la décision des « Chiens de Mer » de le prendre comme commandant. Elle mesurait ainsi le charisme que Nicolas dégageait. C'était une personnalité taillée dans le granit, que l'on avait envie de suivre quelles qu'en fussent les conséquences. Nicolas avait du panache et il inspirait respect et admiration.

Elle vit l'Abénaquis s'agiter en tête de mât. Elle saisit sa longue-vue et la déploya. C'était un gros vaisseau, un trois-ponts, sans doute le *Black Diamond*. Des clameurs retentirent sur le pont des navires et ils orientèrent leur course en direction du point blanc. Ils ne le rattraperaient pas avant la nuit et il faudrait peut-être attendre le petit matin pour savoir si c'était vraiment lui, mais elle sentait intérieurement que c'était bien lui. L'heure de vérité sonnerait bientôt, pour elle, pour Nicolas, et pour tous ceux qui l'accompagnaient.

Mer des Caraïbes – 29 juillet 1713

Le jour se leva avec pour tous un pincement au cœur, car ce qu'ils avaient tant espéré était devenu réalité, c'était bien le *Black Diamond*. Nicolas, qui était venu sur le pont dès les premières lueurs de l'aube, rentra dans sa cabine après avoir donné les ordres. Ils allaient à présent ralentir pour ne pas le dépasser, car la première étape de sa stratégie aurait lieu de nuit et serait décisive pour le reste du plan.

Il rentra dans la cabine et sortit son sabre qu'il regarda longuement en pensant aux journées qui avaient précédé sa première rencontre avec Émilie, la blessure du capitaine de *l'Audacieux*, Gilbert de Noallac, qu'il admirait tant, le combat avec les deux navires de la Royal Navy, la découverte d'Émilie. Quand il l'avait vue pour la toute première fois, il avait eu l'impression que le temps s'était arrêté. Elle avait un charme fou et elle n'avait cessé de le surprendre depuis. Il se remémora son aventure à Rochefort, et aussi une autre première rencontre, moins agréable celle-ci, avec Alexandre Tolbiac, les nuits passées à l'auberge de Saintonge, dont une avec Marie, qui n'avait pas réussi à lui faire oublier celle qu'il dont il était tombé amoureux. Sa rencontre avec le roi qui lui avait remis le sabre qu'il tenait dans les mains, un cadeau qui l'avait comblé. Il avait ressenti ce jour-là une immense fierté. Ensuite étaient venues son arrivée à Québec et les journées d'hiver passées dans les bois avec Lafleur, puis Joussant, où il avait à la fois dû affronter le froid et les Anglais. Les retrouvailles avec Émilie, qui n'avaient malheureusement été qu'une transition vers d'autres écueils puisqu'ils s'étaient fait capturer par les Iroquois, avant de rencontrer ceux qu'ils prenaient pour des trafiquants, mais qui étaient en réalité des pirates. Tout s'était succédé à un rythme fou pour finir par cette course-poursuite sur l'océan pour affronter son ennemi du départ, celui qu'il aurait dû tuer à Saintes. S'il l'avait fait, ils n'en seraient pas là, mais il n'avait pas de regrets, uniquement une détermination inflexible d'en finir enfin. Tout ce qui s'était passé n'avait été que le prélude à ce moment, et cela se terminerait de la même façon que cela avait débuté, par un combat naval dont Émilie était l'enjeu, sauf que la première fois, sur *l'Audacieux*, il l'ignorait. Il craignait pour la vie de sa bien-aimée, mais n'avait pas le choix, ce serait le combat de sa vie.

On avait prévenu Tolbiac que quatre petits navires étaient en vue derrière eux, légèrement sur leur droite, battant pavillon britannique comme eux. Les Anglais étaient dubitatifs, ne comprenant pas ce que cette flottille faisait dans leur sillage.

— Ils sont plus rapides et nous dépasseront probablement en fin de journée ou dans la nuit, mon capitaine, il me semble reconnaître l'*Éclipse* que nous avons capturée après que ces gredins aient tenté de nous abuser, s'exclama Adams, le second du *Black Diamond*.

— Vous pensez qu'il est possible qu'il transporte cet officier français que nous cherchions ?

— C'est possible, mon capitaine, cela vous embête ?

— Lieutenant, si ces bateaux arrivent avant nous en transportant des prisonniers de valeur, le prestige que je pourrai retirer de mon intervention et de la capture du capitaine pirate en sera considérablement amoindri. Avons-nous la possibilité de distancer ces bateaux ?

— Non, mon capitaine, ce sont des frégates, et derrière il me semble que ce sont deux bricks, conçus eux aussi pour la vitesse, ils peuvent dépasser les dix nœuds quand les conditions sont favorables et maintenir une moyenne bien supérieure à la nôtre.

Adams avait compris que Tolbiac, à qui l'on avait confié le commandement d'un navire, n'avait pas débuté sa carrière dans la marine, et n'avait pas les connaissances des gens de mer, enseignées dès l'enfance. Néanmoins, il avait eu vent de son profil : il était décrit comme une forte personnalité à l'autorité imposante, très efficace quand il s'agissait de mener des combats, redouté par ses ennemis. Il se garda bien de lui faire la moindre remarque. Il était resté 6 ans second sur un brick, cette nomination représentait une belle promotion pour lui et il ne voulait rien faire pour contredire l'impérieux personnage qui était son supérieur direct. Il avait déjà côtoyé tous types de capitaines, des sévères, des trop gentils, et savait qu'il devait rester à sa place pour un jour devenir à son tour capitaine. Il avait trente-sept ans et rêvait lui aussi d'enfin devenir le commandant d'un des navires de la Royal Navy.

Mer des Caraïbes – Nuit du 29 au 30 juillet 1713

Durant la journée, les quatre navires s'étaient rapprochés du *Black Diamond* en restant toutefois à une distance raisonnable. Dès la tombée de la nuit, Nicolas ordonna d'éteindre toutes les chandelles, plongeant une grande partie du navire dans le noir. La Lune diffusait une lumière tamisée, suffisante pour y voir approximativement. Au loin, le vaisseau de Tolbiac était nettement visible. Comme prévu, les trois autres navires conservèrent leurs bougies allumées. L'*Intrigante* déploya alors toute sa voilure, se rapprochant rapidement du *Black Diamond.* L'équipage de la frégate parvenait relativement bien à se repérer en se basant sur les quatre autres bateaux, dont les lueurs scintillaient sur l'océan, constituant des repères similaires aux phares. Il fallait absolument dépasser le grand vaisseau sans qu'ils s'en aperçoivent.

Le but de la manœuvre était de passer sous le vent du voilier de Tolbiac, c'est-à-dire du côté où leur visibilité était la moins bonne, pour, par la suite se replacer juste devant eux. La difficulté majeure restait l'obscurité, qui rendait le plan de Nicolas extrêmement risqué. Cela l'aurait de toute façon été, même en pleine journée. L'*Intrigante* entama sa remontée, revenant peu à peu sur le *Black Diamond,* sans que ses passagers ne s'aperçoivent de quelque chose. Sur les trois autres navires, les tout nouveaux capitaines étaient inquiets. L'idée de Nicolas était audacieuse, presque trop. Celui-ci se tenait à l'avant du navire, surveillant l'écart. L'*Intrigante* s'e rapprochait inexorablement. Logiquement, il aurait fallu replier les perroquets, mais il était décidé à prendre tous les risques pour libérer celle qu'il aimait. La frégate arriva enfin à la hauteur du gros navire. Si par malheur les Anglais l'apercevaient, ils utiliseraient leurs canons de 32 et 24 livres pour envoyer la frégate par le fond. La disproportion de la puissance de feu des deux navires ne laissait aucun doute sur l'issue du combat.

Peu à peu, l'*Intrigante* dépassa le *Black Diamond* et se plaça devant lui. Sur le pont du vaisseau anglais, l'officier de garde ne cessait de surveiller les navires qui les suivaient, ne prêtant aucune attention à ce qui se déroulait à bâbord, sous le vent. Un autre vint le relever.

— C'est étrange, hier soir, il y avait quatre bateaux, et je n'en vois plus que trois.

— Il est probablement dissimulé par un des autres, le jour se lèvera d'ici une heure ou deux, tu verras qu'ils sont bien quatre.

— Tu as raison, je vais aller me coucher, je suis fatigué.

L'officier salua son collègue et s'appuya sur la rambarde. Dieu que ces voyages étaient parfois monotones ! La guerre était terminée et il estimait que la traversée serait plutôt tranquille. Il n'y avait aucune raison qu'ils fussent attaqués, surtout avec un navire aussi puissant que le *Black Diamond.*

Nicolas mesurait l'écart qui séparait l'*Intrigante* du *Black Diamond*, il estima qu'il était maintenant suffisant. Quand il avait évoqué son idée, beaucoup l'avaient pris pour un fou, mais comme ils leur avaient répondu. « C'est sûrement pour cela que vous m'avez choisi. » Il se retourna et regarda les douze volontaires qui s'étaient désignés pour l'opération. Parmi eux se trouvaient les deux Abénaquis, Kitchi et Chogan, et Nicolas eut un petit pincement au cœur en pensant au risque qu'il faisait courir à ses amis. Tous ceux qui allaient quitter l'*Intrigante* dans quelques minutes étaient d'excellents nageurs, mais la progression des bateaux, l'éloignement de toute terre ferme et surtout l'obscurité rendait ce plan hautement périlleux. Ils allaient plonger du navire par l'arrière, se laissant dériver jusqu'au *Black Diamond.* Il fallait absolument non seulement se trouver sur sa trajectoire et éviter d'être vus, mais aussi, et c'était le plus difficile, grimper le long de la coque pour monter jusqu'aux sabords, s'y glisser, et pénétrer dans la salle des canons. Les plus gros canons étaient toujours situés sur le pont inférieur à cause de leur poids, ceux intermédiaires se trouvaient juste au-dessus et on disposait les plus légers sur le pont supérieur.

Nicolas avait estimé qu'il était impossible d'affronter le *Black Diamond* en combat régulier avec une frégate. Il lui aurait fallu un navire du même type que *l'Audacieux*, mais ils n'en disposaient pas. Son idée avait donc été de saboter les plus gros des canons. L'eau était encore chaude et pour avoir vu évoluer Kitchi, il savait qu'il nageait très bien. Les nageurs partiraient un par un et se suivraient en se dirigeant vers le gros vaisseau. Il ne fallait pas qu'ils partissent tous en même temps pour éviter un embouteillage une fois arrivés sur le flanc du navire, car sinon tous ne pourraient pas s'accrocher à la coque du bateau.

Kitchi s'élança le premier, suivi de Chogan, puis d'Anselme. Le rôle de ce dernier était primordial puisqu'il était artilleur et indiquerait à ses comparses le meilleur moyen de neutraliser les pièces d'artillerie avec les moyens du bord. Il était astucieux et bon nageur, deux qualités essentielles pour la mission que lui avait confiée son capitaine. Nicolas observa les nageurs s'éloigner de la frégate dans l'obscurité. S'ils ne parvenaient pas à remplir leur mission, il faudrait s'attaquer au *Black Diamond* qui aurait la pleine maîtrise de ses pièces d'artillerie et il savait que dans ce cas-là, ses chances de réussir étaient quasiment nulles.

Kitchi nageait en tête, suivi de son ami Chogan. Il vérifiait régulièrement que les autres étaient bien derrière lui. Il voyait le navire qui approchait devant lui. Il fallait le longer sans rester trop près de la coque et risquer de se faire happer par le bateau. Ensuite, il devrait saisir l'échelle hors le bord présente sur le flanc du navire. Le *Black Diamond* n'était plus qu'à quelques aunes de lui, il jeta un bref regard pour s'assurer que personne sur le pont ne pût le remarquer et longea la coque. Il chercha l'échelle de bois, mais ne la trouva pas. Il se demanda s'il y en avait bien une des deux côtés du navire, mais au moment où il doutait, il aperçut enfin son objectif. Il s'approcha du vaisseau et parvint à saisir la première marche. Il se hissa pour agripper ensuite la seconde, s'accroupit et monta sur la première marche tout en regardant brièvement Chogan. Il arrivait lui aussi, il vérifia qu'il avait bien agrippé la marche avant de poursuivre son ascension.

Kitchi arriva à la hauteur de la première rangée de sabords. Il dégaina son poignard pour tenter d'ouvrir le battant, mais à sa grande surprise, sans y parvenir. Il regarda en dessous de lui ; Chogan était sur l'échelle et Anselme venait d'empoigner la première marche. Les autres arrivaient, il fallait trouver une solution.

— Essaye l'autre, celui de droite, lui dit Chogan en algonquin.

Quand Nicolas lui avait confié la tête du détachement chargé de saboter les canons, il avait éprouvé une immense fierté en raison de la confiance qu'il lui témoignait. S'il venait à échouer, il en ressentirait une grande honte. Il se tourna vers le sabord de droite pendant qu'un nouveau nageur s'agrippait à la marche du bas. Il fallait faire vite, sinon ce serait la catastrophe. Kitchi glissa à nouveau la lame de son couteau dans la fente du battant du sabord, mais le résultat fut le même que la première fois, il n'arriva pas à l'ouvrir. Kitchi regarda en dessous de lui, le cinquième nageur arrivait et tous le dévisageaient, incrédules et inquiets. Kitchi refit une tentative, mais en plaçant cette fois la lame sous le battant et en faisant levier pour le soulever. Alors qu'il allait retirer sa lame, le battant s'ouvrit légèrement. Il insista et parvint enfin à le soulever. En dessous de lui, trois nageurs étaient à présent accrochés à la première marche, c'était la cohue. Le quatrième n'était plus très loin. Kitchi s'engouffra dans l'orifice pendant que Chogan montait à sa hauteur, permettant ainsi à Anselme de monter lui aussi, et au nageur qui arrivait de saisir la marche. Il s'en était fallu de peu que cela tournât au drame.

Kitchi était à présent dans la salle des canons et Chogan y pénétra à son tour puis ce fut le tour d'Anselme. Désormais, tout se passait bien, et les marins, un par un, pénétrèrent dans le vaisseau. Personne ne mentionna ce qui venait de se passer, il fallait faire vite. Anselme leur montra comment faire. Son idée était d'introduire au fond du canon, à l'aide des refouloirs, des étoffes et tout ce qui pouvait servir à bourrer les canons qui étaient reculés, se trouvant à quelques pieds des sabords. Les douze hommes étaient à présent tous à l'ouvrage. Il fallait faire vite, et surtout éviter de se faire repérer par les soldats anglais. À douze, ils parvinrent rapidement à enfourner tout ce qu'ils avaient sous la main dans la trentaine de canons du pont inférieur. Durant toute l'opération de sabotage, ils n'avaient cessé de jeter des regards inquiets en direction de l'entrée de la pièce, mais heureusement, personne n'était venu. Kitchi et Chogan regardèrent Anselme.
— Il faut aussi faire ceux du pont intermédiaire. Si on neutralise les soixante plus gros canons, les dégâts que peuvent infliger ceux qui restent seront moindres, affirma Anselme.

Il prit la direction de l'escalier menant au niveau supérieur. Le risque de croiser des membres d'équipage était à présent élevé, tous le savaient, ayant accepté dès le départ, tous les risques liés à cette mission. Au moment de s'engager dans l'escalier, des bruits leur parvinrent. Ils se dissimulèrent sur le côté. Trois marins passèrent, et ils purent enfin monter et accéder au pont intermédiaire. Ils réitérèrent la même opération, bourrant les fûts des canons de chiffons, vêtements et même de restes de nourriture, visiblement oubliée sur place. Ils avaient quasiment terminé quand une voix retentit.
— Que faites-vous là ?

Ils se retournèrent et virent un sergent, accompagné de deux soldats.
— On nettoyait les canons, répondit l'un d'eux qui parlaient anglais.
— En pleine nuit !

— Nous n'arrivions pas à dormir.

Le sous-officier eut un bref moment d'hésitation, puis il aperçut Kitchi et Chogan dans l'ombre, qui n'étaient guère représentatifs de l'armée royale anglaise…

— Des Indiens !

Il n'eut pas le temps de réagir, le tomahawk de Kitchi venait de se figer dans son crâne. Les autres bondirent sur les deux soldats restants qui furent poignardés tellement rapidement qu'ils n'eurent pas le temps de crier. Ils se retrouvaient avec trois cadavres sur les bras.

— Que fait-on d'eux ?

— Il faut les balancer à la mer. Si on les trouve, ils vont tout inspecter et probablement découvrir notre sabotage. Il faut leur ôter leur uniforme, trop voyant que l'on pourrait apercevoir du haut du vaisseau.

— Qu'en fait-on ?

— Je crois qu'il reste encore de la place à l'intérieur des canons.

Tous sourirent et s'exécutèrent. Ils ôtèrent la veste des militaires et les fourrèrent dans les fûts de canons. Ils traînèrent ensuite les corps jusqu'aux sabords.

— Nous jetterons les corps des Anglais en dernier pour éviter au maximum tout risque.

— Nous partirons en dernier avec Chogan, affirma Kitchi. Nous nous occuperons des corps.

Un à un, les marins se glissèrent dans les carrés des sabords et retournèrent dans la mer, se dirigeant à la nage vers l'*Éclipse* qui suivait. Quand il ne resta que Chogan et Kitchi, ils prirent les cadavres et les jetèrent précautionneusement dans l'océan. Puis Chogan et, pour finir Kitchi, se mirent à l'eau. Leurs compagnons avaient pris beaucoup d'avance et ils longèrent la coque du grand navire. Ils dépassèrent les cadavres qui flottaient devant eux. Soudain, alors que Chogan venait de dépasser le dernier cadavre, un cri retentit sur le pont.

— Lieutenant ! J'ai cru voir quelque chose bouger dans l'eau.

Quelle poisse ! Ils risquaient d'être découverts. Kitchi monta sur le dernier cadavre pour le maintenir sous l'eau tout en s'enfonçant le plus possible, ne laissant dépasser que le haut de sa tête. Il vit les Anglais se pencher en scrutant les eaux sombres. Les pulsations de son cœur s'accélérèrent pendant qu'il dérivait lentement. Ils se redressèrent et Kitchi respira. Au moment où il s'apprêtait à repartir, sa tête heurta la coque du navire. Il resta un petit moment groggy, accroché au cadavre, puis reprit lentement ses esprits. Il se tourna et constata qu'il était seul, Chogan était parti sans s'apercevoir qu'il ne nageait plus. Il était maintenant seul sur l'océan. Il partit en direction des lueurs de l'*Éclipse*. Peut-être parviendrait-il à rattraper ses camarades.

Kitchi avait maintenant fait le plus gros de la distance et n'était plus très loin de l'*Éclipse*. Jamais il n'avait nagé aussi longtemps. Il ne distinguait toujours pas les autres nageurs. Il continua vers la frégate, mais s'aperçut qu'elle avait légèrement changé de cap. Il tenta de rejoindre le navire en accélérant, mais constata que c'était trop tard, il ne pouvait plus le rejoindre. Dépité et éreinté par l'effort, il se tourna vers les deux autres et constata qu'il ne lui était pas possible non plus de rejoindre *l'Éclair*, qui se trouvait juste derrière. Sa dernière chance était le *Faucon*, le bateau de Pauline, et il grimaça en songeant aux mauvais rapports qu'il entretenait avec elle.

Il poursuivit son effort, adressant des regards désespérés en direction du brick, jetant ses dernières forces dans son combat, mais il n'en pouvait plus. Tous ces efforts l'avaient épuisé beaucoup plus qu'il ne voulait bien l'admettre. Il regarda le brick. Quelle horreur, il allait encore lui passer devant. C'était la fin, la mort lente, seul au milieu de l'océan. Il persévéra quand même, voulant continuer à y croire. Le brick poursuivait sa route comme si de rien n'était. Il pensa à sa sœur, Sokanon, puis à Nicolas et Émilie, c'était trop bête… Il ne s'était pas aperçu que les premières lueurs de l'aurore avaient déjà donné une teinte plus claire au ciel. Le brick vira soudain de cap et relâcha ses voiles, s'immobilisant. Kitchi souffla, ils l'avaient vu. Il parcourut la faible distance qui le séparait du bateau de Pauline péniblement. Ils lui envoyèrent une corde pour le hisser à bord. Pauline souriait quand il arriva enfin sur le pont.

— Je ne suis pas Émilie, mais j'ai quand même sauvé ta peau d'Indien !

— Je n'ai pas dit que tu n'avais aucune qualité !

— Non, mais tu n'as pas dit le contraire non plus. Dépêche-toi, nous avons pris du retard sur les autres, je ne voudrais pas arriver en retard pour la grande fête.

Mer des Caraïbes – 30 juillet 1713

Il faisait encore sombre, mais l'officier de quart sur le *Black Diamond* avait remarqué qu'une des frégates les avait dépassés durant la nuit. Il en profita pour l'examiner à la longue-vue ainsi que celle qui les suivait. Ils arboraient les drapeaux portant la croix de Saint-Georges, comme eux, et tout l'équipage revêtait l'uniforme britannique. Tout paraissait normal.

Loïck avait remarqué que le brick de Pauline avait pris du retard sans qu'il en connût la raison. L'assaut n'allait plus tarder, il ne fallait pas qu'elle soit trop loin, la partie qu'ils allaient engager était à haut risque et chaque détail avait son importance. Il constata qu'il avait repris sa cadence, mais restait décalé par rapport au reste de la flotte.

L'*Intrigante* s'était déplacée à bâbord du *Black Diamond*, sous son vent. Nicolas surveillait ce qui se passait sur le pont du grand vaisseau à la longue-vue. Il alla voir ses deux quartiers-maîtres.

— Parés à virer ?

— On attend votre signal, capitaine.

Il jeta un dernier coup d'œil au vent, puis au *Black Diamond*.

— Virez de bord !

L'*Intrigante* vira de bord et revint sur sa droite, sur la trajectoire du gros vaisseau. Comme Nicolas l'avait prévu, les Anglais mirent un certain temps à s'en apercevoir, mais un des marins du *Black Diamond* aperçut la frégate qui allait leur couper la route.

— Lieutenant, venez voir !

L'officier regarda l'*Intrigante*, étonné par son comportement.

— Mais qu'est-ce qu'ils font ?

Il resta un bref instant sans rien dire, puis se reprit.

— Allez chercher le capitaine, il y a quelque chose d'anormal.

Alors que le marin partait en direction de l'escalier menant à l'entrepont sans se presser, des canons retentirent, c'étaient ceux de l'*Éclipse* qui venaient d'ouvrir le feu. Le marin se retourna vers son officier.

— Ce n'est plus la peine d'y aller… Je pense que le capitaine a entendu.

Le lieutenant était pétrifié, ne sachant que faire. Les tirs avaient atteint l'arrière du bateau. Les canons de l'*Intrigante* résonnèrent à leur tour, endommageant une partie du pont avant et tuant net le jeune officier. D'autres émergèrent sur le pont et virent avec horreur ce qui se passait, ils venaient de se faire surprendre.

— Aux canons ! Vite ! Il faut riposter le plus rapidement possible.

Le *Black Diamond* se trouvait dans une très mauvaise position de tir, car aucun des deux bateaux qui l'attaquaient ne se trouvait sur ses flancs et s'il pivotait, il ne pourrait tirer que sur un des deux navires. Celui qui avait conçu ce plan diabolique était un maître-stratège.

Le bruit des canons qui tonnaient avait surpris Alexandre Tolbiac en plein acte sexuel. Il s'était levé d'un bond, se précipitant aux fenêtres de sa cabine et apercevant avec stupeur l'*Éclipse* qui faisait feu sur eux. Il enfila en toute hâte un pantalon et ses bottes, saisit son sabre et sa chemise et se rua vers la porte, passa dans l'embrasure avant de la verrouiller derrière lui. Sur la couchette, allongée nue, Hélène souriait.

L'*Éclipse* et l'*Intrigante* se rapprochaient du *Black Diamond*. Quand Tolbiac arriva sur le pont, c'était la panique.

— Bande d'incompétents ! Faites feu avec les canons ! Vite !

— Mon capitaine, on a sabordé une grande partie des canons, il ne reste plus que ceux de ce niveau et du pont supérieur.

— Utilisez-les, vite !

— J'ai bien peur que ce ne soit trop tard.

Nicolas avait attaché son étoffe couleur fleur de lys autour de sa tête. Il dégaina son sabre à la poignée écarlate. Il regarda le haut du mât, ses hommes venaient de faire hisser le drapeau noir, celui des pirates, sans lui en faire part, sachant sa réticence à le faire. Il sourit.

— Préparez les grappins, parez à l'abordage !

— Les grappins ! Les grappins ! hurlèrent les marins.

Sur l'*Éclipse*, Bart attendait, sabre en main, le choc entre sa frégate et le gros vaisseau. Il se demandait qui de lui ou de Nicolas percuterait le *Black Diamond* en premier. Ce fut lui, mais d'un rien. Les mousquets résonnèrent de part et d'autre, tuant une partie des combattants, puis les grappins jaillirent et les premiers assaillants se ruèrent à l'abordage.

Tolbiac était dans une fureur noire. Comment avaient-ils pu se faire surprendre de la sorte et qui avait saboté les canons ? Y avait-il un traître à bord ? Il était inconcevable que ce fût Hélène… Quant aux autres, c'était impossible, ils étaient enfermés. Donc il y avait bien un traître à bord ! Il réglerait cela plus tard, d'abord, il fallait repousser les assaillants.

Le brick de Loïck n'était plus qu'à 150 brasses[23] de la scène de combat où les deux frégates avaient abordé le géant, l'une par l'arrière et l'autre par l'avant, toutes les deux sur bâbord, immobilisant le grand vaisseau. Selon la stratégie mise au point par Nicolas, il arriverait sur tribord, profitant que l'attention de ceux du *Black Diamond* fût accaparée par l'assaut des deux frégates. Il avait été impressionné par sa capacité de stratège, son plan était risqué, mais parfait, attaquer un vaisseau de cette taille avec des petits navires, de cette façon, c'était un coup de génie. Il jeta un regard derrière lui, le *Faucon* de Pauline se trouvait encore à trois quarts de mile, il fallait qu'il se rangeât sur le devant pour lui laisser la place.

[23] Une brasse équivaut à environ 1,6 mètre.

Sur le *Faucon*, ils avaient suivi l'attaque des deux frégates et même Pauline était restée sans voix devant l'efficacité du plan de Nicolas. Eux aussi se préparaient à l'assaut. Kitchi se tenait à ses côtés.

— Dis-moi, sac à plumes, tu veux un de nos sabres ?

— Merci, je préfère mes tomahawks, et ne m'appelle plus « sac à plumes » !

— Où vas-tu, sac à… Kitchi ?

— En haut du mât, cela me permettra d'atteindre la scène de combat plus rapidement.

Elle le vit grimper avec une agilité déconcertante. Un peu plus loin, l'*Éclair* de Loïck venait de se ranger contre le *Black Diamond*. Des tireurs étaient positionnés dans le gréement et firent feu, couvrant le premier assaut de ceux qui montaient le long des cordes sur le flanc du gros navire.

Nicolas avait revêtu un pantalon rouge, une chemise blanche et avec son bandeau couleur bleue fleur de lys, il avait fière allure. Un grand ruban lui ceinturait la taille dans lequel étaient rangés deux pistolets et un poignard. Tout se déroulait comme prévu, à l'exception du brick de Pauline qui avait pris un peu de retard, mais à présent cela ne changerait plus grand-chose. Il chercha Tolbiac du regard et le vit sur le gaillard arrière. L'*Intrigante* était sur l'avant du *Black Diamond*, légèrement en travers, il lui fallait traverser tout le pont du vaisseau pour atteindre son rival, mais il n'avait guère le choix.

Des combats au sabre se déroulaient maintenant sur le pont du *Black Diamond*, c'était la cohue. Tolbiac évaluait les forces en présence et constata que le combat n'était pas gagné d'avance. Il se tourna vers un de ses subordonnés.

— Lieutenant ! Prenez trois hommes avec vous et allez me chercher les femmes.

— Bien, mon capitaine.

Il s'exécuta immédiatement et chercha Nicolas à son tour. Il ne le vit pas, mais il était certain qu'il viendrait le chercher.

— Que voulez-vous faire, mon capitaine ? demanda l'un de ses officiers.

— Ils viennent chercher les femmes, on verra s'ils sont aussi motivés quand j'aurai mon pistolet sur leurs jolies têtes.

— Ce n'est pas très honorable comme procédé, indigne d'un gentleman.

— La seule chose qui soit honorable, c'est la victoire, lieutenant !

Profitant de l'incursion de Bart qui venait d'investir le pont du grand vaisseau avec un groupe de furieux, Nicolas se hissa sur l'avant du navire et fit une brève analyse de la situation. Le combat faisait rage et aucun camp n'avait l'avantage. Il reconnut Loïck qui venait de faire son apparition sur le pont du navire de Tolbiac. Il n'était pas très loin de lui, il allait tenter de le rejoindre. Mais son attention se reporta sur le *Faucon* qui était en train d'arriver sur le flanc tribord du *Black Diamond*, se positionnant devant le brick de Loïck. À sa grande stupéfaction, au moment où le petit navire toucha le géant des mers, il vit surgir une silhouette au bout d'une vergue. C'était Kitchi qui bondissait comme un fauve dans la voilure du *Black Diamond*. C'était un sacré combat ! Digne d'entrer dans les livres d'Histoire. Restait à trouver Tolbiac, les femmes et Mathieu. Il tira son sabre et se jeta dans la mêlée.

Le vacarme des cris et du bruit des armes, que ce soient les détonations ou l'entrechoquement des lames, s'estompait au fur et à mesure que l'officier se dirigeait vers la cabine de son capitaine. Il était certain qu'ils allaient remporter le combat. En arrivant sur place, il constata avec effroi que la porte de la cabine était ouverte. Son supérieur l'aurait-il laissée ouverte dans la confusion qui avait suivi l'attaque des deux navires ? Il s'avança, pistolet en main, mais ne vit personne. Son angoisse augmenta dans la perspective d'annoncer la mauvaise nouvelle à son capitaine dont il redoutait la colère. Il se tourna vers un des soldats qui l'accompagnaient.

— Va vérifier si l'autre femme est bien enfermée pendant que nous fouillons la cabine du capitaine.

Il était un peu embarrassé de fouiner dans les affaires personnelles de son capitaine, mais n'avait pas le choix. La pièce était grande et elle pouvait s'être dissimulée n'importe où.

Nicolas avait déjà abattu trois adversaires. Il constata que ni Kitchi ni Loïck n'étaient en reste. Il vit apparaître Pauline qui lui adressa un léger sourire avant de se jeter dans la bataille. De l'autre côté, Bart, déchaîné, avait lui aussi abattu un grand nombre d'adversaires. À ses côtés, Chogan, qui se battait lui aussi comme un beau diable, croisa le regard de Kitchi. Il échangea avec lui un bref sourire avant de continuer son combat. Il était content de voir que son ami s'en était tiré. Il avait eu peur quand il avait constaté que Kitchi n'était plus là. L'Abénaquis était parvenu à s'agripper au navire de Pauline, c'était heureux. Tolbiac, qui était complètement à l'arrière sur le gaillard, guettait avec impatience le retour de son officier. Il vit surgir un des soldats qui avait accompagné son subordonné et le dévisagea d'un air suspicieux.

— Que se passe-t-il, soldat ? Où se trouve le lieutenant ? Et les femmes ?

— Elles ne sont plus dans leur cabine, mon capitaine.

L'infortuné vit le visage de Tolbiac se déformer sous l'effet de la colère.

— Prenez cinq hommes de plus avec vous et trouvez-les !

— Oui, mon capitaine.

Il regagna l'escalier suivi de cinq de ses camarades, priant le ciel pour réussir dans son entreprise, mais le vaisseau était grand et les cachettes potentielles innombrables… sans compter que le temps pressait.

Émilie et Hélène étaient descendues au niveau le plus bas, au fond du vaisseau. Hélène avait été contente de voir son amie se jouer de la serrure avec une telle facilité. Sitôt la porte ouverte, elles avaient rapidement décampé. Si au départ elles avaient croisé quelques soldats, cette partie du navire était complètement déserte. Elles arrivèrent vers l'arrière du bateau où un solide gaillard était en poste. C'était forcément là. Elles se dissimulèrent dans un recoin.

— Je vais y aller, Émilie. J'ai une idée.

Elle regarda Hélène, un peu surprise.

— Tu as une arme avec toi ?

— J'ai une dague, dit Émilie.

— Je vais tout faire pour qu'il me tourne le dos, tu pourras t'en occuper.

— Oui ! Nous n'avons guère le choix !

Hélène apparut soudain dans le couloir en se dirigeant à pas rapides vers le garde. Elle portait la robe que Tolbiac avait déchirée à plusieurs reprises, mais cela, le soldat ne pouvait le savoir. Son visage portait les traces des coups de son mari. Tout était réuni pour rendre son histoire crédible.

— Halte, qui va là ?

— À l'aide ! À l'aide !

— Que se passe-t-il ?

— Vos collègues m'on malmenée, protégez-moi !

Il regarda la femme dont les vêtements et le visage rendaient plausible son histoire. Il remarqua aussi ses épaules dénudées et la robe, qui s'était en grande partie affaissée, laissant paraître en partie la poitrine d'Hélène. C'est cette faiblesse qui lui fut fatale. Hypnotisé par le généreux décolleté de la prétendue victime, il n'entendit pas arriver Émilie qui lui enfonça son couteau dans le dos, à la hauteur du cœur. Il s'effondra, agonisant sur le plancher pendant qu'elles se saisissaient des clés accrochées à son ceinturon. Elles en essayèrent plusieurs avant de trouver la bonne, parvenant enfin à ouvrir la porte. Sur le sol, enchaînés les uns aux autres, assis contre la paroi, la barbe fournie, la mine fatiguée, les prisonniers les dévisagèrent, sans comprendre. Un visage, parmi ces malheureux, s'illumina, c'était Mathieu. Émilie lui lança les clés et il se détacha de ses fers pendant que les autres l'imitaient.

— J'ai entendu le bruit de la bataille, j'espère que ce sont bien nos amis qui se battent sur le pont.

— J'en suis certaine, affirma Émilie.

Les cinq hommes se levèrent. Mathieu avait maigri.

— Vous avez suffisamment de force pour vous battre ?

— Oui, heureusement, nous n'avons pas quitté la Jamaïque depuis trop longtemps. Nous n'avons reçu que du pain et de l'eau, ce n'est pas très nourrissant, mais je savais que les Anglais tenaient absolument à nous garder en vie, et dans un état de santé correct, jusqu'à notre pendaison. Dépêchons-nous, il me tarde de pourfendre des Anglais.

— Je pense que nous trouverons des armes en chemin, dit l'un des compagnons de Mathieu.

S'étant débarrassés de tous leurs fers, ils prirent l'épée et les armes du garde tué. En partant, Émilie jeta un regard à celui à qui elle venait d'ôter la vie. Elle n'était plus depuis longtemps celle qui avait été élevée dans l'ombre de la noblesse québécoise et qui attendait un signe du destin. Elle prenait part à sa propre destinée. Sa rencontre avec Nicolas lui avait révélé sa vraie nature et plus jamais elle ne voudrait être celle à qui on avait assigné un rôle mineur dans la bonne société. Ils se hâtèrent vers le pont du vaisseau où les combats faisaient rage.

Au milieu du pont, s'étaient à présent rejoints et regroupés tous les leaders qui tentaient de se frayer un chemin, sabre en main, vers les officiers anglais rassemblés autour d'Alexandre Tolbiac. Mathieu connaissait parfaitement la structure de l'entrepont des vaisseaux. Ils le virent surgir comme par enchantement d'une écoutille. Il tenait un sabre en main et malgré sa barbe naissante et ses cheveux déliés, tous le reconnurent. Il s'engagea dans la bataille avec une terrible fureur, abattant deux adversaires en peu de temps. Il les rejoignit.

— Alors, capitaine, pas trop malmené ? lui demanda Bart.

— Un petit peu, il faudra beaucoup de sang pour m'apaiser.

Il regarda les quatre navires qui entouraient le gros vaisseau de Tolbiac et se tourna vers Nicolas.

— C'est vous qui avez commandé cette manœuvre, monsieur Fleur-de-Lys ?

— Oui !

— J'ai donc bien fait de vous rendre votre liberté.

Voyant que celui qui avait recouvert son crâne d'une étoffe aux couleurs de la royauté française l'interrogeait du regard, il se hâta de répondre.

— Émilie va bien, elle n'a rien. En plus, cette fille a du caractère, c'est elle et Hélène qui sont venues nous délivrer.

Nicolas poussa un soupir de soulagement.

— En revanche, Hélène est dans un triste état. Il est temps de demander des comptes à ce Tolbiac.

— Nous nous y rendions, le temps de dégager le pont.

Plus Alexandre Tolbiac regardait les affrontements se dérouler et plus il avait l'impression qu'ils perdraient ce combat. Ceux qui l'avaient attaqué étaient déchaînés, se battant avec une rage qui leur donnait un avantage indubitable. Mais il était un survivant, il trouverait un moyen de s'en sortir comme toujours. Alors qu'il cherchait une échappatoire, il vit un homme s'approcher de lui, quelqu'un dont l'habileté à manier le sabre le distinguait des autres combattants, vêtu d'un pantalon rouge et coiffé d'un foulard couleur bleue fleur de lys : Nicolas de Guillemin, l'homme qu'il détestait le plus au monde. Ils se retrouvèrent face à face.

— Et si nous reprenions la discussion entamée il y a des mois de ça ? dit Nicolas.

— Avec plaisir, je rêve depuis longtemps de vous embrocher.

Ils se jetèrent l'un sur l'autre et les lames s'entrechoquèrent avec une violence inouïe. Jamais Nicolas n'avait affronté un opposant dont le brio égalait le sien. Tous les regards convergèrent dans leur direction, captivés par l'incroyable duel qui opposait ces deux virtuoses dans une parade endiablée se déroulant à une vitesse foudroyante.

Lentement, mais inexorablement, les pirates prenaient l'avantage. Bart, Pauline, et maintenant Mathieu, avaient reçu des blessures légères, mais continuaient le combat.

Nicolas et Tolbiac étaient pour le moment indemnes, mais cela ne pouvait durer, car il était évident aussi bien pour les deux protagonistes que pour tous ceux qui observaient que c'était un duel à mort.

— Tu vas payer pour Vincent, pour Hélène, et pour tous ceux que tu as maltraités.

— J'étais un mousquetaire brillant, quelqu'un de talentueux, mais on m'a trahi, à commencer par ma femme. Tu n'es pas le premier à tenter de m'abattre et je les ai tous tués. Tu mourras comme les autres et tous ceux qui viendront par la suite.

Nicolas pour la première fois toucha Tolbiac à l'épaule. Les attaques cessèrent et les deux combattants se tournèrent autour, cherchant la faille dans la défense de leur rival. Le bruit des lames qui se touchaient reprit, mais il y avait dans les yeux de Nicolas une flamme qui brillait, c'était devenu une véritable machine de combat. Les parades se succédèrent et Nicolas retoucha son adversaire non loin de la première blessure qu'il lui avait infligée. L'homme à la coiffe fleur de lys se déplaçait comme un loup tournant autour de sa proie blessée et affaiblie. Nicolas enchaîna une succession d'attaques terribles qui firent reculer Tolbiac. Ce dernier était en perdition, il reculait, hésitait, et Nicolas vit enfin ce qu'il cherchait depuis le départ : l'ouverture. Son coup porté avec une violence inouïe fit passer la lame de son sabre à travers le corps de son rival, le laissant agonisant sur le sol. Des sourires illuminaient le visage des camarades du Français, il avait vaincu son pire ennemi d'une façon éclatante, mais le combat n'était pas terminé.

C'est pourtant ce que crut Émilie, qui s'empressa de traverser le pont pour se jeter dans les bras de son bien-aimé sous le regard inquiet de Kitchi qui tenta de l'en dissuader. Nicolas regardait Tolbiac, agonisant, ramper sur le sol quand il entendit prononcer son prénom par celle qu'il chérissait. Il détourna son attention, mais alors qu'il voyait la jeune femme accourir, un Anglais la reconnut et lui donna un coup de sabre terrible dans le dos. Kitchi se jeta sur lui et lui fracassa le crâne d'un coup de tomahawk, mais le mal était fait. Émilie gisait, la robe ensanglantée, sur le pont du *Black Diamond.* Nicolas allait se précipiter, mais dans le tourbillon d'émotion généré par le choc de ce qui venait d'arriver à la jeune femme, il venait de commettre une terrible erreur, il avait oublié Tolbiac.

— Pas si vite, mon gaillard ! Je vais peut-être mourir, mais tu vas venir avec moi.

Il se tourna vers lui et vit qu'il avait ramassé un pistolet. Nicolas le regarda, dépité, ainsi il allait rejoindre sa bien-aimée dans la mort. Le coup de feu retentit, mais il s'aperçut qu'il n'avait rien. Derrière Tolbiac se tenait Hélène, pistolet à la main qui venait d'achever celui qu'elle avait épousé bien des années plus tôt.

— Depuis le moment où tu as commencé à me battre et à me faire mal, j'ai juré que je te tuerais de mes propres mains. Jadis, je n'avais pas assez de force, mais ce que tu m'as fait endurer me l'a donnée. Plus jamais tu ne feras du mal ! Ni à moi ni à personne !

Nicolas adressa un regard reconnaissant à Hélène et se précipita vers Émilie. Tous l'entouraient déjà. Les combats étaient en train de cesser, les Anglais se rendaient. Ils avaient gagné, mais à quel prix ! Il arriva devant sa dulcinée. Elle était couchée sur le sol, beaucoup de sang s'écoulait de sa blessure. Beaucoup étaient également blessés, dont

Mathieu assis contre la rambarde non loin de la jeune femme, blessé plusieurs fois, le corps ensanglanté, mais seul l'état d'Émilie était aussi grave. Il lui prit la main.

— Mon amour !

Il lui baisa la main, ses yeux s'embuèrent.

— Je ne regrette rien, Nicolas, ni le jour où je me suis donnée à toi, ni tout ce qui est arrivé, ce furent les plus beaux jours de mon existence, je fus heureuse en ta compagnie comme aucune femme ne le fut jamais.

— Ne parle pas au passé, ma chérie, on va aller chercher un médecin, on va te soigner.

Tous étaient embarrassés, leurs visages affichaient une grande tristesse. Ce fut Bart qui prit la parole.

— Écoutez, de Guillemin. Cela me désole de vous dire ça, mais le sabre l'a transpercée de part en part et plusieurs éclats de lame sont à l'intérieur de son corps. Il n'existe aucune personne au monde capable de la sauver.

Le silence qui s'abattit sur le petit groupe parut peser des tonnes et ne dura que quelques secondes qui leur parurent une éternité avant qu'une voix ne le rompît.

— Si ! Une personne peut la sauver, et elle est ici, lâcha Mathieu à la stupéfaction de tous.

Ils suivirent son regard et découvrirent, éberlués, Pauline, qui ne cessait de regarder Émilie, comme si plus rien au monde n'existait.

— Comment est-ce possible ? demanda Hélène.

— Parce qu'elle l'a déjà fait pour moi alors que tous me donnaient pour mort, je lui dois ces dernières années que j'ai vécues.

— C'est vrai ce qu'il dit ?

Pauline ne répondit pas. Des souvenirs affluèrent dans sa mémoire, celle de la jeune femme qu'elle était sept ans plus tôt… mais le temps pressait…

— Apportez-moi de l'eau, des tissus propres et le matériel du chirurgien de bord, vite ! Chaque minute compte, je dois lui retirer les éclats de sabre et la recoudre avant qu'elle ait perdu trop de sang.
— Vous pouvez la sauver ? demanda Nicolas.
— Je vais essayer, mais courez vite chercher ce que je vous ai demandé.

Ils revinrent donc avec tout ce qu'elle avait demandé et la regardèrent. Elle se lava les avant-bras et les mains, les mêmes qui venaient de tuer plusieurs personnes, puis enfonça doucement une pincette dans la blessure d'Émilie. Elle retira un à un tous les éclats de sabre et Nicolas, qui avait déjà vu des chirurgiens opérer, était impressionné par sa dextérité.
— Je n'arrive pas à le croire ! Où avez-vous appris tout cela ?
— En compagnie de Marie de Vitrac.

Nicolas s'arrêta net alors que Pauline commençait à recoudre Émilie.
— Marie de Vitrac ! Mais… elle…
— Oui ! Elle fut brûlée pour sorcellerie… en même temps que deux de ses disciples…

Nicolas était à présent pétrifié de stupeur comme tous ses compagnons de ce qu'il venait d'apprendre.
— Bon sang ! J'ai appris que l'une des deux disciples s'était évadée et avait ainsi échappé au bûcher… Cette disciple… c'était vous ?
— Oui, moi, Pauline de Montfort, fille d'un père issu de la petite noblesse et femme du comte de Montfort, mariée à treize ans à un mari qui était une brute, veuve à dix-huit ans, condamnée pour sorcellerie et pour le meurtre de son époux à dix-neuf ans.
— Vous l'avez tué ? demanda Hélène qui se sentait désormais beaucoup plus proche de cette femme qu'elle n'avait jamais aimée.

Elle ne répondit pas et tous les regards convergèrent vers Mathieu.

— Vous connaissez Pauline… lâcha-t-il, affichant un grand sourire. Pauline m'avait sauvé la vie un an auparavant. J'étais moi aussi issu de la petite noblesse, mais mon père a perdu ses terres, et la vie, au bénéfice du seigneur dont il était le vassal. J'ai pris les armes pour devenir un bandit local et il a tout mis en œuvre pour m'abattre. Un jour, je fus gravement blessé, et je serais mort sans l'intervention de Pauline qui m'a soigné. J'avais été surpris de constater qu'une aussi jeune femme possédait autant de talent pour soigner les gens.

— Tout ce que j'ai appris, je le tiens de Marie de Vitrac, qui était très douée et qui m'a enseigné la médecine dès l'âge de quatorze ans. C'était une guérisseuse, pas une sorcière. Mais qu'une femme possède autant de connaissances dérangeait les autorités en place, même si cette science, elle la tenait elle-même de médecins. Ils l'ont condamnée à être brûlée, et comme Anne et moi étions ses disciples, certains n'ont pas tardé à nous accuser également.

— C'est à cette époque que vous avez rencontré mon mari, intervint Hélène.

— Oui, le roi de France avait envoyé une troupe de mousquetaires, car la région avait connu de nombreux troubles. Parmi elle se trouvait Alexandre Tolbiac. Il est venu me voir à la prison, la veille de l'exécution, où j'étais enfermée dans une cellule, non loin de celle d'Anne. Il m'a regardée, amusé, puis s'en est allé. J'ignorais que bien des années plus tard, je le reverrais et j'ai pensé au début qu'il ne me reconnaîtrait pas, car j'avais changé physiquement, mais il s'est souvenu de mon visage sans se rappeler dans quel contexte il l'avait déjà vu, heureusement pour moi.

— Ce que Tolbiac ignorait, c'était que j'attaquerais la prison dans la nuit. Je n'avais pas oublié que je devais la vie à Pauline et j'ai réussi à la libérer, bien que malheureusement, nous n'ayons rien pu faire pour l'autre disciple de Marie de Vitrac, qui fut brûlée vive le lendemain.

Il régnait un immense silence à présent. Personne n'aurait jamais soupçonné cette autre facette de la personnalité de Pauline, à l'opposé de la jeune femme sûre d'elle et aventureuse qu'elle montrait aux yeux de tous. Elle s'était fabriqué cette carapace pour dissimuler la vraie Pauline, cette jeune fille, mariée presque enfant à un homme trop vieux et violent, comme cela avait été le cas pour Hélène. Cette jeune fille qui avait hérité du don rare de pouvoir guérir les gens qui avait suscité méfiance et haine pour une partie de la population.

— La jeune fille qui échappa au bûcher était bien différente de la Pauline que vous avez connue. Elle avait en elle une partie d'innocence et une volonté d'aider son prochain. Le jour où je fus condamné au bûcher, j'ai perdu cette innocence pour devenir une autre femme. J'étais persuadée de mourir sur le bûcher, mais Mathieu est intervenu pour me sauver. Nous avons quitté la France sur un bateau qui fut attaqué par les pirates. En apprenant que nous étions des fugitifs, recherchés par la justice royale, ils nous ont proposé de nous joindre à eux. Mathieu m'a appris à me battre et j'ai décidé de garder les vêtements d'homme que j'avais utilisés durant ma fuite. Si quelques rares personnes de confiance savaient que j'étais une jeune femme, dont Barthélemy et Loïck, pour les autres, je suis devenue Paul. Parfois, l'ancienne Pauline ressurgit, mais j'ai tout fait pour la faire disparaitre, elle n'était pas assez forte pour survivre. J'ai dû devenir une autre femme, très différente, beaucoup plus forte. J'ai longtemps détesté Émilie, persuadée qu'elle était ce que moi, je ne pouvais plus être, une jeune femme de la bonne société, avant de réaliser que nous nous ressemblions bien plus que je n'ai voulu l'admettre au départ.

Elle avait à présent recousu Émilie et Nicolas la regardait, inquiet, le regard interrogateur.

— Vivra-t-elle ? chuchota-t-il, une fois que Pauline se fut relevée.

— C'est trop tôt pour le dire, elle a perdu beaucoup de sang, mais elle est jeune et en bonne santé. Ce n'est pas impossible.

— Merci, Pauline.
— Merci à vous de nous avoir guidés, vous avez été un capitaine exceptionnel, c'est une grande victoire.

Nicolas regarda Émilie qui n'avait pas repris connaissance.

— Elle doit se reposer à présent, il faut la faire installer dans une des cabines.

Pauline s'approcha de Mathieu pour s'occuper de ses blessures. À présent que tous savaient qui elle était, elle n'avait plus de raison de se cacher. Un des hommes de Bart s'approcha.

— Vous aviez raison, Fleur-de-Lys, le *Black Diamond* transportait bien l'or que nous avions chargé sur l'*Éclipse*, l'équipage est content. Selon le code des pirates, deux parts vous reviennent, comme pour tous les capitaines.
— J'aimerais que Mathieu et les femmes reçoivent également une double part.
— Nous allons voter pour cela, mais vu votre statut, les gars vous prennent pour un héros et vous êtes en train de devenir une légende, je pense que cela sera accepté.

Il partit, laissant les membres du petit groupe entre eux. Nicolas regardait à présent Mathieu.

— Je suppose que ne voulez pas continuer à être Fleur-de-Lys, de Guillemin.
— Non, je suggère que nous libérions les prisonniers anglais de façon qu'ils puissent raconter ce qu'ils ont vu. Une telle attaque va faire parler, nous avons créé une légende, il faut qu'elle se propage, comme cela, ils vont lancer des forces considérables pour poursuivre des fantômes. Quant à mon avenir, vous vous souvenez de votre promesse ?
— Oui, vu la situation, nous allons vous déposer dans la ville de votre choix.
— J'espère qu'Émilie va s'en tirer.

Il regarda Hélène dont le visage portait encore les marques des sévices subis durant la traversée.

— Vous m'avez sauvé, Hélène. Après avoir vaincu Tolbiac, j'ai vu Émilie et cela a détourné mon attention. Il a eu le temps de ramasser un pistolet et s'apprêtait à me tirer dans le dos quand vous l'avez abattu. Quand je vois les marques que vous avez sur le visage, j'estime que ce n'est que justice.

— Je guérirai de ça et je suis persuadée qu'Émilie va s'en sortir. J'ai finalement trouvé la force d'abattre ce monstre. À présent, je suis en paix, je viendrai avec vous, si cela ne vous dérange pas.

— Non, j'allais vous le proposer.

Il regarda l'immense scène de combat où des dizaines, voire des centaines de cadavres gisaient un peu partout, c'était très impressionnant.

— On va faire le point maintenant que le combat est terminé, après tout je suis encore le capitaine Fleur-de-Lys pour quelque temps.

Tous s'affairèrent tandis qu'Émilie était transportée à l'intérieur du bateau, cela avait été un rude combat, mais à présent, ils devaient penser à l'avenir.

Fort Louis de la Mobile, Floride occidentale – 12 septembre 1713

Ils avaient revêtu d'élégants vêtements de ville que Nicolas avait perdu l'habitude de porter. À ses côtés se tenaient trois femmes avec des robes légères. L'une d'elle était à présent sa femme, Émilie, qu'il avait épousée deux semaines plus tôt sur le navire qui venait de les déposer, mariés par un prêtre qui faisait le voyage avec eux. Son épouse était encore faible, mais elle vivait grâce à celle qu'elle avait longtemps considérée comme son ennemie, Pauline, qui avait décidé de s'habiller de nouveau en femme. Elle était jeune et Mathieu l'avait convaincue d'arrêter de jouer les pirates. Ce dernier les accompagnait, une dernière fois, et tous étaient certains que plus jamais ils ne le verraient. Il avait fait son choix, celui de continuer la piraterie, activité à haut risque. Hélène était là aussi. Elle était veuve, pour son plus grand bonheur, puisqu'elle était directement responsable de sa situation. Un groupe d'Indiens les suivaient. Kitchi, Sokanon et Chogan avaient décidé d'accomplir le long voyage pour rejoindre leur peuple. Nicolas était triste de laisser ceux qui étaient devenus ses amis, mais c'était la logique.

Émilie regarda furtivement Pauline. Elle avait du mal à croire qu'elle pût être en vie après toutes les épreuves qu'elle avait affrontées. Elle avait cru mourir sur le pont du *Black Diamond* avant d'être sauvée, ironie du sort, par celle qu'elle avait longtemps détestée et qui avait enfin révélé sa vraie personnalité, celle de la jeune femme capable de soigner les gens, ce qui lui avait valu une condamnation pour sorcellerie en France et l'avait contrainte à l'exil. En vérité, sa vie n'avait pas été si différente de la sienne, contrairement à ce qu'elle avait longtemps cru.

Nicolas avait prévu une lettre qui partirait pour Bordeaux, à l'attention de sa sœur Éloïse, expliquant la situation. Il savait qu'elle la remettrait probablement à leur père, Nicolas souffrait de laisser ses parents sans nouvelles de sa part, même aussi surprenantes.

Ils étaient arrivés dans le golfe du Mexique pour ensuite s'engouffrer dans la baie de Mobile. Le fort Louis de la Mobile avait été transféré et agrandi. Autrefois situé plus en amont, sur la rivière Mobile, son emplacement était à présent au nord de la baie. C'était la première colonie de Louisiane et Nicolas était content de retrouver enfin ses compatriotes. Il avait décidé de quitter la marine pour devenir un civil, ce qui le faisait apparaître comme un déserteur, mais les morts et les disparitions étaient fréquentes, cela n'avait rien d'anormal. Émilie lui avait fait promettre de ne plus s'engager dans la marine et de rester à ses côtés, elle désirait plus que tout au monde une vie plus tranquille, ce qui n'était pas le cas de celle des officiers de la marine. Ils s'arrêtèrent sur la berge. Mathieu leur tendit des documents.

— Vous êtes désormais Nicolas et Émilie Le Chevalier, un couple de marchands et Pauline est la sœur de Nicolas. Hélène gardera son identité.

Il leur tendit une bourse.

— Et voici de quoi commencer votre nouvelle vie.

Nicolas ouvrit la bourse et regarda à l'intérieur.

— Il y a beaucoup plus que prévu !

— C'est sûrement parce nous vous devons beaucoup. Bonne chance pour votre nouvelle vie, monsieur Fleur-de-Lys.

— Bon courage, Mathieu, je ne dirais pas que cela a été un plaisir de vous rencontrer au vu de ce qui s'est passé au début de notre relation, mais tout finit bien.

— Pas de regrets pour votre carrière militaire ? Vous aviez vraiment beaucoup de talent, les Anglais peuvent en témoigner.
— Ce qui compte le plus, c'est Émilie.
— Elle en vaut la peine !

La jeune femme sourit.

— Une dernière chose, je vous ai apporté votre sabre, celui de Morgan.

Nicolas hésita à le prendre.

— Cela vous fera un souvenir et qui sait, il servira peut-être à nouveau.
— Qui sait… dit Nicolas en le saisissant.

Chaque femme avait apporté une petite malle avec des effets personnels. Ils furent surpris d'apprendre que Pauline avait aussi emporté avec elle la tenue masculine qu'elle portait sur le bateau.

— Vous devriez tirer un trait sur cette période, Pauline. Une nouvelle vie commence ici pour vous.
— C'est juste un souvenir, pour ne pas oublier, j'aime me rappeler ce que j'ai accompli. Visiblement, le souvenir de Fleur-de-Lys semble vous rendre mal à l'aise.

Alors qu'ils s'approchaient du fort, Nicolas aperçut une vieille femme qui se tenait à son entrée. Elle lui rappelait quelqu'un, mais il n'arrivait plus à se souvenir qui. Tout à coup, il se remémora la bohémienne rencontrée sur le port de Bordeaux qui lui avait prédit qu'il aurait trois noms et cinq enfants. Quelle ironie, lui qui ne croyait pas à ce genre de prédictions s'aperçut qu'elle avait eu raison pour les noms.

— Vous connaissez cette femme, Nicolas ?
— Non, mais elle ressemble à une vieille gitane qui m'avait dit que j'aurais trois noms et de nombreux enfants.

Pauline ne dit rien et s'éloigna. Comme lui, elle avait eu trois noms, trois vies, dont une, celle qui commençait, devait logiquement être celle du bonheur. Elle se retourna pour regarder Mathieu s'éloigner avec un petit pincement au cœur.

Émilie vint prendre la main de Nicolas.

— C'est le retour à la civilisation et pour nous le début d'une nouvelle vie.
— De quoi parlais-tu avec Pauline ?
— D'une prédiction qu'une gitane m'avait faite, d'avoir trois noms et cinq enfants.
— Pour les noms, c'est sûr. Quant aux enfants, je sais qu'il y en aura au moins un…
— Tu en es certaine ?
— Autant qu'une femme puisse l'être.

Ils s'embrassèrent.

Une petite troupe s'avança à leur rencontre. Ils se présentèrent.
— Votre arrivée est la bienvenue, nous manquons de soldats et surtout d'un médecin.
— Pour la médecine, je vous recommande madame, dit Émilie, en désignant Pauline. Elle est la veuve d'un des plus grands médecins, qu'elle a souvent assisté, son aide vous sera précieuse.
— Merci, madame !
— En revanche, concernant l'aspect militaire de vos besoins, nous ne pouvons rien faire, nous sommes des gens extrêmement paisibles et pacifiques, nous ignorons tout de l'art du combat.

Nicolas et Pauline sourirent discrètement, Émilie avait raison, une nouvelle vie débutait…

La Nouvelle-Orléans – Juillet 1777

Un très jeune homme arriva devant la porte d'une immense demeure, il était tard, mais celui qui venait ne voulait être vu de personne. Il frappa à la porte. Un domestique se présenta, l'air surpris.

— Que voulez-vous, monsieur ? Il est bien tard.

— J'aimerais voir le maître des lieux, monsieur Nicolas Le Chevalier.

— C'est impossible, mon maître est très âgé et ne reçoit personne, à l'exception de sa famille et de vieux amis.

Il voulut refermer la porte, mais le visiteur bloqua la porte avec son pied.

— Donnez-lui ça, dit-il en lui tendant une très jolie dague.

Le serviteur la prit en haussant les épaules. Il ne comprenait pas ce que ce couteau changerait, mais l'intrus était très bien vêtu et il ne voulait pas prendre le risque de froisser une importante personnalité.

— Cela m'étonnerait. Attendez-moi là.

Le majordome arriva dans le séjour où un vieux monsieur enfoncé dans un immense divan le regarda arriver.

— Il y a quelqu'un qui veut vous voir, monsieur.

— Vous lui avez dit que je ne recevais personne ?

— Oui, monsieur, mais il a insisté et m'a remis ça.

En voyant la dague, Nicolas blêmit. Elle était identique au sabre que lui avait remis le roi Louis XIV, soixante-cinq ans plus tôt, la poignée avait la même couleur écarlate et le pommeau était identique.

— Faites-le venir immédiatement !

Le serviteur s'empressa, ne comprenant pas quelle mouche avait piqué son maître. Quelques minutes plus tard, le jeune homme entra.

— Laissez-nous seuls, Victor !

Il partit, quelque peu perplexe, n'arrivant pas à saisir l'importance de celui qui venait d'entrer.

— Asseyez-vous et servez-nous de cet excellent vin qui est sur la table, je suis trop vieux pour les politesses d'usage.

— Vous êtes très bien conservé pour quelqu'un de quatre-vingt-treize ans, monsieur de Guillemin.

Le vieillard ne parut pas surpris d'entendre son véritable nom.

— Cela fait bien longtemps que je n'ai pas entendu ce nom qui fut le mien jadis.

Nicolas regarda la dague sur la table.

— Louis XIV m'a donné un sabre identique quand j'étais jeune.

— Vous le possédez encore ?

— Bien sûr !

— Savez-vous pour quelle raison le roi vous l'a donné ?

— Oui, il y avait un message roulé dans la poignée.

— Quand l'avez-vous su ?

— Juste après la bataille, quand nous avons pris d'assaut le *Black Diamond*. Je n'arrêtais pas de toucher mon sabre et je me suis aperçu que le pommeau se dévissait et qu'il contenait un message du roi.

Au même moment, une jeune fille entra et posa sur la table le sabre et la lettre.

— C'est…

— Angélique, mon arrière-petite-fille, la petite-fille de mon cinquième enfant… Laisse-nous ma chérie, maintenant.

Elle quitta la pièce. L'inconnu saisit la lettre que celui qui avait vécu une vie exceptionnellement riche lui tendait.

L'inconnu saisit la lettre que celui qui avait vécu une vie exceptionnellement riche lui tendait.

Monsieur de Guillemin,

Vos qualités, telles que le courage, le panache, la loyauté, font de vous un être hors du commun, quelqu'un capable de renverser à lui tout seul le cours d'une bataille. Vous allez vous rendre en Nouvelle-France, un territoire immense à l'avenir précaire. Une fois sur place, je vous demande de bien réfléchir avant de rentrer en France. Ce pays a impérativement besoin de quelqu'un qui puisse lui donner une âme, celle d'un personnage dont le récit pourra s'écrire dans les livres d'Histoire et embrasera l'esprit des enfants. Lors de notre rencontre, j'ai senti que vous aviez ce profil. Je souhaiterais que vous incarniez la Nouvelle-France, parce que derrière vous, tous vous suivront sans hésiter. J'ai bien peur que nous ne nous revoyions jamais, monsieur le héros. Le jour de ma mort, qui ne saurait tarder, j'aurai une pensée pour vous, car il arrive parfois que même les plus grands des souverains envient ceux qui sont capables d'enflammer les foules et les esprits.

Adieu, mon ami.

Louis

— Pourquoi êtes-vous venu ?
— Parce que la France ne vous a jamais oublié, comme vous n'avez jamais oublié la France. Vous nous avez déjà aidés.
— C'est vrai, mais cela n'a servi à rien, la France a perdu Québec, il ne lui reste plus que la Louisiane. Je n'ai pas rempli la mission que m'avait confiée le roi de France.
— Nous pouvons encore gagner !
— De quelle façon ?

— En aidant les colonies qui se battent pour leur indépendance. Vos connaissances sont inestimables, vous pouvez encore nous soutenir.
— Je le ferai…
— Pour la France ?
— Pour la France, oui et aussi parce que vous me rappelez quelqu'un, il y a bien longtemps…

Le jeune homme, saisissant que Nicolas faisait allusion à lui-même, s'empourpra, faisant sourire le très vieil homme.
— Excusez-moi, dans la confusion qui a suivi votre arrivée, j'ai oublié de vous demander votre nom.
— Gilbert du Motier, marquis de La Fayette, mais appelez-moi juste « La Fayette ».

Personnages fictifs et personnages historiques, fin de la Nouvelle-France

Si Nicolas de Guillemin est né de mon imagination, il va rencontrer un certain nombre de personnages historiques dont les plus célèbres sont le Roi-soleil, Louis XIV, Edouard Teach (Barbe Noire) ou encore monsieur L… à la fin de mon roman. D'autres, comme Benjamin Hornigold ont réellement existé. Il a fondé « La république des pirates ». Il est également celui qui va former de nombreux pirates, dont « Barbe noire ». Henry Morgan est un personnage célèbre au Royaume-Uni, un peu moins en France ; il a son visage sur les bouteilles de whisky « Captain Morgan ». Le gouverneur de Nouvelle-France, Philippe Rigaud de Vaudreuil a réellement existé, mais n'a jamais eu de fille illégitime prénommée Émilie à ma connaissance. Lord Archibald Hamilton a bien été le gouverneur de Jamaïque comme la plupart des gouverneurs ou personnages importants cités dans mon récit.

Pour la petite histoire, Québec tombera en 1759 pendant la guerre de sept ans durant laquelle la France perdra toutes ses possessions situées à l'est de l'actuel Canada. En 1763, c'est la fin de la Nouvelle-France qui aura existé pendant plus de deux siècles (1534-1763). La France ne conservera que la Louisiane qu'elle vendra en 1803 aux Etats-Unis pour une somme dérisoire.

Les Français présents en Nouvelle-France connurent un bien triste sort. Les Acadiens seront déportés dans d'autres colonies anglaises à la fin de la guerre de sept ans. Un grand nombre y laisseront la vie. Ironie du sort et de l'histoire, certains de ceux qui s'étaient affrontés au cours de cette guerre se retrouveront alliés quelques années plus tard, durant la guerre d'indépendance américaine de 1775 à 1783, comme ce fut le cas pour le premier président américain, George Washington, que l'on retrouva allié aux mêmes Français qu'il avait combattus sous les couleurs de l'Angleterre

DU MÊME AUTEUR

Romans policiers :

Les âmes libres, 2014.

La proie du Gerfaut, 2016

Les âmes libres T2, 2017, À la mémoire de nos pères.

Les Noces de cendres, 2019

Romans historiques :

Les chemins de l'espoir, 2015

Les Chiens de Mer, 2020

Roman d'anticipation :

L'incroyable odyssée, 2018

LES ÂMES LIBRES-Résumé

À Arcachon, dans la Ville d'Hiver, sont découverts neuf corps sans vie ne portant aucune trace de coup ni de blessure apparente. L'enquête est confiée à la brigade criminelle de Bordeaux. Le même jour, Ludovic Bragnac, l'ex-star de la brigade, revient tout à coup après un an d'absence. L'équipe reçoit également le renfort d'une inspectrice mutée dans le service, Sandrine Servier.

Le duo va rapidement être propulsé sur le devant de la scène et entre Bragnac, policier iconoclaste à la vie personnelle trouble et l'énigmatique Servier, une grande complicité va très vite se développer au fur et à mesure que l'enquête progresse.

Ludovic Bragnac n'est pourtant qu'au début du cheminement qui va l'entraîner vers peut-être la plus étrange mais aussi la plus dangereuse enquête de toute sa carrière. Le retour de Bragnac et l'apparition de Servier sont-ils vraiment dus au hasard ou est-ce le fruit d'une stratégie bien calculée ?

Et quelle sorte d'adversaire ont-ils en face d'eux ? Un adversaire capable de tout, d'une puissance effrayante, qui semble être partout mais qui reste toujours invisible.

Cette enquête va aussi les amener à découvrir le tréfonds de l'âme humaine. Certains rêvent de liberté ou d'amour, mais ils vont découvrir que d'autres peuvent avoir des rêves beaucoup plus complexes… Ce qu'ils ne savent pas en débutant l'enquête, c'est qu'ils ont ouvert la boîte de Pandore et que les forces auxquelles ils vont être obligés de faire appel pour la refermer vont alors déclencher un enchaînement de cataclysmes modifiant à jamais leur destin.

Personne n'en sortira indemne. Ludovic Bragnac sera amené à faire un choix crucial mettant en jeu sa propre existence mais aussi celle de tous les gens qu'il aime. *Les Âmes libres*, c'est d'abord l'histoire d'un murmure qui était un rêve. Le rêve devint un enjeu et l'enjeu mènera au conflit…

LES CHEMINS DE L'ESPOIR-Résumé

1864, New York. Un homme d'affaires, Justin Farrell, recherche quelqu'un pour accomplir une mission quasi impossible en échange d'une très grosse somme d'argent. Il estime que seuls deux hommes en sont capables dans tout le pays. Son choix se porte sur Morgan Mac Coy, tueur à gages à l'habilité et l'audace hors du commun. Après la mission, ce dernier quitte précipitamment la côte Est.

Il prend la direction de la Californie en compagnie d'un petit groupe hétéroclite. Entre Alison, l'adolescente prostituée des « Five Points » qui se croyait prisonnière de son destin, Anna Mortensen, la riche veuve dont l'avenir ne tient qu'à un fil ou Walter Greenwood, le colosse au passé sombre, il n'y a pas grand-chose de commun si ce n'est la volonté de se rendre à tout prix dans l'Ouest.

Ils vont partir, emportant avec eux leurs rêves et leurs espoirs mais aussi leurs souffrances, leurs peurs et leurs secrets, qu'ils devront mêler mais aussi parfois révéler afin de réussir cette épreuve.

Menés par l'étrange « French Jack », un vieux guide aux méthodes peu conventionnelles et radicales, ils emprunteront cette route de la destinée qu'ont suivie des millions d'Américains.

Alors que la guerre de Sécession fait encore rage et que les hommes de Farrell traquent Mac Coy sans relâche, ils vont rencontrer bien des obstacles qu'ils devront surmonter.

Aucun ne se doute du prix à payer et de l'impact considérable que ce voyage aura sur leur vie. Ils vont vite apprendre au cours de cette périlleuse traversée que le bonheur et la liberté ont parfois un prix très élevé que l'on doit acquitter.

En revanche, pour Morgan Mac Coy, il s'agit d'une véritable quête spirituelle pour retrouver la paix intérieure qu'il a perdue quelque part dans l'Iowa vingt ans plus tôt et réussir enfin à exorciser l'événement qui a fait de lui un des hommes les plus dangereux du Nouveau Monde. De son combat personnel dépendra la réussite du groupe.

LA PROIE DU GERFAUT- Résumé

On l'a baptisé « le Gerfaut », car il poursuit les gens qu'il recherche avec la même détermination que l'oiseau dont il porte le nom traque ses proies. Personne ne sait réellement qui il est, mais ni les journalistes, ni les policiers, ni les juges ne l'apprécient vraiment.

Sa spécialité : les personnes disparues. Il est souvent le seul recours des familles. On dit qu'il n'échoue jamais.

Sa dernière enquête lui a laissé un goût d'inachevé, et il a décidé de poursuivre ses recherches, malgré les risques.

Il arrive parfois que le prédateur sous-estime la proie qu'il chasse. Alors, les rôles s'inversent et le prédateur devient à son tour une proie.

Bien que la réputation du Gerfaut soit grande, il n'a jamais affronté d'adversaire aussi redoutable. De son étrange rival, le Gerfaut ne sait qu'une chose : il porte autour du cou un médaillon ayant appartenu à quelqu'un mort dans le port de la Deveze, à Burdigala, il y a près de deux mille ans. Plus les ombres se rapprochent, plus le Gerfaut comprend que cette fois, il lui faudra aller au-delà de ses limites s'il veut remporter le combat.

Le Gerfaut, c'est le rapace que seuls les rois avaient le droit de posséder ; on le disait capable d'accomplir ce qu'aucune autre créature ne pouvait réaliser

L'INCROYABLE ODYSSEE - Résumé

En se réveillant, les habitants de La Rochelle découvrent avec stupeur que toute la ville est paralysée : plus rien ne marche, ni électricité, ni téléphone ou moyen de communication, ni véhicules. C'est la panne totale. Si, au départ, ils avaient l'espoir que tout s'arrange, plus la situation se prolonge et plus ils prennent conscience qu'il ne s'agit pas d'un événement ordinaire. L'incompréhension et l'inquiétude grandissent devant la montée de la violence et le chaos, et la peur de tout perdre.

Certains décident de quitter un monde qui ne ressemble en rien à celui qu'ils ont connu et de partir sur les mers à la recherche de la liberté et de la sécurité qu'ils ont perdues, mais aussi d'une vérité qu'ils brûlent de découvrir.

Leur incroyable odyssée va les conduire aux quatre coins du globe où désormais le danger est devenu omniprésent.

En repêchant des naufragés, ils font la connaissance d'une étrange adolescente disant venir d'une ville, sorte de sanctuaire, où tout fonctionnerait. Est-elle le guide qu'ils cherchaient pour les mener vers la lumière ou une simple mythomane ?

Et qu'est-ce qui a provoqué ce gigantesque black-out paralysant le monde entier ? Trouveront-ils la solution au terme d'une incroyable aventure sur toutes les mers du monde ? Qu'y a-t-il donc au terme de leur extraordinaire périple ? La lumière ? Ou les ténèbres ?

LES NOCES DE CENDRES – Résumé

Marina, jeune officier de police, méprisée par sa hiérarchie et détestée par ses collègues, peine à trouver sa place dans les rangs de la police judiciaire de Bordeaux. Au moment où son destin ne tient plus qu'à un fil, elle hérite d'une enquête d'apparence banale, *mais qui va se révéler liée à une affaire vieille de trente ans, où onze personnes avaient été tuées dans la même journée, aux quatre coins de la France. Bien qu'elle ait été dirigée par Pierre-Gabriel Duchesne, considéré comme le meilleur policier de son temps, on ne parvint jamais à résoudre l'énigme. Qualifiée d'enquête maudite, ou d'enquête insoluble, elle n'a cessé depuis trente ans d'alimenter tous les fantasmes et toutes les spéculations.*

Marina n'a plus vraiment le choix ; associée à Duchesne dans un improbable duo, elle va se lancer corps et âme dans une course folle pour résoudre cette énigme, car ce dossier est pour elle celui de la dernière chance. Folle comme toute cette affaire, folle comme elle le fut, le jour où elle crut pouvoir défier le diable… en le battant à son propre jeu…

Pour tout savoir sur l'auteur, ses autres romans, ses projets :
www.sebastiendelanes.com ou sur ma page Facebook
Pour le contacter : sebastien.delanes@bbox.fr

Dépôt légal : mai 2020
Achevé d'imprimer : mai 2020
COPYMÉDIA
www.copy-media.net
IMPRIM'VERT
Imprifrance
Avenue de Guitayne - 33610 CANÉJAN
Imprimé sur papier **Clairefontaine** fabriqué dans les Vosges.